西南财经大学中国特色社会主义政治经济学

中国经济发展史简明教程

（第三版）

史继刚　刘方健　赵劲松◎主编

西南财经大学出版社

四川·成都

图书在版编目(CIP)数据

中国经济发展史简明教程/史继刚,刘方健,赵劲松主编.—3版.—成都:西南财经大学出版社,2020.12
ISBN 978-7-5504-4661-8

Ⅰ.①中… Ⅱ.①史…②刘…③赵… Ⅲ.①中国经济史—高等学校—教材 Ⅳ.①F129

中国版本图书馆 CIP 数据核字(2020)第 232528 号

中国经济发展史简明教程(第三版)

史继刚 刘方健 赵劲松 主编

责任编辑:张岚

封面设计:墨创文化

责任印制:朱曼丽

出版发行	西南财经大学出版社(四川省成都市光华村街 55 号)
网　　址	http://www.bookcj.com
电子邮件	bookcj@foxmail.com
邮政编码	610074
电　　话	028-87353785
照　　排	四川胜翔数码印务设计有限公司
印　　刷	成都金龙印务有限责任公司
成品尺寸	185mm×260mm
印　　张	19
字　　数	436 千字
版　　次	2020 年 12 月第 3 版
印　　次	2020 年 12 月第 1 次印刷
印　　数	1—2000 册
书　　号	ISBN 978-7-5504-4661-8
定　　价	49.80 元

编者按

本教材原本是我们在西南财经大学"国家经济学基础人才培养基地"本科生"中国经济史"课程讲义基础上编撰而成的，初版于 2001 年，再版于 2010 年。自第二版面世至今，又过去了十载。十年来，中国经济建设实践和经济史学的研究范式都发生了很大变化，学界有关中国经济史研究的学术新成果也不断涌现；特别是改革开放四十多年来所取得的被誉为"中国奇迹"的经济建设成就，以及新中国七十年经济建设实践的经验、教训等都有必要在教材中予以体现。为此，我们决定在本教材第二版的基础上进行再次修订。

本次修订，对原教材编写的指导思想、编撰原则和基本框架均保持不变，只是在相关内容上做一些适当调整，主要反映在删除了原教材中的"港澳台殖民地经济"，增补了 2010 年以来中国经济发展的部分内容。移除"港澳台殖民地经济"，主要是出于这几个地方在近代未纳入中国中央政府的实际管辖这一考虑，而最近十年来的中国经济发展成就也需要在教材第三版中有所体现。另外，我们还在每一章末尾列出了一些思考题以供教师和学生学习研讨。

教材的编写始终围绕"中国经济现代化"这一主线，采取专题概述的形式，以经济发展纵向演进的编撰方法来展现中国经济从古至今的发展脉络和演进历程，目的是让学生从中领会、把握中国经济发展、演变的基本规律，同时也向学生揭示近代一百多年来中华民族是如何从受人欺凌的贫穷落后中不畏牺牲、奋发图强地站起来、富起来和强起来的。由于本教材属于"简明"性质，所以在编写过程中尽量做到简单扼要、通俗易懂、结构紧凑、逻辑连贯。相比于同类教材，本教材特别突出了中国经济发展中的特色和经验教训总结，对经济史研究中的"西方中心论"进行反思，更加强调了中国经济发展中的自身特点。

为了及时、准确地将最新学术研究成果传递给读者，在本教材的修订过程中，我们大量参考、引用了学界先贤的研究成果。作为本教材的编撰者，我们在对这些先贤表达由衷钦佩的同时，也对他们为我们编写和修订这本教材提供的各类参考和便利表示由衷感谢。事实上，我们不过是扮演了一个"艺匠"的角色：把各种不同的、分散的前人既有研究成果，按照一定的逻辑架构，配置到合适的位置，潜心构思，精雕细琢。在这次教材的修订过程中，西南财经大学经济学院经济史专业的研究生李成、巩家磊同学在协助相关史料和参考文献的搜集、文字校对方面做了不少工作，并对文稿提出了一些修改意见和建议，西南财经大学出版社的张岚编辑对本教材的编辑出版付出了很多辛劳，在此一并致谢。

编　者

2020 年 8 月 19 日

目 录

中篇　近代中国经济的发展（1840—1949 年）

下篇　当代中国经济的发展（1949 年至今）

绪　论

一、经济史的概念及其学科溯源

何谓经济史？在给出该术语的概念之前，先就"经济"一词的含义及其演进做一介绍。

1. "经济"的含义及溯源

关于"经济"一词的含义，在不同历史阶段，不同的人们对它的理解并不一致。比较常见的主要有以下几种：①经济是指人类在共同生活中的一切生产活动，即生产关系的总和。②经济就是以最小的投入取得最大的产出，或者说以更少的劳动获得更多的产品，即"增产节约""开源节流"。③经济是指社会物质资料生产的总过程。它包括物质资料的生产，以及和它相联系的分配、交换、消费等过程。物质资料生产过程是生产力与生产关系的统一，不仅包括生产关系，还包括生产力。④经济是指现实的社会生产。它和经济基础、经济结构、经济形态等有所不同，后者是生产关系的概念。⑤经济包含四个方面的内容。一是物质资料的生产和再生产，二是必须包含着生产方式是人类社会存在和发展的基础的意思，三是还应包含着生产关系的总和，即经济基础，四是经济利益是社会的基础。⑥经济代表一定的财富和生活用度，也可以代表生产资料和生活资料的总和。

于光远先生主编的《经济大辞典》对"经济"一词有三种解释：

（1）社会生产关系的总和，即经济制度。它由社会生产力的性质和发展状况所决定，是政治和思想意识等上层建筑赖以建立的基础，例如封建主义经济、资本主义经济或社会主义经济。

（2）物质资料的生产，以及相应的交换、分配和消费等各种经济活动。通常所说的经济增长或经济衰退，以及相应的商业、金融业、服务业等的兴衰，涉及一个国家的称为国民经济，如中国经济、美国经济等；仅涉及一个部门的称为部门经济，如工业经济、农业经济、建筑经济、交通运输经济等。它是人类社会存在和发展的物质基础。

（3）节省、节约。它在生产中指取得同样多的产出，但投入较少。它在生活中指满足同样多的需要，但支出较少。

上述关于"经济"一词概念的解释，实际上包含了马克思主义政治经济学和西方经济学对"经济"含义的理解。前者更多的是从生产关系的角度来理解"经济"，后者则主要是从资源配置的角度来考虑的。

现代汉语中的"经济"和"经济学"两个词汇，在中国出现很早，早在西晋时期就已正式使用"经济"一词了。东晋元帝在褒美大臣纪瞻的诏书中说："瞻忠亮雅正,识局经济。"同一时期的著名宗教家葛洪也说："经世济俗之略,儒者之所务也。"到隋、唐时期,"经济"一词的使用更加普及,"经邦治国""经世济民"等种种说法经常被人们用来表达治国平天下的抱负。唐太宗李世民的"世民"二字,就是取"济世安民"之义。"经济学"一词也逐渐为人们所使用。唐代以后,还陆续出现了一些以"经济"命名的书籍,如刘颜的《经济枢言》、马存的《经济集》、滕珙的《经济文衡》等。以后有元人李士瞻的《经济文集》、明人陈其愫的《经济文辑》、黄训的《皇朝名臣经济录》、冯琦的《经济类编》、陈子壮的《经济言》、黄溥的《皇朝经济录》、王杰的《经济总论》,以及清代《古今图书集成》之《经济文编》等,蔚为大观。到了清代,经济之学尤其为关心国计民生的士大夫们所重视,成为他们反对学术领域虚浮、烦琐风气的斗争旗帜。

但这种"经济"和"经济学",同现代意义上的经济学并不是一回事。"经济"一词,在中国历史上原指治国平天下之意,凡同治理国家有关的知识、学问,几乎都可以包括在内。经济之学所探讨的内容,除了有关的财政、经济问题之外,还广泛包括政治、法律、军事、工程建设及管理以及"域外之学"(关于外国情况的知识等)。

正因为中国原来的"经济"和"经济学"等词同现代的经济学含义完全不同,所以,当西方的经济学这门科学传入中国后,中国人对英文"economy"采用过"富国策""富国学""计学""生计学"等多种译名,但从未译为"经济学"。到20世纪,中国才从日本接受了"经济学"的译名。国人最先采用日译西文"经济"一词见于1908年由朱宝绶翻译的美国人麦克凡著的《经济学原理》。

经济学实际上是社会经济生活在人们头脑中的反映。人们在经济活动中不断遇到各种矛盾、各种问题,为了解决这些矛盾和问题,改善自己的经济生活状况,不同经济利害关系的人们提出了各种各样的意见、主张或方案,并且相互进行议论和争辩。人们要说明、解释自己的意见、主张或方案,并且在和别人的议论和争论中陈述自己的理由,就会有各种各样的观念、原理和范畴产生出来。这些观念、原理和范畴,就是人们对经济问题认识的理论形式。人们的社会经济生活越复杂,关于经济问题的认识也越深入。这种深入不仅表现为有关的经济观念、原理和范畴更丰富、深刻,而且表现为它们之间的联系更密切,从表面的、外部的联系深化为内在的、逻辑的联系,由此日益发展为一门比较系统的、独立的科学,即经济学或政治经济学。

"经济"一词在西方源于希腊文 oikonomia,最早出现在古希腊著名学者色诺芬的《经济论》一书中,原意为"家计管理"或"家庭管理"。这是因为古希腊奴隶制社会的经济活动主要还是以奴隶主庄园为生产单位进行的自然经济,因而人们在思考经济问题时,其观察维度自然就集中在如何经营、管理好奴隶主庄园经济上。到欧洲中世纪晚期,随着重商主义的兴起,自然经济逐渐被商品经济所取代,人们对经济问题的思考才逐渐摆脱了以往那种狭隘的"家计管理"内涵,开始将经济学的研究范围扩展到广泛的社会经济问题。

西方的"经济"起源于微观性的"家政管理",虽与中国古汉语"经济"源自宏观性的"经邦治国"不同,但也含有管理城邦国家或与"经国济民"相仿的内容,并带有明显的伦理道德、情感哲理的色彩，这与古代中国尤其是儒家的经济观很相似。如亚当·斯密在撰写《国富论》之前就曾写过《道德情操论》。也就是说无论在东、西方，"经济"的语源都有人文的内涵，都有经国济民等政治含义蕴于其中，都与今天的"economics"（经济学）有所不同，都与政治、哲学等无法分开。于是，中国出现"富国策"等，西方出现"政治经济学"这样的名称。"政治经济学"一词最早出现于1615年由法国蒙克莱田的《献给国王和王太后的政治经济学》一书中。1672年英国的威廉·配第的《爱尔兰的政治解剖》一书中也使用了"政治经济学"一词。1767年，詹姆斯·斯图亚特所写的《政治经济学原理研究》是世界上第一部以"政治经济学"为名的英文著作，此后"政治经济学"广为沿用。到1776年，亚当·斯密发表《国富论》，标志着古典政治经济学理论体系的建立。

就经济学的发展来看，重商主义时期的经济学研究重点在流通领域。在英法古典学派那里，经济学研究开始转向生产领域，关注财富的生产与分配规律。到19世纪70年代开始的边际革命，经济学研究的重心又转向需求方面，关注微观经济主体在既定资源约束条件下的经济利益最大化选择。经济学研究也更倾向于经济现象论证而轻于国家政策分析，"政治"逐渐淡化，1879年威廉·杰文斯在《政治经济学理论》第2版序言中提出，应以"经济学"取代"政治经济学"。1890年，马歇尔出版《经济学原理》，从书名上改变了"政治经济学"这一名称，有"超政治"的含义。20世纪以后，西方多以"经济学"代替了"政治经济学"。

2. "经济史"的含义及其学科溯源

"经济史"是指以人类社会各个历史时期不同国家或地区的经济活动和经济关系的具体发展演变过程及其规律为研究对象的一门学科。它按照历史发展的顺序去研究各个历史时期的经济现象，因而具有经济学和历史学的双重性质和特点。它一方面要求我们对人类的经济活动历程进行客观翔实的描述，另一方面要求我们对经济的发展做出时序性、规律性的阐释。

"经济史"属于动态经济学的范畴，其研究任务就是"按时序解释经济结构及其实绩"。不仅要解释"经济"的过去，而且也要对经济理论有所贡献，提供一个分析框架，使我们能够清晰地把握、了解经济历史的变化。

经济史作为一门独立的学科，大约是在19世纪七八十年代建立起来的。那时，欧美的一些经济学家、历史学家开始用资产阶级的政治经济学理论来研究经济史料，并利用讲课、著书等方式来宣传自己的研究成果。1868年，法国的法兰西学院正式设立经济史课程。在该校主讲经济史课程的经济学家勒瓦瑟教授（1828—1911），可以说是世界上第一位经济史教授，被尊称为法国近代经济史之父，著有《美国的农业》《法国商业史》等经济史著作。此后，欧美各国的许多著名大学也相继开设了经济史课程，聘任了经济史教授。1892年，美国哈佛大学聘请著名学者阿胥黎（1860—1927）为经济史教授。1893年，比利时也产生了本国第一位经济史教授——皮楞（1862—1935）。

"经济史"这三个字连在一起正式作为书名或著作的名称，最早出现在1877年，这一年，奥地利经济学家和统计学家伊纳马·施特奈尔格（1843—1908年）出版了《论德国经济史的资料来源》一书。过了两年，他又出版了一本以"经济史"命名的著作——《德国经济史》（第一卷），这大概是世界上第一部正式的经济史著作。这本书对于当时还很幼稚的经济史学科，起到了启蒙作用。1883 年，英国剑桥大学西勃姆（1833—1912 年）教授也出版了一本题名为"英国农村公社史——一篇经济史论文"的著作。从此以后，以"经济史"命名的著作就越来越多了。

"经济史"形成了自己的课程，产生了自己的教授，出版了自己的著作，确立了自己的研究领域和对象，扩大了自己在社会上的影响，获得了学术界的承认，这就意味着它作为一门独立的学科已经建立起来了。

二、学习和研究经济史的意义

经济史是已经成为过去的经济现象，我们今天为什么还要学习和研究它呢？美国学者罗斯托认为，现代之前的世界之所以值得研究有许多原因：满足我们的求知欲；丰富我们对人类生存条件和人类创造力的认识；帮助我们了解现代前的世界对现代文明和文化的长远影响。可见，学习和研究经济史的意义是多方面的。经济史研究对经济学理论的意义和对当前经济建设的借鉴和启迪作用主要体现在以下几方面：

第一，从经济史与经济学的关系来讲，经济史是经济学的"源"，而不是经济学的"流"。

经济理论是对经济运行、经济实践活动经验的提炼、升华和抽象概括。这个经济实践活动包括了历史和现实两个方面，经济史是经济学理论产生的重要基础和源泉。

马克思的经济理论和学说，是他毕生分析、研究经济历史和经济现状的结果。他在构造自己的经济学说的过程中，非常注意历史对理论的作用。《资本论》就是在对大量的经济史料进行科学分析的基础之上形成的宏大理论体系。因此，经济学"本质上是一门历史的科学"。从西方学说史的角度来看，历史上获得经济学成就的人大都得益于经济史：从亚当·斯密的《国富论》，到马歇尔的《经济学原理》，再到凯恩斯的《就业、利息和货币通论》；从"看不见的手"的革命，新古典学派的"边际革命"，到凯恩斯主义的国家干预革命，等等。这些理论的产生、发展与修正，无一不是以当时的经济实践与历史经验为基础与条件的。20 世纪 60 年代以来，获得诺贝尔经济学奖的经济学家如雷格纳·弗瑞希、扬·丁伯根、库兹涅茨、罗伯特·福格尔、道格拉斯·诺斯等，虽然他们是在理论或统计研究上颇有建树的经济学家，但他们同样重视经济史。所以，要从根本上学好和掌握经济学理论，没有一定的经济史基础是不行的。著名的经济学家、《经济分析史》一书的作者熊彼特就将经济史作为学习和研究经济学不可缺少的基础。他指出：经济学家的经济分析应当包括历史、统计和理论这三门基础学问。

经济史是经济学理论进一步发展、完善和创新的源泉。任何理论都来自实践，经济理论更是人类历史上经济实践的总结。经济理论由于其自身系统的完整性和逻辑上的一致性，一旦形成就有相对的稳定性，如果局限在理论体系内，就很难跳出原有框架。因此，不管是开辟新的研究领域的创新，还是突破、修正旧理论的创新，都只有从实践的材料出发进行探索，才能形成新的成果，而实践材料的本质就是历史，因为一切实践材料都是已完成的过程即历史，经济史就是现实世界的反映。概而言之，如果仅限于逻辑推理，可以忽视经济史，而如果要创新，就离不开经济史，经济史是经济学理论创新的源泉。只有在一个较大的范围（无论是时间的还是空间的）内检验某一经济学思想，才能够比较客观地看到其正确性或局限性。经济学家对任何事物都应持怀疑的态度，而这种怀疑态度的形成，无疑是由于吸取了历史上的教训。历史性研究能够揭穿古老理论的不合理性，对其合理性进行保留，并产生出新的思想，乃至形成经济理论上的系统创新。所以，经济史研究的目的，不仅仅在于分析说明经济发展历史过程、总结历史经验，在理论上还应该有更高的要求，即通过对经济发展历史实践的研究检验经济学理论的合理性，从而对经济学理论的创新和发展有所贡献。

第二，经济学离不开经济史，是因为经济史可以为经济学的实证方法提供基础①。

经济学的实证方法主要包括：一方面是通过实证材料的归纳提出假设，另一方面是利用实证材料对经济学提出的假设进行验证（证实或证伪），通过这种验证，可以得到更加可靠的理论假设，从而推动经济学的进步和发展。

一般来讲，理论经济学主要研究短期的经济现象，即现行的经济现象，这些经济现象当然是比较真实可靠的。但是，这些经济现象是没有经过历史检验的，所以是不稳定的。经济史的优势在于，它所研究的经验是长期的事实，所以比现实的短期经济现象更加稳定和可靠。例如，经济学理论包括许多公理性假设。越是公理性假设就越是具有普遍真理的意义。但事实上，越是公理性假设就越是需要长期的观察和归纳，越需要经验的验证。而经济史就是从长期的经济现象中进行观察、归纳和验证。所以，经济史研究得出的结论或假设，要比一般的短期观察所得出的假设可靠得多。事实上，经济学中的任何一个前提假设，都隐含着对经济史实证经验的观察和归纳。例如，经济学中最常用的经济人假设，事实上是通过经济史上大量现象的归纳而得出的。这种公理性假设，绝不可能从短期的经验中得出，而必须从对长期的经济文献经验的归纳中得出。

第三，经济史可以克服经济学"学科孤立主义"倾向。

长期以来，经济学采用高度抽象的方法，将大量社会现象进行抽象，研究纯粹的经济现象，标榜一种"纯粹经济学"。事实上，这是一种"学科孤立主义"。美国经济学家劳埃德·雷诺兹指出："在过去的一个世纪里，经济学的疆界具有明显的缩小趋势，而这完全是人们有意造成的。""今天经济学家所运用的变量更加数量化了，定理更加严密了，研究成果更加准确了。虽然准确性有所增加，但却为此付出了代价，分析的范围缩小了，不那么'丰满'了。"

但是，现实的经济不可能是经过高度抽象的经济，将一系列条件进行抽象的经济也绝不是真实的经济。现实的经济学研究，需要多因素分析。德国历史学派经济学家罗雪尔指出："国民经济学并非单纯的货殖学或单纯的致富术，而归根结底是一种认识人类的政治科学。我们的目的在于记述各个国民在经济方面想了些什么、发现了些什么、他们做了些什么努力、有了什么成就，以及他们为什么要努力、又为什么获得成功。这样的记述只有同有关国民生活的其他科学，特别是同法制史、政治史以及文化史紧密地结合起来，才能做到。"所以，德国历史学派经济学强调多因素的经济分析方

---

① 赵津. 中国近代经济史［M］. 天津：南开大学出版社，2006.

法。熊彼特也指出："历史的叙述不可能是纯经济的，它必然要反映那些不属于纯经济的'制度方面'事实。因此，历史提供了最好的方法让我们了解经济与非经济的事实是怎样联系在一起的，以及各种社会科学应该怎样联系在一起。"也就是说，经济史研究可以训练经济学的多因素分析方法。通过这种方法的训练来打破经济学这种学科分割或"学科孤立主义"状况，以提高经济学分析的真实性和实证性。

第四，学习和研究经济史，可以为现实经济建设提供许多有益的历史经验和教训。

人类历史上的经济活动和经济实践都有过不少成功的经验和失败的教训。无论是经验还是教训，对生活在当今的人们来说，都是一笔很好的财富，值得珍视。在现实的经济建设中，认真总结和吸取历史的经验教训，可以少走一些弯路，减少或避免不必要的损失，使现实的经济建设事业健康、有序地发展。所以，学习和研究经济史的一个重要目的，就是要总结历史经验和教训，为现实的经济建设服务。美国著名经济史学家道格拉斯·诺斯曾说："经济史不仅要解释过去的经济实绩，而且要为现代社会科学家提供有关的分析框架，并在此框架中解释现行政治——经济体制实绩。"

第五，学习和研究经济史（特别是中国经济史），有利于我们更深切地了解当代中国的经济问题。

熊彼特指出："如果一个人不掌握历史事实，不具备适当的历史感或所谓历史经验，它就不可能指望理解任何时代（包括当前）的经济现象。""我相信目前经济分析中所犯的根本性错误，大部分是由于缺乏历史的经验，而经济学家在其他方面的欠缺倒是次要的。"① 很长一段时期以来，我们有些经济学家和经济工作者之所以在经济研究工作中出现许多根本性的错误，主要原因并不在于缺乏理论素养，而在于缺乏史学修养和历史知识，特别是中国经济史的知识；而发生经济决策的失误，其主要原因并不仅仅在于决策者依据了错误的理论或对正确的理论缺乏深切的领悟，而是在于他们缺乏对国情的深刻认识。因此，经济学家和经济工作者，应当了解经济史，尤其是中国经济史。

概而言之，我们今天学习和研究经济史的目的，"不仅仅是在于分析说明经济发展历史过程、借鉴历史经验，在理论上还应该有更高的要求，即通过对经济发展历史实践的研究检验经济学理论的合理性，从而对经济学理论的创新和发展有所贡献"②。

三、经济史研究中相关理论与方法的引用③

就像经济理论的产生、发展离不开经济史一样，经济史的研究也需要一定的经济学和其他相关学科的理论与方法来指导。在我国，学术研究长时期主要以马列主义的理论和方法为指导，这对中国的学术研究起到了积极的推动作用。但是也要看到，在我国的学术研究中，也长期存在着把马列主义的理论和方法教条化的倾向，不分时间、

① 熊彼特. 经济分析史：1卷 [M]. 北京：商务印书馆，2005：31-32.
② 王玉茹. 经济史与经济学理论 [J]. 学术月刊，2007（1）：127-130.
③ 陈自芳. 经济史对经济学科的意义及方法创新 [J]. 当代经济研究，2001（9）：7-11.

地点和条件地将马列主义当作"放之四海而皆准的真理",这并不是坚持马列主义的表现。马列主义本身也需要不断完善和充实,才能保持持久的生命力。因此,在熟练掌握和运用马克思主义经济学和历史唯物论原理的同时,还应不断地引进世界各国经济学和其他社会科学的理论和方法,用于研究和分析中国经济发展的历史。只有借助于不断发展的理论和方法,才能站在一个全新的高度,开辟经济史研究的新领域和找到解决问题的新途径,提高经济史的研究水平。改革开放以前,中国经济史研究的问题在于,它只是搜集历史资料来印证马克思主义关于资本主义和前资本主义经济形态的论述,以及中国半殖民地半封建经济理论的正确性,也就是根据一些不容置疑的教条来演绎历史。在这种思想指导下写出的经济史,是不可能客观、正确、全面地反映中国经济发展的历史过程的,更不可能在理论上有所创新。马克思和恩格斯本人一向认为,他们的理论只是研究问题的指南和方法,而不是现成的模式,如果拿它来"剪裁"各种历史事实,那么它就会转变为自己的对立物。

人类历史是丰富多彩的,经济史研究的理论和方法也是多元的。在经济史研究中要不断引进、运用新的经济学理论及各种社会科学理论和方法,这有助于扩大经济史研究的选题范围,使研究的课题变得多样化。这些理论提供了传统史学家所不曾注意或无法研究的领域进行思考、解析、论证的新方法,从而按照这种观察问题的框架和它们所阐明的各种因素之间的关系,把过去历史学家看来没有价值的史料,或新发掘出来的史料,经过排列、归纳、分析,用以说明很多重大的历史问题。这种依据理论模式对史料加以重新组合的办法,具有一种化腐朽为神奇的力量。一种新的经济学和社会科学理论被成功地运用于经济史研究的价值,即在于它能提供一种与以前不同的、可以操作分析的、关于一组重要的经济或社会的变量之间的相互关系的体系,从而能够说明一个或数个变量的变动对整体的影响。

在经济史研究的方法上,我国虽早有"史无定法"之说,即在经济史研究中也不必拘泥于某种特定的方法,不同的问题可以用不同的方法,同样的问题也可以用多种方法来论证,一切相关学科的理论和方法,都可以应用于经济史的研究。但不管使用何种方法,理论与历史统一的方法,即逻辑进程与历史进程相统一的方法是最根本的方法。其实,这一方法在古典经济学者及马克思的《资本论》等经典著作中早已运用。当代新经济史学家诺斯运用理论、历史和统计融为一体的方法,研究西方产业革命的发生及其后经济增长的原因,得出制度因素尤其是产权制度是经济增长的重要的内在变量,制度变迁构成经济增长的源泉。诺斯的分析为经济增长的长期变动提供了合理的解释。显然,诺斯的学术成果与他在研究方法上运用产权理论、信息不对称理论、不确定性理论及交易成本理论等众多现代经济理论密切相关。新经济史学家的贡献,不仅在于研究了什么和得出什么结论,而更具意义的是,把现代的经济学工具应用到历史问题上,并得出令人信服的结论。

值得注意的是,在经济史,特别是中国经济史研究中所引进的各种理论和方法,都是以西方近代经济社会矛盾为出发点而提出的,对于处于同一发展阶段的中国来说,由于其经济形态与西方社会有共同之处,因而作为一种分析的手段,这些概念、范畴和原理都可以拿来应用。但近代中国社会中除了那些与西方相同或类似的因素外，还有大量由传统社会中继承的因素，这些因素与西方是不同质的，因而往往是从西方引入的经济学理论所不能解释的。比如中央集权国家直接参与生产经营活动和对流通领域的垄断，家庭农业与手工业结合的小农经济成为国民经济的基础，以家庭和宗族关系为纽带的经济组织，儒家伦理道德观念对经济生活的规范作用等都属于此类。所以，在经济史，特别是中国经济史研究中，不应简单盲目地搬用外国的理论、机械地套用一大堆新名词、新概念以及对经济史料予以牵强附会的解释，这是违背科学研究精神的。

四、史料的积累

在人文社会科学研究领域，经济史学作为一门独立学科，从建立至今不过百余年的历史。一门独立学科的建立，必须具备资料积累和理论推动这样两个基本条件。中国经济史学，正是在几千年经济史料积累和近现代经济理论发展的基础上产生的。

物质资料的生产是人类社会存在和发展的基础。因而，人们很早就注意研究和记载人类有关经济的各种活动。在中国许多考古发掘出来的文献资料，如甲骨文卜辞、钟鼎铭文，以及《诗经》《春秋》《左传》《国语》及诸子百家等先秦著作中，都有大量关于狩猎、种田、收获、土地制度、手工业、商业、货币、赋役等经济活动的记载。《尚书·禹贡》可看作中国最早的一部经济地理著作，《周礼·考工记》可看作中国最早的一部手工业专著，《史记·货殖列传》可看作中国第一部比较完整的商业史，《史记·平准书》可看作中国第一部比较完整的财政史，《史记·河渠书》可看作中国较早的一部水利史。

自班固的《汉书》起，历代正史虽没有《货殖列传》和《平准书》，但有《沟洫志》，并增添了《食货志》。《沟洫志》就是水利史。另外，"十通"（我国古代十部政书的总称，即《通典》《通志》《文献通考》《续通典》《续通志》《续文献通考》《清朝通典》《清朝通志》《清朝文献通考》《清朝续文献通考》），历朝《会要》《会典》和地方志，大多也有《食货志》或类似于《食货志》的部分。《食货志》记述历朝的田制、户口、赋役、仓库、漕运、盐法、杂税、钱法、矿冶、市籴、会计等制度，几乎涉及财政经济的各个主要部门。各类地方志中，大多也有风俗、物产等内容。另外，中国古代还有许多关于农业、手工业、医学、科技等方面的专著，如北魏贾思勰的《齐民要术》、元代王桢的《农书》、明代徐光启的《农政全书》、东晋葛洪的《抱朴子》、宋代沈括的《梦溪笔谈》、明代李时珍的《本草纲目》以及宋应星的《天工开物》等。

上述中国历史上的各类经济史料，就其本身来说虽然并不是经济史学，但它是经济史学作为独立学科建立和发展的基础。在中国，传统史学虽然很早就有关于经济活动的记述，并形成延绵不断的传统，但这还不是现代意义上的中国经济史学。因为当时所记述的主要是国家管理经济的典章制度和有关的经济主张，对于整个社会和全体人民的经济生活，它所反映的广度和深度，以及反映的自觉性，都是远远不够的。

五、中国经济史学的发展

在中国，经济史学作为一门独立的学科，是随着西方近代历史学、社会学、经济学等社会科学理论的传入，于20世纪20年代初形成的，它的发展大致经历了以下四个阶段：

（1）20世纪初到新中国成立前，为中国经济史学科的初创时期。那时，一批接受西方近代史学、经济学的学者创立了中国经济史学。梁启超倡导"史学革命"，社会经济开始进入史家的视野。梁启超本人也尝试用西方的经济理论来研究分析中国古代某些经济思想和经济现象，这可以视为中国经济史学的开端。

20世纪二三十年代，随着马克思主义的传入和中国新民主主义革命的开展，马克思主义关于生产力决定生产关系、经济基础决定上层建筑的理论，指导人们去关注社会经济状况及其发展的历史，中国经济史研究才比较全面地开展起来，并形成了中国经济史学科发展中的第一个高潮。这一时期不仅出现了经济史研究的专刊，不少杂志也刊发了经济史方面的文章，有的还出版专号，北京大学、中山大学等国内一些高校已开始设立经济史课程。

在这一时期，活跃在中国经济史坛的主要研究力量有三：一是以郭沫若、吕振羽为代表的一批接受马克思主义的学者。他们首先运用社会经济形态的理论来研究中国历史发展阶段，论证马克思主义对于中国历史的普遍性。二是国民政府时期的"中央研究院"社会科学研究所以及和他们有密切联系的一批学者。该所1932年创办了中国第一份以经济史命名的学术刊物——《中国近代经济史研究集刊》（后改为《中国社会经济史研究集刊》）。在这个刊物的背后是一个学术群体，这就是由吴晗、汤象龙、梁方仲等学者组成的"史学研究会"。他们有比较进步的史观，重视资料的收集整理和实证研究，不少人成为后来经济史研究的台柱。三是陶希圣主编的《食货》半月刊及其联系的一批学者。《食货》半月刊是中国第一份关于社会经济史的专业期刊，自1934年创刊至1937年7月停刊，也联系了不少学者，进行了广泛的讨论，对中国经济史学科的发展做出了不可磨灭的贡献。这一时期中国经济史的研究，或者是对某一经济制度的探讨，或者是对某一产业部门或行业的研究，又或者是对中国近代某一项经济活动的调查或统计。

（2）新中国建立至"文化大革命"前（1949—1965年），为中国经济史学的初步发展时期。新中国成立后，学界确立了马克思主义在社会科学中的指导地位。由于马克思主义重视经济基础的作用，经济史学研究第一次被纳入史学的主流。学术界广泛开展了关于古史分期、封建土地所有制形式、资本主义萌芽等若干重大历史问题的讨论。这些讨论虽然没有取得学术界共同接受的结论，但加深了人们对各时代社会经济发展情况的了解，发掘和积累了有关经济史的资料，培养和锻炼了一批经济史研究的骨干，尤其是明清经济史的研究有了长足的发展。

（3）"文化大革命"时期（1966—1976年），为中国经济史学发展受挫时期。中国经济史学的发展几乎停顿，有价值的研究成果寥若晨星。

（4）1978年以后为中国经济史学科获得较大发展的时期。这一时期中国经济史学的发展主要表现在：

一是学术论著大量问世。据统计，自 1986 年至今发表的中国经济史论著的数量，远远超过 20 世纪前 80 年有关论著的总和。

二是研究领域扩展。20 世纪 50 年代到 70 年代，中国古代经济史研究主要围绕古史分期、封建土地所有制和中国资本主义萌芽等专题展开，近代经济史则主要以揭露和批判帝国主义经济侵略，批判封建主义、资本主义的剥削本质。20 世纪 80 年代后，中国经济史的研究领域有了很大拓展，市场、交通、金融、财政、消费等受到学界的重视，经济结构、经济运行机制、非经济因素对经济发展的影响等也引起学者的关注；部门经济史、专题经济史、区域经济史、民族经济史有不同程度的发展；一些新观念的引入，改变了原来的研究视角，也拓宽了研究领域，如近年对生态农业、环境史视野下的经济史的研究悄然兴起，丰富了原有的对农业史的研究。

三是理论方法向"多元化"方向发展。改革开放以来，中国经济史研究工作者解放思想，实事求是，在坚持马克思主义理论指导的同时，合理借鉴西方经济学、社会学、人类学、法学、考古学、民族学、人口学、经济地理学等学科的理论方法来从事中国经济史研究，推动经济史研究方法向"多元化"发展，促进了中国经济史学的繁荣。在这些理论方法中，以制度经济学、比较经济史学、区域经济史理论、历史经济地理学和计量经济史学最有代表性。

四是注重实证研究的学术风气。自 20 世纪 80 年代史学界关于"中国封建社会长期延续"的全国大讨论后，20 余年来，对某一重大问题作全国性大讨论的盛况不再。有论者认为，回避重大历史问题、重大历史现象和大规模社会变动的研究与讨论是 20 世纪 90 年代以来史学的基本特点。近些年，经济史学工作者在挖掘、整理资料方面做了大量工作，资料种类大为增加。除过去经常使用的官书、方志、文集外，考古发现、文献档案、契约文书、族谱、碑刻等被广泛运用于经济史研究，田野调查的引入则为史学研究积累了新资料。与此相应，大批实证研究成果问世，造就了经济史学的辉煌。

五是学术流派逐步形成。在中国经济史学的长期发展中，国内的经济史研究，因理论方法不同，逐渐形成了不同的研究风格或流派，大体上有三大学派。一派偏重从历史本身来研究经济发展，包括历史学原有的政治和典章制度研究；一派偏重从经济理论上来解释经济的发展，同时重视计量分析；一派兼重社会变迁，可称为社会经济史学派。可以说，1978 年以后中国经济史学进入了一个全方位发展的新阶段①。

六、中国经济发展史以经济现代化为主线

本教材题名"中国经济发展史简明教程"，与其他同类教材相比，我们突出了"发展"二字。"发展"，意味着我们将改变以断代经济史为特点的传统教材模式，把中国古代、近代和当代经济史当作一个连续的过程来对待，探讨中国社会经济如何从传统经济状态向现代经济状态的转变，即经济现代化历程，从整体上把握中国经济的发展脉络和规律性。

---

① 刘兰兮. 中国经济史研究：学科发展的历史与主要成就［N］. 中国社会科学院院报，2007.

1. 什么是经济现代化

现代化是传统社会向现代社会的转变过程，它涉及人类生活所有方面的深刻变化，是经济现代化、政治现代化、社会现代化、文化现代化和人的现代化的整体互动过程。经济现代化是整个现代化过程的核心内容或关键组成部分①，其内容是指从传统（古代）经济到现代经济的转变过程。

关于经济现代化的内涵，早期我国理论界特别是经济学界由于受美国社会学家、结构——功能主义理论的首倡者帕森斯的影响，许多学者认为经济现代化实质上就是工业化，是人类从传统农业社会向现代工业社会转变的历史过程。到 20 世纪 90 年代末，吴承明研究员对经济现代化的意涵提出了他自己的看法，他认为：“工业化实质也是现代化但不等同于现代化，它是 1860 年以后开始的……西方现代化是从市场化开始的，商业革命引起工业革命。”② 赵德馨教授则是在前人研究的基础上更进了一步，将市场化与工业化都融入了经济现代化定义，并阐述了工业化同市场化之间的关系。其主要观点为：①经济近代化的内涵包括多个层次，其中市场化和工业化是主要的两个。市场化过程与从自然经济到商品经济的过程同步，它以社会分工和生产、分配、消费、交换的社会化为基础。市场化是经济运行机制现代化的代名词。工业化是指从手工劳动到使用机器的过程。从手工生产到使用机器，不限于手工业——工业领域，农业、交通、通信、商业等领域都有这个过程。工业化实际上是设备技术现代化的代名词。②市场化与工业化在不同的历史阶段的具体表现形态不同。③关于经济现代化的内涵：第一，经济现代化不仅是工业化，在工业化之外还须加上市场化。第二，市场化是工业化的基础与前提，也是经济现代化的基础与前提。第三，经济现代化的进程是从市场化开始，从流通领域进入生产领域。我们认为，赵德馨先生对“经济现代化”意涵的解释是比较全面、准确的，特别是关于“市场化是经济现代化的基础与前提”的提法，完全符合人类经济社会发展的客观实际。

2. 市场化是经济现代化的基础与前提

之所以说“市场化是经济现代化的基础与前提”，这是以世界和中国近现代经济发展的事实为依据的。

首先，人类社会不同时期、不同国家以及不同社会制度的经济现代化进程都证明了市场化是经济现代化的基础。从西方资本主义现代化的历史进程看，自 15 世纪末至 16 世纪初发端的欧洲近现代史，是一部经济现代化史。欧洲的经济现代化的进程是由商业革命到农业革命、工业革命；换言之，是从流通领域到生产领域，是从市场化开始的。市场化是工业化的历史前提与基础。500 年来，欧洲绝大多数国家都是沿着市场化和工业化互动的道路走过来的。

其次，从 1842 年开端的中国经济现代化过程，也是从对外贸易、国内商业和金融等领域开始的，是从市场化开始的。1842 年前，中国经济中市场的发育水平，已具有市场经济萌芽的性质，它是 1842 年后市场化的一个出发点。1842 年以后开始的市场发

---

① 丁文锋. 经济现代化模式研究 [M]. 北京：经济科学出版社，2000.

② 吴承明. 市场史、现代化和经济运行 [J]. 中国经济史研究，1999 (1)：144-146.

育，为 19 世纪六七十年代资本主义机器工业的产生准备了条件。从这以后直到 1949 年，工业的每一步扩大都以市场的扩大为前提条件。市场化与工业化相伴而行、兴衰与共。

最后，1917 年以来的社会主义经济史也证明了市场化是经济现代化的基础。从 1917 年开始，世界上出现了共产党领导的、以马克思主义为指导的社会主义国家。20 世纪六七十年代，全球的社会主义国家有十多个，到八九十年代，其中多数国家放弃了社会主义制度。这十多个国家，无论现在实行何种制度，在经济发展的道路上，有一点是共同的：它们都实行过使工业化、现代化与市场化背道而驰的计划经济体制，效果都不好，现在都转而实行市场经济，在市场化的基础上推进工业化和现代化。这从另一个角度证明，没有市场化作基础，工业化和现代化是搞不好的。

以上事实说明，一部近现代世界经济史，证明了经济现代化必须包含工业化与市场化这两个主要层次，两者缺一不可。其中，市场化是前提，也是基础。这是近现代经济史中的一条规律。

3. 经济现代化两个层次（市场化和工业化）的关系

首先，市场化是工业化的前提。经济现代化从市场化开始，从流通领域开始，其进程是从流通领域到生产领域，从市场化到工业化。市场化为工业化准备条件。市场化，即市场经济形成与发展过程，是经济现代化的第一个阶段。没有市场化阶段，便不可能出现工业化阶段。从经济发展的趋势来看，市场化无完结之日，但有起始之时。在欧洲，市场经济形成的起点，是在地理大发现后世界市场开拓之时。

其次，市场化是工业化的基础。当工业化以市场化为基础时，市场越扩大，工业的规模越大。市场扩展越快，工业发展越快。当工业化与市场化背离时，市场缩小，工业发展投入产出比低，效益低下，工业结构畸形，进程受挫。一些国家一度在计划经济体制下推进工业化，然后都改为依靠市场化推进工业化的事实说明，工业化必须以市场化为基础是一条经济规律。违背了这条规律就要吃亏，经济现代化就要走大弯路。市场化决定工业化，需求决定生产，这是现代经济与传统经济的不同之处。传统经济的主导方面是生产决定需求，是生产导向；现代经济则相反，是需求导向，即从需求中寻找经济增长点。要使经济增长加快，在工作上必须从扩大市场入手（包括国内市场与国外市场）。投资、外贸与内需，这拉动经济增长的三驾马车，都要通过扩大市场发生作用。

最后，市场化与工业化互相促进。马克思在叙述从传统经济到现代经济的历史进程时，说道："如果说在 16 世纪，部分地说直到 17 世纪，商业的突然扩大和新世界市场的形成，对旧生产方式的衰落和资本主义生产方式的勃兴，产生过非常重大的影响，那么，相反地，这种情况是在已经形成的资本主义生产方式的基础上发生的，世界市场本身形成这个生产方式的基础。另一方面，这个生产方式所固有的以越来越大的规模进行生产的必要性，促使世界市场不断扩大，所以，在这里不是商业使工业发生革命，而是工业不断使商业发生革命。"[1] 马克思在这里所说的"工业"是工场手工业，

---

[1] 马克思恩格斯全集：25 卷 [M]. 北京：人民出版社，1975：372.

不属于工业化的范畴。他所揭示的工业与商业、生产与流通互动的关系，是 16 世纪以后的普遍现象。在现代经济中，市场化与工业化为经济现代化的两个车轮，互相促进以推动经济现代化滚滚向前。200 多年来欧洲的经济是这样，改革开放 40 多年来中国的经济也是这样①。

4. 中国经济史主要讲授中国经济现代化的历程

由于中华民族自 1840 年以来一直致力于现代化事业，中国当前阶段和今后很长一个时期的中心任务是实现经济现代化。因而，我们这门课程也主要是介绍中国经济现代化的历程，即中国社会经济由古代封闭到近代被动开放再到当代主动对外开放的转变；由古代传统农业社会向近代工业社会、当代信息化社会的转变；由古代自然经济向近代商品经济、当代市场经济转变的具体过程。这一历史进程跨越了中国传统农业社会、半殖民地半封建社会以及社会主义社会三个性质完全不同的社会经济制度。在不同的社会经济制度的影响下，这三个转变虽然反复曲折，但总体上是与全球经济一体化的趋势相一致的。

经济现代化是 500 年来世界近现代经济发展的基本趋势与时代特征，也是中国 1840 年以来近现代经济发展的本质和主线。离开了经济现代化，既不能揭示 500 年来的世界经济史与 150 年来的中国经济发展的本质，也难以解释和说明这个时期的各种经济现象和问题。

经济现代化是传统经济向现代经济转变的动态过程。因此，研究包括中国在内的经济现代化问题离不开对它的起点，即传统经济状况的分析，包括传统经济对现代经济的影响及传统经济在现代经济中的变态与残存；研究传统经济也不可能不看到它向现代经济转变的趋势和对经济现代化的影响。例如，除远古之外，无论是古代、近代和现代，都存在市场。市场是不断发展的，并导致市场经济的产生。在这个意义上，一部人类经济史，是市场和市场经济产生、发育的历史，是走向市场化和市场化演变的历史。市场化将古代、近代和现代经济相互贯通，从中可以看到经济现代化产生、发展的过程。这也是我们以市场化为基础讲授中国经济现代化进程的根本原因。

思考题

1. 简述经济史的概念、研究对象和研究意义。
2. 简述经济史的学科发展历程及其与经济学的关系。
3. 简述经济史的研究方法。

---

① 赵德馨. 市场化与工业化：经济现代化的两个主要层次 [J]. 中国经济史研究，2001（1）：82-96.

上篇 传统社会的中国经济
（远古—1840年以前）

本篇所指的中国传统社会，从时间跨度上讲主要是指从远古到1840年以前的中国古代社会；传统社会的中国经济也主要涉及这一时间跨度内的以小农业与家庭手工业相结合、以自给自足为主要特征的自然经济。这种经济结构大约形成于春秋战国时期，并在中国历史上绵延存续了2 000多年。随着社会生产力的发展，社会经济结构中出现了以交换为目的的市场化趋向。

第一章　中国传统经济制度的形成

在历经远古漫长的原始经济的基础上，四千多年前生活在黄河流域的先民逐渐由氏族社会过渡到部落及部落联盟的时代，历经夏商部族奴隶制和西周封建领主制几个社会发展阶段，其社会经济的发展也分为原始经济和部族奴隶制或封建领主制经济两种类型，到春秋战国之际，其社会经济开始向地主制经济转变。

第一节　先秦时期的封建领主制经济

一、远古原始经济形态

远古原始社会的经济发展，是先民在生产、生活实践中艰难开拓、不断探索中取得的。

受自然条件和人类自身发展的束缚，远古社会经济的进步非常缓慢。在中国上百万年的旧石器时代，以血缘纽带关系形成的氏族，绝大部分时间生活在山林洞穴中，以采集和渔猎为生。与后来人类通过自身劳动增殖产品的"生产经济"不同，采集和渔猎经济是一种主要依赖于自然界提供的现成天然动植物为生的"攫取经济"。

在长期的采集渔猎生活中，先民们发现散落在土壤中的野生植物的种子，在适宜的条件下，随着气候的周期性变化，会定期地发芽、抽穗、开花、结实。无数次的观察启迪了原始人的智慧，他们开始尝试种植这些野生植物，开创了原始的种植业，神农氏的传说就是这一过程的集中体现。同样，在长期的狩猎活动中，人类逐步掌握了许多动物的习性，开始把捕获的幼雏和幼兽豢养起来，从而开创了原始的畜牧业。在距今一万多年前，中国进入了新石器时代，距今八千年左右，黄河流域、长江流域和环渤海湾地区的新石器时代早期农业部落开始出现。

新石器时代早期经济的特点：①农业生产原始，采集和渔猎活动在经济生活中仍占有特别重要的地位，有的地区渔猎经济尚居主导地位，大部分地区还没有十分稳定的定居生活和一定规模的农业。②经济生产活动受自然条件的强大制约，人们还缺乏改造自然的能力。由于自然条件的不同，各个地区的经济发展水平表现出一定差异，存在着不平衡性，并且预示着不同的经济形态发展方向。

距今六七千年的新石器时代中期，黄河上游的马家窑文化、中游的仰韶文化和下游的大汶口文化，展现了氏族社会的繁荣景象和人类经济活动的生动画面；长江流域的大溪文化、屈家岭文化、马家浜文化则反映了与黄河流域经济生产的不同色彩。

仰韶文化在我国新石器时代中期各文化遗存中最富代表性，它包括半坡类型、史家类型、庙底沟类型、西王村类型、后岗类型等。仰韶文化的农业生产水平有了显著的提高，农作物种植以粟为主；农业生产工具除石斧、石铲、石锄外，木耒和骨铲等获得了较广泛的应用，收获主要用石刀、陶刀。家畜饲养业以猪狗为主，也有少量的马、牛、羊等；渔猎仍是一项重要的生产活动。手工业主要反映在陶器制作方面。半坡遗址出土的陶器很丰富，反映出当时的手工制陶技术已达到较高水平，陶器的制作主要采用泥条圈叠筑和泥条回旋盘筑两种方法，主要有细泥陶、粗砂陶、细砂陶等种类。

距今五千年前后，中国的经济发展进入新石器时代晚期，即龙山文化阶段。这一时期，各地氏族部落集团纷纷向军事民主联盟的城邦制国家迈进，远古社会到了三皇五帝的传说时代。

龙山文化的社会经济比仰韶文化有了较明显的进步。农业在经济中的比例增加，成为当时最主要的经济部门。在氏族组织中，男子已取代女子成为主要的劳动者。在龙山文化遗址中，发现了大量用于储藏粮食的窖穴，窖容量普遍增大，有的容积达四五十立方米，用草拌泥或"白灰面"涂抹，结实光滑，反映出农业生产已有很大进步，农产品剩余明显增加。木制或骨制的耒耜及石质铚刀广泛使用，考古发现的农业收割工具品种和数量都比仰韶文化多。主要的农作物有黍（稷）、粟、稻、豆、麻等。其中在黄河流域以黍（稷）粟等旱地作物为主，在长江流域则以水稻为主。

家庭饲养业比仰韶文化时期也有长足发展。家畜家禽不仅饲养数量增加了，而且饲养种类也增多了，今天常说的"六畜"：马、牛、羊、鸡、犬、豕（猪），这时都已具备，其中，猪是饲养得最多的一种家畜。家庭饲养业作为一种重要的经济活动，不仅在当时的社会经济生活中占据显著地位，而且也较早地转化成为一种私有的经济成分。

制作石器和陶器是龙山文化中具有十分重要意义的手工业行业，石器仍然是当时社会最主要的生产工具。制陶技术显著提高，尤其以快轮制陶技术的普及、陶窑的改进和密封饮窑技术的采用为标志。代表这一时期制陶技术最高成就的是薄如蛋壳的黑陶，这种陶器陶质极为细腻，陶壁厚仅 0.1~0.2 厘米，形制多为豆、盆、杯等。

龙山文化已经是十分稳固的定居农业生活了。在龙山文化时期，水井较广泛地用于生产和生活。水井是定居生活的产物，也给定居生活提供了方便，并使人类有可能开辟远离河流的地方①。

从以上的叙述可知，自原始农业的产生到四千多年前国家的出现，中国远古社会的经济发生了越来越多的变化，经济发展的速度不断加快。原始农业已经达到了相当的发展水平，渔猎经济开始作为农业的重要补充，而且，黄河流域中游和长江流域下游的原始种植业已开始趋向于两种不同类型的发展，逐渐形成了黄河流域的粟作农业和长江流域的稻作农业两大经济系统。约在四五千年前的新石器时代晚期，黄河流域、长江流域以至珠江流域的氏族部落，都已较普遍地形成了以原始农业为主、兼营其他活动的综合经济。

---

① 贺耀敏. 中国传统社会经济［M］. 北京：首都师范大学出版社，1994.

二、夏、商、西周时期的社会经济

夏、商、西周三代是在氏族社会的基础上由部落与部落联盟向国家和王权时代的转变。由于私有制的出现，在这个历史发展阶段，无论是农业、畜牧业，还是手工业、商业都比远古原始时代有了较大发展。农业日益成为最主要的生产部门，以青铜文化为代表的手工业技术达到相当高的水平，手工业中的专业化分工已相当细致，分工和私有制产生了交换的行为。

1. 农业经济

夏商周三代的农业经济取得了较快的发展，农业在社会经济中的地位明显提高。农业的进步集中表现为：①农业生产工具有了较大的改进，各种专门化的农具不断增多。如木制的耒耜，石制的刀、铲、斧和青铜制臿（锹）、斤（斧子）、镈（除草农具）等。②农业生产技术明显提高，水利灌溉较发达。当时，水利的兴修往往与垦田结合起来，即把人工开凿的大小渠——遂、沟、洫、浍连通，再辅之以畛、涂、道、路，形成所谓"遂沟洫浍制度"；农田垄作制产生并得以推广；农业田间管理、施肥技术和防止病虫害技术也发展起来。③农业耕作形式也有很大改变，出现了定期的土地休耕制度，有利于土地肥力的较快恢复。④农作物种类经过长期筛选基本稳定下来，我们今天食用的大部分粮食和果木品种当时都已具备。⑤农业生产知识也发展起来，尤其是关于历法、农时和农业气象学知识的出现，有力地推动了农业的发展。

商周时期，农业已成为社会最主要的生产部门，农业的耕作区域在长江和黄河流域日益扩大。不仅如此，农业的地位也空前加强，尤其是西周时期。周人的祖先弃，因善于农耕，被尊为农神，加之周人长期居住在有利于发展农业的黄土高原，因此，当周王朝建立之后，农业也随之成为社会经济中的决定性生产部门。《诗经》中有大量记述当时农事活动的章句和诗篇。仅《周颂》中农时诗就有六篇，《尚书·周书》里也几乎篇篇都是有关农业活动的文章。周王朝十分重视农事活动，每年都要行"藉田"礼。这种鲜明的重农观念和思想，不仅反映了当时农业的地位，而且也反映了西周经济和政策的基本特征和基本价值取向。

随着种植业的发展，这一时期畜牧业的地位不断下降。如果说在商代，畜牧业还仍是重要的社会生产部门的话，那么，到了周朝，中原地区的畜牧业便开始萎缩，并向家庭用饲养过渡，从而开始形成饲养业严重依赖农业的格局。

2. 工商业经济

夏商周时期的工商业为各级宗族首领控制、垄断经营，即不允许私人从事这项经济活动，这种工商业经营管理方式被称为"工商食官"。这种制度源于原始社会部落酋长管理生产活动的传统习俗。"工商食官"对中国古代工商业发展的影响是明显的，一方面它使工商业依附于政府而得到迅速发展，另一方面也使工商业始终未能形成自己独立的发展道路。

夏商周时期工商业经济的发展主要表现在：

（1）青铜器制造业和青铜文化是这一时期最具代表性的手工业成就。青铜是用孔雀石加入适量的锡和铅冶炼而成的。青铜制造业在商周时期十分普遍，从天子到各诸侯，往往都有自己的冶铜作坊，有的作坊规模很大。制作青铜器的工艺复杂，包括采料、配制、冶炼、制模、制范、浇铸、修整等工艺程序。青铜器在当时十分珍贵，一般平民很少拥有和使用，主要为各级宗法贵族所独占。就其种类来看，多为各种礼器和生活用具，也有部分是兵器、生产工具、乐器和饰物。一般说来，商代的青铜器制作较精致，以各种礼器居多，而周代时则更注重实用性。重 875 公斤的"司母戊大方鼎"是中国古代青铜文化的杰作。

（2）纺织业。纺织业是妇女对人类进步的一大贡献。商代已出现了桑蚕饲养技术和较发达的纺织业，这标志着中国已成为世界上最早掌握育蚕、缫丝和纺织技术的国家。周代纺织业不仅种类繁多，且分工很细，国家设有专门机构如典妇功、典丝、典枲、内司服、缝人、染人等对纺织业进行管理。周代不仅纺织技术明显进步，而且染料染色技术也很发达。中国是最早使用植物性染料的国家。当时的丝织品只能由贵族享用，一般民众只能使用麻织品。

（3）酿酒业。酿酒业实际上是一种农副业，没有较发达的农业，酿酒业也难以发展。夏商周时期，随着农业的发展，酿酒和饮酒十分盛行，迄今出土的各种商周时的酒具，不计其数，因此有"商代是在酗酒中亡国"的说法。西周初年针对商朝末年狂饮之风曾下过禁止喝酒的命令。中国古代酿酒业之发达由此可见一斑。

（4）商业。商业也是官府及各级宗法贵族专营的一项重要经济活动。夏代已出现了通过一般等价物或早期的货币进行的物物交换的活动。这种交换是生产者与需求者直接见面进行的简单交换，尚未出现从农业、手工业中游离出来的商业。到了商代，交换日益频繁（商朝的祖先王亥就曾从事贸易活动），一些人便从社会上独立出来专门从事买卖活动，组织产品交换，商业成为社会生活中的一种经常性的、为人们所公认的职业。商业是从商代才正式出现的，最初从事商业活动的都是奴隶主贵族及其驱使的奴隶，很少有以经商为职业的平民。

随着商品交换的发展，作为交换媒介的货币也出现了。夏代可能已用海贝做货币。到了商代，贝币在商品交换中发挥作用已是确凿的事实。贝币的使用，标志着商业活动和商品经济已经达到一个新的阶段。不过，原始的物物交换在商代社会中还普遍存在。

和商代一样，西周时期的商业仍然操纵在官府的手中，商品交换只能在官府允许的范围内有限度地发展。不过，到了西周后期，开始出现一些不属于官府的私人商业，由新出现的小贵族经营，他们役使少量奴隶为他们从事规模不大的商业活动。这种私人商业的出现，势必给"工商食官"制度以有力的冲击。到春秋战国时期，随着商业活动的日益频繁，商人势力也就不断增强了。

三、由氏族部落向封建领主制经济的过渡

早期人类以血缘纽带关系自发地形成了氏族。氏族是人类社会最早的集生产与消费为一体的社会细胞。随着氏族组织的繁衍与扩大，在此基础上，逐渐产生了部落与部落联盟，并逐渐向王权社会过渡。

原始公社时代，地广人稀，土地尚未成为一种稀缺资源，因而也就没有什么价值。

原始公社后期，由于人口不断增长，人类生存空间相对缩小，条件优越、适宜于人类生存的土地逐渐稀缺，土地开始成为各个氏族部落争夺的对象，并有了价值。土地及其附着于其上的人民往往成为战利品，在名义上归属于战争胜利者的氏族部落首领——王或"天子"所有。但是，在古代农业生产中，土地仅仅是生产要素之一，它必须要与劳动力结合，才能成为现实的生产力，生产出农业产品。因此，当氏族首领"天子"或"王"征服了大片土地之后，再将土地与占领地人口按血缘关系的亲疏远近，分封给自己的亲属——诸侯；诸侯再分封给自己的随从——大夫；大夫再分封给自己的随从——士。这样层层分封的宝塔式结构的底层生产单位，就是以"一方里九百亩地作为一井"的社会基层生产消费共同体——以血缘纽带维系的氏族组织，又称之为村社，这就是中国历史上的井田制度。

在木石工具时代，当牛耕尚未出现之时，农业生产中的耕作需要依靠集体劳动才能进行"火耕水薅"的粗放式的土地耕作，为防止野生动物对农作物的践踏，也需要农户联合起来轮流值班保护庄稼，因而，在井田制下，形成了以八户人集体劳动作为一个社会的基层生产单位。一井分成九块耕地，每块耕地约一百亩（1 亩≈666.67 平方米）。当中的一块耕地作为公田，其余八块耕地作为八户农奴的私田。八户农奴必须首先集体耕种生产物归属领主的公田之后，才能耕种生产物归属各自家庭的私田。

中国早期封建社会的基础，就是建立在井田制度上的领主制经济。在这种经济关系中，领主给了农奴使用土地的权力，农奴就有义务为领主提供劳役，耕种公田。小领主的土地来源于大领主，大领主的土地又来源于诸侯、王或天子，因而，他们的收入也需层层上贡，成为王或天子的赋税、徭役、兵役等财政收入来源，并由此在政治上、思想上、社会关系方面形成了统治与被统治，发号施令与服从的封建等级制度以及伴随等级制度而产生的人身依附关系。

第二节　封建领主制经济的瓦解和地主制经济的形成与确立

一、封建领主制经济的瓦解

封建领主制经济发展到春秋时期开始瓦解和崩溃了，导致这一经济制度瓦解和崩溃的原因有：

一是领主制经济的内在矛盾。井田制下的领主与农奴的关系，在时间上和空间上、在经济上和政治上都直接表现为剥削与被剥削的关系。在经济交往关系中，农奴从领主手中获取了耕地，但首先要为领主劳动，在政治关系中，农奴则是以不自由的身份被束缚在井田之中，不能自由流动。在这种含有对抗性的矛盾的经济结构、政治结构中，统治者主要是依仗暴力统治来维持剥削与被剥削的关系，因而，农奴的生产积极性并不高，劳动生产率低下，而领主的管理成本也很大。就封建领主方面来讲，领主对耕种其领地的农民的经济掠夺有一定限度，超过某种限度就会危及农奴的基本生存，没有了农奴经济，领主经济也难以维系，正所谓皮之不存，毛将焉附。但随着封建领主各种开支（包括军费开支）的增大，使得井田制和与之相伴的农奴制剥削方式陷入深刻危机，一些封建领主逐渐认识到，只有改变现行土地制度和剥削方式，才能最大限度保持或增进他们的利益。

二是春秋时期社会生产力的发展和人口的增加。井田制只能存在于像西周以前那种农业生产力低下，人口稀少和土地相对过剩的时代。到春秋战国时期，我国黄河流域地区的农业生产技术和生产能力都发生了很大变化，出现了牛耕和铁制农具，人工施肥和灌溉也进一步推广。同时，这一时期由于各诸侯国为了自己能在与其他诸侯的纷争中占得优势，纷纷鼓励增殖人口，使得人口较以往有了大幅增长。随着人口的增加，土地便显得相对稀缺起来，为了扩大耕地，各诸侯国纷纷采取"徕民"政策，在其辖境允许外来移民在井田之外开垦荒地。而牛耕与铁制农具的广泛使用，使得个体农民家庭可以独立地从事农业耕作，在井田以外开垦大量荒地变得容易可行。这样一来，建立在集体劳动基础之上，用暴力把农奴强制性地束缚在土地上的井田制失去了其存在的价值。井田制下的农奴在摆脱领主的控制时，采取了逃亡或到野外垦荒的做法，由此导致了井田之外的私田迅速膨胀，井田制度因生产者脱离土地而名存实亡。

面对这一客观现实，各诸侯国为了自身的强大和在诸侯争霸中取胜，不得不顺应这一时代潮流，推行经济改革，进行土地制度调整。

最早的改革是鲁国的"初税亩"，它取消了原有的贡、助、彻等井田制时代的赋税徭役剥削方式，而代之以不论私田、公田一律按土地所有者拥有的土地实际面积征税，从法律上认可了私田，使私人占有土地由非法变为合法。但在诸多的变法之中，只有秦国的经济改革、制度创新最为彻底。为了鼓励人民为国家建功立业，它打破了贵族依靠血统获取社会财富的宗法制度，而代之以军功爵制度，即凡为国家强盛立功者，皆由国家给予一定数量的土地、奴隶；私人拥有的土地可以进入市场，自由买卖。这就使土地私有制具有了较为完整的产权。这一激励机制保证了新的经济因素的发展与壮大，也保证了秦国经济的持续发展和国力的日益强盛，使其得以兼并六国，一统天下。

土地私有制的确立引发了剥削关系和经济结构的巨大变化，即原来由领主以劳役地租形态对农奴进行剥削，逐渐向地主以实物地租或货币地租形态对佃农进行剥削的方向过渡；原来领主与农民的人身依附关系，也逐渐变成地主与佃农的租佃契约关系。这种以个体小农的小规模经营，以精耕细作和劳动力大量投入为特征的传统农业经济结构（地主制经济或小农经济）在战国、秦汉时期形成并最终确立下来。

二、春秋战国以后地主制经济的绵延发展

中国传统社会地主制经济形成后，大致经历了五个发展阶段，呈现出"两个马鞍形"发展态势：自春秋战国之际地主制经济形成后，社会生产力由于基本上摆脱了封建领主制经济的桎梏，获得了显著的发展，到秦汉时期发展到第一个高峰；魏晋以降，黄河流域地区受战乱影响，大量人口南迁，社会生产力低落，到隋唐社会相对稳定之后逐渐恢复、回升，从而形成第一个马鞍形。在唐代经济发展的基础上，宋代社会生产力以前所未有的速度迅猛发展，达到了一个更高的高峰，元代在游牧民族生产方式的冲击下，生产力急遽下降，直到明中叶才恢复到宋代的发展水平，这样便又形成了第二个马鞍形。从明中叶到清初，社会生产虽然有所发展，但在一定程度上显现了迟缓和停滞，从而显示了中国传统社会经济的衰落（如图 1-1 所示）。

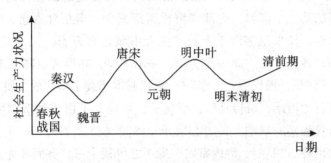

图 1-1　春秋战国以后中国社会生产力状况

（一）秦汉时期（公元前 221—公元 220 年）

秦汉时期是中国传统社会经济结构形成后取得的第一个发展高峰。这时，中国不仅在政治上实现了长时期的统一和稳定，而且在经济上也由于氏族组织的解体和个体小农经济的繁荣而使整个社会经济达到了一个较高水平。到汉武帝时期，出现了家给人足的升平景象，且"都鄙廪庾尽满，而府库余货财。京师之钱累百钜万，贯朽而不可校；太仓之粟陈陈相因，充溢露积于外，腐败不可食；众庶街巷有马，阡陌之间成群"[①]。秦汉时期，尤其是两汉时期的经济繁荣，使得刚刚形成的传统社会经济结构表现出巨大的优越性。农业、手工业、商业和对外贸易的发展，使两汉经济影响力远及周边许多国家和地区。但两汉经济的长期发展和繁荣，也使得地方豪强大族势力急遽膨胀，从而从政治经济上削弱了国家的力量，埋下了动荡、分裂的种子。

（二）魏晋南北朝时期（公元 220—581 年）

在经历了第一个发展高峰后，中国传统社会经济进入了三国两晋南北朝的缓慢发展阶段。在长达三个半世纪的分裂与对峙的时间里，各割据政权之间频繁的大小战争动摇并摧毁了数百年来高度发展的北方经济基础和成就。北方广大地区作为当时中国的政治中心和传统农业经济最为发达的地区，遭受战争的破坏最为惨烈，所谓"诸夏纷乱""无月不战""苍生殄灭，百不遗一；河洛丘墟，幽夏萧条"[②]。长江流域地区经济在秦汉时期远比黄河流域落后。西晋末年以来，北方民众为避战乱而大量南迁，不仅增加了南方的劳动力，而且带来了先进的生产工具和生产技术，从而加快了对南方的经济开发，促进了当地社会经济的发展。但偏安一隅的东南各王朝，几乎都是依靠世家豪族维持其统治的，这些侨居和土著的世家大族纷纷在各地大量强占土地，建立庄园；荫庇人口不可计数。这不仅削弱了国家的经济实力，而且使得社会经济结构呈现出向封建领主制经济回复的趋势。

① 班固：《汉书》，食货志上。
② 房玄龄：《晋书》，石季龙传和孙楚传。

（三）隋唐时期（公元 581—907 年）

在经历了长时期的分裂和动荡之后，中国在隋唐时期又一次建立起高度统一和强大的中央集权大帝国。传统社会经济又一次赢得了恢复和发展的良好时机。农业、手工业、商业和对外贸易迅速发展，社会经济的繁荣程度超过以往任何时期，形成了传统社会经济发展的第二个高峰。史载"隋氏西京太仓、东京含嘉仓、洛口仓、华州永丰仓、陕州太原仓，储米粟多者千万石，少者不减数百万石。天下义仓，又皆充满。京都及并州库布帛亦数千万。而锡赍勋庸，并出丰厚，亦魏晋以降之未有"①。到隋文帝末年，"计天下储积，得供五六十年"②。唐代基本承袭了隋代的主要政治制度和经济制度。唐太宗推行均田制，减轻赋税，招抚流亡，确立了唐代经济制度和政策的基本基调，奠定了唐代强盛的基础。到唐玄宗开元年间（公元 713—741 年），社会经济的发展达到唐代的顶峰。"是时，海内富实，米斗之价钱十三，齐间斗才三钱；绢一匹钱二百；道路列肆，具酒食以待行人。"③ 大诗人杜甫有诗为证："忆昔开元全盛日，小邑犹藏万家室；稻米流脂粟米白，公私仓廪俱丰实。"中唐之后，地方割据势力和豪强大族成尾大不掉之势，分割了有限的社会剩余，削弱了国家的经济基础，社会经济发展由盛而衰。政治分裂使国家经济走向衰落，隋唐盛世终于在纷争与割据之中消亡。

（四）宋元时期（公元 960—1368 年）

宋元时期，随着地方割据势力的消除，社会经济无论是从深度，还是从广度上讲，都已大大不同于隋唐和隋唐以前的经济发展。整个国家的经济繁荣与发展呈现出明显的"内倾型"发展趋势，尤其是两宋时期，表现得很突出。

两宋时期虽然边患压力严重，边境战事频繁，但总体上讲，社会政治环境相对和平稳定，国内阶级矛盾和冲突相对缓和，这就为社会经济的恢复和发展创造了必要的条件。因而，两宋时期的农业、手工业和商业一度繁荣，城市经济十分活跃。

北宋时期国家势力远不及隋唐强大，但社会经济的繁荣和活跃程度则并没有减弱。农业生产得到恢复和发展。个体农民已广泛使用铁制农具，许多以往局限于一定区域种植的农作物，播种范围和区域迅速扩大。南方已开始广泛种植北方的豆、麦，北方广大地区也开始种植旱稻。手工业呈现一派繁荣景象，尤其以冶铁、纺织、制瓷和造船业的发展最为著名。仅以制瓷而闻名于世的就有哥窑、龙泉窑、钧窑、定窑等，景德镇的瓷器亦闻名于全国。这一时期的商业十分活跃，国内国际贸易发达。我们至今仍可以从北宋张择端的《清明上河图》中看到当时东京汴河沿岸的繁华胜景。

南宋王朝偏安于东南一隅，但其社会经济繁荣程度则比北宋更高。特别是随着南方人口的增加，对长江流域的开发向纵深发展、大量沼泽荒岭均被开发利用，长江流域的经济发展水平已明显地超过黄河流域，成为当时和此后我国更重要的经济中心区域。农业日趋向着精耕细作的方向发展，农业亩产量成倍增加，苏州、湖州、常州、

---

① 杜佑：《通典》，食货典。
② 吴兢：《贞观政要》，论贡赋。
③ 欧阳修，宋祁：《新唐书》，食货志。

秀州（今浙江嘉兴）被誉为天下粮仓，有"苏湖熟，天下足"之说。南宋后期，棉花栽培区域迅速扩大，越过南岭山脉和东南丘陵向长江和淮河流域推进。棉纺织业成为广大个体农户的主要副业；造船技术显著进步。明州、泉州、广州成为有相当规模的造船中心，所造大船可载五六百人，载重200多吨。商业和对外贸易也达到历史最高水平。全国最大的商业城市临安，人口多达百万。在这里"万物所聚"，"买卖昼夜不绝"，海外贸易的规模和领域进一步扩大。中国传统社会经济在两宋时期达到了第三个发展高峰。

元朝统治时期较短，社会安定时期不长。由于是由处于游牧经济的少数民族建立的统治，因而对以农业经济为主的长城内的汉民族地区，缺乏有效的促进经济发展的政策和措施。因此，在元朝统治的近百年间，农业经济没有取得明显发展，手工业和商业的发展程度也无法与南宋相比。

（五）明清时期（公元1368—1840年）

明清时期是我国传统社会中保持和平统一最长久的时期，是传统社会经济走向辉煌的巅峰时期。虽然明清时期已经产生的资本主义萌芽未能使中国走出传统经济的篱笆；又由于1840年鸦片战争的爆发，打乱了我国传统经济独立的发展道路，我国在西方工业社会面前明显落后了，但这都不足以否定明清时代传统经济的繁荣和发展程度。

明朝初期，国家采取了一系列措施促进社会生产的恢复和发展，诸如承认农民对垦荒地的所有权并免除三年赋役，组织无地农民到田多人少处垦荒，兴修水利，提倡种棉麻桑，大幅度降低商税等。到明代中期，农业生产水平已超过宋代水平，间作套种的农作物技术相当发达，北方麦田套种普遍推广，东南沿海双季稻面积扩大，岭南还出现了三季稻。棉花种植遍及大江南北，尤其是原产于美洲的玉米、甘薯、马铃薯、烟草等已在我国引种，使中国境内广大的丘陵山地得以充分利用，导致了一场"农业革命"。手工业发达，尤其是民营手工业已有相当大的规模，在部分行业中已产生了资本主义萌芽。城市经济空前繁荣，全国出现了数十个大城市和成批新兴城市。以郑和下西洋为标志的对外贸易十分活跃和频繁。明皇室和官僚贵族集团，就是在这富庶的经济基础上日趋腐朽没落，终于燃起了明末农民大起义的熊熊烈火。

清朝初期，政府对战争造成的"民无遗类，地尽抛荒"的局面，实行奖励垦荒的政策措施。康熙五十一年（1712年）宣布以后"盛世滋丁，永不加赋。"雍正二年（1724年）实行"摊丁入亩"法，将丁税均摊到田赋中，从而将汉唐以来长期实行的人头税彻底废除了。这一改革措施有效地推动了农业生产的发展。从清初到鸦片战争前，耕地面积从549万顷（1顷≈66 667平方米）增至756万多顷，人口则猛增至近4亿。粮食作物和经济作物的种植面积与产量都有很大提高，甘薯、玉米种植已推广到长江、黄河流域。手工业尤其是民营手工业，由于废除了匠籍制度而有很大发展。各类专业性工商业城市在南方广大地区纷纷涌现。被传统社会史家所称颂的"康乾盛世"历时百余年，奠定了清前期社会经济繁荣发达的社会政治基础。

中国传统社会经济从秦汉至明清两千年的发展轨迹和历程，经历了几次较大的曲折变化，兴盛和衰落数度交替出现。我们没有理由不顾事实地否定中国传统社会经济的发展与进步，否认它所取得的辉煌成就。同样，我们也应该承认，中国传统社会经济虽在明中叶后出现了资本主义萌芽，但直到鸦片战争前，仍未能实现自我否定，从而未能开始向工业化社会迈进。基于这个基本事实，我们可以说中国传统社会经济的发展前景是黯淡的。

思考题

1. 谈谈封建领主制经济兴起与崩溃的原因。
2. 简述我国古代地主制经济长期维持稳定的原因。
3. 论述明代商业蓬勃发展的主要原因。

第二章　中国传统经济的发展及其成就

中国传统经济的主体是农业。农业的发展水平及其成就制约着手工业、交通运输业、商业的发展程度。

第一节　中国传统农业的发展

农业往往被视为人类"一切经济发展的开端"[①]。迄今为止，农业文明的演进依次经历了原始农业、传统农业和现代农业等几种不同的历史形态，其中，传统农业是介于原始农业和现代农业之间的一种农业生产形态。

所谓传统农业，通常是指在自然经济状态下，使用人力、畜力，以手工器具和铁器等为生产工具，依靠先辈积累下来的经验进行生产并以自给自足为目的的农业，它是农业发展的低级阶段。与原始农业相比，传统农业在耕作制度、经营方式以及利用和改造自然的能力和生产力发展水平上都有很大的提高，但经营的规模、范围、深度、广度和水平都具有明显的自然经济特色。一方面，它与现代文明社会有众多不相适应之处；另一方面，它在长期生产发展过程中又积累了丰富的生产技术和管理经验。传统农业的特点是农业的部门结构较单一；生产规模较小；经营管理的能力和生产技术水平较落后；抗御自然灾害的能力差，基本上处于靠天吃饭的水平；农业生产的地域分异和组合处于低级的和自发的状态。

一、中国传统农业经济的发展历程

中国是一个有着悠久历史的传统农业大国，农业历来是社会最基本的生产部门。在中国传统社会，农业有着特殊的地位和作用，它奠定了中华五千年文明的坚实基础，有人甚至把农业看成理解中国传统社会的钥匙。纵观古代世界各国的经济发展历史，虽然几乎所有大帝国的经济发展都是建立在农业发展的基础之上的，但是，没有哪一个国家或地区有像中国传统社会这样发达的农业经济。

中国传统社会的农业是以个体小农经济精耕细作为特色的劳动力高度密集型的集约农业，这种集约农业最显著的两大优势是单位面积产量与耕地复种指数都很高，世界其他国家均莫之能比。这种农业发展模式萌芽于先秦时期，至迟在战国时期即已形

[①]　米尔斯. 一种批判的经济学说史 [M]. 北京：商务印书馆，2005.

成和确立起来。从那时起，我国农业逐步形成精耕细作的传统，并在以后两千多年的发展中历经了以下几个阶段①：

1. 北方旱地精耕细作体系的形成和成熟（战国、秦汉、魏晋南北朝）

大约从春秋中期开始，我国开始从封邦建国为特征的领主制社会逐步过渡到皇帝专制为特征的地主制社会，并在秦汉时期形成了中央集权制的统一帝国。与此同时，我国也步入了铁器时代。战国、秦汉至魏晋南北朝时期，全国经济重心在黄河流域中下游地区，铁农具和牛耕在这些地区的普及和推广引起了生产力的飞跃，犁、耙、耱、耧车、翻车、扬车等新式农具纷纷出现，黄河流域获得全面开发，大型农田灌溉工程相继兴建；铁器的普及使精耕细作技术的发展获得新的坚实基础；连种制逐步取代了休耕制，并在此基础上形成了灵活多样的轮作倒茬生产方式，特别是以防旱保墒为中心，形成了耕、耙、耱、压、锄相结合的旱地耕作体系；施肥和土壤改良受到重视；传统的良种选育技术臻于成熟；农业生物技术也有较大发展；粮食作物、经济作物、园艺作物、林业、畜牧、蚕桑、渔业等均获得全方位发展。在分裂的魏晋南北朝时期，北方的农业生产由于长期战乱而遭到破坏，南方的开发却由于中原人口的大量南移进入新的阶段，精耕细作传统没有中断，各地区各民族农业生产技术文化的交流在特殊条件下加速进行。作为丰富的农业实践经验的总结，这一时期先后出现了《吕氏春秋·任地》《氾胜之书》及《齐民要术》等杰出农学著作。

2. 南方水田精耕细作体系的形成和成熟（隋、唐、宋、辽、金、元）

建立在南方农业对北方农业历史性超越基础上的全国经济重心的南移，是中国古代经济史上的一件大事，它肇始于魏晋南北朝，唐代是重要转折，至宋代进一步完成。"灌钢"技术的采用提高了铁农具的质量，江东犁（曲辕犁）的出现标志着中国传统犁臻于完善；水田耕作、灌溉农具均有很大发展，并在此基础上，形成了耕、耙、耖、耘、耥相结合的耕作体系。这一时期南方小型水利工程星罗棋布，太湖流域的塘埔圩田形成体系，梯田、架田等新的土地利用方式逐步发展起来。早前已零星出现的"复种"到宋代才有了较大的发展，其标志是南方（主要是长江下游）水稻和麦类等"春稼"水旱轮作一年两熟制的初步推广。通过施肥来补充和改善土壤肥力也被进一步强调。农作物品种，尤其是水稻品种更加丰富。水稻跃居粮食作物首位，小麦也超过粟而跃居次席，苎麻地位上升，棉花传入长江流域。茶树、甘蔗等经济作物的种植也有较大发展。猪、羊、耕牛、家禽饲养以外的畜牧业渐衰，养鱼业有新的发展。这一时期农业科技发展的新成就、新经验也得到了总结，陈旉的《农书》和王桢的《农书》《农桑辑要》是其代表作。

3. 明清精耕细作深入发展期

明清时期国家统一、社会稳定，社会经济特别是传统农业经济继续向前发展，这为人口的增长提供了必要的物质基础，而人口的空前增长又导致了全国性的耕地紧缺，以至于在粮食单产和总产提高的同时，粮食的人均占有量却呈下降趋势。为了解决民食问题，人们千方百计开辟新的耕地，于是，内地荒僻山区、沿江沿海滩涂、边疆传

---

① 李根蟠. 精耕细作的传统农业的形成和发展［M］//从文明起源到现代化. 北京：人民出版社，2002.

统牧区和少数民族聚居地区成为主要垦殖对象，传统农牧分区的格局发生了重要变化。结果，在耕地面积有了较大增长的同时，也造成了对森林资源和水资源的破坏，加剧了水旱灾害。与此同时，传统精耕细作生产方式进一步推广、深化，继续致力于对现有耕地的充分利用，增加复种指数，提高单位面积产量。这一时期江南地区的稻麦两熟制已占主导地位，双季稻的栽培由华南扩展到华中，南方部分地区还出现了三季稻栽培。在北方，两年三熟制或三年四熟制已基本定型。为了适应这些复杂的、多层次的种植制度，品种种类、栽培管理、肥料的积制和施用等技术均有发展，低产田改良技术有新创造。在江浙和广东某些商品经济发达地区，出现陆地和水面综合利用，农、桑、鱼、畜紧密结合的基塘生产方式，形成高效的农业生态系统，但农业工具却甚少改进。原产于美洲的玉米、甘薯、马铃薯等高产作物的引进和推广，为缓解民食问题做出了重大贡献。棉花在长江流域和黄河流域的推广，引起了衣着原料划时代的变革。花生和烟草是新引进的两种经济作物。甘蔗、茶叶、染料、蔬菜、果树、蚕桑、养鱼等生产均有发展，出现了一些经济作物集中产区和商品粮基地，若干地区间形成了某种分工和依存关系。这一时期，总结农业生产技术的农书很多，大型综合性农书以《农政全书》《授时通考》为代表，地方性农书如《补农书》《知本提纲》等具有很高价值，代表了中国传统农业科学技术的最高水平。

二、中国传统农业的成就

中国传统农业持久的生命力和巨大的优势，就在于精耕细作的生产方式。这种生产方式，不仅令今天的中国农业生产经营者钦佩，而且也使世界感到惊讶。在数千年的历史中，中国传统农业经济取得了超常规的发展，其成就主要表现在以下几个方面[①]：

首先，中国传统农业在其发展过程中驯化了大量的野生动植物，培育了数以万计的优良品种，从而使中国成为世界上栽培植物的重要发源地和食物品种资源最富有的国家。据统计，目前世界上1 200种栽培植物中有200种直接发源于中国，中国被誉为世界上最大的独立的世界农业发源地和栽培植物起源地（苏联遗传学家瓦维洛夫）。这些起源于中国的为数众多的栽培植物后来陆续传播到世界各地，为丰富人类的物质生活做出了自己独特的贡献。

其次，中国传统农业在利用土地、保持地力方面达到了当时世界的最高水平。在传统农业社会，提高土地利用率主要通过扩大耕地和开展集约经营两种基本方式来实现，但在不同地区不同时代又分别有所侧重。由于人多地少，人地矛盾（尤其古代社会后期）比较突出，中国因而很早就选择了精耕细作、集约经营的农业生产模式，成为世界上土地利用率较高的国家之一。美国经济学家帕金斯认为：14世纪到19世纪的中国，人口和粮食产量增加近五倍，到了20世纪中期又增加了近50%。所增加的产量中，只有近一半是从扩大耕地面积得到的，一半则主要是因为粮食单产翻了一番。可见中国古代农业生产中，粮食亩产量的提高，在很大程度上与耕作方式的改进密切相

① 董恺忱. 中国传统农业的历史成就［J］. 世界农业，1983（2）：51-54.

关。中国古代农业生产中广泛地运用了轮作、连作、间作套种和混作等耕种方式，以提高土地利用率。在欧洲中世纪盛行二圃制和三圃制等休闲农作制时，我国则早已采用二年三熟制、一年两熟制甚至一年三熟制的连作制了。正是因为土地得到较为充分而又合理的利用，中国古代社会后期因人口增长所导致的紧张的粮食需求才有所缓和。

我国古代劳动者很早就认识到培育并增进地力，是农业实现高产稳产的重要条件，因此，在充分而合理地利用土地的同时，古代劳动者还特别注意养地。中国传统农业在古代数千年的发展过程中之所以一直到现在未出现地力衰竭的现象，德国农学家瓦格纳认为，"这要归功于他们的农民细心施肥这一点"，使那里的土地至今仍能维持密集的人口的生存。

中国靠施肥来维持并增进地力历史悠久，战国时就已相当普遍地认识到"多粪肥田"的重要意义。随着土地集约而又合理利用，施肥的意义及作用就更为突出。古代人们先后开辟了粪肥、绿肥、泥肥、饼肥、骨肥、灰肥、矿肥和杂肥等多种肥源，创造了沤肥、堆肥、熏土等一系列肥料配制方法，从而使土地肥力得以长期维持和提高。到了清初，我国传统农业的施肥技术几乎达到经验知识的极限。注意培育和增进地力是我国传统农业发展过程中取得的又一个突出成就。

最后，中国传统农业的发展成就还突出体现在粮食亩产量和投入产出比上升（即播种量与收获量之比）中。吴慧先生在《中国历代粮食亩产研究》一书中认为，我国古代粮食亩产在战国晚期约216市斤/亩，秦汉时期为264市斤/亩，魏晋南北朝为281市斤/亩，唐朝为334市斤/亩，宋朝为309市斤/亩，元朝为338市斤/亩，明朝为343市斤/亩，清朝中、前期（鸦片战争以前）为367市斤/亩，说明我国古代粮食亩产呈现出不断递增的趋势。王家范先生也做过一个统计（如表2-1所示），认为古代粮食单产在两千年间曾经几度上升，其中，西汉武帝以后较战国增长43%；盛唐较西汉时增长31%；两宋较汉增长171%，较唐增长106%；明清较汉增长284%，较宋增长41%。两宋粮食单产增长幅度最大。至于我国古代粮食生产的投入产出比（即播种量与收获量之比），一些学者通过对《云梦秦简》的研究，发现秦朝时，粮食种植的收获量至少为播种量的十倍至十几倍；而据汉代《氾胜之书》和东魏贾思勰的《齐民要术》的记载，则已达到几十倍甚至上百倍；而欧洲直到中世纪时，收获量最低是播种量的一倍半到两倍，一般是三四倍，最好的年成也不过六倍左右[①]。因此，与世界其他地区相比，我国古代不仅粮食单产遥遥领先于世界，其投入产出比也是最高的，农业生产率无疑达到了古代世界农业生产的最高水平。

---

① 董恺忱. 从世界看我国传统农业的历史成就 [M] // 东亚与西欧农法比较研究. 北京：中国农业出版社，2007.

表 2-1　中国古代粮食单产统计

时代 \ 项目	当时亩产×折合市石÷折合市亩=合今亩产				指数	比战国增减%
	古石	折今市石	折今市亩	市石		
战国（李悝估计）	1.5	0.2	0.5	0.60	100	
两汉初（晁错估计）	1.0	0.2	0.3	0.66	110	+10
汉武帝后 (1)	1.5	0.2	0.7	0.43	72	−28
汉武帝后 (2)	2.0	0.2	0.7	0.57	95	−5
汉武帝后 (3)	3.0	0.2	0.7	0.86	143	+43
唐	1.5	0.6	0.8	1.12	188	+88
两宋 (1)	1.5	0.7	0.9	1.17	194	+94
两宋 (2)	2.0	0.7	0.9	1.56	260	+160
两宋 (3)	3.0	0.7	0.9	2.33	388	+288
明清 北方	1.0	1.0	0.9	1.11	185	+85
明清 (1)	2.0	1.0	0.9	2.22	370	+270
明清 (2)	3.0	1.0	0.9	3.33	550	+450
明清 (3)	4.0	1.0	0.9	4.44	740	+640

此外，中国传统农业还总结积累了丰富的生产经验，编著了大量的农书，使我国成为世界上拥有农业典籍最丰富的国家。据统计，我国历代农书共达 500 部，留传至今的有 300 多部，其中不少具有很高的科学价值。

三、专制国家与中国传统农业经济的关系

中国传统社会农业经济所以取得举世瞩目的成就，是由多种因素促成的，除与农业生产的自身规律，劳动大众的努力，以及科学技术在农业生产上的应用有极大的关系外，政府对农业经济的影响亦不可小觑。马克思曾指出："我们在亚洲各国经常可以看到，农业在某一个政府的统治下衰落下去，而在另一个政府统治下又复兴起来，收成的好坏在那里取决于政府的好坏。"① 这在中国古代农业发展史上表现得尤为突出。

在中国传统社会，农业是最基本的生产部门，农业经济所提供的剩余不仅满足了传统社会中非农业部门的消费需要，而且还是专制国家财政收入的主要来源。繁荣的农业经济是专制中央集权国家的经济基础，小农家庭是主要的赋税徭役的承担者。正是由于这些原因，中国历代专制政府都十分重视农业经济，形成并建立起了一整套完备的重农思想和政策体系。

中国传统农业是精耕细作的集约化农业，要维持这种集约化农业的生产与再生产，需要一系列的条件，如由土地所有制状况所决定的劳动力与土地资源的配置是否合理，社会在选种、施肥、农具、水利、抗灾能力等一系列的技术、自然因素等方面表现如

---

① 马克思恩格斯选集：2 卷 [M]. 北京：人民出版社，1972：25.

何。只有这一系列的生产条件处于均衡状态之下，农业的生产与再生产才能运作起来；反之，这种平衡一旦被打破，农业的生产和再生产就会受到很大影响。在中国传统社会，由于小农家族经济的极端脆弱性，农业生产与再生产的均衡条件很容易被打破。为了维护农业生产与再生产的均衡条件，需要一个维持平衡的机制，在中国传统社会，以皇帝为代表的专制国家就是一个维持平衡的机制[①]。

那么，专制国家作为精耕细作农业的平衡机制，其作用主要体现在哪些方面呢？

第一，调节劳动力与土地资源的配置。在中国传统社会，竞争与垄断机制运作下的土地所有权的转移，经常不断地在改变着劳动力与土地资源的配置状况。竞争的结果必然产生垄断，对土地所有权的垄断表现为土地兼并，富者田连阡陌，贫者无立锥之地。土地所有权的垄断集中，使土地资源的配置趋于不合理，破坏了集约化农业生产和再生产的基本条件，造成土地、劳动力资源的浪费和社会矛盾加剧。在这种情况下，专制国家从其自身利益出发，必然要充当劳动力与土地资源配置的调节器。如通过"限田"和"均田"等政策调整土地占有关系，抑制土地所有权垄断的集中；采取迁徙富豪的措施以削弱土地兼并；制定限制商人占有土地的政策以缓和土地所有权垄断的集中趋势；在危机时期，通过一系列的财政经济改革来打击土地兼并等。

第二，修筑各种防旱抗洪的水利灌溉设施。农业生产与水的关系至为密切，尤其是精耕细作农业对水利的要求更高。没有适当的水利，就无法保证单位面积的高农业产出。中国人很早就懂得了水既是农业生产的命脉，也有危害农业生产的一面，因此对于水利工程的兴修极为重视，但在中国传统社会，由于小农家族经济的脆弱，他们根本没有能力修建灌溉用渠道和抗洪排涝水利工程以及其他人工灌溉设施来保障精耕细作农业对水利的需求。而专制国家则能够利用行政手段调集大量的人力、物力和财力，在较短的时间内兴修一系列水利工程，为农业的生产和再生产提供水利方面的保证，因此，防旱抗洪水利灌溉设施的兴修自然就成了中国古代历代中央和地方政府的重要行为了。自战国起，历代政府对于水利工程的兴修都极为重视，并在历史上留下了许多大大小小的水利工程设施。例如，春秋战国时期魏国西门豹主持下的"引漳水灌邺"，秦国蜀守李冰主持兴修的都江堰工程，韩国水工郑国在秦国主持修建的郑国渠，西汉时白公奏准开凿的白渠等。自秦统一六国以后，中国历代修建的各种大小水利工程之多，在同时代的世界各国中都是不多见的。据统计，自汉至明，我国兴修的水利工程数，两汉为 56 个，三国为 28 个，两晋为 18 个，南北朝为 19 个，隋为 29 个，唐为 253 个，五代为 13 个，北宋为 290 个，南宋为 413 个，元朝为 260 个，明朝为 2 402 个。这些水利工程绝大多数是由政府出面或地方官吏主持兴修的。一些王朝还设置专门机构和官吏管理水利事宜，如汉代的司空、曹魏的水衡都尉、西晋的放水部、唐代的水部郎中等。

第三，提倡、推广先进生产工具和先进生产技术，推广优良品种等，以促进农业生产。生产工具和生产技术是社会生产力的组成部分，在农业生产过程中，所使用的生产工具先进与否，对生产的结果会产生重大影响。在中国传统社会，专制国家为了

① 萧国亮. 皇权与中国社会经济 [M]. 北京：新华出版社，1991.

将自身的利益最大化,都比较注意提倡和推广先进的生产工具和生产技术,一旦发现某种新的有利于提高农业生产效率的生产工具,往往在各地予以推广。如唐文宗太和二年,"内出水车样,令京兆府造水车散给郑白渠百姓以溉水田"[1]。宋真宗景德二年,"内出踏犁式,诏河北转运使询于民间,如可用,则官造给之"[2]。一些王朝还专门把那些通晓农业种植技艺者封为农艺师,以推动农业生产。

第四,赈灾救荒。农业生产是以生物的自然再生产为基础的,它直接在自然的环境中进行。但变幻莫测的自然环境,既能给农业生产提供有利的条件,也有其破坏性的一面,那就是各种自然灾害的不时发生。据史料记载,自西周到清末三千余年间,共发生灾荒 5 168 次,平均每年发生 1.723 次,且年平均发生灾荒的次数呈递增趋势。如秦汉时年均发生灾荒仅 0.852 次;至唐代增至 1.706 次;宋代为 2.740 次;明代增至 3.787 次;清代最高,为 4.183 次。这说明中国传统社会有效抵御自然界的异常变化能力在不断衰退。当然,其中的原因是多方面的,如战争对自然环境的破坏,小农经济生产与再生产对生态的负面影响,专制国家对经济干预的失误和水利事业的衰退等,都是造成灾害频繁的重要因素。

灾荒的出现,必然破坏农业生产和再生产的平衡条件,造成农业的减产,甚至颗粒无收,部分小农家庭经济破产,从而加速了土地所有权的垄断集中趋势,破坏社会稳定,导致社会动乱。针对这些情况,历代政府都要对灾荒做出反应,将赈灾救荒作为国家的一项基本职能。

一般说来,古代政府面对灾荒来临,首先采取赈济措施,对灾民进行临时性的救济,发放粮食和衣物以济燃眉之急。其次是派遣官吏到受灾地组织民众抗灾自救。再次是在灾荒过后,采取种种措施(如减免赋税、放贷农本等)恢复农业生产。最后是建立各种仓储制度以预防自然灾害的侵袭。这些在灾荒之年所采取的措施起到了保存劳动力的作用,从而有利于工农业生产的恢复和发展。

总之,专制政府作为中国传统社会精耕细作集约化农业的一种平衡机制,通过对农业经济的国家干预,维持了集约化农业生产与再生产的种种均衡条件,对中国传统社会农业经济的发展发挥了一定的积极作用。

四、中国传统农业中的经济关系及其变动

(一)地权关系及其变动

土地是农业生产不可或缺的经济要素,对农业生产有着决定性意义。在中国传统社会中,土地是最重要的一种经济资源和最主要的生产资料,占有更多的土地是人们所追求的经济目标,所谓"士大夫一旦得志,其精神日趋于求田问舍","有田方有福"。

中国传统社会中主要的土地占有者是地主、国家和自耕农。因此,主要的土地所有制是地主土地所有制、国家土地所有制和自耕农土地所有制。这种传统农业社会的

---

[1] 刘昫:《旧唐书》,文宗纪。

[2] 《宋史》,食货志。

土地所有制结构及其关系，两千多年来始终没有发生根本改变。

1. 地主土地所有制

地主土地所有制是中国传统社会中最主要的土地所有制形式，也是发展最充分、最典型的土地所有制形式之一。地主土地所有制经历了漫长的发展历程，其经济性质和发展变化对我国传统社会中的政治、经济、文化等都产生过极大的影响。

我国传统社会地主土地所有制大致经历了四个发展时期[1][2]：

（1）战国秦汉时期。随着先秦封建领主制下土地国有制格局被破坏，人们追逐土地的热情日甚一日，甚至不惜诉诸武力和金钱，这就使土地私有制确立起来，地主土地所有制也发展起来，相继出现了贵族地主、军功地主和商人地主。商人地主的产生，标志着商人资本同农业生产的土地资源之间的沟通，开辟了商人通过金钱兼并土地的途径，促进地产开始非凝固化。土地商品化以及商人资本地产化，对中国传统农业经济曾产生过深远的影响。

（2）东汉魏晋南北朝时期。这一时期，地主大土地所有制得到充分发展。东汉政权对土地占有采取不抑兼并的自由放任政策，所以，东汉一代，大土地所有制迅速膨胀，最终形成长期独霸一方的豪强地主。东汉之后，随着中央集权的空前削弱，大地主庄园经济纷纷建立起来，并在此基础上形成了门阀士族地主的统治。

（3）隋唐五代时期。由于隋唐中央集权政府采取削弱和限制大地主土地所有制的措施，士族门阀地主土地所有制受到很大打击，使得这一时期的士族大土地所有制经济日趋走向衰落，并开始向纯粹租佃关系为特征的地主制经济过渡，这一时期是传统社会地主制经济的重要转型阶段。

（4）宋元明清时期。在这一时期，以纯粹租佃制为特征的地主土地所有制完全确立起来，土地商品化趋势加剧，土地参与交换和交换的频率加快，各种社会财富地产化倾向十分突出。

2. 国家土地所有制

这种土地所有制在传统社会中始终没有占据主导地位。但是，由于中国很早就形成了一套国家直接参与经济活动的机制，并在此基础上形成了更为广泛的国家干预主义政策，因此，中国传统社会中政府的经济职能要比同期世界上其他国家和地区强烈得多。政府通过各种途径和方式参与土地经营活动，并借以影响和控制农业生产和农业经济。

国家土地所有制主要包括以下几类：一是大量未开垦的土地，诸如山林、川泽、沙漠、荒地等，这些土地在古代由于经济意义不大，通常不被视为重要的经济资源，国家只是占有而不是经营。二是国家所有的耕地，这类土地通常由国家负责经营，以作为政府财政收入的重要来源和吸纳游民、安定社会的重要手段。正因为如此，经营土地对政府一直有着极大的诱惑力。历史上几乎所有的王朝都多少不等地占有相当数量与规模的土地。政府控制的官田通常包括垦田、营田、官庄、没入田、户绝田等，

① 贺耀敏. 中国传统社会经济 [M]. 北京：首都师范大学出版社，1994.
② 方行. 中国封建经济论稿 [M]. 北京：商务印书馆，2004.

这部分国有土地通常以各种方式分配或出租给农民耕种，政府从中获得租税。此外，屯田也是一种广泛存在的国有土地形式，它是国家为了某种特定的政治、军事和经济目标，组织和动员社会流动的劳动人口，垦种国有荒地和边陲土地的劳动形式，有军屯、民屯和商屯之分。其中，最常见的则是政府为了满足戍边驻军的军事给养、巩固国防、稳定边境而设立的屯田，这种屯田有明显的军事性和强制性。在中国传统社会中，国家直接控制的可耕土地呈逐渐减少的趋势。

3. 自耕农土地所有制

这是中国传统社会中最大量、普遍存在的土地所有制形式，这种土地所有制实际上是一种小土地所有制，它是将所有权和经营权合为一体的一种农业生产组织结构。战国秦汉以后，这种小农经济成为维系社会经济正常运转的重要力量和坚实基础。土地商品化是自耕农土地所有制广泛存在的经济前提，国家对小农经济赋税的要求则是它大量存在的政治保障。正是由于自耕农经济对传统社会经济和政治有着重要意义，所以政府总是通过各种政策措施确保其存在和发展。然而，自耕农经济由于其生产规模、生存条件、组织结构和运行机制等方面的特殊性，表现出一系列不容忽视的时代特征：

一是这种土地所有制形式只能是小规模的。由于它是牢固地把所有权和经营权结合在一起的经济，因而占有土地的数量受到自身经营能力的制约，在资金等物质生产条件都较恶劣的环境中，只能寻求在数量有限的小块土地上不断地投入劳动力，强化精耕细作的程度。

二是这种土地所有制形式极不稳定，流转速度很快。历史上流行的所谓"千年田，八百主"和"百年田地转三家"等俗语都说的是这种土地频繁的流转。一些自耕农通过购买土地上升为地主，更多的自耕农则有可能因丢掉土地而破产。影响自耕农经济的因素主要有自耕农经济本身状况、国家赋税轻重、社会安定程度和自然灾害频率。

在我国传统社会中，地权的非凝固化和地产的商品化，使社会各阶层都贪得无厌地追逐土地，也使地主、国家、自耕农等各种土地所有制之间存在着相互依存、相互转化的密切关系。在它们之间，没有严格的界线之分，存在着多种转化的途径。

4. 中国传统社会的地权变动机制

中国传统社会的土地运动机制和运动趋势有自身明显的特点，不同于世界其他国家和地区。中国传统社会中的土地运动机制对传统农业乃至整个传统社会都产生过相当深远的影响。

（1）土地买卖机制。这是指土地可以作为一种商品，一种能够带来多种利益的资源商品，能够进入土地交易活动中进行交换的功能。土地买卖机制加剧了土地商品化。在中世纪欧洲，土地不仅是稀缺的、能够带来经济利益的资源，而且还是一种政治权力和社会地位的象征。这种社会结构势必要求并推动土地所有制和占有关系凝固化，因此，严格禁止土地买卖，把土地排斥在商品交换领域之外。在那里，土地占有关系的松弛化过程恰恰是其传统社会解体的过程。中国则是另一番景象，土地很早就进入交换领域，开始商品化。所谓"贫富无定势，田宅无定主，有钱则买，无钱则卖"。由于土地占有与政治权力和社会地位的关系松弛，土地转换也不意味着政治特权的丧失和社会地位的下降。土地买卖机制是保证中国传统社会土地高度利用的重要条件，经营者在经济条件恶化时便抛售土地以改进生存状态，在经济条件好转时便买进土地以扩大经济收益，从而保证了土地总处于较稳定的经营条件和环境中。这必然导致土地带有某种资本的运转特征。

（2）土地兼并机制。这是指各种社会财富不断地产化、土地占有不断集中化的机制。土地兼并就是土地的集中化趋势和过程，是各种社会财富（包括商业利润、高利贷利息、地租以及其他财富）地产化的过程。土地兼并早在秦汉时代就已产生，这种兼并土地的经济活动几千年来始终没有终止。促使土地兼并机制发挥效益的因素是多方面的。

首先，中国传统社会中，地主、商人、高利贷者往往是三位一体的。经营土地与经营商业、高利贷之间没有严格的社会限制，这种一身兼数任的情况无疑沟通了农业与其他各业的联系，加速着土地商品化。

其次，地产的特殊性质，使它具有其他社会财富无法比拟的优势。地产并不是最有利可图的经济投资领域，它所带来的利益并不比商业和高利贷大，但是，土地是财富良好的避风港，所带来的利益虽小，但所承担的风险也小，并不需太多精力即可有相当丰厚的收入。从长远看，地产所带来的利益便是稳定持久和坚实可靠的。古训："以末致财，用本守之"，"理家之道，力农者安，专商者危"，就是这种特性的概括和总结。

最后，地产并不是财富运动的终点，在时机成熟时，地产又会转化为商人或高利贷资本，这种可逆性也使人们把购置地产当作闲置商人资本或高利贷资本的最佳流向。而这一切均可以通过土地买卖机制顺利实现。

（3）土地离散机制。这是指通过土地买卖或其他方式，使土地占有规模呈小型化、分散化的一种趋势。土地离散机制是使我国传统社会一直未能出现稳定的大地产的重要原因。

促进并推动土地离散机制发挥效应的因素有：一是小农经济的农业生产组织结构的要求。小型化和分散化的土地占有关系最适合于小农经济。二是长期沉重的人口压力，其结果必然是使有限的土地资源占有日趋支离破碎。三是政府沉重的赋税剥削也使自耕农无力或不愿承担超过自己经营能力的更多土地。四是中国的诸子共同继承家庭财产的继承制也加速着土地的小型化和分散化。

因此，中小地主和自耕农土地所有制在传统社会土地占有关系中，总是处于绝对优势的地位。小地产所造成的问题，是它始终无力出现质的突破，从而无法成为孕育新的经济关系的母体。在小地产上很难形成在资金和技术上高度集约的新的经济力量，也不可能建立起复杂有机的新的经济关系。来自任何方面的冲击都有可能导致这种小地产的破产。因此，小农经济的土地所有制是难于经受任何风浪的，其生产和生活是十分悲惨的。

总之，在中国传统社会中，土地是被人们无限追求的稀缺财富。但是，土地运动始终没有能够带来传统农业经济结构的质的突破。上述三种土地运行机制并发作用的结果，造成了土地占有关系的剧烈动荡。这种剧烈动荡的经济成本和社会成本极其高昂。聚复散，散复聚，新的经济关系和经济力量诞生的希望，就在这种动荡中化为泡影。

（二）土地租佃关系及其变动

由于地权转移的频繁，中国传统社会的土地呈现出不断向各类地主集中的趋势。地主占有和兼并土地的目的，是通过转让土地的使用权以获取地租，因而，在中国传统社会，土地就是资本，购买土地就是投资。在地主制经济下，地主的土地除部分自营生产之外，大部分出租给农民耕种，收取地租，形成租佃制度。

中国传统社会租佃制度的发展，大致经历了以依附农为主体的租佃制时期、以分成租契约佃农为主体的租佃制时期和以定额租契约佃农为主体的租佃制三个时期。

1. 依附农租佃制时期（战国至隋以前）

中国传统社会的土地租佃关系早在战国时期就已出现，但在秦以前还只是稀疏地存在。当时的地主大都是采取自营形式，役使庶子、庸奴或奴婢从事生产。西汉自武帝时期开始，土地兼并盛行，许多自耕农破产，地主通过出租自有土地或转假公田，使得土地租佃关系在一定时期得到较快发展，但随即就遭到专制政权的压制。西汉政权从与地主争夺自耕农出发，把除豪强、抑兼并作为政府的一贯政策，遣刺使巡行郡国，查问"强宗豪右"田地逾制、以强凌弱、以众暴寡的情况，所以在此期间，土地租佃关系仍处于初级阶段。

两汉之际，刘秀起兵，豪强大族多领私兵相随，对东汉立国有功，豪强地主因而得势。他们政治地位显赫，经济力量强大，文化知识独占，逐渐形成世族门阀地主。依附于他们的徒附、宾客、私属之属，大量参加农业生产，依附农租佃制渐起。三国至东晋，战乱频仍，徭役繁重，更促进了依附农的发展。三国时期，曹魏和孙吴赐客、复客给功臣贵族，为依附农合法化之始。西晋颁布户调式，规定贵族、官吏得荫人为佃客，东晋又颁给客之制，依附农租佃制得到国家政权法律的认可，由此，这种租佃关系发展到它的鼎盛时期。当时，世族门阀地主在整个地主中居于主导地位。主佃之间的关系是：佃客"皆注家籍"，附属在地主的户籍之中。佃客耕种地主的土地，交纳分成实物地租，虽不负担国家的赋役，但须为地主服劳役乃至充当私兵。地主对于佃客及其家属的人身，享有管辖、惩处和役使的权利，还有权限制他们的自由，可以迁徙和转让他们。主客之间的依附关系是终身和世袭的，只能通过佃客的赎免或地主的放免而终结。东汉以来的依附农租佃关系是一种超经济强制关系。这种超经济强制关系是在地主占有土地的基础上，凭借国家赋予的政治和法律特权，通过与无地农民建立依附关系而形成的。依附农租佃制在当时身份等级、特权和徭役等制度存在而生产力又不够发展的政治、经济条件下，它的产生和发展具有历史的必然性。

2. 分成租契约租佃制时期（唐宋至明中叶以前）

唐宋两朝实现了从世族地主和依附农占优势向庶民地主和契约佃农占优势局面的转变，地主与佃农之间实现了从超经济强制关系到经济强制关系的转变，这是这一时期租佃制关系最重要的发展变化。

隋代以来，佃客、部曲经过大量放免和自赎，保存下来的部曲也退出了农业生产，依附农随着庶民地主的发展逐渐自然消失。而唐代两税法的实施和宋代"田制不立"

"不抑兼并"的土地政策，推动了地主制经济的迅速发展。国家为适应这种社会经济的变化，调整了佃农的社会地位，规定地主和佃农皆属国家的编户齐民，在政治上"非有上下之势"。当然，这并不排除他们之间的政治、经济和法律地位上的明显差别。

佃农社会地位的提高，促进了佃农人身自由的发展。这种人身自由包括租佃、退佃和迁徙的自由等，它使得佃农基本上摆脱了对地主的人身依附关系。

为适应佃农社会地位的提高和个人自由的发展，租佃契约也应运而生。契约的主要内容是地主以提供土地为条件，要求佃农按时按量交纳地租。这种租佃契约关系，在唐代已开始在某些地区流行，到宋代则已是很普遍的现象了。它的流行，是经济强制关系形成的重要标志。

唐宋时期，佃农自有经济还不充实，需要地主提供部分生产资料和生活资料。如粮食、种子、耕牛、农具等。与佃农自有生产资料不够充实相适应，分成租占据主导地位。在分成租下，地租量与土地收获量直接关联，产量高地租就多，这势必导致地主对佃农生产的干预和指挥。对此苏洵有生动描述，他说，地主对于"浮客"的田间生产，往往亲自或差人前往地头"安坐四顾，指麾于其间"，即直接对生产进行监督干预。有人说这是一种超经济强制性质的人身依附关系。其实不然，地主的干预通常只限于主要粮食作物的生产，它是由分成租这种劳动者与土地相结合方式所决定的一种经济强制关系，是所有权与经营权还处于一种半分离状态的反映。

3. 定额租契约租佃制时期（明代中叶至清代前期）

明清时期租佃制沿着唐宋时期所开辟的道路进一步发展，开创了以定额租为主的契约租佃制的新阶段。定额租始于唐，宋代时在江南地区有所发展，明代进一步发展，到清代，定额租已在全国范围内占据主导地位。定额租的发展，是以土地一定的稳产高产为前提，是农业生产力发展的结果。它又以佃农摆脱对地主除土地以外的依赖，具有比较完备的生产资料和生活资料为前提，是佃农自有经济比较充实的结果。在定额租下，田间耕种之事，田主一概不问，皆佃农自己做主。地主与佃农之间，除"交租之外，两不相问"，这就排除了地主对生产的干预。

在定额租发展的基础上，押租制和永佃制随之发展起来。押租制于明代首先在福建出现，明代中叶万历年间，书商刊印的租佃契式中已有押租，可见押租制此时已开始广泛流行，并至清代日益发展，遍及全国各地。押租制是一种佃农交纳押金才能佃种地主土地的租佃制度。押租制使佃农通过货币权，获得了更有保障的土地经营权，它巩固了土地所有权与经营权的分离。

永佃制发生于宋，于明清时期继续发展，到清代已流行于苏、浙、赣、闽、皖诸省的许多地区。在永佃制下，地主的土地所有权发生分解，分割成田底权与田面权。由于佃农投入工本垦辟、改良土地或出资购买，地主用田面权的形式，将土地的经营权和部分土地所有权授予或转让给佃农。地主对于田底、佃农对于田面，分别享有占有、收益和处置的权利。其主要特点是可以分别让渡、出佃并收取地租。在永佃制下，地主无权增租夺佃和干预佃农的生产经营，佃农获得了更完备的经营自由。地主土地的全部经营权和部分所有权向佃农转移，是明清时期土地租佃制最重要和最本质的进步。

上述租佃制关系一系列的发展变化，表明地主对佃农的人身束缚逐渐松弛。从地主利用奴婢劳动自营生产，推进到租佃制度；从具有严格依附关系的佃农，推进到契约关系佃农；从分成租佃农，推进到定额租佃农，又推进到享有田面权的佃农，这是传统社会租佃制适应生产力发展、逐步调整和完善的过程。具体地说，这是一个逐渐改进分配关系乃至所有权关系，逐步分离土地所有权和经营权，使佃农的经营自由不断完备，并使佃农的自有经济不断充实的过程。

第二节　中国传统手工业的发展

在中国传统社会，手工业是仅次于农业的一个生产部门，是提供人们除吃饭之外的其他生产、生活资料的物质生产部门，也是人类历史上的第一个商品生产部门。

作为一个为社会提供劳动工具和生活用具的相对独立的生产部门，我国传统社会的手工业至迟在距今四千年左右的原始社会晚期就形成了。中国原始社会晚期手工业的发展呈现如下几个特点：①生产的规模化、专业化、分工化趋势不断增强。②自给自足是生产的主要目的。③以聚落为单位，内部手工业门类小而全。④生产资料集体所有，聚落负责组织和管理，小型血缘家族和个体家庭独立参与[①]。

自春秋战国以来，中国传统社会的手工业在其漫长的历史发展过程中，逐渐形成了官营、城镇民营和农村家庭手工业三种生产组织和经营形式并存的发展态势，其中，农村家庭手工业是为整个社会提供手工业产品的主体。关于农村家庭手工业，我们将放在"中国传统社会的自然经济结构体征"这部分介绍，这里仅就官营和城镇民营手工业发展历程及其特点做简要介绍。

一、官营手工业

1. 官营手工业的发展

官营手工业是我国传统社会长期占据统治地位的手工业。所谓官营手工业，是指由国家直接经营管理，或所有权属于国家的手工业。我国官营手工业的历史可追溯到国家形成初期。夏、商都设有管理手工业的官职，统治者所需的礼器、祭器、兵器和奢侈品、生活用品，绝大多数由官府手工业作坊制造。西周时期，官府对手工业的管理更加完善，无论是王都和各诸侯国的手工业都由官府组织和管理。官府还按行业设立司工、陶正、车正、工正等官职对手工业者加以管理，号称"百工"。西周"工商食官"和"百工"制度的创立，标志着中国传统社会官营手工业制度的正式形成。

春秋战国时期，官营手工业获得充分的发展，各诸侯国也普遍设立了官营手工业的管理机构及"工正""工尹""工师"等工官。官营手工业涵盖的范围更加广泛，几乎包括了当时所有手工业生产部门。

秦汉建立了大一统的国家政权，官营手工业规模更为庞大，手工业的管理更加完

① 裴安平.中国史前晚期手工业的主要特点［J］.中国经济史研究，2008（4）：54-62.

善，形成了自上而下的管理系统。秦始皇陵成千上万的兵马俑，以及巨大的宫殿建筑都是秦代官营手工业的杰作。汉朝在中央、各郡国和重要产地都设有相应的工官。汉代官营手工业组织可分为两大系统：大司农和少府。大司农掌管有关国计民生的重要手工业产品的生产，主要包括盐、铁和铸钱三大部门；少府为常规手工业的主管部门，如砖瓦制造、陶器生产、金属制品、玉器雕刻、漆器、画工、笔墨纸砚、纺织产品等。自汉武帝时起，实行了有名的"盐铁官营"政策，这一政策对后世产生了深远的影响。

魏晋南北朝时期虽是中国历史上的社会动荡和政权割据时期，但各割据政权仍继承了秦汉垄断和直接经营手工业的传统。"永嘉之乱"后，南北政权都加强了对官营手工业的控制，采矿、冶铁、炼铜、煮盐、造船、兵器制造、金银器制作、丝织、制陶、造纸、土木杂作等部门基本掌握在官府手中。总体而言，魏晋南北朝时期官营手工业的管理基本上保持了汉代的规模，在某些方面甚至有扩大的趋势。

隋唐统一后，国家加强了对重要手工业部门的掌控和垄断，官营手工业在整个手工业生产中仍居主导地位，手工业管理实行中央、地方和军队多管齐下。工部是全国手工业的最高行政管理机关，少府监、将作监和军器监则是工部之外的三个具体分管官营手工业的中央机构。除了中央及京师比较健全的手工业机构外，在地方还设有专门的官营手工业机构。官营手工业的物料和劳动力主要采用无偿征调的方式。那些被轮番征调到官营手工业作坊中服役的工匠称为"轮番匠"。在官营手工业产品质量管理方面，隋唐政府制定了一些行之有效的办法，如在手工业生产中推行责任制，实行制作和监督责任人在产品上镌刻姓名的制度等，这对于保证官营手工业产品质量是有积极意义的。事实上，隋唐，特别是唐代的官营手工业中确实产生了一批享誉全国乃至海外的产品，如官窑烧制的"唐三彩"被誉为大唐盛世的艺术瑰宝。

宋元的手工业生产中，占统治地位的仍是规模庞大、组织严密的官营手工业。北宋官营手工业以奢侈品和军器生产为主，生产规模和产品种类远远超过了唐代，京师的文思院是当时官营手工业中规模最庞大的生产机构，内部专官设置和技术分工十分细密。地方上也有不少官营手工业作坊，规模较大的有造兵器的诸道都作院、产铜各郡的铸钱监、生产瓷器的"钧、汝、官、哥、定"五大官窑以及成都的蜀锦院等。南宋时，官营手工业中心转到临安，以军器制造、印刷、建筑以及宫廷所需的日用品、奢侈品为主。两宋官营手工业的组织管理机构基本承袭唐代并有所扩充。元代手工业是在其早期的对外扩张、征服的过程中逐渐建立起来的。蒙古统治者在对外征服的过程中十分注重搜罗被征服地区的工匠，将其集中起来设局生产，从而形成了元代最早的官营手工业，随着征服范围的扩大，各手工业门类相继建立。官营手工业中推行"匠籍制度"，工匠职业世袭，不得离局（生产作坊），在官吏、监工的监督下工作。这种强制劳作的制度挫伤了工匠劳动的积极性，使得元代官营手工业生产效率低下，产品质量低劣。

明清时期是我国传统社会官营手工业总体走向萎缩的时期，不过在政府掌控的个别手工行业，其组织及规模依然庞大。以织造业为例，明初南京的"内织染局"有织机300余张，工匠3 000余人。清乾隆年间，江宁、苏州、杭州三个织造局共有织机1 863张，各种工匠7 062名。明代官营手工业使用的劳动力主要包括军匠、民匠和灶丁（制盐丁），实行轮班（每两年到京师服役三个月）、住坐（附籍在京师，就地服役）等服役办法。明中叶后，官营手工业作坊中工匠怠工、逃亡现象十分突出，加之官营手工业管理中日益严重的浪费和腐败，致使许多官营手工业名存实亡，在此情况下，明廷不得不改革匠籍制度，实行以银代役的政策。清顺治二年规定各省俱除匠籍为民，雍正时又将匠班银并入田赋征收。至此，长期以来强制工匠无偿服役的匠籍制度完全废除；历史上由官府严格控制的盐、铁等有关国计民生的重要部门也大部分放开由民间经营，一些长期由官府主导的手工业行业也逐渐从官营手工业中退出，曾经庞杂的官营手工业系统在经营范围、生产规模上大为缩小。中国传统社会官营手工业经历数千年的长期发展，至清代前期终于发生了一系列具有重大意义的变化。

2. 官营手工业的基本经济特征

从以上的叙述，我们可以对中国传统社会官营手工业的基本经济特征做如下几点概括：

第一，官营手工业的生产规模和管理机构相当庞大而完备。官营手工业作坊由于有政府政治和经济上的支持，往往不惜工本，规模庞大。如战国时期山东临淄齐国故都冶铁遗址面积达 40 万平方米；河北易县燕下都城址内冶铁遗址三处总面积也有 30 万平方米。西汉中期以后，全国有 49 处设置了铁官。汉元帝时，仅采铜、铁矿的人数就有 10 万人以上。汉时的临淄是全国著名的纺织业中心，号称"冠带衣履天下"，当地官府纺织作坊仅"三服官"（汉时设于齐地，主制天子之服）就有作工各数千人，足见当时官府手工业作坊规模之大。这种局面一直延续到清代。如此庞大的官营手工业作坊，即使是西方资本主义初期的工厂也自愧不如。为了管理如此规模庞大的手工业，中国传统社会中的历朝政府，往往在中央和地方均设立一系列组织严密的官营手工业管理机构。

第二，官营手工业垄断了传统社会中直接攸关国家命运的所有手工业行业。通常情况下，政府经营或控制手工业有两个基本目的：一是要控制一切与国家政治、经济紧密相关的工业部门；二是要控制或部分控制与自身需要紧密相关的工业部门。前者主要有铸币业、采矿业、金属制造业、煮盐业和军器制造业等，这些工业部门不仅关系到国家的政治稳定和政治统治，还关系到国家经济正常有序地运行。中国传统社会经济结构能够在漫长的历史发展中保持相对稳定，与此有着密切的关系。因为，政府不仅牢牢地控制着国家经济的主导产业部门——农业，而且也牢牢地控制着对国家经济有极为重要作用的铸钱、采矿、冶炼、煮盐等手工业行业，这实际上就使政府稳固掌握了国家的经济命脉。后者主要有丝织业、陶瓷业、建筑业和造船业等，政府举办并经营这些行业主要是为了官府和皇室的需要。在传统社会中，官府和皇室是最大的手工业品消费集团。只有官营手工业作坊才能提供数量庞大，质量精美的手工业品来满足这种集团的特殊而巨大的需要，政府用于对外经济交往的手工业制品，也多出自官营手工业。这就决定了中国传统手工业中官营手工业的发达和对外贸易的官方垄断性。

第三，从官营手工业的经营方式及与民营手工业的关系来看，它与政治特权紧密地结合在一起。可以说，没有政治特权作为后盾和依仗，官营手工业不可能取得那样有效的发展。官营手工业的独特优势来自政府赋予的权力，其经费来自政府的财政拨款，其产品的出路也由政府提供和确保。也就是说，政府为官营手工业提供权力、资金和市场保障。在官营手工业中从事生产活动的工匠，也多是由政府依靠政治权力从民间征调来的。秦汉时期，官营手工业中曾大量使用人身不自由的工匠，被称为"官户奴婢"。唐代在征调工匠和以私雇方式征来的工匠之外，也还存在不少官户奴婢，即使是一般来自民间的工匠，也规定其一旦入工匠后，便不得改行，许多工匠都必须著于"匠籍"。匠籍制度成为政府控制手工业者的基本手段。

第四，从官营手工业的技术水平看，它达到了中国传统社会手工业的最高水平，其中许多技术在当时的世界上也是遥遥领先的。早在战国时期，中国就已发明并掌握了以"高温液体还原法"铸造生铁和使用金属，这是生铁冶炼史上的划时代进步。欧洲到 14 世纪才开始使用铸铁。秦汉时期，随着畜力鼓风机和水力鼓风机的使用，铁的质量有了明显提高，同时出现了炒钢工艺，比欧洲早了一千多年。纺织业的成就则更为突出，尤其是丝绸制品成为举世公认并热烈追求的杰作。历千年而不衰的"丝绸之路"就足以说明这一点。长沙马王堆出土的大量西汉时期的丝织物，充分反映了当时缫丝纺织技术的水平，其中薄如蝉翼、轻若烟云、重仅 49 克的"素纱蝉衣"尤其引人注目。此外，建筑、造船、航海技术也十分精湛。英国学者李约瑟曾指出：中国人被称为不善于航海的民族，那是大错特错了。他们在航海技术上的发明，随时可见。即使在欧洲中世纪和文艺复兴时期，西方商人和传教士在中国的内陆河道上所见到的航船，数量之多，使人咋舌。而中国的海上船队，在 1100—1450 年肯定是世界上最伟大的。

3. 官营手工业技艺精湛、效益低下的原因

官营手工业具有双重的生产目的：一是为满足皇室宫廷与专制国家的需求而生产；二是为市场生产垄断商品，如盐、铁之类，其目的在于追求垄断利润，以增加财政收入。为市场生产垄断商品，凭借垄断权力即可获利，因此不必讲究产品质量与经济效益。为皇室宫廷与专制国家生产消费品，只要产品精良，也不必计较成本与效益。所以，官营手工业的生产目的，决定了其具有精湛的技艺和低下的效益这两个特点。

官营手工业之所以生产技艺精湛，原因有三：一是由皇室宫廷、专制国家特殊的需求所促成。二是人才集中、分工细密的结果。官营手工业集中了全国优秀杰出的能工巧匠，他们一起劳动，彼此交流经验，使得生产技艺日益精湛，而官营手工业内部分工细密，也促进了工匠技艺的发展。三是因其拥有大量的人力资源和自然资源。官营手工业控制了众多的人力资源，垄断了丰富的自然资源，这就为手工业技艺的提高和发展提供了坚实的基础。

尽管官营手工业生产的技艺精湛、高超，但在中国传统社会，这种生产却难以转化为经济效益。这与西欧工业发展中技术发明导致成本降低、效益上升的情况迥然不同。其原因主要在于官营手工业生产中没有或缺乏市场机制，没有自由竞争。相对于精湛的技艺，官营手工业的效益是极其低下的。如瓷器乃中国之精品，但官窑生产是没有什么效益的，只要皇室需要，生产时根本不考虑成本与效益，可见，生产中的浪费极其巨大。在官营手工业中，精湛的技艺为微薄的经济效益而牺牲。

当然，官营手工业效益低下，也与官僚管理体制有关。官营手工业的所有者是专

制国家，管理机构是衙门，负责经营管理的是一些没有专业知识，不谙经济事务的官僚。这些人奉行上级命令或长官意志，墨守成规，遇事推诿，不求有功，但求无过，由此导致官僚主义盛行，用衙门的行政命令替代经济规律。伴随官僚主义而必然出现的是因循守旧、低效无能、贪污浪费、敷衍失职。如此这般，官营手工业效益从何而来？

二、城镇民营手工业

1. 城镇民营手工业的产生和发展

城镇民营手工业是指由城镇中的一些个体小手工业者和豪民贵族经营的手工业，它是一种脱离农业或农民家庭而独立存在的手工业结构，民营手工业者主要是为市场而生产的商品生产者。这种民间手工业，特别是个体小手工业者可能在西周甚至更早就已经存在了。春秋战国时期，由于生产力的发展，特别是铁制工具的大量使用，手工业也冲破了领主制经济时期的"工商食官"桎梏，民营手工业迅速发展起来，不仅涌现出大量的个体小手工业者，而且还出现了一批实力雄厚的大手工业主。秦汉时期，特别在汉武帝实行盐铁专卖以前，民营手工业的发展比较迅速，个体手工业者人数众多，广布于城市和村镇，从事的手工业生产行业广泛，一些有实力的官僚和富商，还成为煮盐和采矿的大业主。但自实行盐铁专卖后，民营手工业受到了打击，特别是与盐铁有关的民营手工业急遽衰落。魏晋南北朝时期，民营手工业在天灾人祸的冲击下走向了极度衰落，只是到魏晋南北朝的后期，随着一些王朝的逐渐巩固和政局的趋于稳定，民营手工业随之发展起来。如北魏后期的洛阳城里，各种手工业作坊齐集，城西之民多以酿酒为业，城北之民多以卖棺椁为生，城东之民多为造瓦之匠。隋唐时期，由于社会的相对稳定和政府对采矿、制盐、纺织和陶器等领域的开放政策等，民营手工业无论从数量还是质量等方面都有显著的发展，成为我国传统社会前期民营手工业发展的一个高峰。这不仅表现在许多传统的手工业如矿冶、车船制造、粮食加工业等多种手工业的大发展，还体现在纺织业、制盐业、制陶业、漆器业、造纸业和制茶业等在民间普遍地发展了起来。由于有众多的人在从事同一行业，有许多的共同活动和共同利益，又同时处于官府的管理之下，久而久之，便形成了各种同行业的区域性组织——行会。手工业行会的出现，标志着隋唐时期我国城镇民营手工业发展的新高度。

宋元时期的民营手工业发展比较显著，特别是宋代最为突出。由于宋代民营手工业所受的限制较少，所以在手工业的种类、规模、作坊数量和商品化的程度方面都发展较快。宋代已经出现了一大批雇工众多的大型手工业作坊或手工工场，多见于矿冶、铸造、制瓷、纺织、制盐、制糖、制茶、造船等行业。如徐州利国监有36冶，"冶户皆大家"[①]，每冶用工百余人；四川的盐井，每家须役使工匠二三十人至四五十人。这些民营作坊规模之大，数量之多，在唐代及以前都是少见的。元代民间手工业一度受到压抑，但工匠地位高于农民，民间手工业仍有一定发展。据《马可波罗游记》记载，元初杭州有12种职业，各业有12 000户。上海松江污泥泾人在黄道婆的影响下，很多

---

① 《苏轼文集》，卷26。

人以棉纺织为生，从业者达一千多家。这些人户虽多为个体小手工业者，但也不乏一些较大的民间作坊。据徐一夔的《织工对》记载，在当时杭州，一些富有的作坊主拥有"杼机四五具，南北向列，工十数人"[①]。

明清时期是我国传统社会城镇民营手工业的大发展时期，民营手工业已经超出官府手工业而占主导地位。一个重要的原因是明中叶以来商品经济的发展和役匠制度的变化，越来越多的人成了自由、独立的小手工业生产者，这在江南和沿海一带最为突出。例如松江"俗务纺织，不只乡落，虽城中亦然"[②]。在江苏，"士大夫多以纺织求利，多蓄织妇，岁计所积，与市为贾"[③]。清代正式废除匠籍制度后，民间手工业的发展环境更为宽松，主要手工业产品比明代有所增长，并出现了明显的区域性分工，形成了一些手工业产品比较集中的地区。不少小手工业者演变为依靠大型手工作坊和手工工场生产的大手工业主。如张翰在《松窗梦语》中就自述了其家由拥有一张织机的小机户演变为拥有二十张织机的大机户的过程。到清代前期，民间纺织业规模进一步扩大，甚至有开五六百张织机者。至于在采矿、冶铸等行业，民营手工业的规模与官营手工业也不相上下甚至超过之[④]。

中国传统社会的城镇民营手工业在其发展历程中从小到大、由弱变强，在与人民生产和生活息息相关的手工业领域，如纺织业、陶瓷业、造纸业、印刷业和木材加工业等取得了显著的进步。中国古代脱离农民家庭独立出来的民营手工业大多是以手工作坊的形式出现的中小手工业者，真正的工场手工业在中国传统农业社会中只是极少量地存在于商品经济比较发达的地区和有限的几个次要的手工业部门，且是时生时灭、波浪曲折地发展，它们在一些行业和地区出现后，不久就衰落下去，以后又在另一些行业和地区生长起来。

2. 城镇民营手工业的基本经济特征

首先，民营手工业各部门主要是传统农业的附属性工业部门，即严重地依赖传统农业经济的发展。从民营手工业部门来看，许多民营手工业都是直接对农副产品进行加工，如粮食加工业、棉纺织业、缫丝及丝织业、制茶和酿酒业等，还有一些则是直接为农民生活和农业生产服务的，如农具制造业、陶瓷业等。从民营手工业的原料来看，主要依靠农业生产的，以地面物产资源为原料的手工业部门在传统社会各种手工业中占绝对优势。城镇民营手工业对农业经济的严重依赖，决定了其不可能有较大的生产规模，因而它们通常都是生产规模狭小、资本力量单薄、技术水平落后的手工业作坊，或以家庭为单位的个体手工业。这势必使这种手工业的部门结构或产业结构的低水平局面无法改变。

其次，民营手工业的生产组织狭小，往往是以家庭或家族为核心组织生产，所从事的生产领域十分单一，难以有较突出的发展。中国传统社会中，家庭、家族关系纽

① 徐一夔：《始丰稿》卷1。
② 明正德：《松江府志》，卷四，风俗。
③ 于慎行：《谷山笔麈》卷4。
④ 张九洲. 中国经济史概论［M］. 郑州：河南大学出版社，2008.

带是最普遍、最广泛被利用的一种社会组织和社会关系。民营手工业也不例外，它通常都是以家庭成员为主体组织生产，生产与经营管理是家庭式的家长负责制，生产产品主要是人民生活最基本、最大宗的衣、食、用物品，很少能从事金属冶炼与制造业、采矿业、船舶制造业，手工业组织结构的低层次状态难以突破。

再次，民营手工业的生产技术十分落后，主要以手工操作为主。因为技术要求上只注重个人生产技术而无视机械生产技术，重视个人经验的积累，而缺乏对机器生产的强烈要求和冲动，所以，手工业技术难以有实质性的提高。又由于手工业者竞争十分激烈，他们往往严密地保守技术秘密和诀窍，不愿昭示于他人。技术的落后性和保密性，使之不可能取得全行业乃至全社会的技术革新。

最后，民营手工业行会组织主要是协助政府的组织和协调手工业者关系的组织，在保护手工业者的权益方面作用甚微。这种"先为官方后为民间"的职能特点，是中国传统社会行会同欧洲行会组织的重要区别。在宋代，"市肆谓之行者，固官府科索而得此名，不以其物之大小，但合充用者，皆置为行。"明代手工业者也是"以其所业所货注之籍。遇各衙门有大典，则按籍给值使役，而互易之，其名曰行户"。行会非但没有成为手工业者有效地保护自己的组织，反而成为官府控制和剥削手工业者的工具。

3. 城镇民营手工业难以发展的原因

中国传统社会中的城镇民营手工业生存在官营手工业与农村家庭手工业的夹缝之中，其发展步履维艰。这是因为：

第一，民营手工业要为专制国家承担各种差役，手工业生产中的劳动力得不到保证。许多民营手工业中的工匠，经常被无偿征调到官府中服役，此时他们只能中断自己的生产。除此之外，他们还要受到专制国家的超经济剥削。如明代规定，城市中的工商业铺户，凡拥有一定资本者一律要轮流承担差役，名曰"当行"。在"当行"期间，专制国家需要什么，民营手工业铺户就得为之生产什么，而且其产品价格大大低于市价，有时官府甚至借故不支付，或拖欠本钱。因此，在这种情况下，城市民营手工业就很难通过积累来扩大手工业的生产规模，甚至常常遭到破产的威胁。

第二，民营手工业缺乏城乡市场。由于皇宫、官府所需的各种手工业产品，基本上由官营手工业供给，于是城镇民营手工业产品的市场无形之中就大大地缩小了。农村家庭手工业的普遍存在，使得小农家庭所需的手工业产品也基本上不依赖或很少依赖城镇民营手工业的供给。因此，城镇民营手工业既没有广阔的城市市场，也没有广阔的农村市场。城镇民营手工业是一种小商品生产，小商品生产必须要有一个不断扩大的市场，生产规模才能不断扩大。由于缺乏市场，城镇民营手工业生产就受到极大的限制，不能得到长足的发展。

第三，民营手工业缺乏技术进步和创新的有效机制。由于城市民营手工业产品的市场狭小，价值规律就无法发挥作用来促进其技术进步与创新。在这种情况下，民营手工业者为了自身的生存而严守技术秘密，并以家族形式，将技术秘密由父传子，由子传孙，绝对不愿扩散传播。因为在市场狭小的情况下，把生产技术的秘密泄露给外人，就为自己制造了竞争者，从而也就丧失了自己垄断的市场，所以，保守技术秘密就成为关系手工业者生存利害的大事，但是，对于社会来说，却由此丧失了技术进步和创新，从而使整个手工业生产处于发展缓慢的境地。

在西欧，城镇民营手工业是导向工业化的一股经济力量。但在中国传统社会中，由于官营手工业的强盛与农村家庭手工业的广泛存在，城市民营手工业只能在夹缝中艰难地挣扎，发展极其缓慢。这是中国皇权支配及干预下的手工业经济的一大特点。

第三节 中国传统社会商品经济和市场发育

一、中国传统社会的自然经济结构体征

所谓经济结构，在这里特指中国传统社会再生产各个环节中生产、交换、分配与消费的目的和相互关系。在中国传统社会中，社会再生产形成了以自给自足的自然经济为主，商品经济为辅的经济结构。随着社会生产力的发展，社会经济结构中出现了以交换为目的的市场化趋向。

自给自足，就是生产者直接是分配者和消费者，生产与消费在低水平层次上直接沟通，由于生产与消费直接融合，交换被限制在极其狭小的领域内。

中国传统社会自给自足的自然经济结构，其基本特征是社会以一家一户为一个生产单位（在西欧中世纪是以村社、庄园为社会基本生产单位）。每一个家庭基本上都从事着几乎完全相同的经济活动，都是从采掘各种原材料开始，直到最后把这些原料制造成消费品，供家庭成员直接消费。商品交换虽然存在，但其作用仅仅是自然经济的补充。自然经济与商品经济的区别，体现在生产目的方面是商品经济追求价值，自然经济追求使用价值。

（一）自然经济结构的内部特征

中国传统社会的经济结构是一种极为典型的自然经济结构。无论是从个体、局部考察，还是从整体、全局考察，都表现出强烈的自然经济特征。

个体小农经济是最典型的自然经济，它把农业和家庭手工业紧密地结合在一起，男耕女织，以织助耕。这样不仅能够满足个体家庭维持生存的最低级、最基本需要，而且也使之与市场的联系降到最低限度。家庭自然地成为生产的牢固组织和规模经济的天然屏障。地主制经济也是一种以满足自身需要为主要目的的自然经济，它实际上是若干租佃小农经济的集合体。地主购买和占有土地，其经济目标并不是经营本身的诱惑，而是自身的消费需要。国家经济从总体上讲也是自然经济性质的，国家经济大厦的基石是由为数众多的小农经济构成的，小农经济并没有在国家这个层次上产生性质不同的新的经济组合、经济关系和经济结构。众多封闭的自然经济因子不可能构成一个开放的国家经济体系。

虽然中国传统农业在当时取得了举世罕见的经济繁荣和发展，但其经济结构仍然是自然经济性质的。中国传统社会自然经济结构的内部本质特征突出地表现在以下几个方面：

（1）这种经济结构具有明显的自给性和封闭性。经济主体的活动空间十分狭小，

社会交往和相互需要程度很低，经济活动的目的只是自身的需要。这就使整个社会缺乏丰富的经济联系和相互推动，经济发展的内聚力远远大于它的扩张力，个体的存在并不一定以群体的存在为条件。

（2）这种经济结构具有突出的离散性。各个经济主体之间缺乏相互依存、互为条件的联系，彼此分离并相互独立。尤其是农民个体小农经济基本上是一种不依赖外部其他经济组织提供生产条件的小规模经济，保持着"鸡犬之声相闻，民至老死不相往来"的关系模式。

（3）这种经济结构还具有显著的稳定性。无论是从经济组织、经济结构还是经济发展任何一方面来看，其常态便是处于一种持久稳定之中，它不需要并且排斥外部经济因素和经济力量的输入，而且任何来自内部或外部的冲击均难以动摇这种稳定的经济结构。

（4）这种经济结构还具有典型的同构性。不同层次、不同规模的经济组织在结构上具有同一性或相似性。家庭与家庭之间、区域与区域之间、家庭与国家之间，都表现出这一特性。这与中国传统社会的夫权、父权、族权、君权等社会结构的同构性几乎同出一辙。

可以说，中国传统社会经济结构是世界历史上发展最充分、结构最完备，也是最难以突破的一种自然经济结构。

（二）自然经济结构的外部表现特征

中国传统社会自然经济结构也可称为小农家族经济结构，这种经济结构具有如下一些特点：耕织结合，即家庭农业与家庭手工业的结合，以最大限度地发挥小农家族经济的效益；自然经济与商品经济相结合；精耕细作的集约化经营所带来的高亩产与边际收益递减同时并存。

1. 生产方面，"耕织结合"为其核心内容

首先，从人类的物质生活需求和农业生产的周期性特点来看，人类物质生活的基本问题是"衣""食"问题。它决定了中国传统农业社会中农业和手工业在家庭范围内的结合形式表现为"耕"与"织"的结合。其次，农业生产具有周期性的特点，有忙闲之分，为了有效、合理地安排劳动，也需要"耕织结合"。再次，从农业和手工业的劳动形式以及男女的生理特点来看，农业生产较繁重，又是野外作业，日晒雨淋，成年男子身强力壮，因而，在家庭范围内，多是"男耕"；纺纱织布是家内劳动，加之妇女体小力弱，并且要生儿育女，操持家务，故在家庭成员劳动分工中多是"女织"。男耕女织正是小农业和小手工业在家庭范围内结合的集中表现。最后，从农业与手工业在家庭经济生活中的地位来看，在"吃饭穿衣"问题上，吃饭问题显然更重要，因而，每一个农民家庭的主要时间、主要精力都必须用于耕种土地，而只能在耕种之余去从事各种手工业生产活动，或以非主要劳动力去从事手工业生产活动，故手工业又是以家庭副业的形式出现的。妇女在家庭生产中的附属地位，也决定了其经济附属地位、社会附属地位和政治附属地位。

2. 交换方面，依靠地方小市场调剂余缺

自给自足的自然经济不可能是纯粹的，它的存在，要依靠一定的商品交换作为补

充。因为人们的需要是多方面的，而满足其多方面的需求也不可能在狭小的家庭范围内完全实现。例如，盐和铁既是生活资料又是生产资料，而盐和铁的生产要受到资源条件的限制，因而只能通过交换取得。还有一些物品，如刀、剪、针等，每个家庭都离不开且无替代品，但需求的数量又是极其有限的，自己生产极不合算，也需要通过交换获取。因此，耕织结合的小农还必须向市场出售部分农副产品，才能换回自己所需的东西，这种交换也应看作自然经济不可缺少的组成部分，而一定的商品经济在某种意义上甚至还是巩固自然经济核心的手段。

3. 消费方面，大体上能做到自给自足

作为社会细胞的农民家庭，不但生产自己需要的农产品，而且生产自己需要的大部分手工业品。吃的方面，包括粮食、肉类、蛋类、蔬菜、果物、食用和照明的油脂；穿的方面，包括衣服、头巾、鞋袜及盖被等物；用的方面，包括燃料、饲料、肥料以及竹、木、草、石。作为原料的生产工具等都是在自己的家庭中生产出来的，修房造屋则采取了亲朋好友之间换工的形式，基本上能做到自给自足。地主贵族家庭消费的粮食等大多也是通过实物地租的形式直接取之于佃农，肉食、蔬菜、缝纫等则通过家内奴仆生产，大体上能做到自给自足。

专制国家政权的消费，一部分取之于农民和手工业者提供的实物赋税（如粮食、布匹、各地土特产品），一部分由国家创办手工工场自行解决，大体上也能做到自给自足。若干作为生产单位的小农组成一个村庄，若干村庄组成一个乡区，若干乡区组成一个县邑。这些县邑、乡区、村庄形同大大小小的经济单位，它们有各色各样专业手工业者和专业商品供应者——商贩和店铺，即都靠一定的商品经济的调剂形成大体上自给自足的经济状态。这就是中国传统社会自然经济的概貌。

二、中国传统社会商品经济的发展

商品经济是由商品生产和商品交换组成，由价值规律调节社会资源配置的一种经济形式。中国传统社会的商品生产和商业活动与同时期的西欧各国相比是十分发达和兴盛的。

衡量一个社会商品经济是否发达和商业活动是否繁荣，市场流通商品的种类和交易数量是一个重要指标。在中国传统社会，进入流通领域的商品数量和种类都是相当多的，这些商品就其构成来讲，包括农业产品、畜牧业产品、手工业产品、工矿业产品及从对外贸易中进口的"舶来品"（主要是奢侈品）等几大类。当然，在不同的历史发展时期、不同地区、不同类型的市场，商品构成存在着较大差异，从早期的以奢侈品为主，到唐宋以后以生产资料、生活资料为主，如铁器、食盐、茶叶、棉花、布匹、粮食、日用百货等。

大致说来，先秦时期的商品大多为满足贵族豪富消费需求的奢侈用品和人民生活必需品，如马匹、象牙、皮革、鱼盐等。虽然那时粮食贸易十分活跃，出现了白圭那样的著名粮商，但此时的粮食布帛贸易主要表现为季节性的丰歉调剂，地区间的余缺调剂所引起的流通交换尚不发达，商人以牟取贱时买贵时卖的时间差价为主要赢利手段，较少追逐贱处买贵处卖的地区差价者。秦汉时期，随着农业手工业的进步，进入市场的商品品种、数量均较前有所增加。当时大量行销的商品品种有酒、醯、酱、牛、羊、彘、谷、薪、藁、船、车、木料、竹竿、糅制木器、铜器、铁器、鱼、果、菜、丝绸、瓷器、药材等。东汉三国以降，商品货币经济凋零，在商品构成中，以服务于门阀士族的奢侈品最为突出，商贾"竞鬻无用之货"[①]。隋唐时期，进入市场的商品种类进一步增加，规模有所扩大。商品中加入了文人字画、工艺品、茶叶和来自世界各地的奇珍异物。宋元明清时期，进入各级各类市场的商品种类繁多，多达数百种，数量也非常丰富。从构成上看，主要包括食品、纺织品、日用品、药品、奢侈品、资本品和生产性物耗品。其中，后两种属于生产资料，包括耕牛、土地、房屋、农具、家禽饲料、木工工具、木材、钉、漆、砖、瓦、泥灰等。生产资料商品化是这一时期商品构成的一个突出特征。不过，就整个传统社会市场上的商品结构来说，除盐、铁等商品外，主要还是农副产品和手工业产品，其他种类的商品和舶来品所占比例很小。就商品的使用属性来说，生活消费品是各级市场最主要的商品。其原因在于：自然经济占支配地位，农民经济和官府手工业所需要的原料大多不依赖于市场。中国传统社会的生产基本上是年复一年的简单再生产，农民及城市中的个体手工业者很少需要通过购买来更新生产设备。由于这些原因，在中国传统社会中，农民出卖的商品超过了城市手工作坊出卖的商品，民生日用品的消费数量超过了奢侈品，而农村市场的经济意义大大超过了城市市场。

（一）传统社会的商品供给与需求

1. 商品供给

中国传统社会的商品品种构成已如前述，那么，这些品种繁多、数量丰富的以市场为媒介的商品供给渠道主要有哪些呢？

（1）部分农民家庭劳动产品与市场发生联系从而转化成为商品供给。农民出卖部分产品来换取自己不能生产的其他消费品，如出售粮食、布匹换取盐、铁等，这部分劳动产品转化成商品供给；中国传统社会地租赋税中的货币部分虽然不占支配地位，但为了简化征收手续，降低征收成本，在中国历史上的绝大多数时期征收货币税赋基本上是存在的，农民在缴纳货币地租赋税的前提下，被迫出售的部分农副产品转化成为商品供给；农民在生产情况较好的时期，产品所余稍多，易于把其中相当部分转化为商品供给，就是在发生困难，逐渐走向破产之时，也会被迫出售部分生活必需品用于偿还债务；在土地不足耕种之时，农民必须加强副业生产，"以织助耕"，发展经济，农民出售手工业产品换取粮食的这一部分产品转化为商品供给；至于农民从事经济作物种植，其产品本身就是以出卖为目的的商品供给。

（2）手工业生产者的劳动产品直接与市场发生联系成为商品供给。在春秋时代"工商食官"制度瓦解之时，完全脱离农业的手工业商品生产就出现了。专门从事手工业生产的劳动者直接与市场发生联系，其产品本身就是商品供给。

（3）官营手工业部分产品与市场发生联系转化成为商品供给。中国传统社会中的官营手工业主要是为满足统治集团的直接消费性需要而组织生产的，但产品中有一部

---

① 王符：《潜夫论》，务本。

分由于财政税收的原因也要进入流通领域，转化为商品形态。如历代官营的冶铁业和煮盐业都具有生产商品的职能。盐是"食肴之将"，铁是"田农之本"，都"非编户齐民所能家做，必仰给于市"①。而国家生产的大量盐铁，也非统治集团所能直接消费的，所以盐铁必售之于民间，与各阶级、阶层的居民发生联系。

传统社会以各种渠道进入各级各类市场的商品，可分为两种情况：一是产品在生产过程中一开始就以出卖为既定目的，紧密依托市场，考虑生产什么，生产多少和为谁生产，能不能实现其价值，这关系着生产者的再生产能否继续进行下去等一系列至关重要的问题，属于典型的商品生产性质。二是以直接获取使用价值满足自身消费需求为生产目的，即使有交换，交换能否成功也并不会直接影响再生产的进行，是自然经济的重要补充。

如果以交换成功与否对再生产的影响作为衡量的标准，我们可以看到，在中国传统农业社会的经济形态中既存在商品生产，也有很多进入市场交换的商品并不具有商品生产的社会性质。例如，农民向市场出售的农产品和家庭织妇的手工业品，虽然转化成了商品形态，但其生产并不具备商品生产的性质；地主出卖租谷，即地租转化为商品形态，也和商品生产毫无关系；官营工场手工业，其产品的生产具有商品生产的外观，但并不具有商品生产的性质。只有完全脱离农业的私营手工业者的产品和农民种植的经济作物（如茶叶、生丝、花生、甘蔗等），因其产品是自身消费不了的，因而始终都是商品生产。中国传统社会中的商品生产是随交换的发展和市场的扩大而逐步发展起来的，它是这个社会中具有划时代意义的新的经济因素。

2. 商品消费主体

中国传统社会市场商品的消费群体主要是王室、贵族、官吏、地主和农民、独立手工业者。王室、贵族、官吏作为商品购买和消费者是不言而喻的，因为他们的奢华生活需要不少物品以满足其要求，而这些物品中当然有些可以从官府手工业中获得，有些可从赋税中获得，但有相当多的物品则只能从市场上获得，而他们也完全可以从市场上获得，因为他们手中有货币。广大农民和独立手工业者与王室、贵族、官吏的需求不同，他们没有对奢华物品的需求，仅需求一日不可或缺的食盐及自身无法制造或自制成本很高的生产工具和生活用品。手工业者、商人也需要从市场购买一些自己无法生产但又确系生活必需的生活用品和粮食②。

（二）商品经济的发展

中国传统社会的商品经济，在其发展过程中经历了三次大的起落。第一次兴盛是从战国开始，到汉武帝时发展到高峰，经过汉武帝的打击之后开始衰退，到魏晋南北朝时达到低潮；第二次兴盛是从唐朝开始，到南宋时发展到又一个高峰，从蒙古军队南下时开始衰退；第三次兴盛从明初开始，到明朝末年发展到再一个高峰，清兵入关后又开始衰退。到清朝中叶，虽然商品经济又开始复兴，但外国势力的侵入，打断了再一次高峰的形成。

---

① 《汉书》，食货志。
② 郭庠林. 中国封建社会经济研究［M］. 上海：上海财经大学出版社，1998：91.

中国传统社会的商品经济的发展呈现螺旋式上升发展的态势，在某些年代或时期，商品经济的发展水平还相当高，这种发展在流通领域商业贸易的繁荣程度上得到了反映。

1. 从事商业活动的人数很多，商人积累了巨额钱财

据史料记载，汉朝时，"今举俗舍本农而趋商贾，牛马车舆，填塞道路，游手为巧，充盈都市"。唐时，"天下诸津，舟航所聚……弘商巨舰，千轴万艘，交货往还，昧旦永日"。在宋代，"都城自大街及诸坊巷，大小铺席连门，但无空虚之屋，客贩往来，旁午于道，曾无虚日"。明代有的地方如淮安府，从事农业生产的人百无一二，"其民操赢者服贾，握筹者驵侩（即牙商），土旷而货殖，罔事农业"。有关的文献记载还很多，但仅此即足以看出中国古代社会中从商之人是相当多的。不仅如此，商人积聚的钱财也非常可观，其间富爵王侯者亦不少。如汉文帝时，富商大贾"因其富厚，交通王侯，力过王侯，以利相倾，千里游邀，冠盖相望。"三国时，蜀商糜竺"祖世货殖，僮客万人，赀产钜亿"。明代富商大贾以徽商最富，"藏钱有至百万者，其他二三十万则中贾耳"。其次是晋商，当时山西的平阳、泽、潞等地的富商大贾"非数十万不称富"。

2. 商人结构层次复杂，各级王公贵族官僚经商和从商的现象很普遍

王公贵族官吏从商的情况早在西汉时就已经有了。据《汉书》记载，霍光之子霍禹就曾经营屠酤业。魏晋南北朝和隋唐时，王公贵族官吏从商者比之西汉时期更多。《晋书》中说："秦汉以来，风俗转薄，公侯之尊，莫不殖园圃之田，而收市井之利。"唐代一些文献中也屡有记载王公贵族官吏从商之事。据《唐会要》卷88杂录条："开元十五年（727年）七月二十七日敕，应天下诸州县官，寄附部人兴贩易，及部内放债等，并宜禁断。"所有这些资料，都反映出中国古代官吏有不少人参与了经商活动。这也是中国传统社会商业繁荣的一个表现。

3. 各种商税在国家财政收入中的比重不断增大

中国自唐中叶以后，到宋元明清时期，专制国家每年的商税收入总的来讲，呈不断增长趋势。商税的增长固然与税率有关，但从商人数的增多、商品种类的增加、交易额的增长等所引起的商税的增长亦不可忽视。因此，商税总数的增长也是中国传统社会商业发展的一个反映。

三、中国传统社会商品经济发展的特点及性质

1. 商品经济发展的特点

与欧洲中世纪商品经济的发展不同，中国传统社会商品经济的发展具有如下一些基本特征：

（1）官营商业和民营商业并存。这种双层经营结构，是中国传统社会商业发展的显著特点。民营商业的发展和壮大，是中外各国历史发展的必然历程。但是，官营商业长期垄断部分商品的生产与经营并始终没有退出经济活动领域，则是中国传统社会特有的现象。官营商业就是由政府直接经营或参与经营的一种垄断商业形式。从工商食官制度被打破一直到鸦片战争前，官商的经营范围和活动领域虽有所减少，但却一

直未能完全消除。官商的这种垄断性，充分地表现在这种商业的资金来源、商品结构、经营范围、经营形式和经营目的上。官商虽然也是从事商品生产和商品交换的，但是它对政治目的的追求远远大于对经济目的的追求。这不仅限制了官商性质发生实质性变化，而且也抑制了民营商业的发展。

榷估制度最集中地反映出官商的垄断性。这种制度就是通过对某些重要商品实行政府专卖，限制或排斥民营商业的生产与经营，以达到由政府控制这些商品的生产与交换的目的。榷估制度是中国传统社会国家干预主义的一项重要政策和措施。被列为榷估的商品种类繁多，主要有盐、铁、铜、酒、茶以及各种稀缺商品。历代王朝实行榷估的商品种类和范围虽不同，但榷估制度几乎为汉以后各朝政府所坚持。

（2）货币关系与货币经济早熟和发达。早在春秋战国时期，铸币就已大量使用和流通，布币、刀币、爰金、蚁鼻钱和环钱等流通于不同地区。秦汉以后，货币制度相对统一和稳定，货币经济日益繁荣与发展，货币关系也不断扩大。秦汉、唐宋、明清都保持着相当普遍的货币关系和高度发展的货币经济。各类商品均可用货币购买，即使是最重要的生产资料——土地，也同样是"有钱则买，无钱则卖"，其他如赏赐、馈赠、贿赂等也多以货币形式进行。大宗交易往往使用黄金，小宗交易则多使用铜钱。宋代，随着商品经济的繁荣发展，货币需求量成倍增长，于是，在金属货币之外，又出现了最早的纸币。货币经济和货币关系不仅渗透到一般农夫商贾的生活之中，也充分地反映到国家经济中。一般农户的家庭财产也多以货币衡量；国家财富也以货币计数。货币关系的发达也使货币拜物教思想很早就产生，两晋时人鲁褒在《钱神论》中写道："死生有命，富贵在钱。钱能转祸为福，因败为成，危者得安，死者得生。性命长短，相禄富贵，皆在乎钱，天何与焉！天有所短，钱有所长……失之则贫弱，得之则富强。"

（3）市场体系不断完善，商品种类日益增多。市场体系反映着市场的发育和发展程度。中国传统社会的市场主要有以下几类：一是地方小市场，亦称为墟集市场。这是发育最早最普遍的市场。北宋中叶已经开始对这种市场就场收税，通常采取包税（北宋称为买扑）的办法进行征收，每年可收坊市钱达八九百万贯，几乎占全国地方商税的一半。二是城市市场。这是传统社会最为发达的一种市场。秦汉以后，各大城市均设有数目不等的"市"，如唐长安城中就有东西两市。三是区域性市场，即跨越一定区域的地方市场。区域市场往往是联结城市和乡村、生产和销售的重要环节。明清时期，江南一些区域市场发展成了专业化市场，成为若干商品的集散地。四是处于雏形状态的全国性市场。全国性市场在传统社会中始终未能最终形成，只是长距离贩运活动发展较快。但是，长距离贩运的商品往往是一些奇珍异宝等贵重物品，与人民生活关系不大。

传统社会中的商品种类十分有限，主要是农副产品、手工业制品，以及与人民生产生活密切相关的其他商品。在传统社会中，由于商品需求量最大的是一般消费者，他们的消费层次低，因此，深加工或附加价值大的商品始终未能占据主要地位。

（4）城市的兴起较早，城市经济繁荣。与欧洲中世纪不同，中国传统社会城市的发展历程没有长时期中断。中国历史上的城市首先是政治中心，其次才是经济中心，城市的政治意义远远大于经济意义。在战国时期，城市大量出现。汉代长安城规模宏大，城市周长达 25 千米，最繁盛时人口不下 30 万，是当时欧洲罗马城的数倍。到了隋唐时期，长安、洛阳、扬州等都是极负盛名的大都会。长安城周长达 36.7 千米，面积 84 平方千米，城内有 108 坊，人口有百万之众，规模之大，举世无双。两宋时期，随着坊市制度被冲破，城市经济日益繁盛。到北宋末年，东京已有 26 万户、100 多万人口，且城市生活丰富多彩。明清时期，城市的发展更为普遍，不仅城市数量激增，且经济性城市纷纷崛起，知名的如苏州、杭州、武汉三镇、广州、重庆等城市均以工商业发达著称。如吴江居民在明末俱以蚕桑为业，男女勤谨，机杼之声，通宵彻夜。沿河两岸绸丝牙行约有千余百家，四方来收买的商贾，蜂攒蚁集，挨挤不开，路途无驻足之隙。景德镇由于窑火不绝被戏称为"四时雷电镇"。都城更是繁华，世界各地商品云集于此。事实上，支撑城市经济繁荣、发展的主要力量，就是商品经济的发展。

（5）对外贸易的发展和东方贸易中心的确立。长期以来，中国一直被西方人视为一个闭关锁国、不善于从事对外贸易活动的封闭国家，这是不切中国实际的。事实上，中国对外贸易的衰落是从明代郑和下西洋以后开始的，而在此之前相当长一段历史时期里，中国一直是东方的贸易中心。早在秦汉时期，中国就已建立起了当时世界上最强大、最辽阔、最富庶的大帝国。这种大一统局面维持了四百多年，为中国发展同周边国家和地区的经济文化交流提供了空前有利的条件。举世闻名的丝绸之路就是这个时期疏通的，它成为中国同中亚、西亚经济文化交流的大通道。唐宋时期，中国已成为东方的贸易中心，中外水陆交通十分发达，经济文化交流异常活跃。外国商人和学者的足迹遍及许多城市，其中一些人长期在中国居住。海上贸易亦十分兴盛，诗人刘禹锡曾咏道："连天浪静长鲸息，映日帆多宝舶来。"为了加强对外贸易管理，政府分别在北方边陲设立了互市机构，在东南通商口岸设立有市舶司。明朝前期的对外贸易规模仍很宏大，尤其是在 1405—1433 年，郑和作为明王朝的使者七下西洋，远航至东南亚、南亚、非洲东北部等地。郑和下西洋的政治目的远远大于经济目的，每次出航皆耗资巨万，虽然未能成为推动中国后期传统社会商业革命的契机，但它却沟通和加深了中国人同这些地区人民之间的了解与友谊。

2. 商品经济（特别是商业贸易）发达的原因

与西欧传统社会相比，中国传统社会显示了商品经济发展较早、较为活跃的特点。在两千多年的传统社会中，商品经济的发展呈现波浪式前进的姿态，曾达到一定的高度，不断推动传统经济的发展、繁荣和更新，对社会、经济的发展变迁也产生了重大的影响。那么导致中国古代商品经济兴盛的原因是什么呢？

（1）农民在产品占有份额上的变化。一般说来，在传统农业社会，商品经济的兴衰与农民可支配的产品数量的多少有很大关系。如果地主对社会产品占有量的比重较大，在生产力水平较低的情况下，留给农民自己支配的产品数量就很少，甚至连维持起码的劳动力再生产的水平都达不到，这时农民就没有什么东西可拿出来作商品交换，商品经济必然得不到发展。只有受农民支配的产品数量相对增加，农民除了满足自身最基本的生活和生产需要外，还可以拿出少量的部分作为商品来出售，以换取必要的生产和生活必需品时，才能造成商品经济的兴盛。虽然每一个农民可拿出来作商品交换的产品很少，但从一个地区或全国来说，汇聚起来就是一个相当大的数量。农民的这些少量产品，只要有商人通过市场将它收购下来，贩运到城市或其他需要的地方加以出售，就会形成相当大的市场。

反观中国传统社会商品经济的兴衰历程，不难发现，在商品经济兴盛的时期，往往是社会生产力提高、经济繁荣、租税剥削相对较轻的时期。正是在这种情况下，广大生产者对社会产品的占有和自由支配才较多一些，也才可能有部分剩余产品转化为商品。

（2）消费者人口的增加，扩大了商品的需求量。商品交换的农副产品的主要消费对象不在农村，而是城镇中不从事农业生产的人口。如城镇中的那些手工业者、商人、士兵家属以及仆役和其他自由职业者。如果这部分人口不多，消费量少，那么商品经济的发展也是很有限的。所以，传统社会商品经济要得到发展，必须在城镇中保持一定的消费人口。

西汉初，立都长安，徙齐（山东）诸田氏及关中富商巨贾十余万口到长安，到汉武帝时，长安人口已达30万，号称五都的洛阳、邯郸、临淄、宛、成都也集中了相当数量的消费人口。这些城市"物丰民衍，宅近市者家富。富在术数，不在劳身；利在势居，不在力耕"。特别是当时的一些大商人，在煮盐、采矿、冶炼的时候，"一家聚众或至千余人"。这么多人的生产和生活品供应，当然主要是依靠市场来解决的。南宋时，城镇消费人口的增加更为明显，临安有居民39万户，"细民所食，每日城内外不下一二千余石，皆需之铺家"。此外，苏州、扬州、鄂州以及沿海市舶司所在的广州、泉州、明州等，也有大量的消费人口。在一些大城市的周围，还发展起来很多专营各种手工业的小市镇，这些小市镇都集中了不少非农业人口，成为农副产品的销售地，因而促进了商品经济的发展。明代的南京和北京人口都先后达到了百万，居民"薪柴而下，百物皆仰给于贸居"。此外，临清、松江、嘉定等一批新兴城市和各种采掘业中，也集中了很多非农业人口，他们的生活必需品的供应都要依靠市场来解决，这无疑对商品经济的发展是一个极大的推动力。

（3）商人在政治和经济上取得了相对独立的地位。一般说来，在政府对商业的控制很严、商人在政治和经济上对国家的依赖性很强、有众多商人与统治者结合在一起的时候，商品经济是很难取得大发展的。只有商人在政治上和经济上都取得某种程度的相对独立、大部分商人与统治者有所分离、摆脱敲诈和勒索、可以进行相对独立的商品经营活动时，商品经济才能兴盛和发展。西汉初年的"无为而治"，就导致了西汉前期商业的繁荣。

3. 商品经济发展具有典型的自然经济依附性质

虽然中国传统社会的商品经济和商业贸易与同时期的世界相比，可谓繁荣发达，但我们不得不看到，中国古代商品经济就其性质而言，是一种简单形态的商品经济，是传统自然经济的附属物和补充，是为了补充传统自然经济的不足和满足大一统中央集权国家的需要而产生和发展的。传统社会商品经济的这种依附性质主要体现在：

（1）商品生产发展不充分，基本上表现为交换价值形式下的使用价值的生产。

按照恩格斯对商品生产的定义，商品生产是指生产者在生产过程中生产出来的物品不是作为使用价值来生产的，而是为了交换的目的。在中国传统社会，市场上流通的商品，绝大多数不属于"商品生产"的范畴，仅仅是产品的转化物，由于商业流通的作用使原本只具有使用价值的产品转化为具有交换价值的商品。

个体小农经济在中国古代社会的经济结构中始终占据主导地位，因而农民是社会商品的主要提供者，农民向社会提供的主要是剩余农产品和家庭手工业产品。由于不能完全做到自给自足，无法生产盐、铁等必需的生产、生活资料，农民必须依赖于市场的供应；同时，传统国家征收货币税的制度也促使农民与市场发生关系。为了购买盐、铁和纳税，农民必须出卖剩余农副产品甚至必要劳动产品以换取货币，因而个体小农经济与市场及商业有着必然的联系。在此意义上，商品经济才能够成为自然经济的补充和附属部分。在中国传统社会后期，特别是明清时期，农民家庭经济的生产有部分转化为商品生产，这主要表现在家庭手工业生产中，在明清时期商品经济较发达的江南地区，棉纺织业表现得尤为突出。但这种转化的直接动力，不是来自商品经济内部，而是来自外在的压力，即传统国家的赋税政策。这种以农民家庭手工业形式出现的商品生产与农业紧密结合在一起，增强了小农经济的稳定性。但农民从事商品生产的直接目的不在于赢利，而在于纳税和维持自己的生计，实现家庭经济生产和消费的平衡，即为买而卖、"以织助耕""以副养农"；不仅商品性生产和非商品性生产在时间上无法截然分开，而且生产过程中延长的劳动时间和投入的人力资源也可以不计成本。在个体小农经济中，这种作为农业副业的商品生产并不是一种严格意义上的商品生产，实际上只是一种交换价值生产形式下的使用价值的生产。

官营手工业生产属于自给性生产，其产品主要是供应皇室和各级官府，与市场无必然联系，基本上是非商品性生产。其个别生产部门，如与民生相关的盐、铁等生产部门属于商品生产，但主要是利用特权经营，占支配地位的是财政原则而非商品生产的原则，价值规律不能正常发挥作用，较少考虑生产成本和经济效益。

城乡私营手工业是以交换为目的的生产，即商品生产，其发展程度、产品的品种和数量主要取决于社会分工所达到的水平。古代城市消费性的特点，决定了私营手工业主要集中在城市，其服务对象以城市居民为主，很少以农村为市场；其产品是城市居民日常生活所需要的各种奢侈品、日用消费品。官营手工业的存在极大地妨碍了私营手工业的发展，并使私营手工业局限于较为狭小的经营范围之内。由于受市场和经营规模、技术条件的限制，受专制政府的压制和掠夺，私营独立手工业基本上属于小商品生产，生产规模局限于家庭形式和小作坊的形式；只有极少数行业如城市手工业中的丝织、陶瓷等因有一定的市场，生产能够达到一定规模。个体手工业者生产的目的，也仅仅是为了谋生和维持简单再生产的进行，而不是为了谋取利润。

（2）商品经济的发展，表现为单纯商品流通领域即商业的异常活跃。

由于商品经济的发展不是建立在商品生产充分发展的基础上，商品生产与商品流通相脱节，表现为畸形的发展，即单纯流通领域即商业的发展和繁荣。中国古代的商业经营主要有两种形式：其一，转运贸易。这是商人经常从事的商业活动。中央集权的大一统政治环境为转运商业创造了便利的条件。因此，从战国秦汉开始，"富商大贾周流天下，交易之物莫不通，得其所欲"，这种商业的经营原则是"百里不贩樵，千里不贩粟"。所贩卖之商品，主要是供社会上层享用的奢侈品。此类商品体轻价贵便于长途转运，较易获利。在传统社会后期，随着社会经济发展水平的提高，社会分工的发展和交通条件的改善，粮、棉、茶等一般的民生用品在转运贸易中的比重逐渐增加，流通量和流通范围较以往逐步扩大，商品流向主要是从农村流向城市。其二，囤积居奇的投机商业。农业生产的不稳定性和季节性易于造成商品价格的大起大落，这就为利用商品价格的暴涨暴跌获取商业利润的投机商业的存在提供了生存条件。这两种商业资本的全部营运过程只是在流通领域内，而不是与生产过程相结合，生产过程和流通过程是彼此独立的，流通并不支配生产，也不以商品生产为前提，只是在各个生产部门之间起中介作用。商业利润主要是依靠传统特权，利用商品的地域差价和时间差价以贱买贵卖的方式取得，因而容易聚敛起庞大的商业资本。"用贫求富，农不如工，工不如商，刺绣文不如倚市门"，正说明了自然经济的主导地位和商品经济发展的低水平。

（3）商品经济缺乏自由发展的环境和条件，缺乏独立发展的性格。

中国传统社会专制集权体制的严密强大，城市的政治职能大于经济职能，这些因素使得工商业在兴起和发展过程中缺乏自由的环境和条件，始终受到传统国家严格的管制、干预、摧残、掠夺。由于超经济强制的影响，价值规律不能独立地、完全地发挥作用，商品经济的发展既缺乏稳定的社会经济基础，又不能自由、正常地得到充分发展；民营工商业力量微弱，依附于传统特权，不具有完全独立的性格。中国古代商品经济的依附性、非独立性的特点，决定了商品经济性质的传统性。

所以，商品经济的发展，以传统自然经济的发展为前提和条件；同时，商品经济在不同时期的发展和繁荣，也只能体现为传统经济的发展程度和水平。它虽然能够对传统经济和政治产生一定的冲击和破坏作用，但始终未能得到充分发展，不能从根本上促成传统经济结构和生产关系的变革。

四、商品经济与自然经济的关系

商品经济与自然经济是两种不同性质的经济形态，它们之间的关系在东、西方传统社会中的表现是截然不同的。在西方它们主要体现为一种矛盾与对抗的关系；在中国古代，商品经济与自然经济之间虽然也存在矛盾与冲撞，但更多的则是体现为一种相互补益的关系，两者共生共存。

1. 商品经济与自然经济之间的矛盾与冲撞

在中国传统社会，商品经济与自然经济之间的矛盾与冲撞主要表现为商品经济的发展在不断地分解自然经济，使自然经济的地位不断削弱，商品经济的影响不断增强。具体表现在：

（1）商品经济的存在和发展使农产品商品率提高，经济作物种植普遍。中国传统社会的粮食产品早在战国时期就已成为市场交易的商品了。秦统一后，粮食商品化的趋势日渐明显，进入市场的粮食越来越多。西汉以后，农产品转化为商品的现象更为普遍，除了表现在粮食产品的商品化趋势增强以外，尤其明显地表现在经济作物种植的扩大上。以唐代的茶叶种植为例，茶农种茶是为了把茶叶拿到市场上去出卖以获得其交换价值，表明当时的农业生产在向具有为交换价值而生产的性质迈进了。两宋时期，由于商业的作用，农业生产中为交换价值而生产的特性有了较大的发展，经济作物的种植面积进一步扩大，种类也增多了，特别是甘蔗的种植开始普遍。明清时期，农业生产领域中为交换价值而生产的特性，在唐宋经济发展的基础上又有了发展，主要表现为棉花种植的普及。棉花及以此为原料织成的棉布行销各地。如上海松江一带所产的棉花和棉布"北鬻秦晋，南运闽粤"，或行于江浙诸郡。

（2）商品经济的发展使一些地区农业生产领域中经济作物的种植和加工出现了专业化的趋势。这主要表现在原为农民家庭副业的经济作物种植逐渐向专为市场而生产的专业化方向转变，形成了一些经济作物种植的专业生产区域。如唐代江南"百姓营生，多以种茶为业"，一些财力雄厚者甚至搞起了规模经营。明代上海松江一带的棉花种植，其"种植之广与粳稻等"。与此相关的加工业也由原来的副业生产变为专门为市场而生产了。如在唐代，由于茶叶种植的专业化，一些农户焙茶逐渐向作坊焙茶转化，这些作坊专门焙制茶叶以供应市场需要。又如宋代的一些种植甘蔗的农户，开设了作坊，熬制糖霜，变成了"糖霜户"。他们除用自己种植的甘蔗作为原料外，还收买一些蔗农的糖水，熬制糖霜。这些地区，农户大范围地种植和加工农副产品显然已不再是为了获取使用价值以满足自己的需要，而是为交换价值而生产了。

（3）商品经济的存在和发展使一些原为农村家庭副业的生产逐渐和农业分离，成为独立的城市手工业部门。以丝织业为例，其生产状况在宋代已经见诸史籍了。范成大的《缫丝行》有"缫车嘈嘈似风雨，茧厚丝长无断缕。今年哪暇织绢着，明日西门卖丝去"的诗句。这就是说，农户虽养蚕缫丝，但自己不织丝绸，而是把丝拿到市场上去出卖。在市场上购买这些生丝的商人，在购买生丝后或转卖给织丝绸的机户，或自行加工染织成丝绸后出卖。

（4）商品经济的存在和发展使手工业生产部门不断增多，手工业生产领域中为交换价值而生产的性质也更趋明显。如棉花种植发展后，手工业生产领域中制造生产棉布的机具工业获得了发展。据宋应星《天工开物》记载："弹后以木板擦成长条，以登纺车，引结纠成纱缕，然后绕只牵经就织。凡织工能者，一手握三管，纺于铤上。"从这段文字中可以看出，从棉花收摘以后到织成棉布，中间需经轧棉籽、弹棉花、搓棉条、纺纱，然后牵经，最后上机织成布。这一系列的工序都需要专门的生产工具，这就使得手工业生产领域中有一部分人专门制造这些生产工具，其为生产交换价值的性质凸显。

（5）商品经济的存在和发展，使得手工业生产逐渐从属于商人资本。明清时期的一些商人控制苏、松地区的手工业生产就是这方面的例证。据叶梦珠《阅世编》记载，当时苏、松的情况是："郊西尤墩布，轻细洁白，市肆取以造袜，诸商收鬻称于四方，号尤墩暑袜。妇女不能织者，多受市值，为之缝纫焉。"《古今图书集成·职方典》记载："苏布名重四方，习是业者阊门外上下塘居多，谓之字号，自漂布、染布及看布，一字号常数十家赖以举火，惟富人乃能办此。"松江那些不能纺织尤墩布的妇女，多接受那些商人所给予的尤墩布，缝纫成尤墩暑袜后交给商人，从商人那里领取一定的货币即"市值"。苏州的情况与松江有些类似。一些商号购买布匹以后，组织漂布、染布、看布、行布等各个生产程序。可见，这时的商业资本不仅仍作为生产者和消费者之间的媒介，而且还自己组织生产，这当然对自然经济起着极大的分解作用。

（6）商品经济对自然经济的分解作用，还表现为私人雇佣劳动的发展。在中国传统社会中，雇佣劳动很早就出现了，但在一个相当长的时期内，生产领域中单个的民户雇佣的劳动者数量不是很多。随着商品经济的发展，生产领域，特别是手工业生产领域中雇佣劳动者的数量越来越多，甚至形成了劳动力买卖市场。如明代蒋以化的《西台漫记》中写道："我吴市民，罔籍田业，大户张机为生，小户趁织为活。每晨起，小户数百人，嗷嗷相聚玄庙口，听大户呼织，日取分金为饔飧计。大户一日之机不织则束手，小户一日不就织则腹枵，两者相资为生久矣。"

2. 商品经济与自然经济相互补益、共生共存

在中国传统社会，商品经济对自然经济虽有上述的分解作用，但直到进入近代社会，自给自足的自然经济仍未被彻底分解。事实上，在中国传统社会，商品经济与自然经济之间更多地体现为一种相互补益的关系，这种互补关系主要体现在：

（1）自然经济以商品经济的存在为条件，这是从商品经济对自然经济存在和延续的作用方面而言的。商品经济的存在和发展，是自然经济延续的一个极为重要的条件。在一定意义上甚至可以认为，中国传统社会自然经济之所以能延续，是与商品经济的存在和发展息息相关的。

第一，中国传统社会的自然经济是建立在土地是商品这一基础上的。在自然经济条件下，社会的主要经济活动体现为农业生产，而要从事农业生产就离不开土地，没有土地，在当时的历史条件下是根本无法从事农业生产的。在中国地主制经济社会，无论地主占有的土地还是农民占有的土地，除个别王朝、个别时期（如魏晋隋唐的"均田制"）地主和农民的土地是由政府授予的外，在其他王朝，地主和农民占有土地中的相当部分是通过经济手段购买而来，唐宋以后更是如此。不论这种买卖是买卖土地所有权，还是买卖土地的占有权或经营权，土地可以买卖是一个历史现实。土地是自给自足的自然经济得以延续的最主要的生产资料，而这种生产资料又是可以买卖的商品。所以说，中国地主制经济时代的自然经济是建立在土地是商品这一基础上的。

第二，传统社会自然经济的基本生产单位是一家一户的个体经济，劳动者中包括以手工劳动为基础的个体农民和以手工劳动为基础的独立手工业者。这些个体农民的自给自足经济必须以商品经济的存在和发展为条件，因为对于个体农民来说，想要实现自给自足，就要进行农业和手工纺织业的劳动，而要从事这两项劳动，除了土地这一基本也是最重要的生产资料以外，还要有一定的生产工具，而这些生产工具的种类繁多，显然，一家一户的个体农民是无法全部自行生产和制作的，除了从市场上去购买外别无他法。只有从市场上购买到这些生产工具后，农民才有可能去进行农业生产和手工纺织。从农民要实现自给自足就必须从市场去获得生产工具的角度讲，中国地主制经济时代的自然经济是以商品经济的存在和发展为条件的。

第三，小农经济在实现完全自给自足方面要受到自身生产能力和生产条件的限制。

一家一户的小农经济要实现自给自足，就要有一定的劳动能力去从事耕织，而这就要求有一定的生活资料以供奉自己。生活资料中最基本的当然是粮食，此外，还有一些生活资料对于人的劳动能力来说，其重要性虽未超过粮食，但也十分重要，如食盐，因为没有食盐，人就不可能有足够的体力去从事农业和纺织业，食盐是一日不可或缺的食品。但在中国，并不是到处都有食盐，而只有一些沿海地区以及有池盐和井盐的地区才生产食盐，这样，广大的无盐地区的农民就一定要在市场上购买食盐，用以满足自己生存的需要，从这个角度看，说商品经济的存在和发展是自然经济的延续条件是不为过的。

第四，个体农民要实现自给自足，亦必须把一部分农产品和手工业品拿到市场上去出卖，以买回自己所需要的生产资料、生活资料，乃至缴纳官府的租赋。唐宋以后，中国一些农户所种植的经济作物亦大量投入市场。此外，农民的手工业品也不时有出卖的。早在汉代时，就有说蜀地女工之业"覆衣天下"的话了。到明清时期，类似的记载就更多了。个体农民出卖自己的劳动产品以实现自给自足的事实，亦说明了中国传统社会自然经济是以商品经济的存在和发展为条件的。

如果把独立手工业者也算在自给自足范畴内的话，那么，中国传统社会的自然经济以商品经济存在和发展为条件就更明显了。

（2）商品经济以自然经济的存在为前提。这是自然经济与商品经济之间相互补益的另一个方面。

第一，从前面的叙述可知，中国传统社会市场商品的购买者主要是王室、贵族、官吏、地主和农民、独立手工业者。但所有这些人中的绝大多数又是自然经济的主体。既然如此，那么，中国传统社会的商品经济以自然经济的存在和延续为基础或前提，也就不足为奇了。

第二，从商品购买者的资金来看，同样表明中国传统社会的商品经济是以自然经济的存在和延续为基础或前提的。农民向市场出售自己的劳动生产物获取货币后，用这些货币再从市场购买自己所需的生产工具和生活用品。农民的劳动生产物是农副产品，这些被用来出卖的农副产品，有些是农民在满足自己的生活需要和缴纳赋税或缴纳地租后的剩余，有些则是农民的生活必需品。农民从市场获取生活必需品和生产工具的根本目的是实现自给自足的经济生活。显然，由农民用出卖自己的劳动生产品所获取的货币购买商品而造成的商品流通，是以自然经济为基础或前提的。

独立的小手工业者购买商品的资金来源虽然从表象上来看和农民购买商品的货币来源有些不同，但他们生产的目的首先也是满足自己生活的需要（这里所说的生产目的首先是满足自己生活的需要，不是说他们的劳动生产品本身是满足自己的生活需要，而是说他们的生产是为了把生产物品出卖以换取自己的生活必需品和换取自己所需要的生产工具），而不是获取利润以积累资本。所以，就中国传统社会独立手工业生产者的整体来说，他们的经济生活仍然是自给自足性质的。因此，独立的小手工业者用出卖自己的劳动产品所获取的货币购买商品而造成的商品流通，也是以自给自足的自然经济为基础或前提的。至于王室、贵族、官吏和地主，他们用来购买商品的货币虽然不是用自己的劳动产品换得的，而是从农民那里攫取的地租或赋税的一部分，以及从独立的小手工业者那里攫取的赋税的一部分，但由于农民和独立的小手工业者是自然经济的主体，因而王室、贵族、官吏、地主用从农民和独立小手工业者那里攫取的地租和赋税购买商品所造成的商品流通，当然也是以自给自足的自然经济为基础和前提的了。中国传统社会购买商品的人群中还有一部分是商人。从表象上看，他们用来购买商品的货币，是从他们的经商活动中获的利，既不同于农民、独立小手工业者用出卖自己的劳动产品来换取的货币，也不同于王室、贵族、官吏和地主从农民和独立的小手工业者那里攫取的地租和赋税。但是，商人是商品买卖双方的中介人，他们从农民、独立小手工业者、地主等人手里购买商品，然后把这些商品出售给农民、独立小手工业者、地主以及王室、贵族和官吏。商人购买和出售商品虽然不能说是为了自给自足，但因其是不同自然经济的主体的中介人，因此其购买和出售所造成的商品流通，仍然可以说是以自然经济为基础或前提的。

第三，前面提到，中国传统社会市场上流通的商品主要是各种农副产品和手工业产品。这些产品，不是农民生产的，就是由独立的小手工业者生产的。因此，市场上交易的农产品和生产工具等都是自给自足经济的产物。从这个角度来看，也可以认为中国传统社会的商品经济是以自然经济为基础或前提的。

五、中国传统社会的市场类型与市场发育

商品交换是商品经济的一个重要层面，进行商品交换或买卖的场所被称为市场。中国传统社会的市场发育曾经历了一个辉煌的历史阶段。我们的祖先早在部落氏族阶段就产生了物品交换，《易·系辞》中说："疱牺氏没，神农氏作，列廛于国，日中为市，致天下之民，聚天下之货，交易而退，各得其所。"随着定期集市的出现，市场交易范围与规定迅速扩大，到春秋战国时期，已达到非常兴盛的程度。市场交换范围扩大，交易品种增多。两汉时期，中国的商品经济和市场发育到达了一个新的高度。至唐代，较大规模的商业性城市迅速崛起，构成大规模市场交易场所。例如，在唐朝的东西两京中，西京长安设东西2市，各220个行业，东京洛阳有120行3 000余肆。除了这些大的贸易市场以外，各类中小型贸易市场也遍布全国。随着广州等沿海城市的繁荣，出现了较大规模的外贸市场，沿海外贸与原有的丝路贸易南北呼应，扩大了外贸市场的规模。宋代以后，商品经济与市场的发育并未中止，除汴梁（今开封）、杭州、北京、南京等大型商业城市继续发展以外，还出现了许多中等商业城市以及一些全国性货物集散中心。可以说，在15世纪以前，中国的市场发育的程度远超过当时欧洲各国。

伴随着传统社会商品经济的长足发展，市场及市场力量也在迅速成长，并在社会经济资源配置中发挥出重要作用。从司马迁对春秋战国时期市场交易盛况的描述，我们可以看出价格机制的作用及其对商品供求的均衡力量已初露端倪，市场开始发挥对经济的整合功能。特别自唐宋以来，随着城市体系的发育和一些全国集散中心的形成，逐渐形成了全国性的商业网络，市场对社会经济发展发挥着日趋扩大的聚集和配置资源的功能以及对经济的激励、均衡、整合功能。例如，在清代中叶，以广州和佛山为中心，形成了广东全省和邻省部分地区的多层次市场网络，在保证本市场区域内各地

商品供需的基本平衡方面发挥了很高的效能，广东及广西各府之间的米价多数存在较强的相关关系，市场对区域经济已具有较强的均衡和整合力度。

（一）中国传统社会的市场类型

市场从不同的角度，可以划分为各种具体的类型。这里我们主要按商品的自然属性、市场的地理位置或商品流通的区域等标准来划分。按商品的自然属性，可分为消费品市场、生产资料市场、资金市场，按市场的地理位置或商品流通区域，可分为农村市场、市镇市场、城市市场、区域市场、国际市场，非统一的全国性市场包括长江贸易、南北贸易、沿海贸易。

1. 按商品自然属性划分的市场类型

（1）消费品市场

传统社会的消费品市场是一种以民生日用品为主要对象的小生产者之间交换的市场模式。传统社会中，集市贸易、城市包括市镇贸易均有很大发展。而长途贩运贸易却是商品经济发展的重要标志。在传统社会前期，长途贩运贸易主要是一种以土特产品和奢侈品供应城市消费的格局，表现为各级官吏、地主、军队、仆从等与农民、手工业者之间的交换。随着地区分工的发展，粮食作物区、经济作物区和手工业品产区之间的交换也日益发展，生产者之间的交换，即农民与农民之间、农民与手工业者之间的交换日益发展。明清时期，北方的麦、豆运销江南，江南、河北、山东、河南、湖北的棉花、棉布运销西北、西南以及闽粤等省，四川、湖南、湖北、江西的米谷运销江南等。长途贩运贸易遂打破了上述格局，形成了一种以粮、布、棉、盐、茶等为主要对象的小生产者之间交换的市场模式。对传统社会来说，这是一种发达的商品市场模式。

（2）生产资料市场

生产资料市场，一般是交换人们在物质资料生产过程中所需要使用的生产工具、劳动对象等商品的市场。在中国传统社会，买卖小型生产工具的各类集贸市场一直比较发达。这类市场不作为本书主要的论述对象，而主要就土地及劳动力买卖市场的发育作一概述。

①土地市场。土地是中国传统社会中最重要的生产要素。土地商品化是形成土地市场的重要标志。中国自战国以来确立土地私有制后，土地就成为商品，可以自由买卖。秦"用商鞅之法，改帝王之制，除井田，民得买卖，富者田连阡陌，贫者亡立锥之地"[①]。自此以后，土地在中国传统社会一直作为交易的商品。但在中唐以前，由于人口增长缓慢，可耕土地较为充裕，不少地主是通过占田、受田和山泽占领来扩大地产的，因而土地市场并不发达，其购买者不可能像普通商品的消费者那样普遍。另外，长期形成的习俗也对土地买卖起着抑制作用。国家曾颁布禁止商人占田的法律，酝酿过限制吏民占田不得过制的规定，土地私有制并不彻底，土地并非完全自由流动的商品。两宋以来，由于商品货币关系日益发展，尤其是人口增长过快造成土地稀缺，到明清时期，土地买卖中的传统宗法制度束缚不断受到冲击而趋于松懈、废除，以货币

---

① 《汉书》，食货志。

为中介，土地作为商品进入流通领域的现象日益普遍。"贫富无定势，田宅无定主，有钱则买，无钱则卖。""百年土地转三家，兴废无常。""千年田、八百主。"这些俗谚充分反映了当时土地转手频繁的状况。

作为生产要素之一的土地以商品形态进入市场，地价随经济变动而变动的状况日益明显。出租、典当、抵押已有一整套完整的制度，土地买卖也有契约、中介人、地保等一系列约定俗成的手续和办法，一些地方还出现了承揽土地交易的专门机构。国家也开始以法律形式规范土地买卖行为。但是，在中国传统社会中，经营土地买卖还没有成为独立的行业。其原因在于：

首先，在自然经济条件下，购买土地的人不是为了卖而买，并非为了使资本增值，而是把土地作为具有使用价值的生产资料，当成保值的财富积累，供自己或后代消费。因此，城镇的绝大多数土地，均为自产自用的祖遗财产，交易并不普遍与经常化，为出售或出租而建造商品房的专业行业也未形成。

其次，主要作为消费性城市存在的传统社会的城市，与周围的农村生产结为一个大范围的自给自足实体，城市土地房屋大部分仅是宅基地和店铺，并没有显示出特殊的经济价值，因此交易的对象主要是农田，土地的利用方式仍是农业生产。而农地的价格一般说来变化缓慢，不适合当作投机对象，所以以此谋生者并不普遍。

最后，由于传统租佃关系的相对固定化，人身依附关系、专制特权等超经济因素在土地买卖、兼并、租佃方面普遍存在，这成为自由竞争的市场经济的严重障碍，也不利于土地市场的形成和发育。

②劳动力市场。劳动力市场是指通过市场机制的作用，促使劳动力的合理配置，以满足消费者或生产者对劳务需求的场所。劳动力作为商品形态也很早就出现在中国历史上了，如战国时代就有"佣肆"，指的就是劳动力市场；秦末农民起义的领袖陈胜就曾为人佣耕。但由于当时人少地多，劳动力资源相对稀缺，雇佣劳动者的"自由"还不充分，他们一般都与土地存在着不同程度的联系，与雇主关系也存在着人身依附色彩，并存在着变态的强制等。唐中叶后特别到两宋时期，随着商品货币关系的发展，尤其是人口迅猛增长产生了大量过剩劳动力，劳动力的商品特征日益鲜明。到明清时代，城乡雇佣关系在全国各地普遍发生，各地都出现了农业、手工业短工的雇佣市场，并逐步完成了从等级雇佣到自由雇佣的过渡。雇佣关系日益受市场法则支配，长工的工价各地差别不大，价值规律在劳动力这种商品（包括长工）中起着越来越大的作用，即劳动力市场价格受市场供求关系支配。

中国传统社会的劳动力市场主要还是一种短工市场。从雇工方面看，短工的绝大多数人并没有脱离家庭生产，既未离乡，也未离土，只是把出雇作为一种比较经常的副业以补助家庭收入的不足。从雇主方面看，最大量的雇主也是农民，他们雇工并不是为了扩大经营规模，而主要是在农忙时雇工，以补充家内劳动力的不足。虽也有雇用长工者，但多为地主，他们很多人雇工种粮、种菜蔬，本质上属于自给性生产，有的则主要从事家务劳动。地主、富农雇工专门从事商品生产的并不多，这说明当时劳动力商品化的程度还很低，劳动力市场对解决劳动力的需求，只起着一种补充作用。

（3）资金市场

金融市场是指资金供应者和需求者双方通过信用工具进行交易而融通资金的市场，又称为资金市场。一般根据金融市场上交易工具的期限，把金融市场分为货币市场和资本市场两大类。货币市场是融通短期资金的市场，包括金融同业拆借市场、回购协议市场、商业票据市场、银行承兑汇票市场、短期政府债券市场、大面额可转让存单市场等。资本市场是融通长期资金的市场，包括中长期信贷市场和证券市场。

中国传统社会原始的金融市场何时出现，目前学术界尚无定论，但是最晚在公元5世纪末已经出现。中国传统社会的金融市场主要还是一种短期资金融通的货币借贷市场，包括民间资金借贷市场和银钱业间的同业拆借市场。

①民间资金借贷市场。我国传统社会的民间借贷关系出现较早，且也较发达。但借贷关系中最大量的还是生活借贷，这在农村地区表现最为突出。农民借贷主要用于供衣食、治病、办婚丧等，很少用于解决生产中所遇到的资金短缺困难。由于这类借贷资金回收风险较大，加之唐宋以前金属货币的相对稀缺，因而借贷利息率长期居高不下，人称高利贷。这种借贷关系也难以形成资金市场。随着商品货币关系的发展，明清时期，社会的货币供应由紧缺转变为相对宽松。这主要是由于货币由铜本位经过钞本位向银本位过渡。白银作为货币，价值量大，能满足商品流通量扩大的需求。随着明清海外贸易的发展，白银由海外输入，也补充和强化了银本位制。至此，古代历史上多次出现的"钱荒"与恶性通货膨胀基本上消失，为资金市场的形成准备了必要的前提。货币供应的充足，意味着资本的积聚可以较前代有更大的规模，资本借贷在生产、流通过程中逐渐成为经常性发生作用的环节，出现了利息率降低乃至某种平均化的趋势。在此情况下，民间的生产借贷逐渐多起来，明清时期，农民"借债囤粪""赊豆饼蜜田"、借债"以济蚕事"之类的记载渐多，这种借贷关系的发展，标志着资金市场的发展。特别值得注意的是在江南地区米、麦、棉花、豆、丝等的质当，当这些农产品价格低时，这里的农民就把它们拿到当铺当银以支付日常生产、生活费用；价格高时赎出卖掉，利息支出低于价格变动的差价，农民可趋利避害、有利可图，这种借贷所表现出来的资金周转更具有生产经营的性质，对社会再生产发挥着积极的作用。

②同业拆借市场。同业拆借市场在中国传统社会又称为钱业市场，是钱庄同业相互之间进行货币兑换、异地款项划拨和资金余缺调剂的市场。我国古代钱业市场的出现是与服务于商品交易活动的金融机构的出现和这些机构的业务拓展相连的。在中国传统社会，曾出现过"钱铺""银号""钱庄""票号""账局"等名称的金融机构。

钱庄俗称钱铺、钱店、银号、钱肆等，大约产生于明代中叶。明清时期，中国的货币制度是纹银和制钱并用。由于银有成色、重量的差别，银与钱又有比价的变动，市场交易有所不便。随着交易频率的加快，社会上急需有银钱兑换功能的行业。钱庄虽然起源于银钱交换，但产生后，其业务逐渐发展成为办理存放款和汇兑，并发行可以兑现的钱票和银票。钱庄的放款对象主要是商业行号。每年丝、茶、糖、棉、烟、麻的上市季节，钱庄都要贷放出大量信用。因而，钱庄在通融和调拨资金上有促进商品流通的作用。在经营特点方面，钱庄主要分布在长江流域和东南各大城市。早期的钱庄大都采取独资或合伙的无限责任制，一般不设分支机构，营业限于本城市及附近地区，遇有汇兑则依靠各地同业辗转办理。

清代以前，中国传统商业活动中商人大多是用现银购货。随着商品交换的发展，货币流通范围不断扩大，流通数量不断增加，携带现银购货有困难。于是，长距离贩运贸易中支付的现银，少量的由商人自行携带，大量的则通过镖局押送。但保镖若遇众多歹人，有时也会寡不敌众，若被抢劫，不仅会造成经济损失，而且会导致周转不灵，因而长距离贩运贸易的发展急需正常汇兑业务相配合。为适应这种需要，一种新的金融组织——票号，终于在清代中叶出现了。

传说最早出现的一家票号是清嘉庆二年（1797年）由山西颜料商李正华、雷履泰所创设的"日升昌"票号。该票号最初经营的铜绿产于四川，市场却在天津。四川与天津相隔数千里，从天津携款到川购货极不方便，而四川商人又要携款到天津贩运京广杂货。店主雷履泰遂创立汇兑一法，即在四川购铜绿时不付现款，而是给一个到天津他的店铺支取现银的凭证（该凭证可以转让），这也减少了四川商人携带现银到天津的风险与麻烦，这就叫异地之间的汇兑。这种商业汇兑最初仅限于亲朋好友之间，后来因要求拨兑的同乡增多，有了市场需求，就逐渐独立成为一种行业，并收取汇费。由于这种汇兑较镖局安全，费用也较低，因而发展很快，仿"日升昌"的专营汇兑的机构不断增多。其总号多设在山西的平遥、祁县、太古，分支机构却遍设于国内外各重要商业城市。票号的业务除经营各地区之间的商业汇兑之外，也经营存款和放款。由于它产生于传统社会，为获得官方的支持与保护，很自然地走上了官商结合的道路。如对初做官者贷款，对专制政权放贷，插手专制政府的信汇等。票号是一种旧式的金融组织，由于大多为山西商人经营，故又称"山西票号"。

账局源起于乾隆元年（1736年），山西汾阳商人王庭荣在张家口开设的祥发永账局，经营存放款，放款对象为交往的工商铺户等。

由于这些服务于商品经济的金融机构的出现，在一些地区因此而形成了钱业市场。如浙江省在1840年以前已形成了宁波、绍兴、杭州、湖州、温州和兰溪六个钱业公所和钱业市场。

③商业活动中的信用票据。信用票据是在货币执行支付职能后，因商品买卖中出现延期付款和贷款的借贷而产生的。延期付款和借贷贷款使债权人和债务人之间存在信用关系。这种信用关系，口说无凭，必须以字据契约为凭证，到期债权人凭据向债务人索取债款。债务契约是古代信用票据的开端。

中国传统社会中最早和最基本的信用形式是高利贷。富者将自己的货币或实物借贷他人从而获得高额利息。随着社会商品经济的发展，信用形式日益增多，并且有了信用组织和机构。其中有借贷信用的公廨本钱库，有抵押信用的质库，有保管信用的柜房，有寄附铺和商店，还有办理货币汇兑信用的飞钱等。无论是借贷、抵押典当、柜坊保管还是汇兑信用，都须立字为凭，作为偿还债务的凭证。这些债务凭证也就成了信用票据，到期可以持券支取现款。这些票据在一定范围内与铸币等值，它们不仅可以支取现钱和实物，而且还可以在市场上进行买卖和交易。宋代商业信用已普遍进入流通领域甚至已渗透到生产领域，充当信用中介的交引、契约文书等信用票据大量出现，并具有了纸币的性质，政府还建立有"交引铺"，作为经营信用票据的机构。

2. 按市场的地理位置或商品流通区域划分的地域市场

市场的地域结构，从横向来说，是由农村市场和城市市场耦合而成的国内的统一市场；从纵向来说，表现为地方小市场、区域市场、全国性市场和世界市场耦合而成的分级性一体化市场。

（1）农村市场

这是商品交换关系以农村为活动空间的地方小市场或墟集贸易。农村小市场的普遍出现，是农村商品交换关系发展到一定阶段的产物。中唐以前，农业生产力的发展水平较低，使农民能够出卖或用于交换的农副剩余产品数量有限，因而，农民同市场的接触较少，偶尔的接触也多是同郡县中的城市市场保持联系，故农村小市场并不发达，在史籍文献中我们都少见记载。中唐及宋以后，农业生产力水平和农民家庭副业的手工业生产都登上了历史新台阶，农民家庭的剩余产品增多。为满足多方面的需求，农民之间，农民与手工业者之间有了经常交换的需要。随着农村交换行为的频繁，农民有了就近就地同市场保持密切联系的需要，由此普遍产生了在交易时间上 3~5 日集会一次的农村地方小市场。

农村小市场具有如下特征：其市场的方里范围为一日之内往返里程；为防止买卖脱节，必须定期集市，或间日或 3~5 日，以使买卖双方能在约定的时间内到场；在市场上从事交易的人聚散无常，往往朝实暮虚，故在南方叫"墟"，在北方叫"集"；市场上很少有定居的工商业者，故日落后随即人货星散，复归冷落。

（2）市镇市场

市镇的出现，是以一定数量的工商业户在市场上的定居经营为前提的。这和集市的"朝实暮虚"有明显的区别。中国商业市镇始见于唐，兴盛于宋，迅速发展于明清时期。镇最先是军队驻防的地点，因驻军处常有商贩云集，兜售产品，故称市镇或镇市。唐宋以后，随着社会分工的发展，商品生产显著增加，大宗的转运贸易和经常性的零售贸易使原有的城市已不能满足商品流通的需要，市镇需要向交通要道或商品生产、商品销售集中地点延伸。到明清时期，市镇在江南地区迅速地发展。据近人研究，江南八府一州，明后期有市镇 329 个，至清中叶增至 517 个，其中约有 20 个已是千户以上的大镇。这些市镇大多是由农村市集发展而来，但也有些属新兴市镇。

市镇一般都有脱离农业生产而专事手工业生产和商业活动的定居工商业者，从而成为转移农村剩余劳动力的场所。有的市镇侧重商品生产，有的侧重商业流通，因此，形成了在性质上略有区别的两类市镇。有人统计，明清江南地区由于农民家庭手工业的发展与部分手工业专业户脱离了农业，因而产生了蚕桑与丝织专业市镇 25 个，棉花与棉纺织专业市镇 52 个，米粮专业市镇 13 个。此外，还有以冶铁和陶瓷业著称的专业市镇如广东佛山镇、江西景德镇等。

明清时期虽然形成了若干手工业市镇，但绝大多数市镇仍然是"百货云集""商贾辐辏"的商业市镇。这种市镇中的商业包括集市、铺户零售及转运贸易三种形态。有的市镇还是某些特定商品的集散地，而且由于坐落于通商要道而成为商业巨镇，如汉口等。

市镇的发展，使得原有的城市和墟集之间形成了三级市场商品流通网络。手工业市镇的兴起，更有促进小商品生产和促使手工业从农业中分离出来的作用。但是，直到 1840 年前，市镇的发展还偏重于东南，华北、华中的市镇也有所发展，而西南、西北的市镇较少，这些地区主要是发展州县市场。用于贸易的商品，也主要是农民自给有余的农副产品，还带有农副产品初级市场的性质。

（3）城市市场

这是指商品交换以城市及其辐射范围为活动空间的市场，它既是市场网络的联结枢纽，也是各类市场云集的中心。城市是因政治原因而建立的城和因经济原因而出现的市的结合体。中国古代的城市首先是政治、军事、文化的统治中心。西周初年，统治者率族众居城内，城内称国（"国"通"郭"），城外为郊，郊外为鄙或野。城市一旦形成，由于内部聚集了大量的消费人口，必然要求具备为之提供各种服务的手工业和商业。城市脱离农村独立后，城乡之间也不可避免地会产生大量的交换（主要是政治同经济的交换。贵族官僚及其仆从，用其来自农村的货币收入，再向农民和手工业者购买生活消费资料。这种交换只有农副产品入城，而没有城市产品下乡，因而，其实质是政治上城市统治乡村、经济上城市剥削乡村）。这种交换决定了城市的消费性质，促成了城市餐饮娱乐业的畸形繁荣。

城市市场先成为周围农村的交换中心，进而成为它代表某一区域同周边另一区域的商品交换中心，发展成为地区间商品交换的联结点。在此基础上产生和发展的城市市场也逐渐具有了工商业中心的性质。

和市镇的市场功能结构一样，城市市场也由集市贸易、铺户贸易和转运贸易构成。在中国传统农业社会中，城市的规模和城市内部结构都要受到等级制度的严格限制。在城市规模上，形成了京师、省城、州县三级城市体系。在城市内部结构方面，实行坊市制，居民区和商业区在城市中的布局有严格的规定。北宋以前，坐贾只能在城市的东、西两市等少数特定的区域设立店铺，并在规定的时间内营业。唐末五代以后，随着城市商业的发展才有了沿街设铺和早市、夜市的出现。在明清时期，铺户贸易的进一步繁盛同纺织业的发达有密切关系，因为纺织品必须经过铺户的整购零销，才能送达消费者手中。随着铺户贸易的发展，铺户日趋稳定，其内部结构也日臻完备。如明代苏州孙春阳开设的商货铺，维持了三百多年，铺内组织如州县衙门，设有若干部门，其付款和发货皆有规定。这样严密的组织，说明铺户已经企业化，而其数百年不衰的事实，则说明了货源和市场都相当稳定。

自中国传统社会形成之始，城市就是转运贸易的起落点。很多产于农村的商品，首先通过农村市场集中在一个城市，达到一定数量后再经转运商运销各地，一些商品从外地转运过来，同样是通过城市向周边地区扩散，城市因此成为大宗商品集散地。随着商品经济的发展，到明清时期，城市经济的发展重点已不是原有大城市的扩大，而是位于交通枢纽的城市的繁荣。如作为明清两朝首都的北京，人口从未超过百万，而江南的应天（今江苏南京）、京口（今江苏镇江）、扬州、苏州等则因丝绸工业发达、商业繁荣而人口日增。

（4）区域市场

这里的区域市场是指商品交换关系以地区为活动空间的市场，如人们通常所说的"岭南""淮南""川北""东北"等这些地理概念中的市场，以及多数省区范围内的市场。它们是因自然地理条件和共同生活习惯而形成的。每一区域都有一个作为区域性大都市的交换中心，如陕南的汉中、川西的成都、川东的重庆等。其他州县城市的物资大都在这里集散。

区域市场的交换使原来那些孤立的且往往是自给自足的生产领域或地区互相联系起来，又使那些专业的、不能自给的部门或地区可以独立进行生产。区域市场大致可分为两类：一类是经济性的区域市场，它们有相当数量的商品。如粮食各地都在生产，由于其市场需求程度较低，交换成本相对偏高以及流动设施条件的限制，被收缩在区域市场。以四川为例，古代四川的农副产品丰富，价格低廉，在盆地内流通还较为方便，若外运则北有秦岭阻隔，东有长江三峡，西南皆蛮荒之地，运输成本极高，得不偿失，由此造成了许多商品不能出川，只能在区域内部消化。这就是经济性区域市场的封闭性。另一类是行政性的区域市场，即政府通过行政干预，实行"地方经济割据"的市场。如地方政府为了当地的利益，灾荒年景不允许本地粮食作为商品流出其行政控制区域之境外，丰收年景又不允许外地商品粮食流入境内冲击本地粮价。这种市场又以食盐最为典型，中国传统社会中，政府规定某地生产的食盐，只能以指定的区域为销售市场，凡超越指定的销售区域即是违法的，称之为私盐，会遭到取缔。

（5）国际市场

国际贸易是国内市场的延伸。随着商品交换关系的发展和国内市场的发育，在利益的驱动下，必然要求市场突破国界，延伸为国际间的贸易。宋代以前，中国的经济重心在北方，中国传统社会的对外贸易重心也主要是通过河西走廊形成的通道，即西北丝绸之路联结中亚诸国。宋以后，经济重心南移，对外贸易也由西北方向的陆路贸易转向东南方向的海上贸易，通商多达五十余国，进出口商品数百种。

宋代以后，中国与邻近国家的贸易，以同南洋的贸易为主，其次是同日本、朝鲜，同西洋的贸易则相对较少，当时的西洋主要是指越南（安南）、柬埔寨（占城）、泰国（暹罗）等国。进口物品主要是苏木、胡椒、犀牛角、象牙等；出口则以丝绸、瓷器、银器、漆器等工艺品为主。输往日本的除丝绸、瓷器外，还有棉布、席、扇、脂粉等。

中国与欧洲国家的贸易，长期被阿拉伯人操纵。明清时期，随着西方殖民主义的海外扩张和商品交换关系的发展，在利润的驱动下，开始出现了具有海盗与走私色彩的早期东西方贸易。西方人到中国贩运的是丝、茶，中国商人从西方人手中换回的是钟表等。

中国传统社会中的海外贸易分官方贸易和民间贸易，以官方贸易为主。其中，以国家间互赠礼品形式出现的"朝贡贸易"和随之而来的"随贡贸易"，是官方贸易的主要形式。中国皇帝一向以天下之主自居，把与自己接壤的周边邻国视为政治上、文化上的属国，对这些国家的经济交往采取了朝贡的形式，即允许周边国家定期来华朝见中国皇帝，朝见时，由这些国家的使者进贡当地的土特产品，而根据中国传统社会奉行的礼尚往来的原则，中国皇帝将回赐更多的东西，并且对贡使随贡所带进带出的商品也实行减免税的优待。这实际上是一种扭曲的国际贸易，是经济与政治、文化的交换。但朝贡是有限制的，关系特别好的国家，允许一年一贡；关系差的数十年一贡，因而贸易量有限。官方贸易中也有官府采办，即由官府派遣专人出海贸易，以谋求奢侈品和厚利。官府采办是"朝贡贸易"的补充。

民间海上贸易早于官方贸易，最初为滨海商民进行的近海贸易。以后，逐步由近海伸向远洋。自明中叶以后，由于商业资本的发展和官方贸易的衰落，民间贸易渐趋重要。民间贸易有合法和走私两种。合法贸易是在官府控制下进行的，受到种种限制，因此，走私贸易是经常存在的。从事民间海外贸易者为权贵官吏、大小商人和游民等。

随着海外贸易关系的发展，中国贸易港口遍及沿海各地。明清时期，中国海外贸易的港口主要有广州、泉州、福州、漳州、杭州、扬州、明州、楚州（今淮安）、秀州华亭（今上海松江）、上海、登州（今山东蓬莱）等，其中以广州、泉州、宁波、杭州最为重要。

3. 非统一的全国性市场

中国古代全国大市场在秦汉时期就已形成，但这种全国大市场只是地方区域市场在空间的扩展或延伸，尚未形成统一大市场。所谓统一大市场，至少要具备下列三个条件：第一，要有畅顺的商品流通网络；第二，要有统一的市场价值和价格形成机制；第三，要有足够量的统一货币以满足商品流通需要。纵观中国古代市场发育状况，直到鸦片战争前夕，这三个条件都不同时具备，所以它在本质上只能是一种非统一的全国市场[①]，这种非统一的全国市场，主要通过贯通各地的航运系统将其联结起来。

（1）长江贸易。长江是中国古代最重要的航道，货运量常占全国的一半以上。自宋代以来，长江贸易经历了以下两个重要阶段：

宋元时期的长江贸易主要在汉口以下，包括太湖及苏北河网地区。宋代完成经济重心南移之后，江南成为全国经济最发达的地区。直到明宣宗宣德（1426—1435年）年间，在全国各交通要道商品集散地所设的33个钞关中，分布在长江沿岸的就有15个，但上游仅有成都、泸州、重庆，中游仅有荆州、武昌，下游则有扬州、镇江、仪征、江宁、常州、苏州、嘉兴、杭州、湖州、松江10个。江浙两省桑、棉和手工业的发展导致了当地市场的繁荣和钞关数量的增加。明代后期，宁波、浒墅、芜湖成为新兴的商业城市，说明这个最繁盛的商业运输区开始向东西两向扩张，与长江中游相接。这时长江中游的荆州、武昌还是军事重镇，但是，沙市、九江成为新兴商业城市，逐渐与下游相联结。而上游的成都、泸州、重庆还主要是处理本区域的贸易，与长江下游的贸易主要是丝、茶等细货，但贸易量并不大。

清代长江贸易的重大发展是长江中游、上游航运的发展。川江（即宜宾至宜昌1 305千米）航运主要是在清代开拓的。清初对四川的大规模移民，使四川成为全国最重要的商品粮基地。川江的主要支流嘉陵江、沱江、岷江又都在粮、棉、糖、盐产区，这几条江汇流而下，集中在宜宾、泸州、重庆后汇入长江。乾隆时，为运云南铜矿，还在宜宾以上疏凿险滩，开通了金沙江航路，使长江航运延伸至云南境内。长江中游

---

① 唐文基. 试论中国封建市场的发育特征 [J]. 福建师范大学学报（哲社版），1999（1）：107-113.

（即宜昌至汉口段750千米）的航运也是到清代才大有发展的。这一方面是因为洞庭湖流域的开发使长沙成为全国四大米市之一，而岳阳成为湘江等江河的中转站；另一方面是因为陕南山区、鄂北丘陵地带的开发使唐以后陷于停滞的汉水航运重新活跃，襄樊成为商业城市。于是，除粮食为大宗外，川陕的木材，江汉平原的棉花，湘、蜀的丝、茶，以及南北土产都汇入长江贸易。清代长江上游和中游航运的发展，导致了汉口的崛起。汉口在明初还是一片荒洲，到清代中期，镇上人口已有十余万，成为巴蜀、关陕与华中、东南贸易的枢纽，号称"九省通衢""商贾云集"，粮食、盐、棉、茶、油、纸、药材、广货号称"八大行"，年贸易额在一亿银两以上，占到当时国内市场贸易总额的1/5以上。

（2）南北贸易。这首先是指运河贸易，即长江流域与黄河流域的贸易。战国秦汉时代，中国的经济重心在黄河流域，南北贸易还相当有限。自魏晋以来，随着长江流域的开发，南北贸易逐渐发展起来。隋炀帝修通的大运河自北京通县到杭州千余公里，连接起了中国南北两大经济区。运河贸易大抵是"南来载谷北载盐"，其中，尤以徐州以下至杭州的南运河一段商运最为繁盛。而北运河也在北京、德州、临清、济宁、济南和开封设有六个钞关。后来，沿运河的天津、淮安也兴起成为商业重镇。运河贸易的发展，造就了扬州这样一个著名的商品集散地。扬州在唐代就有"扬一益二"之说，明清时代称雄天下的大资本家，尤其是盐商，多居住在扬州。

其次是指长江流域与珠江流域的贸易。随着珠江流域的开发，长江流域与珠江流域的经济交往日渐频繁。长江以南的南北交通路线大约有两条：一是由湖南湘江南行，过桂林，沿桂江，西行到广州。秦始皇开灵渠与桂江联系，入珠江水系，这主要是出于军事目的。明代以后，随着洞庭湖流域经济的发展，商运渐趋繁盛，湘潭成为商业重镇，零陵成为船只码头。尤其是广州一口通商时，丝茶在湘潭装箱，运广州启洋，洋货亦经此道分运内地，中经南岭由人力肩挑。二是由安徽经鄱阳湖向南，顺赣江穿越大庾岭到广东。这条通道也是秦代所开。明代鄱阳湖流域的经济发展仅次于太湖流域，九江成为重要商埠，饶州、景德镇成为新兴工商业城市。

（3）沿海贸易。由于大运河的利用在清代因泥沙淤塞而衰落，清代的商路主要是沿海运输中的南洋和北洋航线。北洋航线由江苏崇明绕山东半岛到天津，再延至营口，与辽河联运。每年沙船运关东麦、豆到上海，运布、茶等南货去华北、东北，北洋航线成为新的干线。南洋航线则是由上海经杭州湾抵达福建、台湾、广东与海外相连。南、北洋航线以上海为商品集散地，促成了近代上海经济的兴起与繁荣。到1840年前夕，中国的内河航运路线大体上已具有了近代的规模，全部航程在五万公里以上，沿海航线在一万公里以上，陆路运输在铁路兴起之前始终处于辅助地位。

4. 1840年前夕国内市场主要商品流向

（1）粮食的流向。1840年前夕，中国国内市场的粮食流通量大约为245亿斤。不过，绝大部分仍然是在地方小市场上相互调剂或在区域市场内供应城镇人口，但也有省与省之间的运销。自北而南，粮食的长距离贩运主要是南粮北运，包括：①江苏、浙江、江西、安徽、湖北、湖南六省的漕米由江淮溯大运河，在河南怀庆的清化镇进太行山口，运入山西，由三门峡进入潼关，供应陕西，总计约600万石。②奉天（今辽宁）麦豆经海路运往上海约 1 000 万石，运往天津、山东约 100 万石。③安徽、江西米经长江运往江浙。江浙地区由于棉田桑田多于稻田，因而缺粮较多，无论丰歉，外省客米来售者皆不下数百万石，由此形成芜湖、九江、长沙、无锡四大米市。④湖南、四川的米经长江运往江苏。湖广运往江浙的米约 1 000 万石，大多为湖南、四川米在汉口落岸，再运到江苏枫桥，由商人转销浙江、上海、福建。⑤江浙米由上海经海路运往福建。福建经济作物发展较早，一向与外省交换粮食。福建的糖、茶、纸、粗碗、糟鱼经海路运往北方，但北方的麦、粱不符合闽人需要，这就需要由江浙供米。江浙在苏州采购外省米再用海船运至闽。此外，汉口麦谷经汉水运往陕西汉中，河南、天津的麦、粱经大运河运山东临清，台湾米经海路运福建，广西米经西江运广东等，每年都在百万石以上。总计以上各路所运粮食，共 3 600 余万石，大体上可以代表 1840年前夕粮食的长距离流通。如果除去漕粮、兵粮等官粮，商品粮约 3 000 万石，约占全国粮食流通总量的 20%。

（2）棉布流通。棉布是仅次于粮食的大宗商品。据估计，棉布的流通量约 3.1 亿匹，占总产量的 52.8%。棉布也主要是在地方小市场或区域市场内流通，但由于其体小价高，适于远销，也有不少进入长距离流通。

棉布的流向大体为：①苏松地区棉布流向大江南北。苏松地区是全国最大的棉布产区，每年产布约 4 500 万匹，进入长距离贩运的约 4 000 万匹。其中松江布主销西北、华北、江西、两湖、两广，后来又打开了东北市场。在年销量 3 000 万匹之中，销往东北及北京的细布约 1 500 万匹，广东 1 000 万匹，福建 100 余万匹，经广东出口南洋者约 110 万匹。②常熟布年销约 1 100 万匹，北至淮安、扬州及山东，南至浙江及福建。③无锡布主要通过运河销苏北，约 300 万匹。④河北滦州、乐亭布除在本省销售外，主要出山海关销东北。⑤元氏南宫布除西销太原，北至张家口外，还有一部分自古北口输往内外蒙古地区。此外，还有一些市场范围相对较小的地区性织布业中心。如山东历城、蒲台布销东北；河南孟县、正阳布销西北；山西榆次布自太原而北边诸州府，皆为其市场；湖北汉阳、德安布销西北、西南；湖南巴陵布南运两广；四川新津布主要销本省。1840 年前，全国棉布长距离贩运约 4 500 万匹，占全国商品布 15%左右。

（二）中国传统社会市场发育的基本特征及其制约因素

1. 未能形成一个统一的全国性市场

如前所说，中国虽自秦汉以来已形成全国商品流通网络，但直到鸦片战争前夕，统一的全国市场并未真正形成，至多可以说尚处于形成阶段。之所以说中国传统社会的市场发育从本质上讲属于非统一的全国市场，主要在于：

一是市场存在着一定程度的封闭性和割据性，各地间商品流通并不完全畅通。造成商品流通不畅通的主要原因：

（1）交通因素。从秦朝修筑以咸阳为中心通往其他大都会的驰道之后，历朝也或多或少修筑了一些交通干道，从而形成了蛛网式的交通网络。特别是贯通南北的大运河凿通之后，南北水路交通大大改善。但仍存在着运输手段落后和边远地区交通闭塞的情况，这就制约了商品流通。

（2）行政因素。行政因素即指通过行政干预阻碍商品流通。中国自古就有"遏籴""蕴年"等政策，阻止粮食流通。如明万历年间，南畿、浙江等地粮食歉收，地方官就采取"邻境闭籴"政策。唐代商业虽然繁荣，但却禁止与周边贸易，规定：锦、绫、罗、绵、绢、丝、布、牦牛尾、珍珠、金、银、铁等，"并不得度西边北边诸关，及缘边诸州兴贩"①。元朝更明确规定，江南铁货及熟铁器，不得于淮、汉以北贩卖。在国家处于分裂割据状态时，以行政命令阻断商品的状况更是突出。行政干预商品流通的最常见的表现是税卡林立，向过往商人高额征税或重复征税。最典型的是明万历年间，神宗派大批太监充当税使、矿监，四出课敛诛求。如长江航道上，每隔几十里就有税使及其爪牙拦江截税。

（3）全国各地经济发展不平衡。沿海、沿江、沿运河地区商品经济虽有相当程度的发展，但内地及偏远山区的许多地方，"向无水陆珍异之产，无商贾舟车之市，民之逐末者寡，富者食其田，贫者食其力"，商品经济发展滞后。地域间经济发展的不平衡，制约了市场网络的空间扩展。

二是中国古代市场缺乏统一的市场价值，没有价格形成机制。在资本主义的统一市场中，不同部门的资本竞争，会形成一个相同的市场价值，存在着价格形成机制。但在中国古代市场中，由于垄断多于竞争，不能形成市场统一价值，不存在价格形成机制。例如明永乐六年（1408年），北京有200余种商品的税额。若按当时"三十而取一"的征税标准，商税额的30倍，便是商品价格。例如上等罗缎，每疋税钞25贯，其价格当是750贯钞。就这200余种商品税额换算成市价而论，有些商品价格很难说是与价值相符。如毡袜1双，税额钞0.34贯，价格便是钞10.2贯，而1疋小粗布与它同价。药材一概论斤征税，即论斤定价，每斤税钞0.2贯，价格便是钞6贯。不同药材当有不同价值，但它们竟然同价。米与石榴、莲子肉、软枣、菱、银杏、青靛同价，每斤税钞0.5贯，市价便是15贯。棉花、香油、紫草、紫粉、黄丹、淀粉、云香、柿饼、粟子、核桃、林檎、柑、桔、雪梨、红枣、杨梅、枇杷、榛子、杏、香橙、乌梅、五倍子、茶叶、生姜、石花茶、虾米、鲜干鱼、鲜猪羊肉、黑铅、水胶、黄白麻、铜、熟铁等商品竟然是同一税额即同一市价。显然，这是一种僵死的价格体制。

与资本主义市场的等价交换原则相反，中国古代市场的交换是不等价的。在古代市场的商品交易中，与商人做交换的卖方与买方，未必是而且多数并非商人。卖方多是农户或城镇手工业者。乡村农民为了纳租缴税还债，往往贱卖自身衣食所必需的劳动产品，即必要劳动的物化品。这种为应急而卖，出卖品的价格往往与其价值背离甚大。城镇小手工业者的交换也有类似情形。就城镇手工业来说，由于其生产目的主要在于维持基本生活，这种以使用价值为目的的交换，难以形成竞争机制。买方多半是地主或达官贵人，他们与商人的交换，本质上是地租与商品的交换。没有统一的市场价值和价格竞争机制，这是古代市场的本质特征，它恰恰就是古代社会商业和商人存在的重要条件。

---

① 《唐卫禁律》，卷八，严禁物私度关条疏议。

三是币制的混乱和流通量不足不利于统一的全国性市场的发育。发育健全的统一市场，必须有足够量统一的货币作为商品交换媒介。秦始皇统一货币，为全国大市场的形成准备了又一个条件。但自秦至隋的800余年间，中国多次出现过币制混乱局面，尤其是新莽和魏晋南北朝时。唐宋时期，币制不统一和货币流通量不足的问题也时有发生。如北宋就划分有使用铜钱的铜钱区和使用铁钱的铁钱区。唐、宋、清各朝都曾发生过"钱荒"，即制钱流通量不足，因而不时发生物物交换的情形。币制混乱和流通量不足，势必导致市场萎缩。

2. 市场的垄断多于竞争

有市场就有竞争。随着中国古代商品市场日趋繁荣，特别是明清时期，市场竞争日趋明显，一些商人或手工业者就是通过竞争而发家的。但纵观整个中国古代商品市场，竞争毕竟有限，而垄断却多于竞争。

中国古代商品市场的垄断特征首先表现在官権专卖制度，由国家垄断一部分关系国计民生的重要商品市场。这一制度的创立者是春秋时齐国的管仲。秦及西汉初，国家"驰山泽之禁"，对煮盐、采矿、冶炼放任自流，不少人因此致富。汉武帝采纳御史大夫桑弘羊建议，重新将盐铁经营权收归国家，规定"敢私铸铁器，煮盐者，钛左趾，没入其器物"①。禁権专卖制度一直延续至古代社会晚期的明清两朝，而且专卖的商品种类时有增减，如盐、茶、酒、曲、矾、乳香、铜、铅、锡等。

除了禁権专卖制度，一部分古代权贵也参与垄断某些商品的生产和销售。汉初，未实行禁権制度之前，盐铁产销就是由权豪垄断。如吴王刘濞，以豫章郡的产铜铸钱，并煮海水为盐，富可敌国。禁権制度实施后，盐铁之类重要商品虽归国家专卖，但某些豪商仍可与官府作钱权交易，获得这些商品经营权。食盐便是如此。从唐代刘晏改革盐法，将官府专卖的食盐转鬻商人开始，到宋代"入中"法、元代"行盐"法、明代"开中"法、清代"纲盐"法，都是由一部分豪商向官府转让食盐营售权，甚至可以父子相承，坐受厚利。

商品市场垄断性特征还表现为达官权贵直接经商，成为市场上拥有特权的主体。魏晋南北朝时就有人说："秦汉以来，风俗转薄，公侯之尊，莫不殖园圃之田，而收市井之利，渐冉相仿，莫以为耻。"②唐代官僚经商也不少，如德宗时的陈小游"三总大藩，征求贸易，且无虚日，敛积财宝，累巨亿万"③。北宋初年，宰相赵普"营邸店，夺民利"④。元代达官贵人在高额利润诱惑下投身商海的为数更多。忽必烈时，丞相阿合马"挟宰相权为商贾，以罔天下大利"⑤。明代权贵经商之风甚炽，连"皇帝贵戚，列肆其间，尽笼天下货物"⑥。清代官僚经商之风不逊于明代，有"民之贾十三，官之

① 司马迁：《史记》，平准书。
② 《晋书》，江统传。
③ 《太平广记》，卷329，《陈少游》。
④ 李焘：《续资治通鉴长编》卷14。
⑤ 柯劭忞：《新元史》，阿合马传。
⑥ 《嘉靖实录》，卷4。

贾十七……于是民之贾日穷而官之贾日富"① 之说，足见当时官员从商人数之多。所谓"民贾"穷，"官贾"富，正是达官势力垄断市场的结果。它使市场交易失去公平的原则。古代市场不是公平竞争的市场，而是权力竞争场所。

3. 商品交易自由度低，市场进入障碍重重

首先，市场的进入障碍来自贱商观念。中国古代社会中商人居"四民"之末，社会地位很低。早在战国时，商人便遭歧视。商鞅变法采取了一系列抑商政策。秦始皇对商人政策具有两重性：一方面优待大商人；另一方面是压抑小商人。西汉的抑商政策是人们熟知的。唐宋以后，疯狂迫害商人的政策虽然停止了，但贱商思想观念依然存在，"君子耻为邻"②。明太祖曾从对服饰的规定上体现出其对商人的贱视。传统的贱商思想，使商人职业受到歧视，他们不得不把商业利润或用于巴结统治者，或用于购买土地，走"以末致富，用本守之"的老路，妨碍商业的进一步繁荣和发展。

其次，市场的进入障碍来自榷关制度。榷关制度在中国有悠久的历史，《孟子·梁惠王》说："文王之治岐也……关市讥而不征。"可见在周文王时代，在通商道路上已设有"关"，只不过，当时的"关"是只稽查而不征税。春秋战国时期，才开始征收关税，其税率很低，通常是值百抽一。战国时的商鞅主张"重关市之赋"，从此以后榷关制度就包括两方面的内容，即"讥"和"征"。"讥"者，稽也，即稽查。专制国家设立榷关，首先是为了稽查商货。通过稽查商货来控制流通领域，是榷关制度的主要内容之一。如盐、茶、铜、硝磺等物，是专制国家垄断经营的商品，不准民间私商经营，榷关对通过的商货必须进行稽查，如发现上述违禁物品，即将商人逮捕治罪。汉武帝元狩二年（公元前121年）就有500多名商人因触犯该法律，被处以极刑。"征"者，征收商税也。榷关征收的商税，主要是通过税，这是专制国家利用政治权力设置榷关，侵吞或分割部分商业利润的一种手段。榷关征收的商税税率时高时低。一般说来，当商业的发展落后于农业经济之时，专制国家就实行轻税政策以鼓励商业发展；反之，或遇财政困难之时，则实行重税政策，以此起到调控商业发展程度的作用，以求达到农业经济与商业经济的平衡。从总体上看，榷关制度是专制国家限制商人自由营运，分割商人财富的有效工具，是抑商政策的一个重要组成部分。

再次，市场的进入障碍还来自古代牙行制度。随着城市商业的发展，市场上出现一批专门充当买卖双方中介人的牙人（又称牙侩、牙郎、经纪人），他们经政府批准开设牙行。牙行的职能原本是促进商品流通，但在中国古代却成了奉专制国家之命，帮助政府管理市政，代征官府商税，管制民间商业的最有力工具。牙行依仗官府或地方豪强为后盾，操纵市场、垄断买卖、哄抬物价。由于牙行制度与商品价值规律相悖，完全限制了价值规律作用的发挥，束缚了民间商业资本自由活动的手脚，必然遏制商品经济下的自由竞争，不利于商品经济的发展和市场的发育。在牙行制度下，所有的贸易活动都必须经过牙行的中介才能完成；否则，"市不得鬻，人不得售"。牙行的介

① 屈大均：《广东新语》，卷9，事语·贪吏。
② 范仲淹：《范文正公集》，卷，四民诗。

入，在商业资本与生产者之间筑起了一道高墙，商人不能自由地直接支配生产者，以促进商品经济的进一步发展。牙行制度的存在，使市场淡化了自由交换的色彩。

最后，市场的进入障碍还来自行会制度。在中国和西欧传统社会中，都有商业行会的存在。在西欧，商业行会是商人的自治组织，行会作为商人的社会组织，是商人自己组织起来，并为商人的利益服务的。但是，中国传统社会里的行会却具有自己的特殊性，表现在它与专制国家的关系方面。中国传统社会中的商人行会不是商人的自治组织，也不是商人自愿组织起来的，而是专制国家依靠政治强制力量，强迫商人组织的，国家还要求每个商人都必须加入行会组织。专制国家强迫商人组织行会是为了便于对商人进行管制和勒索。因此，古代中国的行会便成为专制国家控制商业经济与市场的工具。行会既然由专制国家强制商人组织起来，那么它就会具有为专制国家服务的功能。只要是官府所需要的物资，无论何物，行会都有责任要求商人们无偿地向官府供应。此外，专制国家一旦需要变卖无用的物品，或其他需要商人协助的公务，均责令行会来组织商人执行。另外，专制国家如需要了解市场情况，或侦察盗匪，也常常传询行会负责人。最后，行会还要协助采买官吏完成专制国家所需物资的采买任务。在采买过程中，官吏往往肆意压价强制采购，或则拖欠货款，而行会则要求商人必须服从。总之，权关制度、牙行制度和行会制度是专制国家用来禁锢市场发育，控制商业自由交易的三大绳索[①]。

4. 缺乏有效的宏观调控

中国古代历朝政权都对市场进行宏观调控或管理。早在春秋之时，管仲就有一套"通轻重之权"的理论与政策。其中一点是，国家要参与市场流通，调节供求，平衡物价。在管仲看来，市场上商品价格受供求影响，"物多则贱，寡则贵"（《管子·国蓄》）。要平衡物价，就要调剂供求，办法是国家要掌握大量货币与谷物，并以充足的货币与谷物作为实力，调剂市场上商品余缺与价格高低。管仲的办法，被历代统治者奉为调控市场价格的圭臬。战国时李悝在魏国行"平粜"法，也是从调剂供求以稳定市场物价的宏观调控政策。汉武帝时，大农丞桑弘羊行"均输"法，将产地产品调剂往非产地，将非商品性的贡品化为商品，以满足市场的需要；又行"平准"法，调节供求，平衡物价。此后，王莽的"五均"法、王安石的"市易"法和"均输"法，也大体仿效桑弘羊那一套。

在漫长的中国传统社会中，商品经济虽然有相当高度的发展，但毕竟仍是自给自足占统治地位的自然经济社会。在这样的社会中，商品生产与流通，既是自给自足经济的补充，也完全处于无计划的盲目状态。这不仅给国家对市场的调控造成困难，而且当权者根本不知道如何进行有效的宏观调控。只能是两千年来反复采用管仲之术，一再重施"均输"法、"平准"法老套。至18世纪中期号称"康乾盛世"的鼎盛时期，当时中国经济发展面临两大难题：一是粮食价格持续上涨，居高不下；二是市场

① 萧国亮. 皇权与中国社会经济 [M]. 北京：新华出版社，1991.

上"制钱"短缺，"钱贵银贱"。前一个问题是人口激增所导致的，后一个问题是由于商品经济发展，商品流通量增加引起的。决策者乾隆皇帝没有对症下药，做有效的宏观调控，仍沿袭"平籴"、截留漕运等老办法。历代王朝简单的调剂供求，平衡物价的宏观调控政策，对于一时一地市场物价的稳定，是可以起到暂时作用的，但对于推动市场向纵深发展，却苦无良策。

思考题

1. 简述中国传统农业的特点。
2. 分析中国传统社会地权变动趋势及其机制。
3. 简述中国传统社会自然经济和商品经济的关系。
4. 简述传统社会难以形成全国性统一市场的主要因素。

第三章　中国传统社会的财政制度与经济思想

　　财政是国家政权赖以存在的经济基础。财政制度的作用是维系社会经济的正常运行。思想、观念与文化既是社会经济基础的意识形态，同时又对社会经济基础的变动起着制约作用。中国传统社会的主流意识形态，主要是指那些植根于中国传统农业社会的经济、政治、社会、文化基础上而产生的一些成为历代政府制定经济政策、建立社会经济制度的理论依据，并渗透到社会生活、习俗、理念和思维定式之中，积淀成为具有中国特色的传统经济思想。其中主要是"富国之学"和对理想社会制度的追求。

第一节　中国传统社会的国家财政制度

　　财政，是指国家为实现其职能，在参与社会产品分配和再分配过程中所形成的一种分配关系。它的产生经历了一个长期的历史过程，是人类发展到一定阶段的产物。就中国而言，国家财政是随着夏王朝的建立而出现的。"财政"一词在我国的使用，是近代的事情。中国古代涉及国家财政的术语主要有"国用""国计""度支"等。据考证，清朝光绪二十四年（1898 年）的"明定国事"诏书中有"改革财政，实行国家预算"的条文，这是我国政府文件中最初使用"财政"一词。财政制度是国家对财政工作规定的一种行为规范，它是财政收支规律的反映，主要包括财政收支制度和财政管理制度。

一、国家财政收支结构的变化

　　财政收支是指国家财政运用价值形式对社会产品进行分配和再分配的基本形式，包括财政收入和财政支出两个方面。我国历史时期财政收支结构随社会经济发展而变化。

　　夏、商、周的财政收入主要包括贡纳、田赋、军赋和专利收入等。所谓贡纳，指各地诸侯向中央的献贡。田赋包括奴隶劳动所创造的收入和向平民征收的田赋（夏代称"贡"、殷商称"助"、周代称"彻"[①]）。军赋包括服役的力役和兵车马匹。专利收入，指国家控制的手工业和商业收入。三朝财政收入的特点：其一，是以强制的原始劳役地租出现，进行实物的征收；其二，无论是"贡""助""彻"，还是"邦国之贡"，

[①] 《孟子》一书说："夏后氏五十而贡，殷人七十而助，周人百亩而彻，其实皆什一也。"

都是租税不分，以租代税；其三，政府控制的官营手工业和商业的收入，成了财政收入的一部分。在三代的财政支出中，主要有军事、王室、祭祀、俸禄、建设和其他杂项支出。

春秋战国时期，王室衰微，诸侯势力膨胀，为争夺霸权，各诸侯国纷纷进行改革，财政收支方面也出现了新的变化。特别是秦国于公元前408年实行"初租禾"，承认私田的合法化，并征收租税。公元前359年和公元前356年有两次改革，开阡陌封疆，允许土地买卖，推行郡县制、编造户籍，由国家直接派征赋税，按户按人征收军赋。

秦统一后，除继续按私人土地多少征收田赋和商税外，新增了盐铁税和口赋（人头税）。汉代的人头税发展成为算赋（成年人头税）和口赋（针对儿童征收的人头税）。支出部分包括皇室经费和国家经费两部分，皇室经费包括皇帝、嫔妃和皇室成员的日常耗费，宫殿、陵寝建筑费以及宾宴、馈赠、赏赐诸费；国家经费主要包括军费、官吏俸禄和赏赐、农田水利和其他工程费用以及文化教育和祭祀等费。

东汉的算赋和口赋，到汉献帝建安九年（204年）曹操把这两者和其他赋敛归并，一起成为常税。这样，作为人头税的算赋、口赋演变成为户税（户调）。官员俸禄，是国家财政支出中的重要内容。这一时期的官员俸禄，因土地制度的变化，也把原来的授田俸禄改为谷米俸禄为主了。在秦朝，官员俸禄主要是从国家仓库中按期支付实物（粮量），实物的多少，取决于官员的官阶。汉代官员俸禄除给实物外，还支付部分现钱。魏晋南北朝时，因连年战争，金属货币失去价值，官员俸禄又恢复了以谷帛为主或分给土地的做法。曹魏时为调节国库支出，遂以土地支付官俸。西晋时既给谷帛又给土地（土地属公田，故给官员们的土地俸禄又称职田），南北朝沿袭之。

隋唐是中国经济繁荣持续时间比较长的一个时期，其财政收入除以土地为主的赋税外，还有盐税、茶税、酒税、关税和其他杂税与杂项收入，其中仍以土地税为大宗。隋朝承袭北朝（北魏、北齐、北周）的均田制，在田赋收入上实行租调制。唐朝前期继续推行均田制，并在此基础上实行租庸调制。唐中期以后，废租庸调，行两税法。两税指户税和地税，户税是一种资产税，按民户资产情况等征收；地税按田亩征收。税物兼征金钱与米粟，课税时间定在夏秋两季。两税法简化了手续，扩大了纳税面，使税负进一步走向公平；同时，也开始了我国田赋史上以货币完纳田赋的新纪元。

隋唐的财政支出中，除了皇室费用、军费支出、祭祀、赈恤、经济和教育事业之外，官禄支出值得重视。隋唐时的官员太多，隋代官员约12 576人，唐宪宗元和（806—820年）年间的文武官员和诸色胥吏达368 660人。官员的俸禄有禄田、禄粟和俸金三种。唐朝多因隋制，其官员俸禄比隋朝为高，不仅有禄粟、永业田和职分田，还有俸料，即月俸。唐代京官月俸最高可达9 000贯，个别的可达20 000贯。所以，官俸支出在隋唐是一笔庞大的数目。

宋代的财政收支中，有几个方面值得注意。在财政收入上，除了田赋、工商税收（盐税、茶税、酒税、商税等）、官田（官田、屯田）收入、和买和杂税等外，还有铸币与发行纸币的重要收入（自神宗以后到南宋亡，中央和地方还把增发纸币作为财政收入的最好办法，从而导致了严重的通货膨胀等社会问题）。在财政支出中，以军费、吏员冗禄和郊祀为大宗。宋朝军队数量多，军费开支浩大，加上对契丹、西夏的输纳，就用去了财政收入的 2/3。在官俸支出方面，由于加强中央集权的需要，宋朝采用了分解各级官僚机构及官员权力的办法，致使各级政府机构重叠，冗官问题突出，财政支出巨大。仅俸给支出一项就占国家财政支出的近 1/3。宋朝的郊祀支出也很惊人，真宗景德年间支出为 601 万缗，仁宗宝元年间飨明堂支出 1 200 余万缗。由于财政赤字太大，直接影响到了国家的安定，也加速了北宋王朝的灭亡。

元朝的财政收入，除与前代类似的项目外，还有两个方面值得注意：一是商税有了新的发展。元朝商业经济尤其是海上贸易发展迅速，商税和市舶课成为国家财政收入的主要来源之一。据不完全统计，文宗天历年间（1328—1329 年），商税收入总额已达 939 500 锭；市舶课的收入在至元二十六年（1289 年）上缴国家的珠 400 斤、金 3 400 两。二是在货币制度上完全使用纸币。元朝政府也常把发行纸币作为增加财政收入的重要手段，致使过量发行，引起纸币贬值，造成了恶性通货膨胀。在财政支出上则是管理十分混乱，国家财政长期处于收支不平衡的困境之中。至元二十年（1283 年）的财政收入为 2 978 300 余锭，支出为 3 638 500 余锭，亏空 66 万锭；大德十一年（1307 年）亏空 240 万锭以上；至顺二年（1331 年）又短少 239 万锭。

明朝财政自开国至宣德、正统的 80 余年间，收支尚能平衡，有时还有节余。但自英宗以后到神宗年间的 130 余年，财政一直处在入不敷出的困境之中。造成明朝财政收支难以平衡的最主要原因是军费、俸饷与政府冗费支出太大。明初卫所军约 180 万人，永乐时为 270 万，嘉靖时达 280 万。军费开支由最初的 50 余万两增至崇祯初的近 500 万两，末年更达 2 000 万两。就军队人数和军费开支而言，明朝是此前历史上数额最大的一个朝代；官俸和宗禄（宗藩禄米）开支也十分惊人。明代的官员队伍自中期以后快速膨胀，据史料记载，正德年间，文官 2.04 万人，武官 10 万人，廪膳生员 3.58 万人，吏员 5.5 万人，超过以往任何朝代。宗室成员的数量也很大，神宗万历年间有 15 万~20 万人，崇祯时甚至一度超过 33 万人。所以，明代每年的各项俸粮宗禄支出"约数千万"①。此外，还有营建、漕运、典祀、赏赐、郊赍等无节度的开支，也为数不小。

前清的财政收入主要是田赋、盐税和关税，此外，捐纳和捐输也成了重要的收入项目。田赋收入在乾隆以后至清末，保持在 3 300 万两（银两，下同）左右。盐税在乾隆以后，年收入在 500 万~700 万两。关税（内地关税和国境关税）也保持在 400 万~600 万两②。捐纳在清朝每年一般在 300 余万两，最多时达 1 300 万两。捐输，是政府按商民报效银数给予的奖叙。自雍正到鸦片战争前，捐输银达 7 200 万两。清政府的财政支出有 12 项，最主要的是军费、官俸和工程支出。军费支出，在 1747—1830 年的 83 年中，包括兵饷、战争等军费在内每年平均支出约 2 100 万两，几乎占前清岁入的 1/2~2/3。官俸（俸食、养廉和公费）数额，嘉庆十七年（1812 年）统计为 616 两。工程费（河工、海塘、内廷工程）常年支出在 300 万两以上。在整个前清时期特别是顺治到康熙前期，由于连年的战争和收入的不稳定，财政相当困难，"岁支常浮于人"。

① 《古今图书集成》，食货典，卷 254，国用部、论食货。
② 王庆云. 石渠余记 [M]. 北京：北京古籍出版社，1985.

康熙中期至乾隆时期，社会安定，经济恢复，财政收支走向正轨，收入增加，支出有常额，国库有了盈余。康熙二十四年（1685 年）已盈余 2 000 万两，四十八年（1709年）达 5 000 万两；乾隆四十二年（1777 年）后，国库盈余高达 8 182 万两。嘉庆至道光时，清王朝步入了多事之秋，天灾人祸不断，正常税收难以保证，意外开支有增无减，国库日渐空虚，嘉庆十九年（1814 年）库存银两降到 600 万两左右，道光二十年（1840 年）则降为 320 万两，可以说，此时的国家财政日益恶化，一年不如一年。但总体而言，鸦片战争前的清朝财政还勉强能够维持①。

二、财政管理制度

（一）财政管理机构的变化

从中国财政的历史发展来看，夏商两代由于缺乏相关的史料，对其财政管理，尚不能做出表述。西周时国家财政机构分两大系统：一是管收入的"地官司徒"系统；二是管支出的"天官冢宰"系统。地官系统的财务机构又分有不同职能：总司赋税之职者，如大、小司徒；分司赋税之职者，如载师、闾师、县师、遂人、遂师等；司杂税及平衡财货之职者，如廛人和泉府。天官系统的财务机构也分为不同职能：总司财用之职者，如职内、职岁、职币；专司会计之职者，如司会与司书。天官和地官总理全国的土地、人口、赋役、支出、会计考核及贡纳等工作，分工明确，职责清楚，据此可以了解先秦财政管理的大致轮廓。

到了秦汉时期，公私财政区分开来，即国家财政和皇室财政各设机构，分别管理。公私财政的划分，是秦汉以后财政的大致体制。秦代管理国家财政的专职机关为"治粟内史"，汉朝中后期改为"大农令"，东汉时改称"大农"。管理皇室财政的机构有少府和水衡都尉。少府属官有太官、太医、汤官、乐府、东西织宝、东园匠等十六官令丞；水衡都尉设立于汉武帝元鼎二年（公元前 115 年），专管帝室财政收入。东汉不设该职，统由少府掌管。

魏晋南北朝时期，中央官制发生了重大变化，尚书、中书、门下三者逐渐代替秦汉时期的三公九卿，成为重要的立法行政机关。尚书省下的度支尚书取代了前代的大司农，成为管理财政的最高机关。

隋唐时期实行三省六部制，由尚书省的户部（度支部）主管全国的财政制度，一直沿用至明清。唐代的户部下设户部、度支、金部、仓部四个司。其中户部掌管田户赋役、贡纳之事；度支司管租赋、物产丰歉诸事；金部掌管库藏、度量衡之事；仓部掌仓廪和粮储之事。此外，刑部的比部司则负责"句考内外钱谷出纳"，即对财政上的收支进行稽核和监督，就是财政审计机关。宋代的财政机关，在宋神宗元丰年间前后有所变化。元丰前，由三司使总领天下财赋。三司又称计省，通管盐铁、度支和户部三个部分。三司命名与宰相、枢密院鼎足而形成财政、民政、军政三权分立局面。后来的王安石变法，三司的部分财权改归宰相掌管。元丰以后，罢三司，三司的职权大部分重新移归户部。

---

① 张九洲. 中国经济史概论［M］. 郑州：河南大学出版社，2008.

明清两代的最高财务行政机构为户部，掌管天下户口土地簿籍，并统理一切经费的支出。户部为内阁六部之一，其长官为尚书，掌全国户口、田赋方面的政令。尚书之下，左右侍郎掌稽核版籍、赋役征收等，协助尚书工作。下辖十三司，各按省份执掌各省民赋、诸司卫所俸禄、粮饷及各仓盐课钞关等事宜。明代户部下设都转运使负盐政，宝钞按举司负责钱钞的铸制，总督仓场负责在京及州等处粮储事宜。清代对若干重要财务，也设有专门的官吏，如以"漕运总督"专掌漕运，"巡视盐政"专掌盐政等。

综观中国历史上财政管理体制的演变，呈现如下一些特点：

（1）财政管理体制在整个国家建制中的地位日见重要。最高统治者在对政、军、财、监察等权益的综合配置中，既注意各权的统一协调，又注意各权的相互制衡。财权由隶属于行政权、军权之下逐步发展到独立于行政权、军权而接受监督，宋代以后较为明显。这种配置是从加强最高统治者集权出发的，但在客观上有利于中央政权的巩固和国家的安定统一。

（2）财政管理权由相对集中向多极化发展。周代为天官地官两大系统，汉代为国家、皇室、监察三大系统，唐代为立法、审议、行政、监察四大系统。这种财政管理权多极化的趋势，表明最高统治者对财政决策越来越慎重，并注意防止管理财政的官员专权和腐败，反映出古代财政管理体制在逐步趋向完善。

（3）财权的纵向配置由地方分权向中央与地方均权发展。国家创立之初，最高统治者实行中央集权时既无基础，亦无经验。夏商周三代天子的财政收入主要为借助民力耕种公田的收入、诸侯的贡纳收入和少量的关市之征，支出主要为祭祀支出、王室生活支出、军事支出。在分田制禄下，官俸支出很少，只有宴请或赏赐群臣方面的支出。地方诸侯既有赋税收入，又握有军队，有力量同中央分庭抗礼。秦汉至清代，财权集中于中央，实行统收统支。国家主要财政支出如官俸、军事、外交、水利、赈灾等，由中央统一安排。州县的财政收入抵扣规定的支出后，余额上交中央，不足部分由中央划拨。

（4）财政管理体制的发展道路曲折。除春秋战国、魏晋南北朝、唐后期至五代这几个历史阶段诸侯割据外，绝大多数时期全国处于集中统一的局面。每个朝代的前期，统治者励精图治，注意轻徭薄赋，节约支出，安定民生，财政管理中注意精官节支，防止腐败。各朝后期，统治者习于骄奢，吏治败坏，冗军冗官冗费，人民负担繁重，酿成农民暴动而改朝换代。所以，财政管理体制的发展是曲折前进的。

（二）古代理财原则和制度

1. "量入为出"的理财原则

"量入为出"理财原则的提出，在我国有很悠久的历史。所谓"量入为出"，也叫以收定支，是指在既定的收入条件下，根据收入安排支出。"量入为出"理财原则，早在西周时即已提出。《礼记·王制》载："冢宰制国用……量入以为出。"西周以后，"量入为出"逐步成为各个朝代理财思想的核心和基础。春秋时期的孔子主张在财政收入上贯彻薄敛、富民，在财政支出上要贯彻崇俭抑奢。孔子把收入和支出有机地联系到一起，认为财政上该征收的要征收，该使用的就要使用，可以俭省的一定要俭省，这体现了"量入为出"的理财思想。到了战国时期，齐国的管仲做了进一步的发挥，提出了"取民有度""用之有止"① 的财政政策主张。正由于管仲坚持"量入为出"的理财原则治理国家，使齐国经济雄厚，得以九合诸侯。西汉初年，汉高祖刘邦为了巩固统治，采取了一系列减轻人民田租负担的措施，"量吏禄，度官用，以赋于民"，收到了很好的效果。

唐王朝建立之初，常以隋亡为鉴，特别是唐太宗"励精图治"，减轻赋税，发展生产。在财政政策方面坚持"量入而为出，节用而爱人，度财省费"② 这一"量入为出"的理财原则，使唐朝很快实现既庶且富的局面，形成了为后世所赞称的"贞观之治"。

宋代真宗、仁宗时，消费巨大，"百年之积，惟存空簿。"革新家王安石向宋仁宗呈递万言书，指出天下财力困穷，风俗衰坏，并由此提出了他的改革主张。王安石非常强调理财的重要性，视"理财为方今先急"，认为治国必须理财。至于理财之道，主张"因天下之力，以生天下之财，取天下之财，以供天下之费"③。从王安石这些主张来看，他是坚持"量入为出"理财原则的。王安石的理财思想和他所坚持的"量入为出"理财原则，使得他在神宗时实现了他的变法主张，为国家财政经济的改革做出了有益的贡献。

明代英宗正统年间，土地高度集中，农民租税苛重，吏治腐败，贪污盛行，到世宗嘉靖以后，情况更为严重，以致造成财政的亏空，"岁入不能充岁出之半"。神宗万历时内阁首辅张居正看到当时大官僚、大地主兼并之风大盛，人民颠沛流离和国家财政困窘的情景，提出了自己改革财政经济的主张。虽然他的目的是维护统治阶级的利益，但客观上对社会经济的发展起了一定的推动作用。张居正执政以后，施行"一条鞭法"，打击豪门，排除兼并，进行税制改革等；同时，在财政收支问题上，提出"开源节流，量入为出"的主张。在开源方面主张发展农业，农商并重。经过张居正的大力整顿和改革，国家财政情况有了很大好转，经济比较富裕了。

在中国财政史上，与"量入为出"相对的理财原则是"量出为入"，也叫以支定收，是指在确定财政支出范围及规模的条件下，根据支出确定收入。一般认为最早提出"量出为入"理财原则的是唐朝的杨炎，其实早在西汉时期理财家桑弘羊就有意识地提出了"量出为入"思想，只是没有明确地提出"量出为入"这个词语。唐朝玄宗统治时期，由于政治、经济形势的稳定，统治集团开始骄奢横逸起来。在财政上不能坚持"量入为出"，以致收支不敷，不得不加强对人民的盘剥，造成了社会形势的恶化，特别是755年爆发的历经八年的"安史之乱"，更是使人民的生命财产和国家的财政经济遭到了极大的破坏，接下来的藩镇割据又给国家的财政经济带来了沉重的打击，国家财政变得日益困难。德宗时宰相杨炎在施行"两税法"的同时，提出了"量出以制入"这一理财原则。"量出为入"的理财原则是根据朝廷的需要来确定财政收入。但"量出为入"原则的提出，给财政带来了不良后果，农民的负担，不但没有减轻，反而

① 管仲：《管子》，权修。
② 《旧唐书》，食货志。
③ 《王临川集》，上仁宗皇帝言事书。

有日益加重的趋势，激起了人民的不满。翰林学士陆贽对此大为反对，坚决主张"量入为出"。

从"量入为出"和"量出为入"的历史演变中，可以很明显地看出"量入为出"的理财原则在我国历史上占据了绝对的支配地位，历代王朝基本上将"量入为出"奉为圭臬。确定"量入为出"的原则主要是由于农业社会生产力低下，抵御自然灾害能力弱，粮食生产的丰歉在很大程度上还取决于气候的变化。因此，财政支出的安排，只能是在通过政治强力已经取得实物的基础上，即在财政收入已经实现基础上才能确定。不过，"量出为入"在许多朝代虽未明确提出，但实际上是运用了这项原则的。它与统治者的大兴土木、大举征伐以及祭祀、赏赐、宫廷费用等庞大支出而造成的"财用大匮"的局面是有密切联系的。

2. 预决算和审计制度

中国古代的预算制度，可以溯及秦汉时期的上计制度，其本质是对官吏的考核，其中也含有财政预决算制度的因素。各地方政府每年年终，要把一年的各项收入和支出，核实上报到郡，各郡汇总后上报中央。大司农将这些上计簿册加以汇总分析，得出全国预算收支情况后向宰相报告。魏晋南北朝及隋代，或因战乱，或因政权短暂，无法做到全面的预决算。唐代不仅建立了预算制度，而且比前代更为严密。唐前期，按规定预算每年造一次。玄宗开元二十四年（736年），鉴于每年编造一次预算过于麻烦和浪费，不再每年编造，如有临时性项目，仍单独编造。到了宋代，预算由三司或户部所属度支郎中和员外郎负责，凡定额的上供、专款存储、科买诸数、百官俸给、赏赐财物等，皆有计划。度支郎中所做预算，是汇总各路财政收支以后，再综合赋税收支、军国用度、军需边备所需加以制定，报尚书省呈皇帝批准。财力分配有上供、送使、留州之分。上供钱财入皇室财政或国家财政，留州钱物留归地方财政，送使钱物则由转运使掌握以在本路各州之间加以调剂。

元代亦建立了一套财政决算制度。该制度规定，诸路、行省、漕运、皇室，凡有收支钱粮者，均设账簿，诸路计吏，按年初核定的收入定额，年终向行省报告决算。行省要求各地行政长官对岁支钱粮一季一核对，年终算出总数报省，然后汇总报于中书省。

明代每年由户部总汇一年的需费，上报皇帝批准后，组织征收。清代二百余年，就预决算制度，均没有正式文件可考。但就预算意义上来说，在年度前也编制清单或估册；就决算方面说，年度后亦有报销之制。清代各省布政使作为财政主管每年要稽收支、出纳之数，汇册申报督抚再转报户部。户部量每年收入，拟定存留起运之数。春秋二季报拨，凡动款领支，有给领，有协解，有部拨，都按实支销。如果征收田赋，如期运解布政使司，以待部拨。其应充本地经费的如数留存，以待支给。布政使司详考收支之数，以待奏销，疆吏亦不得专擅，说明清代财政是高度集中统一的。

在古代财政预算中，岁入既没有分中央税收与地方税收，岁出亦不分中央政费与地方政费，实际上中央政府并无固定收入来源，而是依靠地方各省解款。如果中央能牢固控制地方，则中央政府对全国的财政收入支出还可以有一个大体的掌握，如果地方独立性增强，地方政府不及时上报收支，则中央政府就无法汇总。此外，中国古代政府预决算制度，实际上只是财政收入和支出的一种统计清单，无论是内容还是功能，都与现代预决算制度不可同日而语。

自唐代以后，在建立预决算制度的同时，还建立了相应的审计制度。唐代的审计称为"勾覆"，由刑部内设机构——比部司执行。比部司作为刑部的内设机构从事审计、监督预算的执行，可以避免财政部门干扰审计机构独立行使监督财政的职权，因此是很有意义的一项制度设计。比部司不但审计京师各部门的财务活动，而且对地方各州县的有关财务活动也要严加审计。财务支出单位必须在规定的期限内向比部司呈报账目，京师各机关的开支必须于一月内报请审核，外地各机关，两千里以内的一季一报，两千里以外的半年一报，五千里以外的一年一报。可见其审计制度相当严密。

第二节　中国传统社会的主流经济思想

中国传统经济思想是儒学在思想界处于支配地位的文化背景下形成和发育起来的。在这种历史条件下，人们考虑经济问题，一般说来都是以富、均、庶、义为基本标准。处于主流地位的倾向是对"富"的肯定。但物质财富增多了，还有一个分配问题：财富怎样在社会成员之间分配，才能使各类社会成员都感到可以接受，而不致因争夺财富的矛盾激化而使社会陷于扰攘不宁？这就是"均"的问题。由于人的要素在传统农业社会中特别重要而又相对稀少，在人口问题上很自然地就把"庶"即人口众多看作致富的一个前提和社会繁荣富裕的一个重要标志，因而极力加以倡导。由于经济生活总是在一定的社会、政治环境中进行的，因而总有一个经济生活和政治、道德之间的关系问题。"义"是指人们求富的行为要服从于特定的政治和道德的要求。

一、"富国之学"

由于中国传统社会中央集权制的特点使得众多的经济问题都是围绕着"富国"这一中心展开讨论，因而，中国传统经济思想中以"富国之学"最为发达。

1. 对"富"的认识

经济学的精髓是经济效益问题。在中国传统经济思想中，人们普遍认为欲富恶贫是人之本性，求富避贫是在人的本性驱动下的行为。但是，对"富"的理解在中国传统社会却经历了一个发展过程。法家学派认为"富即粟"；墨家学派把"富"扩大到了满足人们基本生理需要的物质资料，即人们的衣食住行；司马迁把它扩大到了享乐品和奢侈品；东汉的王符把"富"的外延扩大到了生产资料。

先秦时代的商鞅认为：入多出寡即为"富"；荀子认为，"富"既包括满足人们生活需要的各种物质资料，也包括在此之外的剩余及积累。因此，人们"求富"的愿望和动机可能是无止境的，而且，"求富"必然具有排他、损人的性质。

2. 富国与富民的关系

在富国的问题上，人们普遍认为求富的主体应该是国家。管子的"富国之政"，一是重视分工，二是坚持以农业为富国的基础。为此，他提出了"无夺民时""相地衰征""山泽各致其时",并鼓励工商业适当发展和保护私人财产。管子认为,"富"才能"治"。

富国有广义和狭义之分,狭义的富国指的是富国库,广义的富国,指增加一国所有的国民财富,这只能在发展经济的基础上实现。经济发展了,一国的国民财富增加了,其中一部分通过财政的渠道流入国库,余下的即为民间所拥有的财富。由此又产生了富国与富民的关系问题。

法家强调"富国"。这是因为法家把强兵作为国家一切活动必须服从的目标,因此,主张尽量把社会财力集中控制在国家的手中,这样当然就谈不上富民了。加之它把赏赐作为驱使百姓进行战争的手段,更不愿富民。但法家学派也认为百姓如果太贫,就无法存活下去,有可能铤而走险,因此又害怕民贫。在两难之中,法家学派提出了"治国之举,当令贫者富,富者贫"的观点,主张由国家来调控贫与富的转移。儒家着重从"民富"的角度考虑问题,它认为若无社会经济实力的增强,单纯依靠财政手段增加国库收入,不仅难以长久,还会加剧国家和百姓的矛盾,影响社会的安定。因此,儒家主张行"仁政"以吸引百姓归服,从而达到统一天下的目标。此外,管子认为:即使是为了战争的需要,也可以"藏富于民"。荀况则提出了"上下俱富""下贫则上贫,下富则上富",否则将"求富而丧其国"的观点。

3. 富家和治生

在中国传统经济思想中,由于占统治地位的儒家学派讳言财利,因此,"富家"和"治生"之说并不主流。

"君子"和"士"是中国传统社会掌握文化、学术的社会势力,但儒家学派认为他们不应从事经济活动谋食求利。道家学派主张清心寡欲,墨家学派主张俭朴,都对富家不抱积极态度。法家学派虽然承认富家是产生于人类本性的要求,却不主张采取自由放任的态度。他们认为,如果放任自流的话,谁都不会选择"农战",而"农战"又是最有利于实现"富国强兵",因而为了驱使更多的人从事农战,就必须把农战以外的可以富家的各种行业统统堵塞住。

在中国传统社会中,只有代表商人利益的货殖家从个人赢利的角度考察过"求富"的问题。而同时研究富国、富民和富家三者关系的,只有司马迁一人。司马迁认为,求富是人的天性,富家的途径有二:一类是靠"夺予",这与富国不一致;另一类靠经济事业富家,这同时也为整个国家、社会提供了更多的财富,从而也就为富国做出了贡献。

西汉以后,"贵义贱利"论者把追求财利,尤其是私家财利看作不高尚的行为而予以鄙视,富家问题几乎成了学术上的禁区。从工商业的角度研究治生、富家问题的更成为绝学。治生之学日益缩小到"以农治生"的范围,成了地主或富农的庄园管理学、家庭经济学。但由于这类庄园同市场没有什么联系,因而"以农治生"的治生之学仅限于管佃、催租以及利用灾荒廉价买田,进行土地兼并等家庭经济学。

4. 强本节用——富国的基本途径

法家把"农"看作强兵之本、争霸之本、生存之本、富国之本。荀子认为:富国的基础是强本,而强本的前提又是"众农夫",为了"众农夫",必须对非农人口的数量有所限制。为此，他提出了"士大夫众则国贫""工商众则国贫"的观点。

中国传统农业社会中，生产基本上是一种简单再生产，社会财富总量的增长极为缓慢。在这一条件的制约下，古代王公贵族生活的奢侈和节俭，关系财用的匮乏和富足，税敛的苛繁和薄简。强本增长了财富，但如果消费也同量增长，财富总量则将仍维持原状；如果消费超过了生产的增长，社会财富总量反会减少。因此，强本只是富国的前提，在强本的同时，还必须对消费实行一定的节约。对待消费应提倡"俭"还是"奢"，这也是中国古代思想家经常论述的一个问题。先秦儒家学派把"礼"作为区别奢俭的标准，反对各个等级的人有超礼制标准的消费，超过即被指责为"奢"。其目的是维护消费方面的等级制。因此，孔子的节用是从道德和政治的角度出发，判断俭和节用的标准是"礼"（即等级）。这既有限制上层等级的人过分奢靡的意义，也被用来压制平民百姓改善自己生活状况的要求。它能防止过量消费所造成的社会财富的减少，但无助于生产的增长和财富的增加。

墨家学派主张不分等级，以维持生命健康和需要为消费标准。这种"黜奢崇俭"观点是小生产者平均主义的表现。因此，墨家的"节用"基本上是针对上层的，体现了改善平民百姓生活状况的要求。它也不能带来生产和财富的增长。但墨家学派主张建立储备以保障简单再生产不致因外在因素的影响而遭到破坏。

道家学派则以原始时代简陋的生活条件作为理想，而把人类物质、文化方面的一切进步都看作导致人们身心堕落的坏事。因此，道家学派主张"去奢去泰"，并以反对生产的发展和进步为特点。道家的"黜奢崇俭"观，实质上是否定人们生活方面的任何改进和提高，幻想使社会退回到原始时代。此外，荀子认为，不同等级的人若具有同样权势、地位，上层等级的人就会丧失指挥和管理下层等级的人的权威，从而就没有了对社会进行组织的力量，整个社会就会陷入混乱状态，生产和一切活动都不能正常进行。他的"节用"是和"富国"相联系的。他认为节用所形成的剩余，已不限于消费或简单再生产，而是包括了再生产的积累基金在内。但他这种以节用来建立再生产积累基金的思想，在中国传统农业社会没有广泛的基础。其原因在于：个体农户生产出来的剩余极少，而且这种剩余大部分不能保留在自己手中，由其自行支配；大土地所有者不肯，也不需要对农业生产进行生产性的投资。因进行大量生产投资而引起的产品产量的大量增长，没有较发达的市场，是无法销售或实现其价值的。

秦汉以后，"黜奢崇俭"成为对待消费问题上占支配地位的观点，成为封建正统经济思想的教条之一。它除了继承先秦儒家奢俭论的等级观念，强调处在不同等级的人要有不同的消费标准之外，尤其看重"以礼义防民"，不许下层等级的人有所超越，另外，它又吸收了先秦道家奢俭论的保守性，宣扬"不贵异物贱用物"，把新技术的应用和新生产门类的出现都指责为"奢"。正统的"黜奢崇俭"教条，反映了农业社会生产发展缓慢和墨守成规的特点。

但中国古代也出现过一些反对黜奢崇俭的思想。如《管子·侈靡》认为侈靡是人们的共同愿望，只有使之得到满足，才能得到人们的效力。它还论述过富有者衣食、宫室、墓葬方面的侈靡性开支，可以使木工、瓦工、女工、农夫有工作可做，既有利于贫民得到就业和生活的门路，也可以使商业活跃起来。这在当时是一个颇不寻常的观点。它从经济活动各方面的相互联系来考察消费问题，提出了消费对生产的反作用的卓越见解。对这一思想，北宋的范仲淹和明代的陆楫都有所阐述。陆楫明确反对禁奢，认为扩大消费是增加贫民生计的重要途径。俭只能使一人一家免于贫，而"奢"则能增加各种商品和服务的需求，能够使出售这些商品和服务的商人"有所益"，又能使生产商品、提供服务的劳动者"易为生"，是"均天下而富之"，所以不应"禁奢"。这种从商品生产和市场销路角度肯定"奢"的学说是中国古代社会商品经济已有相当程度发展的反映。

5. 富国和分工、"均"的关系

在中国传统社会，排斥分工、主张自给自足的思想是占主流地位的经济思想。不过也有不同的观点，如先秦农家学派的许行虽然主张人人自食其力，并且尽量自给自足，但他也肯定某些独立的手工业者存在的合理性，并肯定这些手工业者同农民之间"以械器易粟"的商品交换行为。

在中国传统社会，自然经济和商品经济的矛盾，主要是以农商矛盾的形式表现出来。商鞅认为，工商业的增长必然导致农业的衰败和根本破坏。管子则认为，市场能为生产者提供信息，从而对生产起主导作用。孟子也认为，一定的社会分工和商品交换是必要的，完全的自给自足是不可能的。分工和交换，有利于经济发展和社会进步，而自然经济是落后的。墨家学派则进一步指出，交换对双方是平等的、互利的，不存在谁损害谁的问题。

关于"均"的概念，一是"平均"，二是"均势"或"均衡"，即财富分配要和人们在政治、社会方面的等级地位相适应。均的对象，一是财富，二是收入，三是土地。"均"的主观对象是贵族、官僚、豪绅、富商大贾。在中国传统社会，"均"逐渐发展为"抑兼并"。

"均富"论者出于经济方面的考虑认为：分配不均会造成已有财富的过量消费，不利于富国、富民；会引起资源的滥用或不合理使用，从而削弱社会再生产能力，使社会更加贫困；会妨碍生产者和生产的物质条件相结合。反对者则认为："均贫富"会妨碍人们生产和积累财富的积极性。财富是相对稀缺的，平均分配绝不能满足人们的欲求，因而必然引起无休止的争夺。"均贫富"也会使社会上层人物失去对别人发号施令的经济基础。

"均土地"主要是限田、井田、均田。东汉学者仲长统既承认土地私有，又主张利用国有土地对无地农民进行授田，这成为"耕者有其田"的先声。

6. 赋役、货币、人口对实现"富"和"均"的作用

中国历代主张轻税者的出发点都是保护和培养赋税的来源和基础。其中，"励民成业"论者把赋税作为奖勤罚懒的手段。"非赋税"论者认为：赋税收入的缺点是强制性和单向性，有破坏生产力的作用，也容易出现避税，而垄断工商业以出售商品谋取财政收入是双向的，百姓不会反感，加之国家垄断的是生产和生活必需品，缺乏弹性，即使价格上升百姓也不得不买，如盐、铁、茶、酒等。但在自然经济占主要地位的社会中，国家靠垄断工商业所能取得的收入是有限的，因而，它也不能完全取代赋税。

中国传统社会对货币问题的讨论集中在三个问题上：货币是不是财富，有无价值和使用价值；货币数量的增加是否意味着社会财富的增加；货币在社会经济中的作用与国家同货币的关系。

传统的货币理论有轻重论、子母论、虚实论。轻重即币轻——货币的价值小，币重——货币的价值大。子母为表现大小铸币的关系，它们之间的相互衡量和折算称为"子母相权"。虚实指货币是否包含某种特定的内容，即价值有无或是否充分。

中国古代思想家已认识到货币既可以成为有利于发展经济、富国裕民的工具，也可成为破坏国民经济，损害百姓利益的工具。如先秦时代单旗反对周景王铸大钱，认为这会形成恶性循环，即为增加国库收入铸大钱会使货币贬值，货币贬值会导致经济破坏、民生匮乏、财政困难，这又会进一步使货币贬值。

人口不仅是以手工劳动为主的传统农业社会中经济发展非常重要的要素，还是国家赋税和徭役的承担者，因此，中国传统社会历朝历代政府都对人口问题特别重视。儒家和墨家学派皆主张"求庶"（人口众多），认为"庶"是"富"的基础。清代的包世臣也认为，人是生产者，可以通过生产劳动解决自己的生活问题。如果用今天的眼光看，这一思想是有片面性的。因为并不是任何人都可以成为生产者，如老弱病残者、处于成长阶段的青少年都不能算作生产者。此外，劳动力还必须同生产资料结合才能成为现实的生产者，这又存在着能否结合以及结合能否充分的问题。事实上，在古代社会后期人地矛盾日渐突出的情况下，也曾出现过一些"求庶论"的反对者，他们已隐约看到了人口过剩对经济的制约作用问题。关于人口的质量，儒家主张以受教育的程度来衡量人口质量的高低，法家则主张以朴、愚、体魄健壮作为衡量人口质量的标准。

二、国家干预主义与经济放任主义

国家是出于维持人们的经济联系、控制人们的利害冲突的需要而产生的。这就决定了国家在社会经济生活中不可能是消极、无所作为的，它必然能对社会经济生活发挥某种作用。这也是古代思想家的共同认识。争论的焦点仅在于：国家在经济生活中的作用，究竟以发挥到怎样的程度为适宜？国家对经济生活的维持、调节、控制活动是以多为好，还是以少为好？由此，在中国传统社会中产生了干预主义和放任主义之争，并出现了调和两者关系的轻重论、善因论。

1. 国家干预主义

中国传统社会的国家干预主义源于法家。法家认为，人的天性是自利的，如果听任人民为追求自身利益的最大化而进行自由选择，人们都将选择那些代价小、获利多的行业，一些劳苦或危险而又不易获利的行业，如"农"和"战"，将会无人问津，而这将使"富国强兵"的基本国策陷于失败。因此，法家坚决反对国家对社会经济生活采取放任的态度，主张以严厉手段进行干预：一方面提高从事农、战者的利益；另一方面限制、堵塞农、战以外的其他行业，使"利出一孔"，即只许人们通过从事农战取得富贵。

2. 经济放任主义

中国传统社会的放任主义源于道家学派。道家学派所说的"道",不单是指自然界的道,同时也指人类社会的道。道家学派从自然主义哲学出发,主张社会经济活动应顺从自然的法则运行。西汉初期盛行的"黄老无为之治"学说,主张在各个方面(也包括经济方面)把国家的活动缩减到最小限度。认为:国家的活动越多,为社会带来的烦扰和纷乱也会越多,因而,治国的最好办法是实行无为而治,因为怎样从事经济活动是百姓自己的事,百姓自会根据自己的利益行事,从而把经济活动进行到最好的状态。国家应听任老百姓去做,而不应多加干预,否则只会妨害经济生活的正常进行。这种经济思想在汉初收到成效,并在司马迁的著作《史记·货殖列传》与《史记·平准书》中得到阐述。司马迁针对当时桑弘羊为了增加财政收入而主张封建官府垄断盐、铁等重要工商业经营的思想,主张农工商各业应顺其自然发展。道家这种经济思想后来传到西欧,对 17～18 世纪在西欧盛行的自然法与自然秩序思想有一定的影响。

3. 轻重论

轻重论的出现,标志着国家干预主义作为一种经济理论和政策体系已经基本形成。《管子·轻重》从货币流通影响物价的角度,提出国家可利用收缩或投放货币的政策来平抑物价和积蓄重要物资。认为有货币流通就有价格,价格是商品价值的货币表现。为了在流通中控制各种重要物资,不但要运用货币政策,还要运用物价政策。物价贵贱与货币价值成反比例变化,"币重而万物轻,币轻而万物重"。这种变化除与货币价值或购买力的变化有关外,亦与商品本身有关。对于其原因的论述,是轻重理论的重要组成部分。即"物多则贱,寡则贵,散则轻,聚则重","夫民有余则轻之……民不足则重之"。具体到各物或个别物品,则"岁有凶穰,故谷有贵贱,令有缓急,故物有轻重"。这种论述同所论"币重""币轻"的理论完全相同。"币重""币轻"与"万物重""万物轻"同受"多则贱,寡则贵"这一原理的支配。基于这种理论,《管子·轻重》各篇发展了"平籴""平粜"思想,提出秋收时,谷轻币重,应投放大量货币收购谷物,而在青黄不接之时,谷重币轻,应出售谷物大量收回货币。对女工织物和盐铁所采用的政策,基本上与此相同。同时,这种措施也可用来作为打击富商大贾囤积居奇、操纵物价活动的手段。

汉武帝时,桑弘羊实行的平准、均输政策,主要目的也在于平抑谷价。王莽的"市平"法就是吸取这一思想的基本精神而形成的。唐代刘晏也曾运用平准思想来控制物价的低昂,使专制政权不靠增征租税,便解决了当时军事财政需求的困难。北宋王安石推行"市易法",更是循此思想发展而来的。两者的区别仅在于:桑弘羊的平准是由官府直接主持,而王安石的市易法,则是由向官府登记的"行人"或"牙人"来经办,这是因为宋代商品货币关系已有更大的发展,各行各业均有较完备的行会组织可资利用。

元、明以降,大规模的官营平准机构已不复出现,但这一思想却被用于国家储备粮食的常平仓制度和救济贫民的义仓制度。

4. 善因论

善因论是司马迁所倡导的。司马迁针对国家的经济政策,提出了一个评价优劣次第的标准，即"善者因之，其次利导之，其次教诲之，其次整齐之，最下者与之争"。"因之"即听任、顺其自然发展，不人为地加以干预的意思，他主张国家对人们的经济活动采取放任主义的态度。"利导之"即因势利导。假如国家希望人们从事某种经济活动，就对从事这种经济活动的人给予一定的优惠条件，以鼓励和诱导更多的人从事这种活动。"教诲之"即对人们选择所从事的经济活动进行教育和指导，主动告诉人们应从事什么经济活动，以及如何从事等。"整齐之"即以国家力量扶助、支持某些经济活动，限制、取缔另一些经济活动。"与之争"即国家直接经营一些能够获利的行业，与从事这些行业的人争夺财利，甚至利用国家权力对某些行业实行垄断，由国家独擅其利。司马迁的善因论的理论根据来源于人们的经济利己主义、经济生活自行调节论、利己即利国、贫富差别和贫富分化等理论。此后，唐代的刘晏、明代的邱浚等人继承并发展了这一理论。

三、中国传统社会理想的社会制度模式

中国传统经济思想不仅关注解决现实的经济问题，还提出了比现实更高的理想社会目标，设想了在这种理想社会中人们的经济生活状况。对理想社会的向往，一方面是为多灾多难的现实所诱发，另一方面也同中华民族特定的民族性格和文化传统有关。

中国传统社会的历史，是一部治乱交替、治少乱多的历史。当人们陷身于苦难之中而又缺乏解决问题的手段，看不到出路时，就可能会设想出一种同现实社会正好相反的理想社会来，使自己神驰其间，以求得精神上的自我解脱。现实社会中人们处于被剥削、压榨之下，于是就有了人人自食其力、不存在剥削和剥削者的理想国；现实社会中广大人民贫困饥饿，于是就产生了人人饱食暖衣、富裕康乐的理想国；现实社会中充满着欺诈、争夺、强凌弱、众暴寡，于是就产生出人们和睦、互助、关心鳏寡孤独的理想国；现实社会中征伐不息、杀人盈野，于是就产生出兵甲不用、战马耕田的永久和平的理想国。在中国传统社会，宗教虽然向人们约许了一个永恒的美妙境界作为拯救人们脱离苦难的去向，但这种永恒的美妙境界不在人间，而是在人世之外的天堂或极乐世界。因此，在中国传统社会中从未出现过宗教在整个社会中起支配作用的时代。在中华民族文化传统中占主导地位的儒学和它重视人世的特点，使它主张集中注意力于人自身及人类社会的完善，提出了改进人世、完善人世的理想社会的目标模式。

1. 小康——争取实现的目标模式

小康是《礼记·礼运》中提出来的。它关于小康社会的描述是：私有制是社会经济乃至整个社会生活的基础。在私有制的基础上，社会成员发生矛盾、分化和争夺，迫使社会不得不建立一种权力机构——国家政权来调节人们之间的关系，维护社会秩序。维持社会秩序的工具有两种：一是为不同社会成员确定一个权益界限，不许越过界限去进行争夺，这种界限在儒家术语中就是"礼"。二是暴力，因为"礼"可以在国内起一定的调节作用，却不能防止和限制外来的侵略和内部的越礼违纪行为。

在经济生活方面，这种模式的主要内容是每个农户有额定土地，耕地的收获足以维持全家的基本生活需要。国家赋税徭役的征收原则不能侵害百姓的基本生活所需和进行再生产的能力，在支出方面要求节约和量入为出，因而国家的财政是充裕的，国

家和百姓双方都能有充足的储备。对市场上出售的商品则做出种种限制，如表示贵族身份、地位的器物不允许作为商品出售，各种伪劣商品不许上市，衣服饮食等基本消费品不许买卖。制定这些规定是为了维护贵族特权，维护自然经济的支配地位，以及限制商业欺诈。在保护自然资源和环境方面，则限制过度的、破坏自然资源再生产能力的生产方法，如禁止在树木生长期间采伐、在鸟兽发育期间捕捞，并禁止用这种生产方法所生产的商品进入市场出售。

2. 大同——最高的理想社会目标

在《礼记·礼运》中还提出了一种高于小康的社会理想，这就是大同。大同的基本特点可集中概括为"天下为公"。"天下为公"表现在经济生活领域是社会公有、公作和公享：①人们努力开发财富，但开发出来是作为公共所有。②人们努力创造财富，为此充分发挥自己的智能、体力，以"力不出于身"，即游手好闲为可恶、可耻。但这样做是为公而非为己，人们不把工作作为谋生手段，更不作为谋利的手段。③社会财富归一切社会成员公享，不但有劳动能力的人"壮有所用"，在就业和生活方面有充分的保障；丧失劳动能力的人"皆有所养"，也受到社会的充分照顾；未成年人的抚养教育，也由社会予以保障，即"幼有所长"。"天下为公"表现在政治生活领域是实行民主政治，没有君主、贵族、豪门的政治特权和世袭制，担任公职的人由公众推选，国与国之间"讲信修睦"，没有战争；表现在社会生活领域则是人和人之间友爱互助，彼此相待如亲人，由于人们生活有保障和没有根本的利害冲突，社会秩序安定，无犯罪现象。

3. 中国传统农业社会的其他理想社会模式

在中国传统农业社会中影响较大，堪与小康、大同相提并论的还有先秦道家的"小国寡民"，以及东晋陶渊明的"桃花源"等理想社会模式。

先秦道家著作《老子》提出的"小国寡民"的理想社会，是一个工具简陋、经济文化极其落后，孤立闭塞，人们普遍贫困愚昧的社会。这是对原始社会解体过程中出现的农村公社经济生活状况的理想化，幻想回到灾难还未产生或还不明显的原始时代以寻求解脱。

陶渊明的《桃花源记》所设想的则是一个在与外部世界隔绝的情况下，小农耕织自给，不受地租、高利贷的盘剥，不受官府压迫，不知权力争夺和改朝换代，无战争暴乱侵扰，过着饱暖、安乐、平静的生活的小农乌托邦。这是对小农经济的理想化。当农民在深受压迫，但揭竿而起、武装抗暴的条件尚未成熟之时，就会产生出这样一种寻找一处人间乐土以避开这些灾祸的幻想。

第三节　中国传统经济思想的基本特点

中国传统经济思想的特点，是它在与中国近现代经济思想以及同时期外国经济思想的比较中显现出来的[①]。

---

① 张守军. 中国封建传统经济思想的基本特点 [J]. 财经问题研究，2003（12）：86-89.

一、内容上的自然经济观

传统经济思想始终把自给自足的自然经济看成最理想的经济生活模式。中国古代地主阶级经济思想的基本观点产生和形成于春秋战国时期。尽管地主阶级内部当时存在着各种不相同的学派，但他们有一个共同点，就是都把自给自足的自然经济作为他们理想社会的经济基础。作为儒家创始人之一的孟轲曾以一个典型的男耕女织、自给自足的小农经济图画来描绘儒家的社会经济主张[①]。西汉时期，地主阶级思想家仍把"农民不离畦亩而足乎田器，工人不斩伐而足乎陶冶"这种自给自足的自然经济作为社会理想的经济生活模式。东晋时期的陶渊明甚至把世外桃源看成最理想的社会。历代统治阶级所称道的太平盛世，无非是"民则人给家足，都鄙廪庾皆满"（《史记·平准书》）这种农业自然经济的繁荣景象。直至近代的许多思想家，包括一些进步思想家，仍在赞誉这种自给自足的自然经济状态。如龚自珍就把自给自足的小生产经济看成自己的理想国。太平天国的《天朝田亩制度》关于理想社会的主张就完全是一幅古老的自然经济图景。

传统经济思想具有典型的自然经济观，表现在它的轻商、贱商和抑商原则。重农抑商一直是中国传统经济思想的基本内容。早在战国时期君主专制制度产生时，地主阶级思想家就提出了这样一种观点，即农业是富国裕民的本业，而工商业则是末业，要富国强兵必须重本抑末，必须要在政治上、经济上打击或限制工商业的发展。直到19世纪七八十年代，中国资本主义工商业已有相当程度发展的条件下，这种轻视商品货币经济、贱视工商业者的传统观念，仍然具有巨大的影响。一些地主阶级顽固派还在鼓吹只有"重农抑商""务本知俭"才能使中国富强的观点，反对资产阶级思想家提出的"振工商以求富"的主张。在中国历史上，即使那些重视工商业的思想家，也都难于摆脱传统的"农本工商末"的观念。重农抑商思想和政策在中国传统社会延续了两千年之久。

古代传统经济思想维护自然经济是不奇怪的，因为：①农业是传统经济最主要的部门，古代农业本来就是自给自足的自然经济。所以，中国传统经济思想的自然经济观实际上是古代自然经济基础在经济思想上的反映。②商品货币经济对自然经济有瓦解作用，为了维护专制统治和剥削赖以存在的经济基础，地主阶级自然要竭力赞美、维护小农经济为特征的自然经济，贱视、压抑商品货币经济。

二、观察问题的国家本位主义立场

中国传统经济思想对各种经济问题的看法，总是以国家为本位，从国家的角度、立场和利益出发。中国历代思想家经济思想的中心点大多是与如何治理国家问题密切联系的。

第一，在政治与经济关系问题上，总是强调政治的首要地位。从国家立场观察问题，自然也就是从政治上观察问题，它要求处理一切经济问题，都从地主阶级的政治

[①] 《孟子·尽心上》："五亩之宅，树墙下以桑，匹妇蚕之，则老者足以衣帛矣；五母鸡，二母彘，无失其时，老者足以无失肉矣。百亩之田，匹夫耕之，八口之家足以无饥矣。"

利益出发，认为政治上的安危比经济上的贫富具有更重要的意义。传统思想的这一特点，集中表现在贵义贱利思想的长期统治上。中国经济思想史上长期存在的"义""利"之辩，实质上是政治和经济的关系问题。在这个基本问题上，传统经济思想一直坚持贵义贱利原则，要求把义放在首位，谋利、求利必须符合"义"的原则，服从地主阶级的政治利益和道德规范。当义和利发生矛盾时，不能见利忘义，而必须毫不犹豫地舍利取义。由于这种传统观念的束缚，古代士大夫都以安贫乐道为荣，而以置身经济事务为耻。贵义贱利原则，实质是维护地主阶级根本利益的原则，它只关心地主阶级的既得利益，至于社会经济、社会生产是否能得到发展，则是次要的问题。正是这种贵义贱利思想，形成了传统社会知识分子轻视生产、鄙薄经济事务的风气。

第二，国民经济的宏观管理，成为中国传统经济思想的主要内容。由于观察问题的国家本位立场，所以历代思想家总是从国家角度出发，从传统经济的全局出发来谈论经济问题。他们谈论最多的，是义利关系即政治和经济的关系问题，农工商关系即国民经济各部门关系问题，以及国家财政问题、土地问题等，至于个人、家庭、单个生产单位如何处理生产、交换、分配、消费等方面的问题，则很少有人论及。所以，中国传统经济思想可以说是宏观经济思想，而不是微观经济思想，它主要是关于传统经济全局或国民经济总体的思想，这是传统经济思想国家本位主义立场的必然结果。

中国传统经济思想之所以突出国家本位主义立场，一方面，由于中国古代专制国家在社会政治和经济生活中具有极其重要的地位，中国传统社会地主和农民之间经济关系的变动都受到国家或多或少的制约。不通过专制国家，任何一个关系社会经济全局的问题都不可能得到解决。中国古代专制国家在政治和经济生活中这种决定性的作用，使得古代思想家考虑经济问题时不得不从国家立场出发。另一方面，由于专制国家在社会政治经济生活中具有极为重要的作用，古代的知识分子要干一番事业，要改造社会，实现自己的抱负，必须做官。中国古代知识分子走的是一条学而优则仕的道路，追求的目标是读书做官。他们平时学习、研究的是治国平天下之道：游说诸侯王公也好，参加科举考试也罢，靠的也是治国平天下之道；做官执政以后，用的也是治国平天下之道。所以，古代知识分子一生学的、说的、做的都是天下国家的大事，否则他们就没有出路。所以，他们不谈问题则已，一谈问题就必然从国家立场出发，政治问题如此，经济问题也如此，这可以说是中国传统经济思想观察问题的国家本位主义特点形成的主观社会原因。

三、理论发展上的停滞与僵化

自从传统经济思想成为统治思想以后，它的基本观点在两千年间几乎没有什么变化。如关于政治与经济关系的贵义贱利原则，关于农工商关系的重本抑末思想，关于消费的崇俭黜奢原则等，两千年间一直为正统经济思想家们所反复咀嚼，很少有新意、有发展。

传统经济思想停滞僵化的另一个表现是它的基本原则、基本观点的宗教化、教条化。传统经济思想的基本原则，主要出自古代"圣人"之口，由于统治阶级的推崇、抬高，它们逐渐成为人们判断是非的标准，成为人们必须遵从的绝对真理，取得了神圣不可侵犯的地位。人们谈论经济问题,国家制定经济政策,都必须遵循它的基本原则,否则就是离经叛道、诽圣诬法。久而久之,传统经济思想原则就变成了宗教教条,成为思想家观察、认识一切经济问题的出发点。这些教条不容人们怀疑,人们分析一切经济问题必须无条件地以它为指导、为依据。纵观中国古代社会经济思想史,从其主导方面来说,实际上是正统经济思想教条长期统治和专制的历史。

传统经济思想这种保守化、教条化的特点形成,从客观上讲,是由古代社会经济基础的状况决定的。中国古代社会的生产力发展一直停滞不前,极为缓慢,生产方式、经济基础两千年间几乎没有变化。经济基础的停滞、僵化,决定了上层建筑,特别是作为经济基础的直接反映的传统经济思想的停滞和僵化。在一个千百年间几乎没有多大变化的经济生活环境里,很难想象人们的经济思想会有什么巨大的变更和飞跃。

从主观上讲,维护僵化停滞的古代社会经济基础,以及作为这种经济基础的反映的传统经济思想原则,是古代统治阶级的利益所在。古代社会经济关系的任何带有根本性质的变动,都会危及统治阶级的既得利益。所以统治阶级总是要利用传统的思想观念来维护旧的生产方式,借以维护自己的利益。对于一切不利于保护其经济基础和正统经济思想原则的异端经济思想,他们总是极力予以压制、排斥、打击;而对那些有利于地主阶级利益的传统思想原则,他们则将其作为神圣不可侵犯的教条一代一代地尽力鼓吹和宣传。这是造成传统经济思想原则保守化、教条化倾向的重要原因。

中国传统经济思想是中国古代经济思想史上占统治地位的经济思想,但不是唯一的经济思想。虽然中国传统社会经济发展和社会变化非常缓慢,但毕竟还是在发展着、变化着,特别是到了传统社会后期,这种发展和变化还是相当迅速的。这种变化反映到经济思想上来,就是在中国经济思想发展史的各个阶段上,都有与传统思想相对立的异端思想。这些反传统思想虽然在中国经济思想史上不占主导地位,但它的内容却反映了各个历史时代的新变化,有许多新鲜的、进步的、有生气的东西。一部中国经济思想史,不仅是主流正统经济思想形成、统治和衰落的历史;同时,也是异端思想同正统思想、进步思想同保守思想不断斗争的历史。

第四节　中国传统经济为什么不能自我实现向近代经济的转型

以一家一户为生产经营单位,耕织结合、自给自足的自然经济结构在中国存续了两千多年,直到今天,在一些经济欠发达地方和生产部门,传统经济的因子还在相当程度上残存着。

传统经济何以能在中国社会延续如此久远?为什么它不能在自身发展的基础之上实现向现代经济的转变?须知,中国曾创造了古代社会高度发达的农业,技艺精湛的手工业和繁荣的城乡商品经济,中国传统经济与同期的世界各国相比,无论其发展水平和质量都是其他国家所望尘莫及的。随着古代商品经济和工商业的繁荣发展,到明朝中后期,在一些经济比较发达的地区和城镇手工业中还稀疏地出现了资本主义萌芽,这种资本主义萌芽在清代进一步发展和壮大，并扩展到更多的行业和部门。

按照马克思的说法："商品流通是资本的起点。商品生产和发达的商品流通，即贸易，是资本产生的历史前提。"① 也就是说，高度发达的中国传统社会经济是应该最先实现向现代资本主义经济的转变的，但事实上资本主义现代经济却最早在比我们落后得多的欧洲产生而与中国无缘，这不能不引起我们的深思。

关于中国传统经济为什么到古代社会后期不能实现向现代经济的转变这一问题，其实很早就引起了国人的注意，只是人们对其原因的解释却很不一致。早些年主要从外部寻找原因，毛泽东同志在 1939 年所写的《中国革命和中国共产党》一文中曾指出："中国封建社会内的商品经济的发展，已经孕育着资本主义的萌芽，如果没有外国资本主义的影响，中国也将缓慢地发展到资本主义社会。"② 诚然，近代外国资本侵略给中国经济发展带来了许多负面影响，如果没有外国对华经济掠夺，近代中国土地上出现的现代化经济的发展或许会更快些，但我们也不得不承认，如果没有外国资本侵略逼迫下的近代中国被动对外开放，也许中国还在君主专制社会徘徊，资本主义因素还将继续"萌芽"下去。近年来，一些学者开始转向从中国传统社会内部机制方面去找寻原因，其中，传统经济结构特有的复合性和对新经济因素的包容性被认为是制约传统社会后期资本主义因子成长，并终未能孕育出资本主义经济的关键原因③。

从生产关系方面看，中国传统经济结构的主体是地主制经济，在这一结构下，地主对占有的土地，或采用雇工生产的形式，形成地主自营经济；或将土地分租于一家一户的农民耕种，收取地租，形成佃农经济；此外，还有在小土地所有制基础上从事独立耕作的自耕农。自耕农经济并不是游离于地主制经济之外的独立经济体系，它依附于地主制经济，并受其制约和影响。以地主制经济为主的中国传统经济：一是人身依附关系相对松弛，而且越到后来越是如此；二是土地可以自由买卖；三是耕织结合。因此在前资本主义时代，这种经济比西欧领主制经济更有效率。传统经济的有效性强化了它的稳定性，也增强了它的弹性和包容性。对资本主义萌芽来说，传统经济是一种保守的和惰性的力量，由于它的弹性和包容性允许资本主义萌芽的出现甚至有一定的发展，又由于它的稳定性和强大，资本主义萌芽很难成为普遍发展的生产关系而受到遏制、摧残。

传统经济的特性源于它本身的特点：耕织牢固结合的小农经济，可以缓和经济剥削的强度，同时允许商品经济的一定程度的发展；发达的土地买卖关系，造成地产、商业资本和高利贷资本的相互转化，刺激了商品经济的进一步发展，又巩固了传统社会的土地关系。

农业与手工业结合是传统经济基本的生产结构，包括自耕农和佃农在内的农民家庭是社会的基本生产单位。农工结合主要存在于农村家庭内部，在家庭内部实现生产

---

① 《资本论》，第 1 卷，第 171 页。
② 《毛泽东选集》，第 2 卷，第 589 页。
③ 孔庆锋，吕浩. 论中国传统经济结构对资本主义萌芽的抑制. 山东省工会管理干部学院学报，2000（6）：112-114.

和消费的平衡，以维持一家的温饱，这是一家一户的小农追求的目标。为此他们要进行自给性生产，以直接取得生产资料和生活资料，特别是衣食等基本生活资料。但由于经营规模的局限，却从来不能完全自给自足，又必须从事商品性生产，与手工业者和其他农民交换产品。除了实物交换，也需要价值交换，其再生产过程中的生产资料和生活资料要通过市场实现价值补偿。他们的再生产实际上是一定程度上商品经济的发展。此外，地主占有的剩余劳动主要是谷物地租，极少工业品和农业加工产品，其消费也依赖于市场，实物租变成货币租之后，就更是如此。如果再考虑到家庭手工业原料及区域性产品生产的地理条件限制，交换与市场的存在就更为必要。因此与西欧不同，中国的传统经济并非是自然经济的纯粹形态，它以广泛的商品性生产作为必要的补充，在此基础上发展起高度的传统商业。传统商业的存在和发展，扩大了地主阶级及其国家的剥削范围及数量，更多地起到维护传统经济秩序的作用。

农民商品生产的发展及土地要素变成商品可以自由买卖，使社会对商业资本的需求量增加；随着社会经济的发展，从事货币融通的高利贷资本在社会再生产中的作用也日益显著。因为商业利润要高于地租，经商是有利可图的，又因为社会的货币需求量增大，放债收息回报也更丰厚，地主的地产和地租遂大量转化为商业资本和高利贷资本。同时，拥有货币财富的商人羡慕"不忧水火，不忧盗贼"的土地财产，因而购买土地，于是从地主从事商品生产与商品流通，发展为地主、商人与高利贷者的三位一体。地租、商业利润与利息的自由流动与互相转化，既使他们可以把财富积累投入最有利的方向，保证了经济利益的最大化，又使土地、商业资本和高利贷资本相互支撑，保证了他们的共同发展。个别商业资本由明代的百万两（银）级，增至千万两（银）级，市场从内地扩大到边疆地区，商品经济被刺激获得进一步发展，同时封建土地关系也得到进一步巩固。这样由传统经济结构的特点导出的商品经济较高程度的发展及三位一体的封建剥削形态，给君主专制统治提供了一个强大的经济基础，造就出一个不同于西欧的中央集权国家制度。正是这个大一统的中央集权制度，利用其国家的经济职能抑制资本主义萌芽的普遍化发展。

中国中央集权国家的经济职能表现在三个方面：第一，从事水利、交通、国防等公共工程的建设和管理；第二，通过赋税和各项经济政策干预社会的再生产；第三，直接经营手工业和商业。第一点直接促进了社会经济的发展，具有积极意义，第二、第三点相互关联，在早期对社会进步也起到一定促进作用，但越到后来，特别是在资本主义萌芽产生以后就变成一种阻碍的因素。

尽管社会分工的扩大和商品经济的发展不断促进了地主制经济的繁荣，但作为地主制经济补充的小商品生产和商业的发展在客观上都是对自然经济的否定，它的过度发展必然会危及租佃制地主经济的基础，动摇中央集权国家的根本，这是地主阶级所不能容忍的。因此地主阶级的国家政权通过赋税和各项经济政策干预社会再生产，力图抑制商品经济的发展，以求巩固地主阶级统治的根本。历代王朝都以"重农抑商"作为其经济政策的中心，力言奖励农民耕织，同时用重征商税、限制商人经营活动、贬低商人社会地位等手段抑制商业资本的发展，减少和弱化商业资本对小农经济的瓦解作用。但商品经济的发展是生产力进步和特定经济结构运动的内在要求和必然，不是封建国家的某种经济政策所能任意抑制的，所谓"今法律贱商人，商人已富贵矣；尊农夫，农夫已贫贱矣"① 就是证明。在极权国家的统治需要与经济发展规律的矛盾斗争中，国家直接插手工商业的生产与经营，建立起庞大的官营工商业体系。

中央集权封建国家垄断重要工业品的生产，其目的一是增加财政收入，扩大集权国家的经济力量；二是抑制民间商品生产的发展，巩固租佃制的地主经济。与此同时，国家的经济活动也扩展到商业领域，设立了均输、平准、常平仓等商业机构，凭借其强大的经济力量以及超经济的政治力量建立起以京师为中心的全国性商业网，对一些重要商品实行专卖，在相当程度上保持了对流通和市场的控制，并获得巨额赢利。

官营工商业在某些方面具有商品经济的外在特征，但它从本质上说不是一种商品经济，而是一种扭曲的自然经济。官营工业的发展，限制了民间手工业特别是城市手工业的市场，阻断了商业资本向产业的转化；同时官营商业的发展也进一步加强了封建地主经济对城乡手工业的控制，抑制商业资本的独立发展，削弱其对小农经济的瓦解作用，使其不得不依附于地主经济。

在传统经济的发展过程中，就手工业方面的生产形态来说，最具有积极意义的是城市手工业和农村独立手工业，它们的发展及向规模更大、分工和协作更为发达的工场手工业的过渡出现了资本主义的曙光。但由于官营工商业活动对城乡独立手工业的发展产生了极大的限制，因此资本主义曙光即使出现也很微弱。首先，官营手工业对劳动力的控制，严重阻碍了民间手工业的独立发展。其次，官营手工业在市场方面对民间手工业发展的限制也是很明显的。市场的扩大是商品生产发展的前提，官营手工业的存在极大地限制了城乡独立手工业的市场，使其经营规模相对狭小，生产技术的进步和生产力的提高都很缓慢，同时商业资本向产业资本的转化也就更为困难了。最后，官营商业通过对重要商品的垄断性经营，不仅抑制了民间商业资本的发展，削弱了它对自然经济的解体作用，而且也阻止了民间手工业对全国性市场的渗透和冲击，进一步加强了国家对民间手工业的控制，保证了官营手工业的支配地位。此外，官营商业控制和垄断了国际贸易，抑制市场的对外扩展，这对于民间工商业发展的消极作用也是不能低估的。

由于中国商品经济尤其手工业的发展受到各种制度因素的制约，同时又不能取得体制外的增长，那么这种传统结构及制度所能容纳的生产力水平就有一个限度，资本主义因子终究不能脱离萌芽状态。

思考题

1. 简述中国传统社会财政管理体制演变的特点。
2. 分析中国传统社会财政制度与经济基础的关系。
3. 论述古代经济思想中国家干预主义思想的演变。
4. 论述传统经济思想中"富国"和"富民"的关系。

---

① 《汉书》，食货志。

中篇　近代中国经济的发展
（1840—1949 年）

　　从 1840 年鸦片战争到 1949 年新中国成立，是中国在西方资本主义入侵的历史背景下，以中国传统市场的被动开放为起点，由传统农业经济向近代机器工业为主导的社会经济发展的转型时期。这一时期中国经济的发展大致可分为三个阶段：近代经济的产生和初步发展阶段（1840—1911 年），进一步发展阶段（1912—1936 年）和停滞阶段（1937—1949 年)①。

　　①　赵津. 中国近代经济史［M］. 天津：南开大学出版社，2006.

第四章 中国传统市场的被动开放

近代中国的经济是在外国资本主义入侵的条件下产生和发展起来的。西方列强在鸦片战争后对中国进行的经济渗透导致中国传统社会经济发生了一系列的变化,开始了中国经济的近代化历程。

第一节 西方殖民者东来与明清的海禁政策

资本主义经济是一种开放型和扩张型经济,它的存在和发展以不断扩大的市场和原料产地为前提条件,因此,仅有国内市场和原材料是远远不够的,必须进一步向海外拓展。"地理大发现"后,世界格局发生重大变化,西欧各国开始了血腥的对外殖民扩张的时代。

一、西方殖民者的东来

从 16 世纪起,西欧国家疯狂地展开了野蛮的海外殖民扩张和掠夺。在进行海外殖民扩张和掠夺的狂潮中,葡萄牙、西班牙、荷兰及英国等早期殖民国家的殖民者,相继来到了中国沿海。明正德九年(1514 年),葡萄牙人开始组织武装商队,以贸易为名来到中国东南沿海,从事杀人劫货、掠卖人口的罪恶活动。1553 年,葡萄牙殖民者采用欺诈和贿赂手段窃据澳门,并将其作为从事侵略活动的据点。1575 年,西班牙殖民者来到中国,请求与明朝进行通商贸易,他们从墨西哥运来白银购买中国的土特产品,却经常违反中国的互市禁例,并在菲律宾大肆屠杀中国侨民。1604 年,荷兰殖民者也来到中国,并于 1622 年强占并统治台湾达 38 年之久,对台湾进行了一系列的经济掠夺。1637 年,英属东印度公司派遣武装商船长驱直入广州虎门,击毁虎门炮台,焚烧官署,抢劫商船。

二、明清时期的海禁政策

西方的殖民掠夺威胁到了中国的国家安全。在这种情况下,明清两代政府的防御措施是厉行"海禁政策"。

所谓海禁政策,就是通过限扼东西方交往,在政治、经济、文化观念上固守夷夏之界的闭关政策。其具体内容为:

(1)限制通商口岸。明代后期因西方殖民者东来和日本的海盗行为,中国沿海不得安宁,中国政府曾一度闭关。清朝初年,为了防范郑成功在台湾的反清复明活动,清政府厉行海禁，规定沿海一带寸板不得下海，界外不许成行，出界立杀，海外贸易因此濒临断绝。台湾收复后，清政府曾一度对外开放广州、宁波和上海，到1793年，规定外商只许在广州一个口岸通商。

（2）实行公行贸易制度。在闭关时代，中国政府严禁官员与外商往来交际，要求对外贸易必须置于政府的统制之下，为此采取了以官制商、以商制夷的办法，在广东设立"十三行"垄断整个进出口贸易。广东十三行在贸易上是中外商人之间的中介，在外交上又是中国政府同外国商人之间的中介，它隔断了外商同中国民间和官方的直接联系。

（3）限制出口货物的种类和数量。例如，对粮食、五金、军火、书籍等严禁出口，对丝茶、大黄等则限制其出口数量。这既是出于对国防的考虑，也是其担心国际贸易的发展瓦解其赖以生存的自然经济基础的表现。

（4）限制外国商人在广东的行动。例如，在广州设立商馆以便时刻监视外国商人的行动，不允许外商在广东过冬、私雇中国人当差、坐轿、偷运军火等。

海禁政策出于对国防的考虑，有一定的自卫作用，但它同时又是一种消极落后的防卫措施。由于历史的局限，禁锢在紫禁城的中国最高统治集团，缺乏对世界经济形势及其发展趋向的洞察与了解。他们不了解从西方来的海盗与商人带来的是双重信息：一是西方的海外殖民扩张，二是世界经济近代化的潮流，即资本主义世界市场的扩展、延伸即将席卷全球。对于前者，当然应该加以防范，而且就当时东西方的力量对比来看，悬殊还不是很大，也是抵抗得住的；但对于后者，则应当顺应潮流，保持清醒，站在世界潮流的前列，通过取人之长补己之短，使自己强大起来，才有可能从根本上进行防卫。正是在"天朝大国"的神话与虚骄意识中，当时的大多数国人把对外贸易看作对西方人的片面恩赐。甚至连林则徐在1840年前也曾经错误地认为：中国的茶叶、大黄数月不至国外，西方人就会有瞽目塞肠之患，无以为生。

第二节　中英贸易与中国门户洞开

一、鸦片战争前夕的中英贸易

在18世纪以前，早期西方殖民者对中国沿海各地的入侵，其主要目的还是抢劫财物，直接掠夺货币财富来为本国进行资本原始积累，还不是为推销其商品和进行资本侵略，这些殖民主义者只不过是一群海盗兼商人而已。自18世纪中叶以后，以英国为首的欧美一些国家相继发生了产业革命，机器工业逐渐代替了工场手工业，生产技术发生了重大变革，社会生产力大大提高，资本主义工业生产迅速发展起来。以英国为例。棉花加工：1771—1775年，全国的棉花加工仅500万磅（1磅＝0.453 6千克，下同），到1841年则达到52 800万磅；煤产量：1793年的产量为1 000万吨，到1836年提高到3 000万吨；铁产量：1796年为12.5万吨，1840年则增加到139万吨，成为当时世界上最强大的资本主义国家。法、美等国的资本主义发展仅次于英国。

随着资本主义的发展，18 世纪后半期，英国的对外经济贸易遍及世界各地，亚、非、美洲许多国家成为英国的原料来源地和贸易对象。到 19 世纪 30 年代，英国工业革命完成后，英国在世界资本主义经济中的力量更加强大，有"世界工厂"之称。由机器和规模经营源源不断生产出来的商品更是英国本国，甚至欧洲市场都难以容纳的，急需不断地向世界扩散才能实现其价值。对廉价原材料的追求也需要突破国界，从世界各地获取。为此，英国资产阶级把目光盯向了远东。1819 年英国占领新加坡，1824 年占领马六甲，缅甸、阿富汗、印度等中国周边国家也先后沦为英国的殖民地。地大物博而又对外部世界深闭固拒的中国自然就在劫难逃了，西方的冲击将成为中国变革的外部动因。

从 18 世纪末到 19 世纪初，西方资本主义国家对中国的经济侵略逐渐从早期殖民时代的海盗式掠夺转向对中国进行商品倾销和原料掠夺。中外贸易，特别是中英贸易得到了迅速的发展。据统计，18 世纪 60 年代中期，英国输华商品总值已相当于其他欧美国家输华商品总值的 2 倍多，约占各国输华总值的 63%；1785—1789 年上升为 80.5%；1795—1799 年更高达 90.9%；进入 19 世纪基本上保持在 80% 左右。美国自 1783 年正式独立后，也开始向亚洲扩张，与中国的贸易发展得也较快。1785—1789 年，美国输华商品总值约占各国输华总值的 2.7%；1830—1833 年，则上升为 19.2%。

但是，这一时期，中国无论在同英国，还是美国抑或其他欧洲国家的正常贸易中，始终处于出超地位，直到 19 世纪二三十年代，中国每年的对外贸易顺差基本上保持在二三百万两白银以上。其主要原因在于以英国为首的欧美各国的商品一时还难以打开中国市场，输华外国商品不适合中国普通民众且价格昂贵，中国传统自然经济对外国商品具有极强的排斥性。

以英国为例，由英国本土输入中国的货物主要是毛织品、羽纱，以及铅、铜、锡、钟表、玻璃镜等金属制品或奢侈品，此外还有从印度运来的棉花和少量紫檀。但在当时的中国百姓看来，这些舶来品质量既不好，价钱又贵（此时，苏伊士运河尚未开通，运途遥远，运费高昂，售价自然就贵了），而且有的还不适用。特别在当时以农业和家庭手工业相结合的自然经济状况下，广大农民以一家一户为单位，男耕女织，过着勤劳节俭的生活，衣着和日用品绝大部分靠自己生产，很少依赖市场，也无力到市场购买。因此，以英国为首的欧美各国的商品在中国市场上的销路不广，常常亏本拍卖；相反，中国输往英国的商品销路却很好，数量越来越大。其中，以茶叶为大宗，其次是生丝、绸缎，此外还有土布、大黄及瓷器等。1811—1819 年的九年中，东印度公司从中国输往英国的全部货物总价值约 7 200 万英镑，其中茶叶就占 7 000 万英镑。特别是茶叶，自 18 世纪后期起成为英国广大人民的生活必需品后，中国输往英国的茶叶数量不断增多。1760—1764 年，每年是 42 065 担，到 1830—1833 年更上升为 235 840 担。

二、英国为开拓中国市场所做的努力

鸦片战争前，由于中国传统社会中自给自足的经济对外来的商品进行着排斥和抵抗，加之中国政府为保护这种经济结构、社会生活秩序而实行的海禁政策，从多个方面有力地限制着中英贸易的扩大，因此，西方资本主义的工业品按照正常的贸易方式很难在中国扩大市场。

西方对中国物产和市场的迫切需求与中国对西方商品的深闭固拒，必然导致在中外贸易中，中国长期处于出超的有利地位。据东印度公司统计，1681—1833 年的 153 年间，仅欧洲输入中国的白银就有 8 000 多万两，若加上从菲律宾、日本等地流入中国的白银，大约有几亿两之多。这表明，在中国传统农业社会面前，西方资本主义自由竞争的准则是行不通的。英国资产阶级主观地认为，对华贸易难以扩大的障碍在于：①东印度公司对对华贸易的垄断，使贸易缺乏竞争机制；②中国政府的外贸限制政策；③英国缺乏能打开中国市场的商品。针对以上问题，他们分别采取了以下措施：

（1）废除东印度公司的对华贸易垄断权。东印度公司成立于 1600 年，它是由英国女王特许成立的商业垄断组织，专门经营英国对印度、中国的贸易。1833 年，英国国会经过激烈辩论，通过了自由贸易政策，决定废除该公司对东方贸易的垄断特权，允许其他商业集团也跻身对东方的贸易，从而增强了英国对华贸易的冲击力量。

（2）试图通过外交方式改变中国的“海禁政策”。1789 年，英国借口向乾隆皇帝祝寿而派遣使臣来华，送上了一批由东印度公司精心挑选的天文、地理仪器、乐器、钟表、车辆、军器、军舰模型等总价值万余银两的礼品，借以向中国显示英国的文明，并乘机提出希望中国改变海禁政策的要求，如允许英国商人到宁波、天津通商，废止或降低广东、澳门之间的税收，在北京设一收储货物的仓库等。对于英国的外交活动，乾隆皇帝曾两次示谕，一方面，按朝贡贸易制度的惯例，对英王遣使祝寿、恭顺有礼的行为表示嘉奖，并给予英王及使团全体人员优厚的赏赐；另一方面，又断然拒绝英国使团提出的各项要求，声称“天朝物产丰盈，无所不有，原不借外夷货物以通有无”，并警告英国使团，如不遵劝谕，“天朝法制森严，定当立时驱逐出洋”。结果，英国此次使团除“优蒙礼遇，备承款待”而外，在扩张权益方面并无什么收获。

（3）积极寻找能在中国市场行销的商品。长期以来，由于英国以大量白银支付中英贸易逆差，致使欧洲从美洲获取的白银储量日渐枯竭。到 19 世纪上半叶，英国工业革命全面展开，也同样迫切需要货币。这两方面的原因，使英国不能再将大量白银东运。英国商人曾经在中国市场上试销过多种工业品均未能获得成功。最后，它们终于寻找到一种既可为中国市场接受，又能支付茶价，而且本身也能赚钱的商品——鸦片，由此来叩开中国的国门。

三、中英鸦片贸易及其对中国的危害

鸦片，俗称大烟，它含有大量能使人麻醉的毒素。鸦片早在唐代就已有少量输入，元明时，南洋诸国的贡品中也有此物，但仅作为药材使用。近代最早向中国贩运鸦片的国家有葡萄牙和荷兰，它们以澳门为据点。到 18 世纪后半期，英国也开始积极发展鸦片贸易。1757 年，英国占领了印度鸦片产地孟加拉国。1773 年，英国东印度公司取得了鸦片专卖权，1797 年又垄断了鸦片制造权。在这个机构的操纵下，英国的对华鸦片贸易迅速发展，由最初年输入三四千箱递增为一两万箱。1830—1839 年，共计输入 23.8 万箱（每箱重 50~60 公斤），总价值 1.63 亿元。其中，仅 1838—1839 年即输入 3.55 万箱。

对英国而言，鸦片贸易给英国带来了巨大经济利益。

首先，鸦片贸易给英国鸦片商人带来了巨额利润。1817 年，一箱印度鸦片的成本仅 200~300 卢比，在印度的拍卖价格为 1 785 卢比，而通过走私贩运到中国，卖价高达 2 618 卢比。偷运印度鸦片进入中国被视为发财的捷径。

其次，鸦片贸易改变了英国在对华贸易中的入超地位。在 19 世纪 30 年代，单靠鸦片一项，就接近抵消英国从中国进口的全部货值。

再次，鸦片贸易增加了英印政府的财政收入。1829 年，鸦片税收占英印政府岁入的 1/10，超过了 100 万英镑。英国商人以鸦片贸易所得到的白银，从中国向英国本土输入茶叶，这样英国政府每年又可以增加数百万英镑的茶叶进口税。

最后，鸦片贸易还为英国的工业品寻找到了市场。一方面英国强迫印度种植鸦片，输往中国；另一方面，印度农民通过种烟增加了收入，使得英国能够大量向印度倾销工业品，英国的工业品在印度寻找到了市场。

鸦片贸易对中国传统农业社会产生的冲击是巨大的。首先，鸦片贸易改变了中国在国际贸易收支中的地位。中国每年须以大量白银支付贸易中的差额。1826—1827 年，中国的白银外流量为 350 万两；到 19 世纪 30 年代，平均每年外流量为 500 万~600 万两，甚至 1 000 万两以上。而中国政府的年财政总收入不过 4 800 万余两，中央和地方合计年正常总支出也不过 3 500 万两。可见，鸦片输入耗银之巨及其给中国社会经济造成的冲击之大。

其次，白银外流造成了银贵钱贱，而银贵钱贱又使国家财政出现危机。中国当时通行的货币是白银和铜钱。19 世纪初，大约 700 多个制钱可以兑换一两白银，到 1839 年，由于白银大量外流，银根紧缩，白银枯竭，要 1 700 多个铜钱才能兑换一两白银。小生产者出售零星产品的收入是铜钱，纳税却按规定要兑换成白银，这在无形中加重了纳税者的负担，而税赋的加重，又导致了征收的困难，拖欠税款和抗粮斗争不断发生，使国家财政出现危机。

再次，鸦片流毒中国，使劳动者丧失了劳动能力，士兵丧失了战斗力。据调查，1820 年全国吸食鸦片者约 200 万人，到 1837 年，全国吸食鸦片者已有 1 000 万人以上。连英国人也承认，鸦片贸易造成的罪恶超过奴隶贸易。因为奴隶贸易摧残的还只是奴隶的身体，而鸦片贸易不仅摧残着中国人的身体，还摧残着中国人的精神、道德和社会秩序。

最后，鸦片贸易导致了中国社会购买力的萎缩。人们把大量金钱消耗在吸食鸦片上，导致了人民生活日益贫困和社会购买力的萎缩，从而使社会扩大再生产难以进行，简单再生产难以维持。

当西方殖民者有意识地向中国输入鸦片时，1729 年，清政府开始颁布禁止鸦片进口的法令，1796 年，又因输入渐多，白银外流，影响国计民生，再次禁止鸦片输入。到 1840 年前，颁布的禁烟令前后共达 15 次之多。但是，国外鸦片贩子在本国政府的支持下，不仅采用偷运和武装走私的手段破坏清政府的禁令，而且采用贿赂的手段收买清朝官吏，使禁烟令形同虚文，鸦片贸易通行无阻。

鸦片走私带来的社会问题日益严重，引起了清朝统治者的恐惧，朝廷内部展开了激烈的争论。有人主张顺其自然，既然鸦片有社会需求，就名正言顺地给鸦片以合法地位，或允许中国民间种烟，用土烟对付洋烟的冲击，政府借此机会也可以增加财政收入。另一些人则坚决主张制止鸦片流毒。林则徐指出："若犹泄泄视之，是使数十年后，中原几无可以御敌之兵，且无可以充饷之银。"正是奏文中的"银荒兵弱"，使道光皇帝感觉到了形势的严峻。1839年，他委任林则徐为钦差大臣，代表他本人去广东查禁鸦片。而整个英国资产阶级和英国政府都绝不愿意轻易放弃由鸦片贸易给各方面带来的利益。于是，1840年爆发了中英鸦片战争。中外经济关系由此进入了一个新的阶段，中国社会也由此进入了一个新的阶段。

四、两次鸦片战争后中国国门洞开

1840年6月，中英第一次鸦片战争全面爆发。在这次时断时续，持续两年的中英战争中，清政府从全国各地调动了数万军队守卫海防。但使用木船、土炮的血肉之躯是抵挡不住从西方轰隆驶来的铁甲兵舰的。在这次战争中，中国是以传统农业社会的武器、传统农业社会的政府在对付西方资本主义工业化的敌人，其结果以中国的失败告终，英国迫使清政府签订了中国近代第一个不平等条约——中英《南京条约》。《南京条约》的签订，标志着清政府海禁政策的破产，也是中国被动对外开放走出的第一步。但在这一条约实施的十余年中，中英国际贸易量并未达到预期的目标。为了让中国的国门开得更大一些，1856年，英法两国又以"亚罗号事件"和"马神甫事件"为借口，挑起了第二次鸦片战争。战争持续了四年之久，最终清政府不得不分别同英法两国签订了中英、中法《天津条约》和中英、中法《北京条约》，被迫进一步对外打开国门。

在两次鸦片战争失败之后，中国政府除对西方国家割地赔款之外，还被迫给予了西方国家一系列有利于扩大中外贸易的经济权益。其中最重要的有：

（1）废除公行制度，允许外国商人可以直接地、自由地同任何一个中国商人进行讨价还价的贸易活动。

（2）开放若干口岸，使其成为西方国家对华贸易，开拓中国各地市场的据点。在中英《南京条约》中，中国被迫对西方国家开放了广州、厦门、福州、宁波、上海五个通商口岸。但这些口岸还主要集中在南中国沿海一带。1860年中英、中法《北京条约》签订后，开放的条约口岸已遍布沿海、沿江、沿边，直至内地，中国的四面八方皆已门户洞开。这与战前仅限广州一口通商的局面已不可同日而语。

（3）协定关税。关税是一个主权国家控制进出口贸易，保护或发展本国经济的重要手段。它在中英《南京条约》中开始遭到践踏。条约规定，英商应纳的进出口货税、饷费，均应由中外双方"秉公"议定。《北京条约》还将这种协定关税制度扩大到了内地通过税（常关税）。这一条约规定中国进出口商品的关税税率是值百抽五，若再付2.5%的子口税，商品就可以由口岸深入内地。这在近代中外关系中是对中国社会经济影响最大的一项条款，它不仅增强了西方商品对中国市场的冲击力，动摇了中国社会的经济基础和改变了中国的社会经济结构，而且还将在很长的时段中影响中国政府的财政收入。但由于当时中国的国际贸易量还不大，这一问题的严重性还没有充分暴露出来。直到 19 世纪 70 年代以后，因国际贸易量的急剧增加，关税收入逐渐成为国家财政的重要收入，加之协定关税对民族资本主义经济的危害日益明显，这一问题才逐渐引起了中国朝野上下的关注。此后，争取关税自主便成了中国近代反对帝国主义、挽回利权的一项主要内容。

（4）管理海关行政。海关是国家政权机构的一个组成部分，是监督进出口商品合法进出国境和征收关税的行政管理机构。1853 年，上海小刀会起义中上海海关被捣毁，西方各国领事借口代中国政府维持海关秩序、征收关税，从而轻易地获取了上海海关管理权。由于中国官场的腐败使得税款流失，1854 年，清政府正式规定海关行政权由中国海关监督转移到外国税务司的手中。

此外，西方各国从中国获取的权利还有：沿海贸易转运权；内河航行和内地游历通商权；在中国设立租界，在各战略要地租借土地，在口岸和内地从事房地产业开发；在华设立银行并发行钞票等权利。1895 年中日《马关条约》签订以后，日本及西方国家又进一步获取了在中国境内投资兴修铁路、开采矿山、设立工厂的权力，并通过对中国政府的财政贷款，控制了中国的财政税收。中国被动地向西方资本主义国家做出了全方位的市场开放。

第三节　西方列强对中国的经济渗透

两次鸦片战争后，外国资本主义列强通过一系列的不平等条约对中国进行掠夺性的经济渗透，主要表现在向中国倾销商品、掠夺原材料和进行资本输出。

一、商品输出和原料掠夺

从 1840 年鸦片战争到 1894 年甲午战争期间，世界资本主义还处在自由资本主义阶段。这一阶段，西方国家的对外经济渗透，主要表现为倾销商品和掠夺原材料。因此，各资本主义国家对中国的经济侵略也主要是以输出商品和掠夺原材料为主。这一阶段，外国对中国进行大规模的商品输出，然后逐步占领和控制中国市场，经历了一个曲折复杂的过程。19 世纪 70 年代以前，外国对中国的经济侵略，主要停留在各通商口岸附近，机制工业品的输入数量还不是很大，外国商品尚不能够迅速占领中国市场，因而还没有全面触动中国传统社会的经济基础。19 世纪 70 年代以后，随着世界资本主义逐渐向垄断阶段过渡，资本主义国家对中国的商品输出激增，并开始了早期的资本输出。其势力也开始深入中国内地和广大农村，逐渐控制了中国国内商品市场和原料市场，将中国国民经济卷入了世界资本主义市场的漩涡，使之成为世界资本主义殖民地半殖民地市场的组成部分。

1. 1840—1860 年的中外贸易

中英《南京条约》签订后，中国被迫放弃了闭关自守政策，开放了五个通商口岸，取消了公行制度，允许自由贸易，降低了进出口商品税率。西方国家，特别是英国满以为凭借不平等条约所规定的各种特权，就可以在中国大量推销其工业产品，获取巨额利润，因此在战后掀起了一个向中国倾销商品的狂潮。《南京条约》签订后的头几年内，英国对华的商品输出额比战前一度有了显著的增长。1840年，英国输华商品总值只有157万海关两（1海关两折合纹银37.783克），1844—1845年则猛增至700万海关两。大量的英国棉纺织品和其他工业制品源源不断地运往中国，甚至连钢琴和西式餐用刀叉也大批运进中国来。

但是，英国商人万万没想到，他们运到中国来的商品，在市场上大都销售不出去。如刀叉的卖价几乎不抵运费；这种厄运，钢琴，甚至棉毛织品也同样遇到了。结果，1845—1846年英国对华贸易，英国亏损了35%~40%。因此，自1846年以后，英国对中国的商品输出量开始下降。在1846—1856年的十年间，除1852年以外，英国输华商品始终未达到1845年的水平。美国等其他各国的对华商品输出情况大体与英国相似。与资本主义各国对华商品输出的情况相反，19世纪40—60年代中国的出口贸易却呈现出不断增长的趋势，尤其是对英国的出口猛增。据统计，1837—1839年中国输英商品总值为1 282万海关两，1842—1846年增为1 597万海关两，1854—1858年又增至2 747万海关两，1859—1862年更增至2 966万海关两。

以英国为首的西方各国对华商品输出增长缓慢，而中国对各国的货物出口则明显增长，这就使得第一次鸦片战争后的相当一段时间内，中国在正常的中外贸易关系中一直处于出超的地位，这种状况一直持续到1864年。马克思曾指出，自从1842年的条约而开放中国市场以来，中国生产的丝、茶向英国的输出额不断在扩大，而英国制造品对华输入额，整个说来却停滞不前。这确如1852年英国驻广州代办密切尔所说"是一个奇怪的结局"。那么，这个"奇怪的结局"究竟是由什么原因造成的呢？

（1）中国自给自足的自然经济结构对外来商品的顽强抵抗。中国的自然经济是小农业和家庭手工业紧密结合的小农经济，这种经济形式有着高度的自给性。而这种自给率很高的自然经济结构在鸦片战争以后并没有发生多大变化。如在福建，1852年的情形是：秋收以后，农家一切人手，老老少少全都动手清棉、纺纱、织布，他们就用这种自家织成的材料，一种厚重耐穿的布匹自己做衣服穿，这种材料适于"粗穿糙用"。至于自用而有余的，便运到最近的市场上出售，城市的店铺则买下来以供给城里人和水上船户。这时，中国农村十分之九的人都穿这种自织的布匹，其品质从最粗的到最细的，全都是农舍里生产出来的，其成本并不在原料价值之上。所以生活在这种经济结构中的中国广大农民，对市场的需求是十分有限的，人们的购买力小，这就从根本上限制了英国以及一切资本主义国家商品在中国市场的销路。

（2）鸦片走私贸易的大量增长直接排挤了其他商品的销售。中英《南京条约》规定的赔款中，有一项是"以洋银六百万元偿补"缴获销毁的鸦片，这就等于默许鸦片输入"合法"，鸦片贸易实际上享受了完全免受处罚的权利。所以，鸦片战争以后，鸦片走私以惊人的速度增长，据估计，1840年为15 619箱，1844年为23 667箱，1848年为38 000箱，1852年为48 600箱，1856年达58 606箱。但在各种剥削和自然经济结构条件下，中国人的购买力是很有限的，他们"不能同时既购买商品又购买毒品"。有一个英国人曾问过上海道台："增进我们对华贸易的最好办法是什么？"该道台立即答复道："只要停止向我们输入这样多的鸦片，我们就能购买你们的制造品。"

（3）配合大规模商品输出的强有力工具如银行业、航运业、加工工业、修理工业等尚未在中国建立起来，因而西方各国不易抓住有利的商品倾销机会和提高其商品的竞争能力。

此外，从进口商品的使用价值来看，一是部分商品同中国的消费习惯不合（如钢琴、西餐刀叉、睡衣睡帽等），盲目向中国输入大批钢琴、西菜餐具等，难以立刻在中国找到大量欧化的消费者。二是工业革命初期，机器产品的质量还不够完美（如机器棉纺织品的质量远不及中国手工棉纺织品结实、耐用、精致）。从进口商品的价值来看，工业革命后劳动生产力的提高还有一个过程，工业产品的生产成本难以很快降低，而东西方空间距离的遥远，以及交通运输方式，尤其是通信技术的制约，也加大了西方工业品的运输成本和交易费用。再者，由于第一次鸦片战争结束后，中国的国门开放得还不够大，通商口岸仅限于中国东南沿海，因而，虽然签订了协定关税的条约，但关税税率还没有真正固定在值百抽五的税则上，这使得中英贸易量的扩大仍然有障碍。因此，西方的机器工业产品在中国市场上仍缺乏竞争优势，贸易量也一时难以扩大。

2. 1860 年以后中外贸易量急剧扩大

第二次鸦片战争后，特别是在清政府与外国势力相勾结共同镇压太平天国运动以后，中外贸易形势迅速发生了根本性的变化，主要表现在：

（1）输入中国市场的外国商品数量急剧增加，中国由出超国变为入超。外国商品的进口货值，1864 年为 4 621 万海关两，1874 年为 6 436.1 万海关两，1884 年为 7 276.1 万海关两，1894 年为 16 210.2 万海关两，30 年内增长了 2.5 倍。与外国输华商品的增长速度相比，这一时期，中国出口贸易虽也有所增长，但赶不上进口货值增长的幅度。中国商品的出口货值，1864 年为 4 900 万海关两，到 1894 年达 1.28 亿海关两。进出口值相比较，中国已无法维持以前出超的局面，多次出现入超。1864—1876 年有入超亦有出超，1877 年后历年都是入超。进口货值的显著增加，表明西方资本主义工业制品在中国市场上已逐渐打开销路。

（2）中外贸易的商品构成发生了明显的变化，总的趋势是工农业商品交换逐渐占据主导地位。就进口商品而言，机制棉纺织品的输入量增长明显加快，在整个中国进口贸易中的比重逐渐加大，而鸦片所占比重逐年下降。1842 年，在中国常年输入的商品总值中，鸦片居第一位，约占 55.2%；棉花居第二位，占 20%；棉织品居第三位，占 8.4%。到 1867 年，鸦片虽仍居第一位，但比重下降为 46%；棉纺织品上升到第二位，占 21%。1885 年之后，棉纺织品以占 35.7% 的优势居进口贸易的第一位，而鸦片的比重则下降为 28.8%。据统计，1867—1894 年的 27 年中，棉纱的进口值增加了 12 倍，各种布匹的进口值也增加了 1.7 倍，其他消费资料如粮食、糖类、煤油、火柴及五金器材等的进口量也有相当大的增长。

与此同时，中国出口商品的结构也发生了较大变化。丝和茶历来是中国出口货物的大宗。19 世纪 70 年代以前，这两项几乎占出口总值的 80% 甚至 90% 以上；但从 70 年代以后，丝、茶在出口总值中的比例日益下降，其他农产品和原料（如大豆、皮革、毛类、猪鬃、植物油、草帽辫、草帽等）的出口比重增加，种类增多。

（3）外国洋行控制了中国的进出口贸易。公行制度被废除后，外商在各通商口岸广设洋行（"洋行"是外商代理人的住处，西方国家通过"洋行"来与中国进行交易），直接雇佣买办从事进出口贸易。由于中国生产者用不着在国外为他的产品寻找市场，因此，不仅是洋货进口，连土产出口也落入外商之手。外商通过买办从通商都市到穷乡僻壤，建成了一个买办商业网，控制着中国市场。通过这个商业网，使得进口工业品向内地销售、各地农产品向口岸集中，洋行坐镇发号施令，操纵着进口商品的货源并控制着农产品的收购价格。1870年苏伊士运河的通航及1871年欧洲与中国海底电缆的接通，缩短了航程，加速了市场信息传递，使中国对外贸易与世界市场的联系更加紧密，并使其进一步受到世界市场的控制和影响，日益服从于世界市场供需情况的支配。

（4）对外贸易中心由广州移向上海。五口通商结束了对外贸易仅在广州进行的限制，中国依次开放了上海、宁波、厦门、福州四个通商口岸。然而，这五个通商口岸对外贸易的进展并不一致。总的情况是：广州作为中国传统对外贸易中心的地位在逐渐丧失；宁波、厦门、福州在被辟为商埠后，对外贸易规模并未因此发生多大改变；只有上海于1843年开埠后，进出口贸易迅速增长，并逐渐代替广州成为中国对外贸易的中心（如表4-1所示）。

表4-1 1844—1856年广州、上海的进出口总值   单位：万元

年 份	广 州 进出口总值	上 海 进出口总值	年 份	广 州 进出口总值	上 海 进出口总值
1844	3 340	480	1851	2 320	1 600
1845	3 840	1 110	1852	1 640	1 600
1846	2 520	1 020	1853	1 050	1 720
1847	2 530	1 100	1854	930	1 280
1848	1 510	750	1855	650	2 330
1849	1 930	1 090	1856	1 730	3 190
1850	1 670	1 190			

表4-1中的数据显示，广州和上海的对外贸易呈现了相反的发展趋势。上海在19世纪50年代中叶之所以会取代广州成为对外贸易的中心，与它所处的优越的地理位置密切相关。它处于中国海岸线中部，是沿海贸易的枢纽；它又是万里长江入海的咽喉，沿长江上溯可抵南通、南京、芜湖、汉口等地，经运河达苏、嘉、杭等城市，便于商品输入内地；它又临近丝茶主要产地，过去远道运往广州出口的丝茶，大多改由上海出口。第二次鸦片战争后，清政府被迫陆续开放了天津、牛庄、镇江、九江、汉口、烟台、宜昌、重庆等大量通商口岸。然而上海对外贸易的优势地位，并没有因新口岸的增开而有所削弱。近代上海的对外贸易能够经久不衰，除了前述地理位置优越外，其商业、金融、航运、工业和公用事业的相应发展，也使上海成为一个国际性、开放型、多功能的城市，为进出口贸易提供了种种便利的条件。

3. 1860年以后中外贸易量急剧扩大的原因分析

从上述中外贸易形势的变化，我们看到，第二次鸦片战争后，西方资本主义工业

品在中国市场上已逐渐打开销路，并开始控制中国的商品市场。中国成了资本主义市场的一部分，成了列强倾销商品和掠夺原料的场所。那么为何在第二次鸦片战争后中外贸易形势会发生如此不利于中国的逆转呢？或者说，外国商品为何能在第二次鸦片战争后逐步打开中国市场呢？

首先，第二次鸦片战争后签订的一系列条约，几乎消除了中外贸易的一切障碍。如关税名义上是值百抽五，实际征收却从未达到5%；到1902年修订协议后，进口货平均实征也仅在3.2%左右。举世罕见的"值百抽五"关税税率的正式确定，极有利于外国商品在中国市场上倾销；沿北中国海岸线、沿长江、沿陆路边境线通商口岸的开辟，使进出口贸易延伸到中国内陆以及广大穷乡僻壤地区；买办制度的确立，为外国资本企业通过买办建立起了通商口岸到内地城镇的商业网，使其能深入中国内地推销商品，收购物资等。

其次，随着欧洲工业革命的完成，机器工业产品的生产费用开始大幅度降低。马克思在《资本论》中写道：1840年英国棉纺织工人的劳动生产效率大约为1个工人看管8个纱锭的纺纱机，到1872年年底，已可看管300个纱锭。三十多年间，劳动生产效率提高了约4倍，这也是中国当时家庭手摇纺车生产效率的80倍。

最后，交通运输业等的革命缩短了东西方之间的空间距离，从根本上降低了外国商品的成本，增强了其在中国市场上的竞争力。1869年，沟通地中海与印度洋的苏伊士运河开始通航，大约使东西方航程缩短了1/4（过去从西方到东方，必须沿西非海岸经过非洲南部的好望角，再沿着东非海岸方能抵达印度洋，穿越马六甲海峡进入太平洋）。19世纪60年代，轮船代替木质帆船开始在远东航线上使用。由于轮船以蒸汽为动力，而不是像过去的帆船那样依靠自然的风向或人力，因而，轮船不仅货物运载量增大，而且也跑得更快、更安全。1871年，由上海经香港到达伦敦的海底电缆接通。通信领域的革命，造成了贸易消息上的迅捷。商人们可以根据市场的变化情况进货、售货，这不仅减少了货物积压所造成的严重损失，也降低了进出口商品在中国市场上的交易费用。

以上三个方面的原因，使英国对华输出工业品的价格在19世纪60年代以后降低了大约1/4，增强了英国机器工业产品在中国市场上的竞争力，从而造成了东西方贸易的根本性变化。

二、近代外国在华投资

为了便于向中国输出商品和掠夺原料，西方国家在向中国进行商品倾销活动的同时，也开始对中国进行资本输出，即在中国投资设厂，经营各类企业。近代外国在华投资以甲午战争为界分为前后两个阶段，即为商品输出服务的初期商业投资阶段和以生产资本输出为主的工业投资阶段。

1. 初期商业投资阶段

近代西方国家对中国的资本输出早在鸦片战争以前就开始了。1715年英国东印度公司在广东设"洋行"，这可能是外国资本在中国的第一个重要企业；之后是1818年在广州设立的美商旗昌洋行；1834年东印度公司的贸易独占权被废止的前后，还有英国的怡和洋行（1832 年）、仁记洋行（1835 年）等在中国设立。不过，在 1840 年鸦片战争前，西方列强在中国的投资是很有限的，尚不具备殖民地投资的特征。

鸦片战争以后，西方列强急于开拓中国广大的市场，于 19 世纪四五十年代开始在中国设立近代企业。其投资领域主要集中在交通运输业、银行金融业以及各种近代工业企业（如船舶修造业、各种加工工业、若干轻工业等）。甲午战争以前，由于世界资本主义还未完成向帝国主义阶段的过渡，资本主义国家的对外经济侵略尚以商品输出和原料掠夺为主，因此，这一时期外国资本的在华投资，就其性质而言基本上还从属于掠夺性的进出口贸易，即主要是为商品输出服务的。据统计，到甲午战争前，外国在华的各种投资约为 11 944 万美元，其中贸易业和银行业投资额就达 7 000 万美元，占全部投资的 58.6%；航运业和工业投资为 2 759 万美元，占全部投资的 23.1%。

2. 工业投资阶段

19 世纪 90 年代以后，随着自由资本主义向垄断资本主义阶段过渡的完成，资本输出具有了特别重要的意义。中日甲午战争后，帝国主义国家通过《马关条约》终于取得了对华进行资本输出的条约依据，使其在华开办近代工业有了"合法"的外衣。此后，外国在华投资急剧增长，投资领域迅速扩张。据统计，1914 年外国在华投资猛增至 17 亿美元，1930 年又增至 33 亿美元，1941 年由于日本在华大量投资，使得外国在华投资总额达到 91 亿美元的高峰，到 1948 年仍为 31 亿美元。投资的内容已超出贸易掠夺这一中心，而扩大到政治经济贷款、铁路、矿山、工业、金融等，几乎涉及国民经济的所有部门，并逐步对之加以控制。

这一时期，外国在华投资具有如下一些特点：

一是对中国政府的政治和军事借款大幅度的增加，成为外国资本对华的一项重要投资。政治和军事借款通常以中国的关税、盐税和内地税做抵押，这就使外国资本得以控制中国的财政收入，进而左右中国的政局变化。1895—1910 年清政府举借的财政借款约 2.7 亿美元，1911—1926 年北洋政府举借的各种借款约 5.2 亿美元，1927—1948 年国民政府的各种借款高达 15.8 亿美元。外国财政和军事借款成为维系近代中国历届政权的主要经济力量。

二是外国资本对华的铁路和矿山投资迅速增加，争夺中国路矿权成为列强瓜分中国狂潮的主要内容。外国列强在夺取中国各地的铁路修筑权的同时，也迫使中国政府给予他们铁路沿线的采矿权。1897—1898 年、1911—1914 年和 1935 年以后，外国资本先后掀起三次掠夺中国路矿权的高潮，所获路权（建筑权、经营权、借款权等）不下 4 万千米。外国资本掠夺的矿权约 92 处，这还不包括 1931 年后日本在东北掠夺的矿权。许多重要的矿山均是从中国资本手中巧取豪夺去的，如英国资本对开平煤矿、门头沟煤矿、焦作煤矿，日本资本对抚顺煤矿、本溪湖煤铁矿、汉冶萍煤铁厂矿公司，德国资本对井陉煤矿等的控制，都是采取这种方式。中国近代的能源、交通几乎全部为外国资本所控制。

三是外国资本在华金融业投资迅速膨胀，外资金融业成为西方列强控制中国财政经济命脉的重要机构。甲午战争前外国资本在华设立银行 8 家，分支机构 16 个。随着甲午战争后西方列强对华资本输出的扩张，银行和银行分支机构也急剧增加，1895—

1913 年设立 13 家银行和 85 个分支机构，1914—1926 年设立 44 家银行和 125 个分支机构。其中英国汇丰、法国东方汇理、德国德华、俄国华俄道胜、日本正金、美国花旗等，都成为对华进行经济掠夺和控制的主要银行。而对华影响最为深远的则是汇丰银行，它是外国资本在华设立的第一家以中国为总部的银行。它通过承办中国政府借款，取得了支配中国国家税收和保管内债基金的权利；它依仗资金雄厚、信用可靠，吸引了中国境内大量储蓄存款；它凭借特权，垄断着中国的国际汇兑并操纵外汇牌价；它大量发行纸币，这些纸币在各通商口岸普遍流通。汇丰银行是外国资本在华银行的一个缩影。

四是国际垄断资本集团开始向中国进行经济渗透。许多世界性的垄断组织在华设立机构，寻求商品市场和投资机会。如美国的美孚石油公司、杜邦公司、通用电器公司和福特汽车公司等，英国的英美烟草公司、卜内门洋碱公司、邓禄普橡皮公司等。

五是外国资本在华工厂设立数量直线上升，工厂规模不断扩大。甲午战争前保留下来的外资工厂不过十几家，而 1913 年外资工厂已有 166 家，1936 年达到 820 家，这还不包括日本在东北设立的工厂。许多部门和行业被外国资本设立的工厂所控制和垄断。如上海最大的船厂是 1936 年几个船厂合并而成的英资英联船厂，中国最大的火力发电厂是美资的上海电力公司，最大的烟草公司是英美合资的颐中烟草公司。外国资本还向棉纺织、面粉加工等中国开始较早经营的工业领域扩张。

此外，列强在争夺中国资源和市场的过程中，各国势力的消长变化也是剧烈的，英国、日本、美国依次成为主要的对华投资国。各国在华投资地位的变化，是与他们对华的经济、政治和军事侵略与掠夺紧密联系在一起的。

3. 投资的性质

甲午战争后列强的在华投资，就其性质而言，完全是一种殖民地半殖民地性质的特权投资，具有明显的侵略性。

一是投资具有明显的超经济掠夺性质。这以巨额的战争赔款转化来的贷款、特权性的政治借款以及房地产投资等为代表。战争赔款转化来的贷款如对日赔款、庚子赔款等，本来是外国列强用暴力掠夺去的，当中国无力一次付清时，他们就按贷款方式收取利息。政治性贷款都附有苛刻的政治条件。这两项资本的超经济掠夺性质是非常明显的。至于他们在中国占有的房地产，主要是他们凭借不平等条约和租借制度掠夺去的，因此也具有超经济掠夺性质。

二是投资的原始资本很大部分是来自对中国本土的掠夺。首先来自对中国的原始掠夺，包括战争赔款、直接占有土地。特别是战争赔款，除一部分被各列强运回本国外，其余的都转化成对华投资的原始资本。如日本对华投资的原始资本，很明显主要来自甲午战争的赔款本息。20 世纪 20 年代以前，日本在中国设立的比较大的企业约有 49 家，这些企业差不多全部是用从中国掠夺的战争赔款创建起来的。其次来自对中国企业的直接占有，变中国资本为所谓"对华投资"。再次是来自在中国榨取的利息和企业利润。最后来自吸收中国人的资金。可见，西方列强自己根本就没拿出多少钱在中国投资。

三是直接投资的比重很高。直接投资就是外国列强直接到中国开办各种企业。

1914 年，各国在中国的资本中（战争赔款未付额不计在内）间接投资只占 33.7%，而直接投资则占 66.3%，到 1930 年则上升为 72.9%。据说在 20 世纪初，各国在华投资利润以间接投资为高（主要指贷款），但实际情况却是直接投资比重大于间接投资，原因何在？这主要是由于当时中国的政局不稳，各国难以在中国找到稳定可靠的政治代理人。间接投资所冒风险较大，不可靠；而直接投资则可根据条约特权，保证获得不亚于或仅次于间接投资的超额利润。

四是在直接投资中，商业掠夺性投资又占重要地位。据统计，列强在华的贸易业和与贸易有关的运输业、金融业的投资，1914 年在各国对华投资总额（不包括赔款）中约占 41%，1930 年上升至 50%。而工矿业和公用事业的投资在甲午战争后虽有较快的发展，但在 1930 年以前只占各国在华资本总数的百分之十几。原因是：①列强对华投资的最终目的，是要把中国永远变成他们的商品市场和原料供应地，不愿也不许中国有强大的工业。因此，他们在华的固定资产投资很少，这样有利于他们对中国的掠夺。②当时中国政局不稳，战争频繁，各国担心固定资产投资容易遭受战争破坏，因而更乐意向那些资金流动性较大的部门投资，以便随时抽逃资本。

五是投资地区集中。西方列强在中国的企业主要集中在各通商口岸和外国控制的铁路沿线。这不仅因为这些地方是外国势力最强的地方，同时也由于大城市中集中了一切大工业发展所必需的近代金融、交通、动力等条件。1902 年，外国在华投资总额中，上海一地就占 21.7%，东北地区占 43.1%；1914 年上海增加为 27.7%，东北地区为 33.3%。外国资本投资地区的集中，造成了中国大城市的畸形发展，工业分布的极不合理，以及城市和乡村的严重对立。

总之，近代帝国主义在中国的投资是一种掠夺性的投资，这不仅表现在他们对华投资享有各种政治经济特权，商业和银行业投资占有重要地位，而且表现在各国投资于中国的资本主要不是来自帝国主义国家，而是主要来自对中国勒索的巨额赔款，以及对中国土地、企事业的巧取豪夺。

4. 如何看待近代外国在华资本投资

西方列强在华进行经济扩张，控制了中国的财政和经济命脉，把中国变为他们的商品销售市场、廉价原料供应地和投资场所，并不断加强对中国资源和财富的掠夺，压迫和排挤中国资本主义经济，这直接阻碍了中国生产力的发展，对中国国民经济造成了极大的危害。但是，外国资本的投资和经济扩张，又在一定程度上刺激了中国经济的近代化。

（1）铁路投资与中国交通的近代化。19 世纪末 20 世纪初，铁路对中国经济近代化进展的促进十分明显。帝国主义出于瓜分中国、各自划分势力范围、大量推销其商品、掠夺中国廉价农矿产品、输出国内过剩资本的目的，争相在中国投资修筑铁路，加速了中国殖民地半殖民地化的进程。铁路的相继修建冲击了落后的骡马、骆驼大车等陈旧的运输工具，大大缩短了运输时间，减少了运费，把中国广大的腹地与沿海、滨江通商港埠联系起来，使原来一些闭塞地区的经济活跃起来，扩大了市场和商品流通，促成了内地贸易向沿海沿边流动，洋货和工业品向内地销售，使铁路沿线的一些古老城市进入了近代化城市的行列，并逐渐成为经济贸易中心，一些往日的穷乡僻壤也一跃成为商业繁荣的大城镇。如哈尔滨原为松花江右岸的渔村,1898 年沙俄开筑铁路,使它迅速兴起并成为东北地区的一个中心城市。青岛本来也是胶州湾东岸的一个荒僻渔村,因胶济铁路的修筑而发展起来。济南、郑州、南京等城市,皆因铁路的建设而发展为近代化大城市。其他如山东潍县、淄川、博山等一些小镇,也由于铁路设站而迅速崛起,成为工商并重的城镇或商货集散地。因此,铁路的修筑,又使许多古老的城镇展现了近代化城市的面貌。

(2) 外国资本经济扩张与中国工矿业的近代化。一方面,外国资本企业本身就构成了中国近代社会经济的一个组成部分。甲午战争后,外国资本在华投资所兴建的巨型船坞、发电厂、电车,以及面粉、榨油、碾米、卷烟、纺织等各类工厂,都是在中国土地上出现的新型企业,它与中国人自己兴办的工业一起构成了清末民初的中国经济近代化和城市经济的新格局。

另一方面,它们掠夺性的投资又不自觉地传播和引进了外国先进的文化,对华商起了诱发和示范作用。华商目睹外商所设各类新颖企业之厚利,随之投资仿设同类企业。当然,19 世纪末 20 世纪初外国资本刺激中国民族近代化工矿业大量仿设的作用,也在于它的侵略行径激起了中国人民的民族觉醒和反抗意识,从而掀起了"振兴实业"以挽救民族危亡的历史潮流。这种曲折推进中国经济近代化的刺激作用,不能归功于外国在华投资,它应是中国人民在民族觉醒下"师夷长技以制夷"的进一步发展。

(3) 外国资本在华扩张和进出口贸易的增加与中国资本主义商业的发展。这种近代商业在上海发展得尤为迅速。如洋布店,1884 年还只有 62 家,到 1900 年已增至一百三四十家,1913 年再增至二三百家。到 20 世纪初,上海仅以推销洋货为中心的批发商,就达 21 个行业。汉口的京广杂货店,也开始转为以经营洋货为主的商店,经营出口商品的丝行、茶栈、猪鬃业等也有发展。其他不少城市的商业也开始进行或增加了与外国及本国产业的直接或间接的联系。

(4) 外国在华金融投资与中国金融业的近代化。外国在华金融投资,引起了中国兴办新式银行的热潮,1897 年,盛宣怀仿照汇丰银行的模式创办了中国第一家银行——中国通商银行。到 20 世纪初,又有多家新式银行设立。中国金融业也开始向现代化的方向迈进。

(5) 外国对华商品倾销和原料掠夺与中国农产品商品化的扩展和农村自然经济的进一步瓦解。在广大农村,由于外国资本掠夺原料和土特产品,以及对华商品倾销有所增加,国内近代工矿业、商业日益发展,交通运输不断改善,农村商品化的程度进一步加深。据统计,包括农林牧副渔在内的农产品出口值,1893 年为 2 842 万元,1910年已增至 23 196 万元,其在全部出口货的总值中的比重亦由 15.6%上升为 39.1%。农产品商品的种类也有扩展。大豆已成为出口商品中的大宗,其他如小麦、小米、高粱、棉花、芝麻、油菜籽、花生、猪鬃、鸡蛋、豆饼等,全部成为主要出口商品。中国手工业在 19 世纪末 20 世纪初,也出现了兴办高潮,不少手工业采用了进口和仿制的改良机械,发展成为资本主义工场手工业。

综上所述,甲午战争后的外国资本在华投资和经济扩张,不自觉地把西方先进文化输入中国大地,由通商大埠不断向中国内地扩散,刺激和诱发了中国经济近代化以及政治、思想、文化的新旧嬗递。但在看到外国资本对中国经济的诱发作用的同时，我们不可忽视它对中国民族资本主义经济成长和健康发展的阻碍和压迫作用。而且，在这两重作用中，阻碍和抑制作用还是主要的。因为甲午战争后，外国资本除了拥有种种政治经济特权以外，还通过间接和直接投资迅速扩张了经济势力，控制了中国的财政和金融，在工矿交通运输部门占据了优势。他们在税收、资金、技术、设备等方面，都处于有利的地位，再加上外国输入工业品数量日益增多，使处在外国资本和本国旧势力夹缝中取得初步发展的中国私人资本主义企业无法与之竞争，不少企业面临着倒闭、破产以及被吞并的威胁。甲午战争后，在中国私人资本发展较迅速的棉纺织业，由于棉纱市场几乎全英、日所独占，全行业十几家纱厂中就有四家因积欠外资纱厂和银行贷款而被兼并，其他纱厂亦岌岌可危。卷烟业被英美烟草公司垄断，从而使华商南洋兄弟烟草公司等难以维持。中国19世纪末建成的最大的钢铁厂——汉冶萍公司，也因借用日债而受到种种抑制。这些事例说明，中国刚刚兴起的资本主义经济，一开始起步就遇到帝国主义的挡路。

甲午战争后中国经济的近代化，是深深地打上了半殖民地经济的烙印的。因为在中国出现的这些近代化经济，不少是外国资本投资或为其所控制，并且外国资本在许多部门都已占绝对的压倒优势，中国财政和经济命脉已为它们所操纵；华商投资的近代化经济极为弱小，处在帝国主义压迫和国内旧势力汪洋大海的包围下，无法独立自主地发展；近代化经济在地区和各行业各部门的配置方面，又显得畸形和不平衡。中国经济近代化的上述情况，正是半殖民地经济的基本特征。

思考题

1. 简述明清海禁政策的主要内容及其影响。
2. 试述鸦片贸易对晚清货币体系造成的影响。
3. 分析近代外国对华直接投资的特点及其对工业化的作用。
4. 论述鸦片战争之后中国经济在世界经济中的地位，以及中国与世界市场的关系。

第五章 近代中国的经济转型

近代西方国家对中国的经济渗透首先是从流通领域开始的，中国传统经济受到冲击首先也反映在流通领域，因此我们的叙述就从近代商品流通和市场变化开始，并渐次扩展至生产领域。

第一节 传统市场的变化

近代中国的市场主要包括商品流通市场和要素市场。

一、商品流通市场的变化

中国传统社会商品流通属于自然经济范畴内的余缺调剂性质，多为单向式流通；商品流通范围狭小，流通量有限；商品品种结构简单。近代前夕的国内市场中最大的商品交易是粮食和布、盐的交易，这种交易实际上是小生产者之间的交换，很少是城乡之间的交换。所以这种市场结构模式是一种以粮食为基础，以布、盐为主要对象的小生产者之间的交换模式，这是近代中国商品流通市场变化的历史起点。

（一）商品流通量与品种结构的变化

商品是市场流通的核心，商品流通的数量决定市场的大小，流通的内容决定市场的性质。进入近代社会后，在外国的商品入侵下，中国商品流通无论从数量还是从内容看，较之传统社会都发生了十分明显的变化。这主要表现在：

1. 商品流通量增加

据吴承明先生的估计，鸦片战争以前，中国市场上的主要商品的流通总额为34 962.6万两银子，全部为农副产品和手工业产品。其中，居首位的是粮食，占39.71%；其次是土布，占27.04%；列第三位的是食盐，占15.31%；其余依次为茶、丝及其织品和棉花，合计占17.84%[①]。近代以后，由于外国资本主义经济的刺激和本国资本主义生产关系的发展，国内的商品流通额有了较大的增长。特别是从19世纪90年代以后，其发展速度更快，在20世纪30年代达到顶峰。1913—1930年的17年间，流通商品的数量增长了1.5倍以上，品种结构主要表现为机械制造品的比重上升，从占24.80%上升到36.39%。与此同时，手工业品的比重则从占39.33%下降到27.32%。1936年时的国内埠际贸易额约为47.4亿元，这一数字比鸦片战争前的长距离运销量

---

① 吴承明. 中国资本主义与近代市场 [M]. 北京：中国社会科学出版社，1985.

（约为 1.1 亿元）增加近 43 倍。

2. 商品结构变化

近代中国的商品流通，不但数量比古代有较大的增加，而且商品结构也发生了变化。鸦片战争以前粮食、棉布居流通额第一、第二位。到 1936 年，工业品棉布和棉纱上升为第一、第二位。原来的粮食流通额退居第四位，排在桐油流通额之下。居前 20 位的商品分别是棉布、棉纱、桐油、粮食、纸烟、棉花、面粉、煤、茶叶、糖、烟叶、花生仁、果实、纸、猪鬃、苎麻、药材、黄豆、豆饼、盐。这种格局与鸦片战争以前那种以粮食为基础，以布、盐为主要对象的商品结构是完全不一样的。这种商品贸易品种结构的变化在沿海省区表现得更为明显。如近代山东市场上外国机制产品的流通额增长较快，成为流通商品的主要组成部分。在出口贸易的刺激下，同出口产品有关的土货流通品种也不断增加，出口型的土货在土货贸易中逐渐成为起主导作用的商品。主要有属农产品的花生、棉花、烟草，畜产品的牛、牛皮、蛋品、猪鬃，手工业产品的丝绸、草辫、花边，矿产品的煤、铁。这些商品既是内地市场上流通量和交易额最大的商品，也是出口最多的商品。

3. 商品价格受国际市场制约

鸦片战争以后，国内市场中不仅商品结构发生了很大的变化，商品的价格结构同样也发生了巨大的变化。在鸦片战争以前，国内市场上主要是小生产者之间余缺调剂性质的交换。这种交换总体上仍属于等价交换。鸦片战争以后，由国际贸易扩大而牵动的国内市场交易中，不等价交换变成了价格结构的主流。在这种不等价的交换中，外国机制工业品可以把价格提高到商品价值之上，也可以把中国的农产品、手工业产品压到商品价值之下，形成了进出口贸易价格的剪刀差，这种剪刀差在 19 世纪后半期就已出现，到 20 世纪以后则愈演愈烈，呈现出不断扩大的趋势。如 1926 年的进出口物价指数比为 100∶100，则到 1934 年的进出口物价指数比为 184∶100，这种进出口价格的剪刀差反映了近代中国市场不合理的价格结构，也是国内市场上工业品价格剪刀差的根源。

近代中国商品价格结构的变化还表现在国内商品价格越来越受制于国际市场价格。近代中国的手工业产品价格是如此，农产品亦不例外。过去，中国农产品的价格是由国内决定的，但随着农产品国际市场的激烈竞争以及西方列强的操纵，不少国内农产品的国内市场价格决定于国际市场的价格。像茶价取决于伦敦，丝价取决于法国巴黎，桐油取决于纽约，而不再取决于中国农民的生产成本和年成的丰歉。即使到 20 世纪 20 年代以后，国内的棉纺织业已有相当程度的发展，但由于国外生产国的竞争和外国商业资本的操纵，国内的棉花价格仍在很大程度上取决于国际市场。在长江流域，上海是湖北棉花的主要销售市场，湖北的棉价以上海的行市为准，而上海的棉价起落又视国际市场行情的起伏而动。于是，内地市场完全丧失了价格的决定权。

（二）商业资本构成的变化

鸦片战争以前，由于国内贸易的总格局是以粮棉为基础，以布盐为主要交易对象的市场模式。所以，商业资本也以经营上述各商品的官商（依靠封建特权经营的商人）、私商（从事一般商品交换活动的民间商人）为主。在近代，随着列强在华商业贸易企业的设立和掠夺性商业投资的增长，近代中国的商业资本构成也在发生变化，洋行、买办、新式商业和商人资本兴起，并逐渐成为商品流通市场的主导力量。

1. 买办商业资本

近代西方资本主义国家对中国市场的开拓，是从外国人在通商口岸开设洋行开始的。早期洋行大多从事商业活动，目的是推销本国的工业产品和收购中国的土特产品。鸦片战争后对外国商人在中国活动的限制虽然大多取消，但由于地理、交通、文化、语言，以及政治不稳定等多方面的原因，他们的活动只限于少数通商口岸。他们若要在中国推销商品和收购原料、开办企业，特别是要深入中国内地，没有熟悉当地情况的中国人的帮助，是很难达到其目的的。因此，外国洋行很早就在一些通商口岸雇佣一些中国人充当其推销洋货，收购中国土特产品的代理商或经理人，这些服务于外国洋行的中国人被称为"买办"。

买办是洋行的附庸。早期买办的职能主要是作为中间人或代理人，为外国资本企业在华推销商品，收购原料、吸收和投放资金，以及经营交通运输、保险、房地产业务服务。作为外商企业的使用人，买办通过为外国资本企业提供服务而取得少量的薪金。早期的外商企业给买办的月薪大约为 100～250 两白银，以后提高到 500～1 000 两白银。月薪并非买办的大宗收入，它不过是被用来支付买办账房办事人员的工资，佣金收入才是买办最主要的收入。按照成规，买办经手的各种形式的支付，都可能得到回佣。佣金名目繁多，有媒介生意的佣金与保证华商信用的佣金，还有销价差额佣金，其比率为 0.075%～50%。利润收入是买办作为企业的合伙人而取得的收入。买办在取得外商信任后，还可以利用外国资本主义的特权和影响，独自经营工商业，牟取利润。后期买办活动中，多采取经销、包购和中外合资等经营形式，利润收入则成为买办和买办商人的主要收入来源。据估算，1840—1894 年的半个世纪中，中国买办仅一般商品贸易的佣金收入、出口商品货价差价、鸦片贸易收入及其他收益就达 36 500 万两白银，即其在商品贸易上的收入要占其总收入的 74%，从而，生成了近代买办商业资本[①]。

19 世纪末 20 世纪初，随着中外贸易的扩大，外商与买办之间的关系也在不断进行调整，买办制度也有了新的发展，其主要内容有：第一，经销与承购制。即买办不仅是被洋行雇来做媒介生意的雇员，而且自己也开设商铺，经常购买或出售他代洋行推销或收购的商品，由此具有了双重身份：既是洋行的雇员，又是与洋行做生意的独立商人。这不仅促进了外贸的发展，同时也为买办商业势力的扩张创造了条件。第二，包购包销制。即洋行在经销与承购制的基础上，为了充分发挥买办的作用，给买办规定一定的销售任务。通过包购包销，买办的职责扩大，买办商业活动获得洋行进一步支持，洋行的业务则同时可以得到买办的进一步保证，从而使买办与洋行的勾串合作关系更加密切，两者的利益更加一致。第三，合伙制。即外国资本家和中国商人合股组织公司。其形式或者主要是中国人出资，由外国资本家控制企业的经营管理权；或者是由买办出面，外商企业占主要股份。此外，还有雇佣中国人为高级雇员，担任原

① 潘君祥，沈祖炜. 近代中国国情透视［M］. 上海：上海社会科学院出版社，1992.

来由买办所担任的推销、收购和业务管理等任务，不给佣金，而给予高薪和分红报酬；推行经纪人制等。这些形式在名义上虽废除了买办制度，但在实际上却加强和完善了买办制度，使买办和买办商人队伍日益扩大，买办资本的活动及势力也不断扩张。

买办商业资本是中国近代早期的一种私人商业资本，它与中国旧式的商业资本有许多不同之处，即一是他们可以抽取巨额佣金，有的把这笔钱作为资本投入新式商业活动。二是在代理外国资本企业的经纪活动中，买办可以学到西方资本主义的经营和管理方法，从而指导他们自己的商业活动。三是他们与西方资产阶级有着千丝万缕的联系。他们在洋行高额利润的刺激下，成为中国第一批富于冒险精神和创新精神的企业家。他们持有一定数量的经营资本，并雇佣一定数量雇员，这些雇员基本上摆脱了人身依附关系而成为雇佣关系，因而这种买办制度的出现，成为中国国内市场与世界市场的连接点[①]。

2. 新式商业和商人资本的出现

19 世纪 60 年代以后，国内市场逐渐出现了为外国洋行进行购销活动的新式商业。它们属于批发商业，分工较细，在上海有 20 余个行业，经营进口货的多称"字号"，经营出口货的多称"行栈"。其中一部分是由传统的旧式商人转化而来的，如在丝、茶商内部就出现了内外庄口的分化，但大部分是在通商口岸新产生的。新式商业以经营进口纺织品、五金、化工原料等货品者为多。它们依附于洋行，甚至有专卖英国货的西货字号，专卖美国货的花旗字号，一般不经营同类的国产商品，具有浓厚的买办性质，但从他们的资本运用上来看，已是资本主义商业了。这种商业利润较大，积累较快，能迅速发展成为商业巨擘。

近代商业资本既有具有资本主义性质的外国商业资本、中国国家商业资本、私人商业资本，又有传统的前资本主义的商业资本。20 世纪初，随着民族资本近代工业的发展，新式商业中出现了专营国产商品的经销商。经过历次反帝爱国、抵制洋货的运动，过去专营洋货的经销商也逐渐扩大国货经营比重，并出现百货公司等组织。在进出口方面，开始有华商越过洋行自办茶叶、生丝出口和试行直接向国外办理进口，在某些商品上打破了洋行的垄断。在经营上，开始出现贸易公司组织，并向多种经营和批零兼营发展。中小零售商则趋向专业化。1912—1918 年，经营"环球百货"的先施、永安百货公司等先后在上海、广州开业，随即向各埠发展。在交易的方式上也出现了由现货市场向期货交易发展的趋势。如在 1920 年上海有华商证券物品交易所开业，后来又有纱布、面粉等交易所开市。

民族工业发展后，出现了工厂自设的发行所、分销处、外庄、内庄等，它们也是新式商业，20 世纪 20 年代它们开始发展联营，形成一种有力的竞销形式。另外，商业资本大量投入工业，有些新工业完全是由商业资本创建的，如西药商创建药厂，东洋庄创建橡胶厂等。中国近代商业总计有 100 多个行业，趋势是不断发展的。根据 20 世纪 30 年代的一些调查估计，全国约有坐商 164 万户，从业人员 859 万人，另有行商 312 万人。1936 年私人商业资本达 30 亿元。1927 年以后，中国出现了另一种商业资

---

① 刘佛丁，王玉茹. 中国近代的市场发育与经济增长 [M]. 北京：高等教育出版社，1996.

本，即国家商业资本。它是在国民政府实行金融垄断的基础上，凭借政权力量发展起来的，主要插手出口贸易。抗日战争期间，国民政府以统制经济为借口，实行多种物资的统购统销、公营专卖，国家商业资本独占丝、茶、桐油、羊毛、猪鬃的收购和出口，管制棉花、纱、布贸易。一些大官僚的私人商业也利用特权，投机垄断，发"国难财"。近代商业的投机性远较传统商业为大。像上海这样的半殖民地城市本来就是个国际资本的投机市场。但整个商业的投机化则是在抗日战争时期由国民政府的通货膨胀政策引起的，到战后达到顶点，所有重要物资都变成投机筹码。

（三）近代商业流通网络的建立

由于买办商业资本的出现和发展，近代中国遂出现了一个洋货从国外经通商口岸泻入内地和土货由内地经过通商口岸运销国外的购销网。

1. 洋货推销网

外商洋行向内地市场推销洋货一般总是通过买办。外商依赖买办商人寻求洋货销路，买办商人则依赖内地商人扩大洋货销售市场。从口岸到内地市场的洋货行销渠道，买办商人和内地商人是两个关键性的中间环节。

买办推销洋货有两条途径：一是买办交由当地或其他口岸买办化华商承销，二是利用各种推销洋货的渠道直接向内地华商推销。这些买办在其势力范围内尽可能排斥洋商与华商的直接交往，从而乘机对华商进行经济上的剥削。从买办商人、批发商人到基层的零售商人，他们之间普遍采用赊销的交易方式。这对于缺乏资本的华商是很有吸引力的。当然，买办向洋行承销或包销的货物在向华商转销之时，也要有一定期限的赊销信用。正如买办须向洋行提供保证一样，内地商人也要向买办提供保证。外商以买办提供的保证来控制买办，买办遂即假手华商提供的保证来利用、控制与之往来的内地商人。这就构成了外商、买办与华商之间的连锁保证关系。

另一种情况是，内地商人直接由口岸贩购洋货。这种情况随着时间的推移而显得越发重要。以上海进口的洋布为例，洋布由洋行进口，通过批发、客邦、零售商号进入全国各地的消费市场（如图5-1所示）。

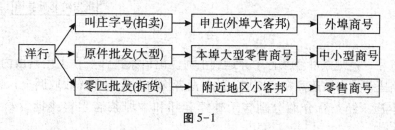

图 5-1

图5-1中，叫庄字号专为叫庄洋行拍卖现货，代客叫货，收取佣金；原件批发字号向洋行订货和买进现货，自定价格出售；零匹批发字号以放账销售方式扩大进销差价获利；申庄是外埠棉布商在上海设立的采购商号，按地区形成邦别，有天津、汉口、四川等数十家。

对于在华外资工业产品的营销，以英美烟公司为例。其销售机构分两条系统，一是公司管理系统，二是经销系统（如图5-2所示）。

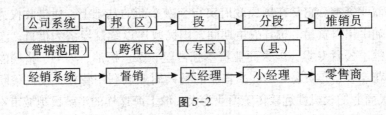

图 5-2

图 5-2 中，分段以上设仓库，并负责该地区的广告、运输、收款、发货等业务。推销员由公司雇用，向零售商领货，去各村镇流动贩卖。督销及各级经理按销售额提取佣金。

英美烟草公司的经销系统十分庞大，全国设 15 个区，区下分段，段下的大、小经销商和零售商数量很大，仅天津办事处下的北方、芦汉、山东、蒙疆四区，就有 24 段，321 个大经销商，2 000 个小经销商，26 000 个零售商，共计达 28 325 个单位。

2. 土产收购网

与洋货的推销网形成的同时，近代中国农副土特产品购销网络也在形成和日趋完善。茶叶、生丝、粮食、棉花等重要农副产品，从产地到通商口岸，通过产地市场、聚散市场、中转市场到消费市场、终点市场，形成了完整的市场购销体系。以茶叶为例，在近代逐渐形成了上海、汉口、福州三大市场。近代上海的茶叶市场交易组织和方式如图 5-3 所示：

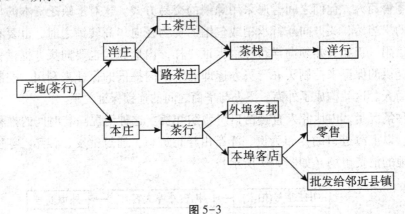

图 5-3

图 5-3 中，产地茶叶经茶行中介运到上海。出口茶进洋庄，土庄茶由内地毛茶加工制成，路庄茶是内地茶商在产地加工的，两者均由茶栈中介（收取佣金）售于洋行。内销茶进本庄，经茶行介绍分别售于外埠客邦和本埠茶店零售或批发给邻近县镇茶商[①]。

近代洋商对中国茶、丝等农副土特产品的收购，在 19 世纪 60 年代，往往通过"中国雇员将大量货币送往乡村"的"预约订购"方式来实现，不必亲自深入内地。进入 19 世纪 70 年代以后，由于大批中国商人的出现以及外商银行贷款业务乃至钱庄抵押借款业务的展开，出口贸易的广大中间环节以及广大从事丝茶生产的小生产者都落

---

① 王相钦. 对中国近代市场和市场经济的思考 [J]. 北京商学院学报, 1997 (5): 2-8.

入了外商和买办的直接或间接的控制之中，土产收购网初步形成。

（四）近代中国商品市场的发育程度

1. 近代中国商品市场发育的性质

与近代中国社会经济性质相适应，中国的近代市场具有明显的半殖民地半封建性质，突出表现为国内市场发育对国际市场的依附性或国内市场的命脉被外国资本所控制。

首先，从中国近代的产业资本看，外国资本占绝对优势。在中外产业资本的比重中，外国资本1894年占60.7%，1936年占78.4%，而本国资本只占39.3%和21.6%。

其次，从进出口贸易看，中国近代的进出口贸易，除了初期有少量出超外，长期处于大量入超状态。1933年入超最高额达7.34亿元，1936年入超仍达2.36亿元，占当年出口总额的30%以上。而且，进出口贸易的商品结构也极不合理，出口的主要是农副产品和手工业品，1893年占97.4%，1936年占83.2%；进口商品消费资料占绝对优势，分别占91.6%和55.5%，生产资料只占8.4%和44.5%。而且，进口的生产资料也主要是为外国产业资本服务的。

再次，从市场流通的商品看，外国洋货占优势地位。最初外国洋货的输入，虽曾受到中国自然经济的抵制，但进入20世纪六七十年代以后，洋货已在中国市场上普遍流行。据1926年调查，北京瑞蚨祥的洋货已占90%，上海的永安公司，在1931年以前，洋货占75%。

最后，市场上重要商品的经营，也被外国洋行所控制。1936年，外国在中国建立的贸易商行达2 280家，资本总额达3.977亿美元（不包括日本占领下的东北）。外国商行通过中国买办控制了中国的商品市场。在上海，以外国商行为中心形成的推销洋货的商业行业就有20多个。中国的进出口贸易由外国商行控制。

2. 近代中国商品市场发育的特点

（1）市场体系较为完善。近代中国的一些重要商品流通，已形成了一个分工较细、功能各异而又互相配合的市场体系。以农产品的最大宗——粮食交易为例，近代中国已形成了产地市场、集散市场、转运市场、消费市场或终点市场。又如，棉花交易也随着其商品化的发展而形成了它的国内市场。最早的棉花市场是在19世纪末20世纪初适应国际市场的需要而在上海、天津和宁波三地形成的层次较高的棉花出口市场；20世纪20年代，随着国内近代棉纺工业的发展，又形成了一批棉花的终点消费市场如上海、武汉、天津、青岛、无锡、常州、郑州、济南、石家庄等。棉花出口市场和终点消费市场的形成，必然会加强其与中转市场和初级贩卖市场的联系。初级贩卖市场是拥有棉花的农民出售商品棉的地方，它分散在产棉区的农村和市集中。中转市场的位置主要依据运输的条件而定。较大的棉花中转市场都设在铁路沿线和沿江口岸中。

（2）市场结构层次由低向高发展，并在其功能方面开始了某些专业化和区域化的进程。以山东为例，近代以前，存在着以运河贸易为依托的运河城镇市场和以沿海贸易为依托的沿海市镇市场，以及以产地区域为单位的产地市场。但在当时，这两大贸易系统间较少有商品交流，呈相对隔绝的状态。不仅如此，从市场的全部结构看，较多的是低层次的市场，缺乏全省性的高层次的集散市场，更没有可与国外市场联系的进出口市场。

近代以后，山东的这种市场结构由于进出口贸易的发展和运河运输的衰落而发生了变化，逐渐形成了从产地市场、专业市场、中转市场、集散市场到中心市场、进出口市场的新市场体系。各种市场的功能也有相应的变化发展。

在产地市场中，原来那种以粮菜禽畜为主，主要为小农经济范畴内的余缺调剂性质的商品交易，开始向较大范围内的商品流通发展，开始了某些专业化和区域化的进程。在这些市场里，不但市场交易的品种增多了，而且这些品种还往往同进出口贸易有关。一些农副产品不再仅仅局限在产地销售，而是通过各种渠道流向沿海城市。专业市场是在产地市场专业化的基础上形成的专门进行某种土货贸易的市场。它完全是沿海城市贸易，特别是出口贸易的产物，它所集散的商品都是口岸出口的大宗商品，如大汶口的花生市场、沙河镇的草辫市场、高塘的棉花市场等。

（3）市场的地区发展不平衡。近代中国的市场发育在地区分布上很不平衡，呈现出新旧纷呈、发展水平不一的错杂状态。沿海少数通商口岸市场畸形发展，而内地广大地区市场则极端落后。当时的上海，中外商人云集，市场繁荣，商务发达，全国的工业和进出口贸易总额的50%以上集中于此，为世界性的重要商业中心之一，著名的先施公司、永安公司的经营规模和影响可与国际上著名的百货公司媲美。而内地城乡的市场却十分落后，基本上依靠原始的集市贸易来满足生产和生活上的需要，不少边远地区甚至还处于物物交换的时代，这种市场发育程度的不同反映了中国近代经济发展的不平衡。

3. 近代中国商品市场发育的水平

中国的近代市场，是在外国资本入侵，中国独立主权丧失，从传统社会进入半殖民地社会的条件下产生和发展起来的。虽然同古代相比已有较大发展，特别是在19世纪末期以后，发展速度加快了，但总的说来，市场发育的程度还是很低的，资本主义统一的国内市场直到全国解放以前尚在形成之中。

首先，国内贸易量小，进出口贸易量大。1936年的埠际贸易统计显示，那时全国的国内埠际贸易总额约为47.3亿元，只占当时国内工农业总产值的16.3%，占当时国民收入的18.6%，说明国内市场还是十分狭小的。这还是在20世纪30年代以后中国进出口贸易猛降的情况下所占的比重。在20世纪20年代，中国的进出口净值平均在25亿元以上，1929—1931年，平均达30亿元，约占全部埠际贸易额的一半以上。近代中国的这种状况正反映了中国近代经济落后，部分市场又被卷入世界经济体系的现实，也是中国近代市场半殖民地性质的表现。

其次，国内贸易主要集中在沿海沿江的一些开埠口岸，特别是上海、汉口、天津、青岛、广州等一些大城市。据1936年的埠际贸易统计，在当时被统计的40个海关中，输入总额的66.6%和输出总额的72%是通过上述五个城市进行的。其中上海一地就占全国输出总额的39.1%和输入总额的36.3%；相反，两广的梧州、南宁、雷州、琼州等九个海关合计才占输出和输入总值的1.5%和4.2%。这种市场的地域偏重和倾斜，也是市场半殖民地性质的表现。

再次，手工业品和农产品流通额低，商品流动存在盲目性。从当时国内贸易的商品性质来看，1936年的商品构成为：工业品占34%，手工业品占42%，农产品占24%。相比之下，工业品所占比例较高些。但是，这些工业品有一部分是输出国外的矿产品，还有很大一部分则是外国资本在华企业生产的产品和国外输入的工业品，真正民族资本企业所占的份额则要少得多。所以，仅就工业品一项来分析，也可见这种国内贸易的某些半殖民地性的特点。另外，当时手工业品的流通额为工业品流通额的124%［即（42%÷34%）×100%］，农产品的流通额仅为工业品流通额的71%［即（24%÷34%）×100%］。这两个数字同当时中国手工业品的生产总值为工业生产总值的235%，农业生产总值相当于工业生产总值的616%相比，显示出中国手工业产品和农产品的流通额处于很低的位置。如果考虑到在国内流转的手工业品和农产品还有相当部分是为出口服务的，那么这一份额实际上还要更低。国内市场的这种商品比例结构，正是市场的半殖民地性质的表现。近代中国国内市场不仅具有地域上的偏重和倾斜，而且在沿海城市同内地的贸易中还严重地存在着商品品种流向的偏重和倾斜。按照1936—1940年上海与重庆之间的物质交流情况（如表5-1所示），我们可知，在上海输往重庆的货物中，工业品占56%，而手工业品和农产品合占44%；与此相反的是重庆输往上海的货物中，手工业品和农产品合占99%，工业品仅占1%。这种情况也往往出现在其他沿海口岸同内地城市的埠际贸易中。在重庆输往上海的手工业品和农产品中，大部分是出口转输国际市场的。其中，仅猪鬃、桐油和蚕丝三项就占了总额的62%；相反，在上海输往重庆的工业品中，就有相当份额的商品是外国资本在华企业制造的，或者是从国外进口的。在这种农产品、手工业产品同工业品的贸易中，存在着价格上的剪刀差，外国资本就依恃这种价格上的差额，吮吸着内地的资金，从而在根本上遏制了内地生产的发展。

表 5-1　上海与重庆之间的物质交流情况

	上海输往重庆/%	重庆输往上海/%
工业品	56	1
手工业品	43	81
农产品	1	18
共计	100	100

最后，近代中国的市场还存在着商品流动的盲目性，不少商品由于各种市场被分割而重复地运来运去。这种情况一方面反映了商品的无计划流动，另一方面也正是市场化程度不高的一种表现。

影响中国近代统一的资本主义国内市场形成的因素主要是[①]：①极端强大和坚韧的自然经济势力处处设防，顽固地抵制中外经济联系的扩大和近代市场的深入。②政治动乱接连发生。19世纪中期的太平天国运动、20世纪二三十年代的军阀混战等对中国近代市场的发育都是十分不利的。③各割据势力设关堵卡，苛捐杂税，阻碍了市场统一的进程。④帝国主义划分势力范围，形成了几个不同的贸易区域，且币制不统一。

---

① 刘佛丁，王玉茹. 中国近代的市场发育与经济增长［M］. 北京：高等教育出版社，1996.

由于市场为帝国主义所分割，有时甚至出现长江流域粮食丰收、价格低落，而广东地区却因歉收而大量进口洋米的现象。⑤消费习惯和心理的不同，使近代工业产品在深入内地农市场时，较之在沿海城市市场上的开发遇到更大困难。农民愿意接受的洋货（包括后来民族工业的产品）和他们有支付能力的产品是十分有限的，而这种习惯的转变和能力的提高需要一个漫长的过程。

二、要素市场的变化

近代中国市场的变化不仅表现在商品市场，还包括劳动力市场和金融市场等要素市场。

（一）劳动力市场

19世纪70年代以后，由于以英国为首的各国廉价的纺织品大量涌入，尤其是洋纱逐步挤垮土纱，中国农村的自然经济开始分解，破产的城乡手工业者大量出现，从而为中国近代劳动力市场的产生创造了条件。而中国近代工业的出现和发展对劳动力市场的发育起到了巨大的推动作用，其对劳动力的总需求不断扩大，导致劳动力市场在中国主要工商业城市及某些经济比较发达的地区出现。

首先，近代劳动力市场的形成过程表现为农村破产，农民和手工业者流入城市以及工业雇佣劳动的迅速增长。据估计，1887—1936年的50年间，中国人口的自然增长率为5.8‰，其中，城市人口的增长率为9‰，城市人口的增长率远远超过人口自然增长率，其超过部分可视为由农村移入城市的人口数。1933年，中国新式工厂、矿业和中小厂矿的工人人数估计有2 068 000人，其中绝大多数是由破产的农民和手工业者转化而来的。人口之所以从农村移入城市，是由于移入地区和产业的工资水平高于移出地区和产业的工资水平，而人口从农业转到工业（人口的工业化）是资本主义国内市场形成的一个重要方面。

其次，近代劳动力市场形成过程的另一方面是向国外移民。由于多方面的因素和条件的限制，近代中国向海外移民的过程与欧洲国家相比显得十分缓慢，其数量亦微不足道。据调查，到20世纪40年代初我国在国外的华侨也不过11 410 424人。尽管如此，中国近代向海外移民较前近代时期在数量上已有很大的增加了，而大量华工的出口对中国近代劳动力市场的形成起了重要的推动作用。

再次，除了向城市和海外移民外，中国近代劳动力市场形成过程中值得注意的还是向新垦区尤其是向东北的移民。它之所以值得注意，是因为20世纪初年以后向东北的移民，既与中国历史上依靠行政力量由国家强制实行的移民戍边不同，也与湖广填四川式的小农经济的异地再生有别，它不再是一种古代社会中长期存在的由狭乡迁入宽乡的流动。

造成这种移动的直接原因，亦如农民移入城市，或城乡过剩的劳动力移往海外一样，是由于新垦区的工资高。东北地区土地肥沃，兼有着丰富的森林、矿藏资源，但清政府由于种种原因，长期采取限制关内人口移入东北的政策。到19世末，外国势力深入东三省内部，清政府封关政策无法维持。1897年，中东铁路开始修筑，关内移民大规模北上。1908年，清政府正式废止封禁政策，山东、河北地区由于人口最密，又近邻东北，铁路修通后交通十分便利，因此成为东北移民最主要的来源地。据估计，1912—1949 年从山东流入东北的移民数达 1 836 万余人，而山东移民在东三省移民中约占 80%。据推算，民国年间从关内流入东三省的移民总数大约为 2 295 万余人。

20 世纪初年以后，关内向东北的移民之所以与中国历史上的流民不同，一是移入人口中的一部分是作为雇佣劳动者进入工矿企业从事近代生产，二是东北农业的资本主义发展最为迅速，那里农业劳动者的劳动生产效率最高，使用雇佣劳动的比例大于关内，因此由关内向东北新垦区的移民带有劳动力由非资本主义经济向资本主义生产转移的性质。当然，近代中国的人口移动大半还是天灾人祸所致，或由人多地少向人少地多的地方移动，性质与古代没有多大区别。

最后，中国近代劳动力市场的出现还反映于传统农业中劳动力市场的出现。据研究，甲午战争后，中国农业自由雇佣劳动和资本主义性质的雇工经营有所发展。部分地区开始了农业劳动力的商品化进程，但这种发展还很不充分，农业劳动力商品化进程远没有完成，多数情况下，家族劳动仍是农业劳动的基本形式，雇佣劳动只是一种补充和调剂。直到民国时期，中国农村的劳动力市场主要是一种短工市场，这些受雇人没有脱离家庭生产，当短工只是一种副业，以补家庭收入。

总之，19 世纪末期，尤其是 20 世纪初，由于近代工业的发展和新垦区的开发，对劳动的需求比在中国传统社会中有了明显的增加。尽管在农村和传统工业部门存在着大批廉价劳动力，但全国统一的劳动力市场尚未形成，只是到了 20 世纪初年以后，特别是到 30 年代，近代劳动力市场才在一些工业比较发达的地区形成。

近代中国的劳动力市场发育之所以不成熟和不平衡，主要受如下一些因素的影响：

（1）中国劳动力市场的交易成本很高。因为存在着包工头的中间剥削，减少和消灭这种剥削经过了漫长的过程，中国的特殊传统使劳动管理的内化往往反不如外化节约成本和有效率。

（2）虽然存在着大量剩余劳动力，但他们的乡土观念很重，尚未树立起劳动力是商品的思想观念。农民到城市工作只是暂时的、被迫的现象，一旦农村条件稍有好转，他们当中很多人就离开工厂，返回故乡。所以近代我国工厂工人的过度频繁流动，并不是劳动力市场成熟和发达的表现，而是劳动力市场不发达的表现。

（3）中国很多地区的劳动力市场受到以原籍划分的乡土为基础的帮会制度的统治，雇主尽量使用与自己同原籍的工人，他们大多通过会馆来雇佣，以便一旦发生争执时便于解决，这也是减少劳动力市场交易成本的一种手段。

（4）中国的劳动力供给虽然表现为总量的过剩，但却存在着供给和需求结构上的不平衡，即熟练劳动、技术工人缺乏，劳动力的素质较差，文化水平低，与农村保持着远比西欧密切的联系。

（5）旧中国的劳动力市场还处在一种极为初步和自发的状态，政府几乎没有任何立法和调控的措施，市场法制化的程度很低，对雇佣劳动中发生争议仲裁的制度不健全。与之相配合的社会保障体系也几乎没有建立，如失业保险、养老保险、医疗保险和其他的社会福利事业等，收入的再分配如何有利于劳动力市场的健康发育，也还基本在国家决策的视野之外。

（6）对劳动力市场很少或没有什么组织和机构加以管理，劳动力供求双方的组织程度很差，工会、商会对劳动力市场的作用有限，职业介绍所之类的市场服务组织很不发达。

（二）近代金融业的发展和金融市场的变化

1. 传统金融在近代的发展演变

近代之前，中国传统金融机构主要有钱庄、票号、典当、账局等。其中以钱庄在经济生活中的影响最大。进入近代社会，随着传统市场的变化，为商品流通提供资金服务的中国传统金融也在发生变化，近代金融业逐步发展起来。中国金融业从传统走向近代化的具体转型过程大致可分为三个阶段。

（1）传统金融业的自我改造（1843—1897 年）

本阶段，中国近代化的历史进程虽已启动，但中国的传统金融机构——钱庄，却并没有完成从传统金融机构向现代金融企业的过渡。

早在鸦片战争之前，钱庄的业务活动已经相当广泛，但其组织结构、业务对象及经营方针等均适应前资本主义工商业的需要，因而它只是一种传统的金融机构。1840年的鸦片战争后，闭关自守的中国被迫走向世界，钱庄也随之开始了它前所未有的历史性变迁。

在近代初期的洋商与华商的商业贸易中，由于洋商初来乍到，对华商传统的交易方式、信用状况以及市场行情等都很生疏，洋商对华商缺乏信任感，从而使得洋商与华商的商业贸易受到很大限制。在此情况下，一些通商口岸的钱庄便向华商提供信誉卓著的庄票为信用工具，促使其与洋商的交易得以顺利进行。庄票是钱庄签发的由它自己支付若干金额的票据，在一定范围内流通，可以用来替代现金，起着支付手段和流通手段的作用。1846 年，洋商在与华商的交易中首次接受上海钱庄的庄票。此后，钱庄即在对外贸易中逐渐发展起这一新的业务。在 19 世纪 40 年代末之前，中外商人因贸易而发生的货款清算通常是通过经纪人或洋行买办与钱庄进行的。50 年代以后，一方面庄票已成为外商普遍接受的结算工具，另一方面进入中国的外国银行数量增多，华洋商业贸易一般都由钱庄开出庄票，由买办担保后作为华商向洋行付款的凭证。如果华商向洋商延期付款，亦多以钱庄所开具的 5~20 天远期庄票给付。外商收票后或存入外国银行，委托外国银行到期向钱庄收款。而华商则待货物出售取得货款后，再付本息给钱庄。此外，洋商在收买出口丝茶时向华商支付的外国银行支票，华商亦全部委托钱庄向外国银行代收。可见，在五口通商之初，钱庄即率先在逐渐兴起的具有崭新内容的对外贸易领域开拓自己的业务，并发挥出不可或缺的作用。

随着中外贸易的扩展，中外商人要求钱庄提供更多的资金，但钱庄自有资力不足，无法应付，需要借入资金进行补充，而外资银行因为在中国吸收存款并发行钞票，自然有多余的货币资金可供贷出。1869 年，汇丰银行首次以钱庄庄票为抵押品，向钱庄提供贷款。自此以后，外国银行的信用放款开始成为钱庄营运资金的重要来源之一。到 1873 年，这种贷款已达 300 万两，进入 90 年代以后更增加至 700 万~800 万两。这样一来，钱庄对外资银行资金通融的依赖日益加深，外资银行因而加强了对钱庄的控制。只要外国银行稍微把贷款紧缩一下，或不收受庄票，钱庄就会感到资金周转失灵。

19世纪下半叶钱庄的较快发展，对中国资本主义经济的发展具有积极影响，在国家的近代化过程中发挥了金融枢纽的作用，成为新型社会经济体系中不可缺少的一个主要环节。正是钱庄在经营活动方面的种种变化，使得钱庄融入了西方一些崭新的资本主义因素，使它的性质有了变化，部分地完成了自我改造。但由于受到当时社会经济发展水平的限制，钱庄并未完成由传统金融机构向新式金融企业的过渡。

（2）传统金融机构与新式金融企业的并驾齐驱（1897—1927年）

本阶段，新式金融企业——银行大量兴起，逐渐成为中国金融市场上的一支重要力量。但是，在相当长的时间内，由于各种原因所致，银行仍不能取代钱庄的重要地位，钱庄不仅没有因此衰落，而是与新兴的银行并驾齐驱，相辅相成，有了进一步的发展。在这个阶段内，传统金融业与新式金融业都获得了长足的发展。

1897年5月27日，洋务派官员盛宣怀于上海设立"中国通商银行"，这是中国第一家完全按照西方国家银行的组织形式建立的新式金融企业。接着，一些国家资本银行和私人资本银行也相继成立，主要有大清银行、交通银行、信成银行、四明银行和浙江兴业银行等。据不完全统计，辛亥革命前，全国共设立本国资本银行17家，实收资本额为2 290万元左右。

辛亥革命后中国银行业获得了空前的发展，1912—1927年，全国新设立的银行多达313家，资本总额为20 663万元。当然，其中倒闭的银行也不少，但到1925年时，全国实存银行仍有158家，实收资本总额为16 914万元。可以说，经过第一次世界大战前后时期的高速发展，中国的本国银行业已经具有相当规模，并逐渐在中国金融市场上占据了主导地位。

但这一时期中国银行业一方面发展较快，新银行的设立不断，另一方面也有不少银行刚开设不久就被迫歇业。这类银行大多是因时局变动影响、金融风潮牵连和经营不善、投机失败而倒闭的，反映出新式金融业发展过程中的曲折与艰难。

在新式银行不断发展壮大中，中国钱庄业也在经历了恐慌、倒闭、萧条、恢复之后得以继续发展。辛亥革命前夕，钱庄业尚处于"橡皮股票风潮"[①]余波未平、险象环生之中，辛亥革命爆发后又引发新的金融恐慌。以上海钱庄为例，1912年2月，上海的钱庄数比橡皮风潮前骤然减少了十分之七。到1914年，钱庄业才逐渐趋于稳定，营业钱庄到1926年达到87家。资本额也呈不断增长之势，到1926年资本总额扩大为1 134.1万两，平均每家13.04万两。因此，钱庄在本阶段的发展显而易见。

本国银行大量兴起后，钱庄业能够得以继续发展的原因主要有：一是私人资本银行多存款于钱庄，依靠钱庄代理收解，钱庄尚能利用银行的资金转贷给工商企业。二是钱庄发行的庄票，在正常年景中有外国银行的支持，信誉良好，流通市面无阻。三是钱庄通过领用银行钞券，增强了自身资金力量。四是钱庄和商业的关系密切，商号不与钱庄往来者绝少，而与银行往来的则不多。

（3）传统金融业的逐渐衰落与新式金融业的不断发展（1927—1937年）

本阶段，由于国内政治局势相对安定，全国经济增长较快，在这样的环境中，新

---

① 指1910年在上海发生的由橡胶股票投机买卖骗局引起的一次金融风潮。

式金融业在前一阶段迅速发展的基础上得以继续发展，而传统金融业则受到内外部因素的影响，逐渐衰落。据统计，1935 年全国共有银行 164 家，而汇划钱庄只剩下 48 家了。导致钱庄业在这一阶段趋于衰落的原因有：

一是现代银行业发展的影响。仅以 1935 年上海的情况为例，从机构设置来看，当时全市共有钱庄 48 家，无分支机构，而同时全市有本国银行 89 家，总分支机构 183 处。从资本总额来看，48 家钱庄的资本总额为 1 800 万元，而总行设在上海的 59 家银行的资本总额为 25 925 万元。从资本结构来看，1925 年上海单个银行的资本额在 100 万元以上者已占总数的 62.7%，而单个钱庄直至 1936 年其资本额全都不足 100 万元，其中 75% 的资本额在 50 万元以下。虽然这些银行的资本不尽都投放在上海，但有相当大的比重是直接投放上海的。因此，银行的发展使钱庄的业务不能不受到限制和排挤。

二是南京国民政府金融政策的影响。在全国金融业发展的推动下，1931 年 3 月，国民政府公布《银行法》，把钱庄纳入银行范围之内，改变了长期以来钱庄同银行并存的局面，有利于现代银行业的发展。1933 年 3 月，国民政府实行"废两改元"，对钱庄业务的冲击更是非常突出，从此以后钱庄便失掉了从"洋厘"中获得的利益，其操纵金融市场的能力大为削弱。

三是美国白银政策的影响。1934 年 6 月，美国政府通过《购银法案》，在国内外同时扩大购买白银，引致世界市场银价普遍上扬。中国国内自银价高涨、白银外流以后，上海钱庄业即处于紧急状态。1935 年金融恐慌高峰时，钱庄业库存现金空虚，加之市区地价跌落，钱庄因接受以房地产做抵押和自己购买房地产方面的数千万资金，无异于被冻结起来了；同时，物价暴跌，市面凋敝，钱庄放款不能收回，致使资金周转困难。

四是票据汇划制度改革的影响。在上海票据交换所未成立之前，全市汇划钱庄以外的银行与钱庄之间，甚至银行与银行之间的票据往来，均委托汇划钱庄集中在汇划总会代为清算，因而银行必须在往来钱庄预存巨款，以备钱庄支付票据余额之用。此项存款通常不取利息，谓之"存放同业"。据估计，30 年代此项汇划存款总额约有 7 000 万~8 000 万两，对于钱庄的资金运用大有帮助。1933 年上海票据交换所成立后，上海银行业的票据改由票据交换所办理，此项存款锐减为 3 000 万~4 000 万两，汇划钱庄的业务遭到很大削弱。到 1935 年，政府又规定银行业不得直接存款于钱庄，须转存于钱业联合准备库，各庄需款时，再以固定利率向联合准备库押借。至此，上海钱庄业的汇划存款完全丧失，业务范围更加狭窄。

五是自身制度缺陷的影响。钱庄组织为无限责任性质，股东的资产是钱庄的后盾，而许多钱庄股东并无雄厚的资力，一遇风吹草动，就无法担负他们应付的无限责任。此外，钱庄的制度落后，管理松弛，合伙投资、经理专权、信用放款、学徒制度等做法均不能适应现代经济发展的形势，而业内人士抱残守缺，不求改进，如钱庄主要经营信用放款，在资本主义工商企业数量日益增多、市场条件日益复杂、投机之风盛行的情况下，信用放款的风险加剧，也限制了钱庄的经营规模，为钱庄衰落的重要原因之一。

综上所述，传统金融机构——钱庄尽管在外来力量的推动下，经过自身的种种努力，其性质发生了一些明显变化，但由于受到各种内外部因素的制约，最终也未能演变为新式金融企业，而是逐渐走向衰落。而新式金融企业——银行则完全是模仿国外的公司制度组建起来的，历经数十年的发展，获得了一定的成功。这表明发源于西方资本主义社会的企业制度经过合理的移植和精心的培育，已经在中国这块经济沃土上结出了丰硕的果实。

2. 近代中国新式银行业产生的原因和特点

中国银行业兴起于19世纪末20世纪初。促成中国银行业产生的主要原因有：

一是适应中国城乡商品经济发展的需要。甲午战争以后，帝国主义虽然开始以资本输出为主要侵入方式，但商品输出仍在继续扩大。这两种力量的冲击，一方面进一步破坏了中国自然经济的基础，另一方面却更加促进了中国城乡商品经济的发展。商品货币流通范围的扩大，社会上对货币资本的需求和利用信用的需要也在不断增加，而这一时期，内地的资金又日益集中到沿海沿江口岸和各大城市，这就要求有新式的金融机构——银行来满足金融的需要。

二是帝国主义在华金融业的刺激。外资银行在华势力日益膨胀，对中国资本主义企业形成了很大的压力，而外资银行营业获得的高额利润对中国资产阶级又形成了极大的诱惑。加之，当时兴办工矿交通事业，挽回利权的群众运动已经高涨，外资银行在金融市场上咄咄逼人之势，也刺激了国人兴办银行的愿望。

三是解决政府财政上的困难。这对于国家银行的创办来说更是其主要的动机。

近代中国银行业是伴随着中国资本主义经济的发展而兴起，并继续发展下去的。但由于它产生于半殖民地半封建社会这一特殊历史条件下，它也具有一些自己的特点：①近代中国银行主要不是直接在前资本主义金融机构的基础上发展起来的。②近代中国银行不是直接以民族资本主义工业发展的需要为基础而产生的。直接促成近代中国银行兴起的条件，是外资银行势力的膨胀和高利诱惑，以及清政府的财政需要。所以，在这一时期内，新式银行和民族资本主义工业直接发生关系的资料较为少见。银行的资金多半用于商业放款和内债投机上。所以，在公债投机的刺激下，银行业迅速兴起，但债信破产却也使银行不断倒闭。至于商业放款，实际上是在为帝国主义推销商品服务。银行更不愿对产业放款。由此可知，中国近代银行与民族工业间的关系不是紧密结合的。

20世纪初，尤其是中华民国成立以后，由于国内经济的发展、金融市场的拓展、银行法和其他有关金融法规的相继出台以及政府债券的大量发行，使得华资银行尤其是私营银行有了迅速的发展。到1937年，各类银行共计162家，其在各地的支行1 700家，实收资本43 430.2万元，存款总额406 750.6万元，放款总额为259 455.6万元。

北洋政府时期，中国银行和交通银行作为国家银行，成为北洋政府的财政支柱。南京国民政府成立后，于1928—1935年为垄断全国金融和经济而建立了由中央银行、中国银行、交通银行、中国农民银行、邮政储金汇业局、中央信托局组成的"四行二局"国家垄断金融体系。

私营银行中发展较好的有"南三行"（上海商业储蓄银行、浙江兴业银行、浙江实业银行）和"北四行"（金城银行、盐业银行、中南银行、大陆银行）。"南三行"以上海为基地，在经营业务上相互支持，它们之间虽然没有联营事务所之类的组织形式，但是实际上收到了联营互助的效果。"北四行"于1922年成立了四行联营事务所，主要从事联合放款业务，后又建立四行联合准备库，共同发行钞票，由于准备充足，所以信誉卓著。但随着经济的发展，这些私营银行的业务逐步扩大，除买卖有价证券、吸收存款、发行货币、经营汇兑、从事房地产投机外，也积极向工业、交通业及农业发放贷款。

抗日战争时期，南京国民政府进一步加强对金融的控制，由中国银行、中央银行、交通银行、中国农民银行四大银行在上海组成"四行联合办事处"（简称"四联总处"），并先后在国内几个重要城市设立50多个分处。"四联总处"随着战局变化迁到重庆，并于1939年9月进行了改组，由一个联合机构改组成为统一的中央集权机构，使其担负起筹划与推行政府战时金融经济政策的任务。抗战期间，在国家银行不断扩张及统治下，大后方私营银行的存款、放款等业务均受到限制。

抗战胜利后，政府接收了大量敌伪资产，国家垄断金融体系迅速膨胀，并在国民经济要害部门占据了垄断地位。据1946年6月的一项统计，在国统区的3 489家银行分支机构中，国家垄断性质的银行及其分机构达2 446家，占总数的70%以上。1946年11月，政府又宣布成立"中央合作金库"，其分支机遍布各县市，使国家垄断金融体系发展到了顶点。政府利用国家垄断金融体系所集中的巨大货币资金，竭力扩大放款，扩大对工商业的投资，控制了整个国家的经济命脉，而私营银行经营的存款、放款、汇款等业务则受到种种限制。

近代中国还出现了其他一些新式金融机构，例如储蓄会（专门经营储蓄业务的机构）、信托公司（除经营一般信托业务外，还经营房地产和买卖有价证券）、保险公司等。

3. 近代中国的金融市场

金融市场是为融通资金而办理各种票据，进行有价证券买卖或各种货币借贷的场所。据史料记载，我国早期形态的金融市场在明代中叶就已出现，这就是兴盛于浙江杭州、宁波等商品经济比较发达地区的钱业市场。钱业市场是钱庄同业之间兑换货币和调剂资金余缺的市场，它同当地的工商业有着极为密切的关系，生命力很强，在近代中国金融市场产生之后仍长期存在。

近代中国的金融市场是中国国内市场的一个组成部分，它是伴随近代对外贸易的发展需要而发展起来的。鸦片战争后，尤其是19世纪70年代以后，由于中西贸易的扩大和近代工业的出现，中国的金融市场首先在沿海（如上海）的商埠发展起来。

（1）近代中国金融市场的结构

近代中国的金融市场主要包括：同业拆借市场、证券买卖市场、外汇交易市场、黄金（包括白银）买卖市场、票据贴现市场、内汇市场和货币买卖市场等。

①同业拆借市场。同业拆借市是近现代金融机构之间相互拆借资金"头寸"（即金融机构当日营业结束时全部收付款项轧差的差额）的一种融资行为。近代中国金融机构之间的同业拆借在不同地区，其做法是不一样的。上海有两个拆借市场，一个是钱庄同业间的拆借市场，另一个是银行同业间的拆借市场。前者历史悠久，后者则是到

1932 年"上海银行业联合准备委员会"成立后才形成的，这个市场与钱业拆借市场共同组成上海拆借市场。天津的同业拆借市场，一直处于无形的状态，厦门的拆借市场，早在 20 世纪 20 年代就开始形成，大致可分为四种形式：一是央行与商业银行之间的同业拆借；二是钱庄之间的同业拆借；三是外国银行与钱庄之间的拆借；四是厦门与上海、港澳地区之间的同业拆借。

②证券买卖市场。证券买卖市场指各种有价证券的交易市场。有价证券是指具有一定票面金额，代表财产所有权或债权的书面凭证，主要是股票和债券，专用于买卖有价证券的场所叫证券交易所。

中国近代有价证券的买卖出现在 19 世纪 70 年代，最先是适应进入中国通商口岸外国洋行的需要而出现的。1869 年，上海出现了中国第一家专营有价证券的英商"长利公司"。1891 年，"上海股份公所"成立，这是中国土地上出现的第一家证券交易所，以买卖外商在华所设各事业公司的股票。1905 年又开办了"上海众业公所"。随着 1872 年中国人自己发行的第一张股票的出现（由上海轮船招商局发行），一批华商证券应运而生。随着华资企业股票交易日益增多，经营华商证券买卖的公司也出现了。1882 年 9 月，上海"平准股票公司"成立，为华商股票交易提供了便利。但 1910 年的"橡皮股票风潮"使中国新兴的证券市场遭受沉重打击。北洋政府时期实业、金融业的发展以及政府公债的大量发行，推动了证券交易市场的发展，出现了中国人自己建立的最早的一批证券交易所。如 1916 年在汉口设立的"汉口证券交易所"，1918 年的"北京证券交易所"，1920 年的"上海华商证券交易所"，1921 年的"天津证券花纱粮食皮毛交易所"，以后，在其他一些大城市也相继设立了证券交易所。同时，一些相关法规也相继颁布，如《证券交易所法》《物品交易法》等。

③外汇交易市场。外汇交易市场是进行各种外汇买卖的交易场所。外汇交易是近代金融市场上的一项主要内容，以上海、天津、青岛、厦门等口岸城市最为活跃。外汇交易的参加对象为：中外银行、汇兑经纪人、专办进出口业务的洋行和商行、投机商等，其中，外国银行占主导地位。外汇交易市场一般无固定场所，多在银行柜台上或电话中进行，亦有用书面交易的。近代上海外汇市场的交易可分因商业需要、银行需要和投机需要三大类。因商业需要的交易主要从事为进出口商订结远期外汇和押汇，因银行需要的交易则从事外汇头寸的抵补，因投机需要的交易主要是获取汇价涨落的差额利益。

④黄金买卖市场。黄金买卖市场是买卖黄金的交易场所。各地金融市场都有这项交易，沿海城市的交易量更大，特别是上海，是世界大黄金市场之一。上海各种金货交易最初无固定地点，1905 年"金业公所"的成立，才使得黄金买卖真正有了固定的场所。1921 年又成立了"金业交易所"，从事黄金的买卖。此外，1920 年设立的"上海证券物品交易所"也经营黄金买卖的业务。1934 年，上海证券物品交易所将其中的黄金部分的业务合并于金业交易所，从此上海金业交易所成为上海唯一的黄金市场。厦门从清朝开始到 1949 年为止，一直是一个黄金、银圆的交易中心，经营金银者，多为钱庄和银钱商。其金银来源，一是靠福建临近地区的输入，二是由进出口贸易结算而来。其吞吐量很大，1899—1931 年，每年金银吞吐量均在数百万元以上，这是厦门

金银市场长盛不衰的主要原因。1947年4月国民政府颁布《黄金买卖处罚条例》，规定银行、钱庄未经政府允许不得买卖黄金，违者处五年以下有期徒刑，没收其所持黄金，并撤销其营业执照，于是各地黄金买卖转入黑市交易。

⑤票据贴现市场。所谓票据贴现市场，是指通过票据贴现这一途径为企业或个人提供资金和取得资金的组织体系或中心，并不一定固定在某一场所，而可以是各种票据贴现所形成的诸项交易关系。票据贴现市场是短期资金市场的重要组成部分。近代中国票据贴现市场的形成十分缓慢，在我国出现于20世纪30年代以后，且也不发达。近代票据贴现市场不发达的原因，主要是产业不发达，《票据法》制订的历史短暂（1929年10月），成效甚微，票据经纪人和重贴现制度尚未建立。公债交易旺盛，以致贴现不能获得重视。其次是工商企业不习惯使用票据，使票据的承受性和流通性受到限制，票据市场难以进一步发展。

⑥内汇市场。内汇市场是指国内汇兑市场，经营国内汇兑业务，即银行等金融机构把客户交付的现款支付给异地收款人。在近代中国金融市场中，内汇市场是一个非常重要且不可或缺的方面，它在全国范围内起到调剂资金余缺和汇划清算的作用。

鸦片战争后，由于内外贸易逐渐扩大，需要金融周转的地方日益增多，钱庄的汇兑业务逐渐发达，对活跃内汇市场起到了一定的作用。上海的钱庄业在为外国资本推销商品和掠夺原料的过程中，自身的业务获得了迅速的发展和扩大，与内地商埠的联系进一步增强。到19世纪末，一个以上海为枢纽的全国性的内汇网络——申汇市场已经形成。申汇是各地同上海之间电汇的简称。由于当时上海是全国的经济和金融中心，各地同上海的资金划拨十分频繁，于是在当时的天津、汉口、重庆、西安、南昌、宁波和杭州等城市形成了申汇市场，各地申汇市场是上海申汇市场的组成部分。

⑦货币买卖市场。货币买卖市场是近代中国金融市场上一种比较特殊的市场。由于中国社会的半殖民地和半封建性质，各地的货币流通和记账使用的货币各异，地区之间的资金流动，一般都要经过货币兑换。即使在一地的同一时期，也往往流通或使用多种货币，需要进行兑换，才能实现资金和商品流通。由于各种货币之间大部分没有固定比价，兑换采取买卖形式，于是经营货币兑换和买卖业务非常普遍，经营货币买卖业务者除钱庄等金融机构外，还有许多小摊贩。

（2）近代中国金融市场的特点

近代中国金融市场经过了将近一个世纪的发展，已经形成了一个具有相当规模的体系。纵观近代金融市场，突出地表现出如下一些特点：

①外国银行占据垄断地位。这首先表现在外国银行在中国设立了大量机构。到1936年，外国在华银行仅上海地区就有68家，分支机构超过200个。外国货币也在中国市场上大量流通。其次表现在设立证券交易所。中国境内的第一家证券交易所是由外国人开办的。在第二次世界大战前，上海有三个证券交易所，其中两个是外国人开设的。它们包揽了外国企业在中国发行股票和租界外国统治机构发行债券的业务。最后表现在基本操纵了近代中国的外汇市场，外国银行垄断了国际汇兑。在上海，外汇买卖业务的三分之二由英国汇丰银行经营，外汇市场的汇价也由汇丰银行上海分行挂牌决定。1937年，天津市进出口贸易的价款结算90%集中在外国银行。

②金融市场与产业资金联系薄弱，发展畸形。同西方各国金融市场相比，中国金融市场上的信用活动，体现产业资本活动的部分所占比例很小，有时甚至脱节，畸形发展。首先，长期以来，近代金融市场上黄金、外汇的交易量很大。如上海的标金交易量 1924 年为 2 807 万条，1925 年为 4 689 万条，1926 年为 6 232 万条，为当时世界大黄金市场之一。外汇买卖数额也很大。其次，近代金融交易市场上买卖的证券多系国债券，交易市场几乎成为大小新旧军阀维系统治、互相混战而筹集经费的场所，因此，近代中国的金融市场的政治色彩特别浓厚。最后，票据贴现业务不发达。我国虽然很早就有票据流通，但票据贴现业务的出现却较晚，上海在 1935 年才成立票据承兑所。

③货币兑换（或买卖）业十分发达。货币兑换业在近代中国各主要金融市场上都占有显著地位。这是近代中国金融市场的一大特点。此乃近代中国的货币流通体制复杂、币制发行混乱所致。

④金融市场发育程度极不平衡。近代中国金融市场产生最早、发展也比较快的地区主要集中在东南沿海城市，其中上海、广州和天津等沿海大城市金融市场的发育程度最高，而内地城市金融市场不仅产生较晚，且发育程度也低。但在抗日战争爆发后，随着中国政治中心的西移，内地西南、西北一些城市的金融市场也曾一度活跃，但战后，金融市场的中心仍很快回到上海等沿海城市。这是因为金融市场是商业经济发展的集中反映，上海等沿海城市的商品经济比较发达，是全国的商品运输和资金调拨中心，因此，金融市场的发展，是在经济发展的基础上自然形成的结果。

第二节　农产品商品化与商业性农业的发展

西方列强在鸦片战争后对中国进行的经济渗透导致中国原有的经济结构发生了一系列根本性变化，其中，最早受到冲击的就是以自然经济为特征的传统农村经济结构的初步解体，并由此促进了农产品商品化与商业性农业的发展。

一、农村自给性经济的初步解体

中国的自然经济结构是农业与家庭手工业的结合，而农村的家庭手工业又主要是手工棉纺织业，因此，中国农村手工棉纺织业的破产和衰落过程就是中国自然经济结构的解体过程。

1. 近代中国自然经济初步解体的过程

近代中国耕织结合的自然经济的初步解体是在第二次鸦片战争后才开始的，这一分解过程可分为两个步骤：首先是洋纱代替土纱，使纺与织相分离；其次是洋布代替土布，使耕与织相分离。

洋纱代替土纱的过程首先是在通商口岸及其附近的农村中展开的，其中价格问题是关键。19 世纪 70 年代以后，进口棉纱的价格逐渐下降，这就使得洋纱的价格远远低于土纱。如 1887 年，牛庄每包 300 斤重的洋纱售银 57 两，而同量土纱却要售银 87 两。

价格相差如此之大，土纱自然无法与洋纱竞争，而手织业者自然要舍弃土纱而改用洋纱了。另外，国内棉花价格的提高也是造成纺与织相分离的一个重要因素。因为作为棉纺织品原料的棉花，在第二次鸦片战争后的输入量逐渐减少，加之从 19 世纪 60 年代后，日本等国也开始从中国进口棉花，从而导致中国棉花价格的提高或维持一定程度的稳定。而此时，进口的洋纱价格却不断下降，这对于手工棉纺业自然是一个致命的打击；手织业者也因此不得不舍弃土纱改用洋纱了。在山东，据 1887 年的记载，由于洋纱的大量进口，本省土纱纺织业大部停歇。

农村家庭手织业和城镇手织业多用洋纱代替土纱织布就使得手纺与手织开始分离。这是小农业与家庭手工业相结合的经济结构解体过程的第一步。这种洋纱对于手工业的分解所造成的后果：一方面是因手纺业者的失业而导致的劳动力市场的扩大，另一方面是洋纱以及用洋纱织成的土布市场也扩大了。

洋纱凭借其低廉的价格排挤土纱而侵入中国农村，而土布也有着与土纱相同的命运。不过洋布代替土布的过程比起洋沙代替土纱的过程要缓慢得多。第一次鸦片战争后，英国商人曾把大量洋布输入中国，由于受到中国自然经济的顽强抵抗，在中国的市场一时还难以打开。但到第二次鸦片战争后情况就发生了较大变化，由于外商采取贱价推销洋布的办法，中国沿海地区的土布业遭到沉重打击，在此情况下，作为农民家庭副业的手织业必然要趋于没落。于是手织业便逐渐与农业分离了，这是中国自然经济解体的第二步。不过，这一时期手织业的衰落过程要比手纺业缓慢得多，其所遭到的破坏在地区上不及手纺业广泛，程度上也没有手纺业那样深。仅从外国棉织品的进口情况就可以说明，如 1867—1894 年的 20 多年时间内，棉纱进口值由 161 万两增至 2 100 万两，增长了 13 倍；而棉布由 1 100 万两增至 3 000 万两，只增长了 1.6 倍。1872—1890 年，纱的进口量增长 20.6 倍，棉布只增长 27%。

手织业比手纺业解体缓慢的原因较复杂，主要有：

（1）手织业承受的竞争压力不及手纺业大。从劳动生产效率来看，洋布生产低于洋纱。据统计，当时一个机纺工人的出纱能力相当于一个手纺工人出纱能力的 80 倍，而一个机织工人的出布能力仅相当于一个手织工人出布能力的 4 倍。这表明机器织布业的发展速度远较机器纺织业落后。因此，在机器纺织品与手工纺织品的竞争过程中，手织业远远落后于机纺业，使洋纱排挤土纱的过程与洋布排挤土布的过程产生了显著的差距。

（2）手织业者的土布尚能在一定时期内与洋布相抗衡。中国手织业者为了生存，一方面利用廉价的洋纱来抵抗洋布；另一方面，节衣缩食，降低自己的生活水平，牺牲自己一部分必要劳动与洋布做痛苦的斗争。许多城乡手纺业者纷纷弃纺就织，即利用廉价的洋纱来织土布以抵抗洋布。此外，他们还通过改良工具，采用铁轮机来提高劳动生产率，使土布成本相应下降，增强其竞争能力。有的干脆弃纺转业，如山东纺工变为草帽编织者等。

（3）在一定时期内有相当的国际市场需求。由于土布厚实耐用，国内外市场上还有相当的销路。从土布出口情况来看，1872 年为 19 万余银两，至 1895 年增至 328 万银两，增长了 16 倍。即使到 20 世纪之后，广大农村的手纺织业者仍未放弃土布生产，除了用于满足自给性需要外，有的土布生产的性质已变为商品性生产。

（4）国人对洋布缺乏有效需求。正如马克思所说："中国人的生活如此俭朴，如此守旧，以致他们穿着他们祖先穿过的衣服，就是说他们所用的只是必不可少的东西，其余概不需要……每个中国劳动者的衣服至少要穿三年，不上三年不换新衣，而且这套衣服，虽做极粗糙的工作也能经穿三年。"[1] 尽管洋布便宜，但是不能适应人们在低消费水平下经久耐用的需要，这也是使手织业者在一个较长时期内赖以存在的原因之一。

2. 近代中国自然经济解体的程度

中国自给自足的自然经济随着近代外国资本势力的进入，特别在第二次鸦片战争后开始了它初步解体的过程。那么，近代中国自然经济的解体究竟达到何等程度呢？

据黄逸平先生的研究，在近代中国，即使到19世纪末20世纪初，农民的家庭手纺业并未被破坏殆尽，它们在农村中还较广泛地保存着。那时，只有若干非产棉区的纺织中心和某些商品经济发达的城市，或者包括邻近的县镇的手纺业，才处于"几乎完全停歇"的状态；其他地区只是由于洋纱的使用，土纱销量减缩，受到不同程度的破坏而已。受影响较大的主要是为市场生产的部分，为自给而生产的还广泛存在。手织业的破坏不仅比手纺业晚，而且其破坏程度也比手纺业低。据1900年《东西商报》载：汉口"四乡妇女老幼，其耕作用衣服，皆使用自制土布"。1896—1897年，外国商会访华团在经过贵州时，"在城乡遇见的人，十分之八完全穿的本地织的土布"[2]。这说明当时城乡居民十之七八的人仍穿土布。正因为如此，各地棉织手工业仍相当普遍，且大量的依然是以农家副业形式从事的家庭手工业。

因此，近代中国自给自足的自然经济结构虽然在外国资本势力的入侵下开始了它的解体过程，传统家庭手工业有走向衰落的趋势，但这种解体的程度是很有限的。事实上，传统家庭手工棉纺织业在近代中国社会还普遍存在。

3. 近代中国自然经济解体不够充分的原因分析

（1）自然经济解体的特点

近代中国自然经济的解体，呈现出如下一些特点：

第一，导致近代中国自然经济解体的力量主要来自外部。在一般资本主义正常发展的情况下，自然经济的解体，大都是在本国资本主义生产关系的萌芽和发展的基础上促成的。而促成近代中国自然经济解体的主要原因，主要不是来自中国内部，而是外国资本主义的经济入侵。所以中国自然经济的解体，其结果并没有迅速地促进中国资本主义的发展，而是使中国变成了外国资本主义推销商品和掠夺原料的半殖民地经济。

第二，各地自然经济解体的程度强弱不同。由于中国各地经济发展极不平衡，外国资本主义侵入各地的时间和程度不一，各地自然经济解体的程度也参差不齐。东南沿海及长江中下游地区，自然经济解体的速度较快、程度较深；而广大内陆地区则较

---

① 马克思恩格斯论中国 [M]. 北京：人民出版社，1997.
② 汪敬虞. 中国近代工业史资料：第二辑（上）[M]. 北京：北京科学出版社，1957.

缓慢，范围较窄、程度较浅；许多偏僻地区，自然经济甚至保持原封不动的状态。

第三，自然经济解体持续时间长且不彻底。一般资本主义发达国家，自然经济解体的过程是短促而迅速的。但是，中国自然经济解体的过程，持续时间很长，而且很不彻底。

第四，自然经济的解体并未导致中国农村资本主义的发展。自然经济的解体，一般来讲应该能够导致农村资本主义的迅速发展。但是，中国自然经济的解体，虽然也为近代工业的产生和发展提供了某些便利条件，以及促使了农村商品经济的发展，但却没有导致农村资本主义的相应发展。

（2）自然经济解体不够充分的原因

自然经济解体的过程一般为生产力的增长和商品经济的发展，使城乡经济日益卷入商品交换之中，小生产两极分化产生了资本主义关系，当资本主义关系发展到有足够力量时，资产阶级就依靠政治的暴力和经济的优势，最后摧毁自然经济及其所依存的经济结构。

中国自然经济的解体不完全因为生产力的发展，主要是由外国商品的倾销和对农村原料的掠夺所引起的。外国资本的侵入，固然促进了中国城乡商品经济的发展，产生了资本主义近代工业，但他们同时又勾结中国集权势力压迫中国资本主义的发展。为了便利其对中国农民和其他人民大众的剥削，他们竭力扶植以地主土地所有制为基础的一切军阀政权，到处致力于保护前资本主义的一切剥削形式，以使其成为他们的统治支柱。地主制经济在农村继续居于优势地位，造成了农村小块土地经营的大量存在，日益贫困的个体农民无力改革生产技术，生产力水平低下，能够提供市场的剩余产品有限，购买能力很低，只好减少购买，顽强地抵制商品经济的侵蚀，使自然经济在农村中仍然保持着主要地位。同时，中国资本主义的不发展，交通运输的落后，尚不能普遍地突破传统的闭关锁国状态，把商品经济深入推向内地各个村落。另外，产生不久的民族资本主义经济在帝国主义和国内势力的压迫下，发展迟缓，十分微弱，经济上无力进一步瓦解自然经济，政治上亦未能摧毁传统经济结构。中国近代自然经济解体的这种不充分性，显示了近代中国经济的半殖民地半封建性质。

（3）近代中国自然经济解体的后果

近代中国自然经济的初步解体固然使国内商品市场迅速扩大，为中国近代工业的产生和发展提供了若干有利条件。但是，却产生了如下后果：

第一，由于农村自然经济的解体不充分，近代中国的国内商品市场的发展速度虽有所加快，但程度和范围仍非常有限。不少穷乡僻壤尚处于闭塞状态，这就限制了资本主义近代工业产品销售范围的扩大。而这个原本非常狭小的市场，却又为外国资本及其在华企业的商品所独占，留给中国民族资本工业的市场更为有限。

第二，由于农村自然经济未完全被破坏，广大农民没有完全被剥夺生产资料，继续固着在一块土地上依附于地主经济，因而也就限制了货币资本的积累。其原因为：首先，农民仍然进行着自给性为主的生产，抵制着商品经济的扩展，这就减少了小生产者的两极分化，使一端积累贫困一端积累资本的过程受到迟缓。其次，前资本主义的土地关系及其高额剥削率的存在，不仅阻碍着货币财富向产业资本的转移，且吸引着已经投向产业的资本及其利润去购买土地。最后，外国资本势力通过战争劫掠、鸦片贸易、商品倾销、原料掠夺所攫取的财富，大部分成了他们本国的资本积累。这一切都使中国货币资本的积累很不充足，这一方面使得近代中国发展民族工业的资金严重不足，同时也使那些破产农民不能被广泛地吸收，最终妨碍了中国资本主义的正常发展。

二、近代农产品商品化的发展

1. 农产品商品化程度提高的表现

商品化程度的提高是商品流通发展的重要体现。近代中国商品化程度的提高主要表现为农产品商品化程度的提高

首先，不仅进入市场的农产品品种增多，而且贸易额也呈大幅增长之势（如表5-2所示）。

表 5-2　近代中国农产品贸易的增长趋势（1914—1929 年）

项　　别	农产品	调查地区数和县数	1914—1919 年	1924—1929 年
各地区输入 之农产品	高粱	14	139	144
	稻	15	102	138
	米	10	107	275
	小麦	25	133	173
自县城输出 之农产品	水果	16	114	125
	花生	15	123	159
	芝麻	10	114	133
	茶叶	10	103	79

注：设 1904—1909 年的指数为 100。

从表5-2中可知，在各被调查地区，绝大部分农产品的贸易呈现增长趋势，少数农产品增长幅度还较大，只有极少数品种如茶叶贸易有所下降，这与当时茶叶的出口量猛跌直接相关。

其次，各地农村经济商品化的程度也有相应的发展，总的趋势是南方的商品化程度比北方略高，沿海的商品化程度又稍高于内地。根据调查分析，1921—1925 年，中国北方农村农产品自用和出售部分所占的百分比分别占 56.5% 和 43.5%，中国中部和东部则分别占 37.2% 和 62.8%，即中部和东部的农产品商品部分明显高于北部。

最后，农产品的出售率在不断提高。如粮食的商品率 1840 年约为 10%，1894 年约为 15.8%，1920 年约为 22%，1936 年约为 30%；棉花的商品率 1840 年约为 30.6%，1894 年约为 26.2%，1920 年约为 58.9%，1936 年约为 87.1%。

2. 近代中国农产品商品化程度提高的原因

（1）鸦片战争以后迅速发展起来的对外贸易

在近代，西方国家不仅视中国为它们重要的工业品倾销市场，而且把中国看作它们重要的原材料来源地。因此在中外贸易中，中国的出口商品主要是各种农副产品。据统计，1867 年，中国仅茶叶、生丝两项农副产品的出口就占了出口商品总值的

90.68%。1893 年，农副产品及其加工制成品的出口占出口商品总值的 82.56%。可见，农副产品及其加工品的出口在近代一直是中国商品出口的主要内容。因为农副产品是近代中国主要的出口商品，所以，鸦片战争，特别是第二次鸦片战争后迅速发展起来的对外贸易就成为推动中国近代农产品商品化的主要因素。

（2）中国近代新式工矿企业的产生和发展

和对外贸易的迅速发展一样，近代中国新式工矿企业的产生和发展也是促进农产品商品化的重要原因。自 19 世纪四五十年代起，外国资本就在中国开设工厂，其中某些农产品的出口加工企业的开设，对扩大出口，推动农产品商品化有刺激作用。19 世纪七八十年代以后，洋务派举办的近代军用和民用工矿、交通业以及民间资本近代工业如棉纺织、面粉、卷烟、蛋品加工、缫丝等行业的产生和发展，为农产品的进一步商品化打下了基础，促进了与之相应的农产品的种植专业化。中国近代企业的产生和聚集又加速了中国近代城市的发展，城市非农业消费人口的增长同样也对农产品商品化提出了新的要求。

（3）交通运输业的近代化

交通运输业的近代化是农产品商品化的必要条件。西方资本主义列强在中国经营的近代轮运业，以及 1872 年以后中国自有近代轮运企业的发展为农产品的远距离运输提供了条件。19 世纪 90 年代以后，铁路的修筑更使内陆无河川可利用的乡村城市输出农产品变为可能。到 1927 年，中国的铁路总里程已达 13 147 千米。根据有关资料估计，这些铁路通达的地区的人口约占全国人口的五分之一，这就为加强沿海口岸城市同广大内陆地区的联系提供了近代化的手段，无疑也为农产品的商品化提供了条件。总之，近代运输手段的发展缩短了中国沿海与内地的运输距离和时间，降低了运输成本，使不少原来不能长途运输的货物成为新的商品。

（4）近代城市和金融业的发展

近代城市及城市的金融事业的发展也是近代农产品商品化程度提高的重要原因。以近代江苏无锡的米市为例，长江三角洲一带城市的发展，使粮食需求明显增加。1930 年，上海的人口已达 310 万，几乎为 20 世纪初的 4 倍。周围如南通的纺织业，绍兴的酿造业，也需要米粮支援，这就扩大了无锡的粮食流通量。据 1935 年的统计，无锡每年供应上海的大米在 150 万石以上，供应浙江的大米在 200 万石以上。无锡城市金融业的发展也为米市的繁荣提供了条件。在 20 世纪 20 年代，无锡的新式金融业逐渐取代旧式钱庄，与粮食业发生紧密的联系，以雄厚的资金对米市予以支持。据统计，1934 年无锡中国银行等 10 家银行共放款 1 640 万元，其中对粮食业放款就达 720 万元，占 43.9%。这种资金的融通无疑对粮食的流通有极大的促进作用。

此外，各种剥削的加重，特别是地租、赋税的货币化也是导致近代农产品商品化程度提高的一个因素。近代以来，货币地租有了较大发展，特别是商品经济较为发达的地区更是如此。清代田赋有纳银也有纳米粮的。民国以后，改实物征收为银两征收。农民为交田赋，就不得不出卖农产品；青黄不接时，还必须买回部分粮食，这些都促使了农产品商品化程度的提高。

当然，我们说近代中国农产品商品化程度提高，仅仅是与中国古代社会相比较而言的。若与世界先进国家相比还相差甚远。如美国小麦的商品率，1919年为85.9%。所以，在同一领域（如粮食），中国农产品的商品率比西方资本主义国家低得多。

以农业总产值中商品经济与自然经济的比重来看，同样可见近代中国农产品商品化程度的低下（如表5-3所示）。

表5-3　1920年与1936年农业产值中商品经济与自然经济的比重

1920年	产值/亿元	百分比/%	1936年	产值/亿元	百分比/%
农业总产值	165.20	100	农业总产值	199.23	100
其中商品经济	61.96	37.55	其中商品经济	87.38	43.86
自然经济	103.24	62.45	自然经济	111.85	56.14

从表5-3可知，在1920年，我国农业产值中自然经济的成分与商品经济的比约为62∶38，自然经济占有明显的优势；甚至在近代中国经济发展的最高年份1936年，农业产值中自然经济与商品经济之比仍约为56∶44，还是自然经济占优势。这说明在中国农村，自然经济虽然已有某种程度的解体，但整个解体过程仍十分滞缓。1937年以后，由于受战争的破坏，农业生产更深受其害，直至新中国成立前夕，农村的自然经济仍占很大的比重。

三、商业性农业的发展

近代中国农村自然经济初步解体的另一面就是农业生产中为市场而生产的趋势日渐明显，经济作物的种植在进一步扩大，并出现了农业中的资本主义经营，这就是近代中国商业性农业的发展。与清代前期相比，中国近代商业性农业有了更大的发展。鸦片战争初期，中国最主要的商业性农业产品是供出口的丝茶。而到了19世纪末20世纪初，几乎一切农产品部门的生产都被卷入商业性经营中来。

这里需要说明一点的是：商业性农业与农产品商品化是两个既有联系又有区别的概念。商业性农业是指专门为市场而非为自身消费而进行的农业生产。近代农产品的商品化必然会推动商业性农业的发展，但商品化了的农产品不一定都是通过商业性农业生产出来的，其中有相当大部分是农民为完纳租银、赋税，或偿还积欠等而将部分剩余，甚至必要农副产品投入流通领域而造成的农产品商品化。而农产品商品化程度的提高，也必然推动商业性农业的发展。

1. 近代中国商业性农业发展的表现

（1）农产品商品率提高

如上所说，近代中国农产品的商品化不一定全是商业性农业发展的结果，但商业性农业的发展一定会推动农产品商品化程度的提高。所以，从这一角度讲，农产品商品化程度的提高是商业性农业发展的一个重要表现。

（2）经济作物种植结构的变化和种植面积的扩大

经济作物一般是指粮食作物以外所有其他能作为工业、手工业原料的农作物。中国近代商业性农业的发展，不仅表现在农产品商品率的提高上，而且在作物种植结构上，也有了明显的调整，出现了经济作物在农作物的种植比重不断上升并排挤粮食作物的趋势。据资料统计，1840 年，中国经济作物在农业种植中的比重为 10%，1914 年为 11.1%，1937 年为 17%，1940 年为 19%[1]。

近代以前，经济作物主要作为当时农村家庭手工业的原料，大部分都是在农村中就地加工成手工业产品而进入国内市场。近代以后，中国社会经济的格局逐渐发生变化，农业中的经济作物生产不仅要为传统手工业提供原料，而且还得自觉不自觉地为世界资本主义市场和国内新兴的近代机器工业提供原料。随着传统手工业生产以及机器大工业和世界市场的变动，经济作物生产也表现出一种结构性的变动，这种变动在地域分布上主要集中于通商口岸以及铁路、航运河道等交通线附近；其内容不仅有传统经济作物如棉、茶、桑蚕等的盛衰起落，而且亦有新兴作物如花生、大豆、芝麻、烟叶等的迅速增长。

近代中国经济作物的种植呈现出三个明显的特点[2]：一是经济作物的分布相对集中于通商口岸附近交通方便的沿线地区，表明近代经济作物的发展同市场的密切关系。二是经济作物的结构性变动在价值规律的作用下表现出明显的替代性，当某些经济作物生产由于市场变动、价格下跌，生产无利甚至亏本时，生产者会很快地转向其他经济作物的生产。三是经济作物无论是绝对生产总量还是在农业中所占的比重，在近代百余年间的总体发展都呈增长态势，从时间上看，20 世纪二三十年代是中国近代农业中经济作物生产的高峰时期。

（3）粮食生产中商品化趋势的扩大

近代经济作物专业化种植的普遍发展，带动了粮食生产的商品化发展。在华北，小麦在农家已成为半商品作物；东北则把小麦作为商品作物种植，并把它输出到西伯利亚和日本；山西的小麦输出到甘肃和陕西；江浙两省的小麦生产则成为上海面粉厂主要的原料。20 世纪 20 年代，湖南、安徽、江西三省输往中国其他地区的大米，估计每年有 500 万~1 000 万担。据美国学者珀金斯估算，30 年代的商品粮为全部粮食产量的 18%（1840 年前为 10%）。如果把农民在当地市场上余缺调剂的流通投入量一并计算，进入市场交换的粮食会远远超过这一比例。据 1935 年的调查，全国需要购买粮食的农户达 35%，其中浙江高达 53%。

2. 农业生产中的资本主义经营

随着农产品商品化程度的提高，传统的以一家一户为单位的商业性农业种植已不能满足市场需求和实现规模经济效益，在利润追求的诱导下，一些地主、商人等开始转变农业商品性生产的经营形式，从事带有部分资本主义性质的商业性农业生产，这就是富农经济、经营地主经济以及 20 世纪初兴盛一时的各类农牧垦殖公司。

（1）富农经济和经营地主经济

富农经营的特征为自耕兼雇工助耕，或自耕兼出租余地给他人耕种。这一经营方式以生产资料土地或耕牛、农具较为充裕为前提。富农拥有较多生产资料的有利条件，有助于他们开辟商业性经营的广阔途径。经营地主的特征为雇佣长短工耕种，地主本

---

① 丁长清. 中国农业现代化之路 [M]. 北京：商务印书馆，2000.
② 潘君祥，沈祖炜. 近代中国国情透视 [M]. 上海：上海社会科学院出版社，1992.

人并不参加生产劳动。经营地主的生产建立在更大规模的土地占有的基础上，一般占地规模为100~400亩。对生产资料的充分占有，使其能够在利润追求的驱动下，把大量的生产剩余投入市场。

中国在近代以前已经出现了具有资本主义生产方式萌芽性质的经营地主经济和富农经济。近代以后，这一传统社会内原有的新生产方式萌芽在数量及地域分布上都发生了一系列变化，并在20世纪二三十年代处于发展全盛时期。其分布主要在长江以北，尤以黄河流域、淮河流域等地所占比例较大。之所以如此，主要原因在于当时北方地区土地、役畜等生产资料相对比较便宜，地主、富农实施经营式农业生产成本较低，而且较出租土地更为有利可图。因此，当时华北农村大部分乡村富户都是经营地主，而不是出租地主。30年代以后，由于社会动乱以及生产费用的上升，农村的经营地主和富农似乎有中落之势，一些经营地主经济和富农经济渐渐不敢自己经营农田，而有变为出租地主的倾向。

（2）农业垦殖公司

与前述经营地主经济和富农经济不同，近代中国农村中以资本形式组织起来的垦殖公司和其他各类农业资本主义经营完全是在外国资本主义生产方式和新生产力传入中国以后才出现的新生产方式。

近代农垦公司的出现始于20世纪初。首家农垦公司是1901年张謇在江苏通州、海门创设的"通海垦牧公司"。1901—1905年，江苏、浙江、广东先后出现类似的垦牧公司近10家。到1912年时，全国各地设立的各类农牧垦殖公司已达171家之多，资本达635.1万元。30年代初是近代农垦公司发展的一个高峰期，此后，一方面由于各地放垦土地数量越来越少，另一方面也由于投资农业并不比投资工商业更有利可图，反而更具投资风险，再加上时局变化，各地很少再有新的农垦公司出现。

近代新式农垦公司以其经营内容而言可以分成垦牧种植及园艺禽畜等两大类。垦牧种植公司一般规模较大，大多以批租、领垦荒地的形式从事开发经营，通常多从事粮食或棉花、豆类等经济作物生产。园艺禽畜等农业公司一般多分布于大中城市的近郊，经营内容多供城市居民消费的农产品，如水果、蔬菜、花卉、牛乳、蜂蜜、家畜、家禽、禽蛋等。它们的经营规模虽大多不如垦牧种植公司，但一般来说其生产集约程度较高，利润也较丰厚。

垦牧公司名义上多为带有资本主义色彩的股份有限公司或合资公司，但在具体的经营中，除了东北的垦殖公司雇工自垦的比例较高外，大部分垦牧公司雇工自营自垦的比例都较低。以较著名的苏北通海垦牧公司为例，其自营自垦部分也不超过50%。不少农垦公司往往以少量地自垦，而将大部分土地采用中国传统的土地出租的经营方式，在这些垦牧公司的总收入中，地租收入往往要超过自垦收入的许多倍。因此，从总体上看，近代中国的农垦公司虽然多少已具有资本主义的色彩，但它们与真正的农业资本主义经营还相去甚远。

园艺禽畜类的农业企业的资本主义生产方式的性质较垦牧公司要明显和确定得多。以上海附近的杨思蔬菜种植场为例，场主穆湘瑶等人投资2万元，租进土地180亩，雇佣生产工人40名，管理人员3名，生产花卉蔬菜，显然已是完全意义上的资本主义农业企业。再如广西苍梧州一个广东人开办的果园种植场，以40年租期租田50亩，投资数万元，雇工近20人，种植柑橘、沙梨，并兼营鱼塘，也已完全是资本主义性质的生产。

3. 近代中国商业性农业发展的特点

近代中国商业性农业的发展，是适应国际市场和国内近代工业发展的需要而发展起来的。其发展具有许多明显的特点，即：

（1）近代商业性农业的发展，主要是由帝国主义在中国掠夺农产品原料引起的，因而近代中国商业性农业的发展和农产品商品化具有半殖民地性。

帝国主义对中国的经济侵略，从一开始便把中国作为它们的原料基地，主要是掠夺中国大量的农产品原料。所以中国农产品的出口值增长很快，特别是甲午战争以后到1930年以前更是扶摇直上。中国农产品出口值若以1893年为100，则1903年增加为315，1910年为816，1920年为1 080，1930年为2 210。1893—1930年的37年间，农产品出口值增加了21倍多。因此农产品出口量愈大，国内商业性农业发展愈迅速，而这种商业性农业的殖民地性也就愈加深化。

商业性农业发展的品种，也主要是供出口和帝国主义在华企业的需要。如棉花，据1923年调查，我国年产棉花约600万担，而帝国主义及其在华纱厂所需要的棉花却在300万担以上；山东和安徽所产的美种烟叶，60%~70%由英美烟草公司收购；在20世纪20年代，东北大豆的出口占全年产量的92.7%；河北等六省花生的出口占全年产量的52%；其他如桐油、芝麻等农产品原料都是为满足帝国主义的需要而发展起来的。所以，近代中国商业性农业的兴衰，主要取决于帝国主义的需要，依附于国际市场，而不是取决于国内资本主义发展的需要。世界市场对我国农产品需要的有无和多少，制约着我国各类商业性农业的兴衰。世界市场需要量大，生产就发展，否则便衰落，以我国早期发展起来的一些经济作物茶、甘蔗、蓝靛等来说，由于在世界市场上或国内市场上受到帝国主义同类产品的排斥，便衰落了下去。而另一些经济作物如棉花、大豆、花生、烟草、桐油、水果等，又由于帝国主义的需要，便迅速发展起来。这些商业性农业的兴衰充分表现了帝国主义主宰中国农业的力量。再比如，近代中国农产品价格，既不取决于中国农产品的生产成本，也不取决于中国国内市场的供求关系，而是受帝国主义的控制和世界市场价格的影响。如山东、安徽、河南美种烟叶的价格完全由英美烟草公司控制；济南棉花市场价格，受日本大阪的支配；奉天柞蚕丝的价格要受美国和日本市场的极大影响。

（2）近代商业性农业的发展，具有明显的前资本主义的小商品生产的性质。

一般来说，商业性农业的发展，是资本主义生产关系产生的一个必要的历史前提。因为商业性农业的发展，必然加剧农民的两极分化，使大多数农民贫困破产，而少数人则上升为农业资本家。这些农业资本家是商业性农业的主要经营者。可是，近代中国商业性农业的发展，虽然也促进了农民的分化，但由分化而产生的富农，其经营却并没有沿着高度商品化的资本主义农业方向发展，而大量发展成半地主式，甚至完全封建性质的地主经济。此种情况下，即使在甲午战争后国内资本主义生产方式已有较大发展，也没有出现显著的变化。也就是说，中国近代商业性农业，虽然在鸦片战争之后，就已经有所发展，但经历了 30 多年，并未导致资本主义农业取得相应的发展。为市场提供农产品商品的，主要不是农业资本家或富农经济，而仍然是广大农民所经营的个体小农业。

（3）近代商业性农业的发展主要是以牺牲广大贫苦农民的必要劳动量来维持的。

近代中国商业性农业的经营者主要是贫农和小自耕农，这些小生产者要遭受帝国主义、封建主义和官僚资本主义的残酷剥削和压迫。帝国主义和商业资本通过种种手段压低农产品的收购价格，它们利用农民要交租还债急需现款的时机，迫使农民不得不接受最低的价格。这种价格使农民已无利可图。而地主阶级也乘机进行增租加押，提高种植经济作物田地的地租量。另外，经济作物区，也往往是高利贷最猖狂的地区。高利贷者利用农民需要追加投资的情况，提高利率，加重剥削。这种小生产者的生产力本来就是十分低下的，在以上种种剥削和压榨下，农业生产力更日益呈现出萎缩和衰落的趋势。因此，其剩余生产率也必然是很低的。就在这样的基础上，近代中国农产品商品化的水平却仍在不断提高，这只能迫使小农除了出售其生产的剩余劳动部分外，还不得不出售属于自己生活所必需的必要劳动部分。由此可见，近代中国商业性农业的发展和农产品商品化程度的提高，是以牺牲广大劳动农民的劳动力再生产的必要条件来维持的。因此，商业性农业发展的结果，必然使农民更加贫困化。

第三节　传统手工业的变异与近代工矿交通业的发展

一、传统手工业的变异及其在近代中国的地位

中国国内市场与国际市场的接轨，直接造成了传统手工业在近代中国的变异。经过市场的优胜劣汰，一些传统手工业部门衰落；一些传统手工业部门得以保持并适应市场的需要，在扩大经营规模之后向工场手工业转变；一些新的手工业从国外引进；适应市场需要，中国社会产生了一些新的手工业生产部门。

1. 传统手工业在近代中国的变异

传统手工业在近代中国的变异和手工作坊向工场手工业的转变，其最根本的诱因是市场扩大，特别是世界市场扩大。

（1）手工棉纺织业的破坏与手工冶铁炼钢等行业的衰落

两次鸦片战争的结果，为西方资本主义打开中国传统市场争得了特权。以进口商品的关税来看，棉纺织品的税率除斜纹布为 5.05% 以外，其他各种布匹都不足 5%。这样低的关税，对输入中国市场的英国棉纺织品毫无阻挡能力，加之机器纺纱的生产率数十倍于手工纺纱，这样，中国手工棉纺织业就面临着无法避免的分解命运。到 19 世纪末，全国织布用纱已被约 1/4 为进口洋纱所代替。之后，国内纱厂兴起，到 20 世纪 30 年代，手工纺纱业衰落，手工织布业的产量仅占全国用布量的 50%。

中国的冶铁炼钢业、蜡烛业、制针业、采火石业、制糖业、木板印刷业等手工

部门，不仅有很长的历史，某些产品还有集中的生产地，可供应全国和国外市场。但自 19 世纪六七十年代以来，这些手工业部门也面临着同手工棉纺织业一样的命运。以冶铁炼钢工业为例，起初人们认为洋铁质量不如土铁，不愿使用，但由于土铁在价格上很难与洋铁竞争，洋铁逐渐占领了土铁的销路和市场，并最终导致了人们弃土铁而用洋铁。由此，中国各地的手工冶铁炼钢业纷纷破产衰落。至于其他各种手工业，凡是与进口洋货相同的生产，都遭到相同的命运。如煤油的输入使中国手工榨油业受到排挤，火柴的进口使中国的采火石等手工业因受到排挤而歇业，洋针大量代替土针，洋糖盛行，土糖滞销，洋靛排挤土靛，洋伞排挤土伞，肥皂代替皂荚等。无论哪种外国商品进口，都相应地排挤着中国的该种手工业品，而使其生产纷纷陷于破产和衰落。

（2）丝茶手工业的发展与具有民族特征手工业的保存

生丝、茶叶是近代中国出口的重要农产品。丝茶的大量出口，直接刺激了缫丝、制茶加工工业的发展，使其投资额迅猛增加，经营规模扩大，并开始向资本主义工场手工业转变，同时也开始部分地引进、使用国外最新式的缫丝机器。

中国是一个有着悠久历史文化的大国，传统手工业中有很大一部分是在中国社会经济和文化的特殊条件下产生的，具有民族特征，有的还带有特种手工艺的性质，如陶瓷业、爆竹业、制扇业、锡箔业、竹木器家具制造业、刀剪业、铜锡器具制造业、中药制造业等，以上这些都是民族特征的手工业。这部分手工业在近代社会大多不受国际市场的影响。除了某些手工业随着中国社会政治文化的发展和风尚的变迁，逐渐衰落下去之外，大多数都被保存下来。

（3）从国外引进的新式手工业

从国外引进的新式手工业种类较多，如火柴、制皂、铅石印刷、西药、搪瓷、织袜、毛巾、油漆、日用化工以及机器、电机、车船的修造等。这些新式工业引进后，因机器设备昂贵（在电尚未普及之时，只能以蒸汽机或煤气机作为动力），或因市场有限，只得改用手工制造，以后才逐渐使用机械动力。另一类新式手工业是 20 世纪以后为适应商品出口的需要发展起来的，如猪鬃加工、肠衣加工、桐油加工、抽纱、发网、草帽、地毯等行业。这些行业，随着出口的兴衰，起落不定。

2. 工场手工业的发展

（1）手工业中资本主义生产关系的发展

在中国传统手工业中，农民家庭手工业占很大比重。但城镇的铺坊手工业和个体工匠也有了一定的发展，并且在丝织、冶铁、制瓷、造纸、制糖、制烟、酿酒、榨油、铜矿、煤矿、井盐等约 20 个行业中，出现了资本主义性质的工场手工业和发原料、收成品的散工制（包买商制）。鸦片战争后，这些资本主义生产形式有了发展，并逐渐扩大到大部分手工行业。尤其是在棉手织业中也出现了散工制，甚至出现了手工织布工场。在新引进的手工业中，大部分也是工场手工业，少部分是散工制；新兴的出口加工手工业中，散工制较为发达。到 20 世纪 30 年代，几乎所有的手工开采的矿业，都已是工场手工业的规模了。资本主义生产关系的这种发展和国内外市场的扩大（需要大批量生产）有关，也和手工业技术的改进分不开。

（2）技术的改进

中国近代手工业技术的改进主要表现为若干行业中新工具的使用。如织布业引进手拉机，劳动生产率提高一倍多，并可加宽布幅，创造出能与机织布竞争的改良土布。其后，又有足踏铁轮织布机，效率又提高约一倍。丝织业的旧式织机，也逐渐为手拉机和铁轮织机所代替。再如轧棉业改手摇机为足踏机；缫丝业除推广足踏机外，还仿缫丝机器制成小机，以人力代替蒸汽动力；手工纺纱业也有改良的"七七"纺纱机出现。榨油业的旧式榨床被改良榨床取代，从而节省了劳力，并大大提高了产量。

（3）机械动力的采用

这种技术的发展也导致若干行业的工场手工业改用机械动力，向近代化工厂过渡。这类情况主要发生在20世纪一些城市电力比较普及以后，一些人力、畜力的磨坊、油坊采用电动机，发展成为米厂、面粉厂、油厂，就连有着悠久历史的四川井盐业也使用机器汲卤。这方面做得最成功的是丝织业，电力织机的使用，促成了一批规模较大，颇负声誉的绸厂的形成和发展。新引进的手工业，由于在国外已是机器生产，向近代化过渡比较容易。民族资本的近代煤矿，也大都是在原来手工煤窑的基础上，逐渐添设若干动力吸水机、卷扬机而发展起来的。

3. 手工业的产值及其在近代中国国民经济中的地位

作为西方产业革命基础的工场手工业，在中国是在19世纪末和20世纪前期才真正得到发展，并与机器大工业并肩成长。因为中国工业落后，机制工业虽有发展，但仍不能满足日趋增长的市场需要，故机制工业发展较快的时候，也是手工业较兴盛的时候。到1933年时，手工业的产值在全部制造业中的比率仍为72%以上，为近代工业产值（包括外资工厂）的2.7倍，从业人数有千万人，为工厂工人数的13.5倍。在全国手工业产值中，如果除去农民家庭磨面的部分，仍以纺织品占最大比重，其次是食品工业，与机制工业的情况相仿。唯在矿业中，因这时机器采矿已占优势，采用手工开采的土矿产值不到其1/4；但盐的生产基本上仍靠手工。这说明了中国近代手工业的地位：它仍是人民生活用品的主要来源。这也反映了中国工业革命的步履蹒跚。按照资本主义的正常发展，一般是由手工作坊发展到工场手工业，再过渡到大机器工业。其中工场手工业在资本主义工业形式的发展中具有重大的意义，它是手艺和带有资本原始形式的小商品生产同大机器工业（工厂）之间的中间环节，它为大机器工业准备了分工和市场的基础。在中国，手工作坊尚未进入工场手工业阶段之时，主要的手工业就遭到了破产的灭顶之灾，这样也就摧毁了中国资本主义萌芽赖以生长的基础，从而使中国手工业失去了成长为资本主义工场手工业，并由此正常地向资本主义大机器工业发展的可能性。

二、近代中国新式工矿交通业的发展

中国的工业化进程比西方资本主义国家晚得多，到19世纪六七十年代才开始自己的近代工矿交通业的发展历程。而且中国近代工矿交通业的产生不是内生型的，而是从外部移植进来的，是在外国资本侵入和中外矛盾加剧的过程中，清政府出于"自强""求富"的目的而兴办起来的。

（一）近代中国工矿交通业的发展道路和演变历程

中国土地上出现的近代工矿交通业最早是由外国资本投资创办的。1840 年鸦片战争后，西方列强来华进行掠夺性贸易的船只日益增多，为了对一些破损船只加以维修，他们首先在广州、香港和上海等地开办了一批船舶修造厂；同时，还陆续在中国开办了一批以掠夺中国廉价资源为目标的出口加工工厂，以及印刷、饮食、制药等轻工业工厂。到 20 世纪 40 年代末，外资在华工业不断扩张，并在许多行业中占有极重要的地位。而中国自己投资创办的近代工业则是从 19 世纪 60 年代清政府洋务派创办军用工业以后开始的，直到新中国成立前夕，近代中国兴办工矿交通业的历史，前后约有八九十年的时间。在这八九十年的时间里，中国近代工矿交通业的发展演变历程大致可分为三个阶段：

1. 19 世纪 60 年代至 1894 年中日甲午战争爆发以前——中国迈向工业化的第一阶段

本阶段中国近代工矿交通业在政府的直接控制下，走了一条从军用工业开始，然后转向民用工业的发展道路。

（1）官办军事工业

近代军事工业的出现，绝不是偶然的，它是由中国社会经济发展的客观进程所决定的，也是由当时的政治历史条件促成的洋务思潮的必然产物。

第一，中国近代军事（包括民用）工业的产生，是近代中国人对西方先进科学技术和生产力做出积极反应的结果。鸦片战争后，随着西方列强势力的渗入，西方先进的科学技术和资本主义生产方式也逐渐移入中国，开阔了中国人的眼界，使得一些人产生了效仿西方，开办近代工业的念头。

第二，近代军事工业的产生是清政府为巩固其专制统治，镇压民众反抗的结果。在清政府"借师助剿"太平天国运动的过程中，部分掌握实权的官僚如曾国藩、李鸿章等亲眼看见了洋枪洋炮的神奇威力，开始接受"采西学制洋器"的思想，并将其付诸实践。

第三，近代军事工业的产生是近代一部分中国人为了拯救国家和民族危亡，出于"御侮图强"的动机而创办起来的。中国近代最早主张学习西方先进科学技术，"师夷长技以制夷"的是林则徐和魏源。此后一些有识之士如洪仁玕、冯桂芬等也积极主张学习西方技艺、制洋器，以达到自强御侮的目的。19 世纪 60 年代以后，面对西方列强日益加深的侵略威胁，师夷长技的思想已逐步发展为一个较普遍的社会思潮，因而兴洋务、御外侮就成为洋务派官僚创办近代军事工业产生的重要动机之一。

这一时期，清政府以"自强"为中心目标举办的近代军事工业主要有：1861 年曾国藩设立的安庆内军械所；1862—1863 年李鸿章先后在上海、苏州设立三个枪炮局，招募洋匠制造开花炮弹等军火；1865 年，李鸿章收买美商旗记铁厂，建立江南制造局，同年，他又将苏州炮局迁至南京，建立金陵机器局；1866 年，左宗棠于福建马尾设立福州船政局，同年，又有三口通商大臣崇厚奏设天津机器局；此外，各省督抚也在各地创办了一些中小型军事工业，如西安机器局、山东机器局等。这些军事工厂都是洋务运动的主要组成部分。

　　洋务派举办的军事工业，无论在生产力还是生产关系方面都显现出资本主义的性质。

　　第一，各军事工厂都是仿效西方资本主义机器大工业的生产方式建立的，采用了机械化程度相当高的近代生产技术。如江南制造局系清政府收购美商旗记铁厂的全部机器设备而组建的。至1891年已发展成拥有13个车间，各种工作母机662台，蒸汽动力机361台的一座规模较大的近代军事工厂。又如福州船政局拥有11个车间，1个船坞，机器设备齐全。其他如天津机器局等，也皆属"仿外洋军火机器成式"建立的近代机器工厂。可见，清政府所办的这些近代军事工业，其机器设备和生产技术已经是资本主义机器大工业式的，这意味着这些企业的生产力已经进入了资本主义生产方式的范畴。

　　第二，企业的生产经营原则和组织管理制度也具有明显的资本主义特征。这些军事工业虽然是由清政府出资创办的，但它们一旦采用机器大生产的方式，客观要求必然迫使它们去仿效和采用资本主义工厂的一套生产经营原则和组织管理制度。如江南制造局在收购美商旗记铁厂后，原旗记铁厂原班人马也随之进入制造局，成为各级技术主管人员和教练工匠。铁厂若干管理制度和生产组织形式亦移入了江南制造局。福州船政局、天津机器局、金陵机器局等也采用了近代工厂管理方法，"颇有些外洋风味"。

　　第三，企业内部普遍采用了资本主义式的雇佣劳动制。这些军事工厂的工人除一部分是调士兵充任外，大部分是招募而来的，特别是技术工人。如天津机器局"所雇华匠，皆是香港等洋厂募来"。江南制造局的技术工人"皆闽、粤、宁波人"。这些都说明军事工厂的工人已不同于封建官营手工工场的工匠，他们已经在相当程度上具有资本主义自由工人的性质。

　　第四，价值规律对军火工业的生产也在起着越来越大的作用。近代中国的军事工业与市场的联系也是密切的，它的设备、原料、燃料等生产资料主要是从市场上购买的，因此在一定程度上受到资本主义商品交换关系的影响和制约。这些工厂分配到各地的产品，许多仍然是计算了价格的，虽不追求利润，但仍要考虑成本，受到价值规律的影响。

　　总之，洋务派举办的近代军事工业，就其主要方面而言属于资本主义性质的工业企业，当然，也带有浓厚的封建性。如它生产的军火直接为专制统治服务；企业由清政府委派的官僚统治；工人人身自由仍受到一定限制等。由于这些军事工业是国家投资，企业归政府所有，因而它们属于国家资本主义性质，而不是属于官僚资本性质。

　　从19世纪60年代到中日甲午战争，洋务派兴办近代军事工业也取得了一些成就。从企业数量看，自1861年曾国藩兴办安庆内军械所开始，到1894年，军事工厂已增至19个。从企业的规模看，江南制造局是一个大型近代军事工厂；福州船政局规模之大，据说超过当时日本的横滨和横须贺铁厂；天津机器局、金陵机器局也都是仅次于江南制造局的庞大近代军火工厂。在生产技术上，它们也都获得了一定程度的发展，枪炮式样不断更新，由陈旧的前膛式逐步改为较新颖的后膛式快枪快炮。轮船也由初造时的吨位小、炮位少的旧式木质兵船，改制为铁木结构的巡洋舰、钢甲船。

但是，就其应有的发展进程和效果考察，这些发展是很不理想的。这主要是由于它产生于封建体制之中，主持其事的官僚缺乏管理近代工业的知识，生产技术上盲目依赖洋人，企业内部机构重叠，人员冗杂，铺张浪费，贪污贿赂盛行，以致生产效率低下，工作延缓，产量有限，成本昂贵，因此，企业的生产常常因经费短绌而受到限制，甚至中途停顿、闭歇。

尽管这样，近代军事工业的出现，在中国近代史上所起的积极作用也是不可忽视的。

第一，洋务派所举办的近代军事工业是中国土地上兴起的第一批由中国人自己开办的近代工业，是中国资本主义工业近代化的开端。它们开社会风气之先，对于转变中国几千年来传统观念起到了积极作用，也为后起的资本主义工业的兴办起了良好的激励作用。

第二，这些近代军事工业的开办，还锻炼和培养了一批近代科技人才。不少机器局附设培养各种人才的学堂。如江南制造局的"广方言馆"专门培养翻译和外交人员；福州船政局办的船政学堂，培养了不少具有领导管理、独立设计和航海能力的人才。这些近代军事工业除在生产实践和学堂中，培养了一批中国最早的科技人才和生产技术骨干外，还翻译、刊印新书，介绍和传播西方自然科学与近代生产技术等科技知识，对中国资本主义的发展和后来维新思想的产生及戊戌维新运动，都具有重要的影响。

第三，近代军事工业的兴办，也在一定程度上起了抵御外国侵略的作用。清政府的陆军以机器局供应的新式武器，代替了弓、枪、刀、箭等落后武器，武器装备逐渐趋向近代化。它们制造和修理船舰，也为近代海军建设做出了贡献。在历次反侵略战争中，它们亦发挥了相当大的作用。

（2）官办民用工业

从19世纪70年代开始，洋务派在继续举办军事工业的同时，还陆续创办了一些民用工矿交通企业，创办的原因在于：

第一，洋务派在创办军事工业和训练新式海、陆军的过程中，遇到了严重的经费困难，深感"富"是"强"的根本，于是决定效法西方国家走"由工商致富，由富而强"的道路，提出"自强"必先"求富"的口号。

第二，为了解决企业经营中急需解决的原料、燃料、运输、电信等方面的问题。1872年李鸿章曾说："船炮机器非钱不成，非煤不济。"

第三，洋务派在学习西方问题上认识的提高。他们在继续学习西方国家"坚船利炮"的同时，看到了把近代化的经济设施移植过来，对中国富强的意义，并具有"稍分洋人之利"和"收已失之利"的含意，从而产生了"寓强于富"的思想，欲以自办企业来收回部分丧失的利权。

第四，各种外资企业在中国所获的丰厚利润也吸引着洋务派。为了发展集团的经济势力，他们对发展民用工业有浓厚的兴趣。商人、官僚、买办等货币财富的拥有者已有投资创办近代工业企业的愿望和要求，但他们受到外商竞争和内部顽固守旧势力干扰两方面的威胁，因而裹足不前。有鉴于此，洋务派官僚希望借助这些商人、官僚、买办等的资金，按照自己的要求创办以求富为主要目的的民用企业。

从 19 世纪 70 年代起到中日甲午战争前,洋务派兴办的近代民用工业企业共约 22 家(工矿业 15 家,交通运输业 7 家),投资金额约 2 964 万元,主要分布在航运、采矿、冶炼、纺织、铁路、电信等方面。比较重要的有轮船招商局、天津电报总局、开平矿务局、上海机器织布局和汉阳炼铁厂等。这些民用企业在经营方式上可分为三种:官办、官督商办和官商合办。

洋务派创办的民用工业无论是官办还是官督商办企业,都是资本主义性质的企业,其原因是:从生产上看,他们是商品生产;从劳动者看,工人是与生产资料相分离的自由劳动者;从经营上看,尽管尚有浓厚的封建性,但基本上是按经济规律办事;从资金来源看,除官办企业外,主要来源于发行股票,虽然也使用了相当数量的官款,但这些官款不是作为股份投资,而是借支,主要用于企业的开办经费,一旦商款募足或经营成功,则将官款归还。总之,洋务派举办的近代工矿交通企业同军事工业一样,也是国家资本主义性质的企业,同时也带有浓厚的封建性。

清政府举办和主导的近代工矿交通企业的历史作用表现在:

洋务派兴办的民用工业企业,是中国近代最早的一批资本主义性质的民用工业企业,它们是新兴资本主义近代工业的一个重要组成部分,代表着社会生产力的新的发展,同时又刺激和影响了其他私人资本近代工业的产生和发展。它们培养和训练了一大批掌握大规模机器生产的近代产业工人和技术力量,引进了西方的先进技术,积累了发展近代工业的经验,为以后近代工业的发展打下了一定的基础。

洋务派民用企业的开办,对外国资本主义的经济侵略也起到了一定的抵制作用。如兴办的煤矿及有色金属矿等,直接抵制了洋货的进口,也暂时阻止和缓和了外国资本在华开矿的企图。又如轮船招商局在当时外国资本独占中国轮船航运的条件下创办,抵制外商和收回利权的作用就更为明显。

(3)民间私人资本工业

从 19 世纪 70 年代开始,在洋务派创办近代民用企业的同时,民间私人资本开办的近代工业也陆续出现了。民间私人资本投资的工矿交通企业主要是轻工业,如缫丝、面粉、轧花、造纸、火柴、印刷等。经营机器修造和采矿业者虽也有,但为数不多。

近代民间私人资本工业产生的主要途径如下:

第一,从工场手工业转化为近代工业。即在传统手工作坊的基础上采用近代机器,转化为近代工业。如近代中国最早的私人资本工业——发昌机器厂,原是 1866 年由方举赞、孙英德二人合伙开办的一家为外商船厂打制、修配船用零件的手工业锻铁作坊,1869 年开始使用车床,由手工作坊转变为近代工业。不过,1894 年以前通过这条途径转变为近代工业企业的,不仅数量较少,规模也小。

第二,由洋务派建立的官办和官督商办民用企业转化而来。由于资金的困难和官府与商人之间固有的矛盾,这些企业本身就存在着转化为私人企业的可能。如安徽贵池煤矿,原为唐廷枢、徐润用招商局资金开办的,为官督商办形式。1883 年徐润破产,该矿改由商人徐秉诗接办,成为商办企业。又如 1890 年李鸿章创办的上海机器织布局,本为官督商办,但到 1909 年出售给私人,成为私人企业。

第三,由一部分商人、华侨、买办、地主、官僚和钱庄主等直接投资创办。这个阶段的私人资本近代企业，多数是通过这种方式产生的。如继昌隆缫丝厂，就是华侨商人陈启源 1872 年在广东南海创办的。"华盛纺织新局"由上海道台聂缉私人投资兴建，是地主、官僚投资近代企业的一个典型。

第四，借用洋商名义或收购外商企业。如上海瑞记洋行开办的瑞纶丝厂，后来为该行买办吴少卿收买经营，转化为中国私人资本企业。又如 1893 年开始酝酿筹建的"太古油厂"，则是一家打着外国企业旗号的中国私人资本企业，这样做的目的主要是避开官府的监督。此外，一些买办附股的外商企业也有转化为中国私人资本企业的。如 1867 年和 1880 年英商怡和洋行分别在山东牛庄和广东汕头设立的两家榨油厂，均有买办的投资，最后又都转到中国人手中。

中国民间私人资本企业产生于中国已沦为半殖民地半封建的历史条件下，这一历史条件决定了它具有以下鲜明的时代特点：

第一，工业结构不合理。民间私人资本工业多为轻工业，重工业非常少。轻工业主要包括缫丝、轧花、棉纺织、造纸、印刷等业；重工业则只有机器修造业和采矿业。其中，机器修造业只能从事船舶机器的修理和仿制一些小型机械，无独立设计制造能力。采矿业大多规模较小，成效有限。造成工业结构不合理的原因，除资本积累不足外，更主要的还是它们之中不少是为适应外国资本商品倾销和原材料掠夺而建立起来的。

第二，分布很不平衡。这些民间私人资本工业主要集中在上海、广州等通商口岸。据统计，1872—1894 年全国私人资本工业企业共 75 家，其中上海就有 38 家，广州有 9 家，两者合起来几占总数的 63%；其他工业企业也都主要分布在福州、厦门、汉口、天津等几个主要城市。这是因为这些地区经济比较发达，基础较好，且较早接触西方资本主义生产方式和技术，近代交通发达，开办企业所需的各种条件齐备，同时也便于就近承接外商出口加工的各种业务和避免封建势力的阻挠等。

第三，投资少、规模小、技术落后。私人资本工业企业就其资本而言，不仅同外资在华企业相比处于劣势地位，就是与清政府官办和官督商办企业相比也远为不及。由于资本少，私人资本企业规模一般都不大，机器设备不足或陈旧简陋，生产技术落后，因而在同外国商品的竞争中常常处于极为不利的地位。

第四，与外国资本主义、本国传统势力存在着既矛盾又依赖的关系。一方面，私人资本工业的落后性，必然导致它们对外国资本和封建势力的依赖。因为它们的机器设备和部分原材料要向外国购买，生产技术也要依赖外国（如聘请外国技师），有时要向外商银行借贷资金，不少企业的生产还直接与外商的农副产品出口加工有关。它们对封建势力也有多方面的依附关系。因为他们在开办企业时需要取得政府的批准和某些官僚的支持，不少投资者本身就是封建官僚或大地主出身，在企业的经营管理中保留着浓厚的封建性就不足为怪了。所以，这些企业和本国封建主义、外国资本主义有着千丝万缕的联系。另一方面，民间私人资本工业主要是一些中小资本主义企业，从它产生之日起，就受到外国资本和本国封建势力的排挤和打击，为了自身的生存和发展，它必然要与外国资本和本国封建势力发生矛盾，进行抵制和斗争。所以它与外国资本主义和本国传统势力之间是一种既依赖又矛盾的关系。

2. 1895—1937 年抗日战争爆发以前——中国工业发展的第二阶段

该阶段是中国近代工矿交通业，特别是民营工业获得相对自由的发展时期，发展速度加快。其中又以 1914—1936 年发展得尤为快速。在这 22 年中，中国近代工矿业的增长率为 7.7%，新式运输业的增长率为 4%。近代工业产值较 1914 年增加了 4.1 倍。近代交通运输业产值较 1914 年增加近 1.4 倍。

即使同世界各国相比，这一时期，中国工业的发展速度也是比较快的。如美国 1912—1937 年工业的增长率为 2.6%；英国 1921—1937 年为 2.2%；德国 1921—1929 年为 7.1%；法国 1921—1937 年为 2.9%。

那么，这一阶段，中国近代工矿交通业发展速度加快的原因是什么呢？

（1）政府制定和颁布的一系列扶植和奖励的政策措施是这一时期中国近代工矿交通业发展的关键。甲午战争的惨败宣告了洋务运动的破产，面对在华外资工业的迅猛扩张，在民众挽回利权、振兴实业的爱国热潮推动下，清政府也开始采取措施，颁布一些奖励章程，鼓励工业发明，对仿造洋货给予专利，对兴办工商实业者给予奖励或授予官位。1903 年清政府增设"商部"以后，又颁布了几种保护和奖励工商业的章程，提出了各种奖励措施，民间新式工业有了较为明显的发展。

辛亥革命后，北洋政府也相继制定一系列保护和鼓励实业的政策法令，为民间私营资本主义工业的发展创造了有利条件。如《公司保息条例》有助于民营公司企业募集资金，减轻招股负担；《矿业条例》废除了清政府对矿业开采权的许多限制，保障了矿商的利益。为了鼓励私人投资，民国初年还取消了各种封建专制垄断权，对成绩卓著的民营企业，尤其是其中的中小企业给予奖励。为保护民族工业，民国政府还采取措施在全社会提倡使用国货，提高了国货在市场上的声誉。此外，在减免税厘、疏通金融、整顿度量衡等方面，政府都采取了某些有利于民族工业发展的措施。

1927 年南京国民政府成立后，其《施政纲领》中把"提倡保护国内之实业"作为一项重要内容，在各地举办国货展览会，促进国货工业的发展。另外，国民政府还颁布扶植工业发展的各项法规，对各种发明创造和举办新式工业企业者给予种种奖励。这些对 20 年代末期民族工业的发展曾起过不小的作用。

（2）第一次世界大战给中国民族工业的发展带来了一个好时机。第一次世界大战爆发后，欧洲各国忙于战争，暂时放松了对华经济侵略，这为中国民族工业的进一步发展提供了极好的机会。大战期间，投资少、见效快、利润丰厚的轻工业得到了迅速的发展，其中棉纺、面粉、卷烟、火柴等工业尤为突出，是民族工业最为重要的几个行业。1895—1920 年，民族工业的发展远比国家资本工业的发展快得多，前者增长了23 倍，而后者仅增加 2.7 倍；至 1920 年，民族工业的总资本额已超过国家资本3 倍多。

（3）中国民族工业自身力量也在发展壮大，与外资竞争的经验和实力积累有所增强。中国民族资本工业自 19 世纪六七十年代产生后，经过了几十年艰苦曲折的发展，其中一部分已积累相当数量的货币财富，也积累了较丰富的经营近代企业的经验，因而在同外国资本的竞争中，自身力量也在不断增强壮大。

（4）对外贸易逆差的影响。在近代中国低关税条件下，中国的对外贸易几乎都是逆差。而对外贸易的逆差在某种程度上可看作一种变相的引进外资。

（5）高额利润的直接刺激。这一时期国内外两个市场同时扩大，外来商品竞争力降低，商品价格上升幅度大于工资增长幅度，制成品价格上升的速度快于原料品，特别是农产品原料的价格相对下跌。这个时期工业利润有较大的提高，如棉纱，"一战"前每生产一包 16 支纱，获利 7.61 元，1917 年升至 36.93 元，1919 年达 70.65 元。利润率的提高是刺激这个时期中国私人资本主义工矿业在初步发展的基础上又进一步发展的直接因素。

此外，蓬勃兴起的提倡国货、抵制洋货运动也是促进这一时期民族资本主义工矿交通业发展的因素之一。如 1915 年和 1919 年的抵制日货运动就在一定程度上削弱了日货在中国市场上的发展势头，有利于民族工业的发展。

3. 1937—1949 年——中国近代工业发展的第三阶段

在此阶段，中国走的是一条国家垄断资本工业发展的道路。

近代中国国家垄断资本工业的出现与西方资本主义国家经过自由竞争之后产生的集中垄断是完全不同的。因为，近代中国的国家垄断资本企业并不是资本主义自由竞争发展的产物，而是在凭借政治权力，对国民经济进行掠夺性的干预中形成的。

南京国民政府成立后，国家首先致力于对金融的垄断，接着便推行和实施一条国家资本主义工业化政策和发展战略。使中国近代工业逐步走上了国家垄断的道路。但在抗战以前，工业垄断活动还只限于国民政府建设委员会、实业部、国家银行，以及1935 年成立的资源委员会系统中的少量企业。据对 1936 年年底的估计，国家垄断资本工业总额约占当时全部本国工业的 15%。1937 年 7 月全面抗战开始后，国家资本趁机加快了在工业中的全面垄断。国民政府设立了一系列强化官营工业管理的专职机构，如经济部的工矿调整委员会、资源委员会、军政部的兵工署、行政院的战时生产局等，并制定了许多经济法规和条例，如 1938 年《非常时期农矿工商管理条例》的颁布，开始了对战时经济的全面统制，规定凡战时所必需的矿业、军事工业、电力工业等重工业企业，必须收归国家资本所有，而对日用品工业企业，经济部亦可随时直接经营。通过中央和地方所经营的官办工矿企业，国家资本在国民政府统治区的工业垄断地位很快就确立了，据 1942 年的统计，国家资本工业在其统治区内所占比重：资本为69.6%，动力设备为 42.3%，工人人数为 32%。抗战结束以后，国民政府接管了 2 411家日伪工矿企业，其中绝大部分改由政府经营，于是国家资本工业又得到了极大的膨胀。此外，国民政府还建立了一批新的全国性工业垄断组织，主要有中国纺织建设公司、中国蚕丝公司、中国纺织机械公司、中央造船公司、中国石油公司、中国植物油料厂等。与民营企业相比，这些企业的规模大、设备先进，在同行业中居于垄断地位。因此，民营工业在得不到与官办工业一样的优惠待遇，以及政府掠夺性的经济统治的情况之下，再加上受到战后美国商品来华大量倾销的影响，便迅速地走向衰落破产的境地。由于国家垄断资本工业是与国家政权结合在一起的，因而当政府当局已经走上了反人民的内战道路之后，作为国家垄断资本的工业，也不会有多好的结局。在内战和恶性通货膨胀等大环境之下，到 20 世纪 40 年代末，无论是民营工业还是官营工业，都无一例外地处于瘫痪或崩溃的状态。

（二）近代中国工矿交通运输企业的发展水平

纵观中国近代工业的发展历程，自 1840 年鸦片战争以后，外国资本势力入侵以来，新兴资本主义工业在中国出现，甲午战争结束以后，外资势力凭借不平等条约取得了在华设厂、开矿权，于是外资在华工业进入了迅速扩张的时期，至第一次世界大战发生前，在华外资工业的资本总额比 1894 年增加了 12.5 倍，在中外工业资本总额中的比重占 56.6%。同期本国资本工业也有增长，但仅增长了 4.8 倍，远远落在外资工业之后。就中国工业的总体而言，它在初创时期发展是很缓慢的。在甲午战争以后至一战前这一时期新设的工矿企业为 715 家，连同甲午战争以前半个世纪中设立的工矿企业在内，总共也不过 1 000 家左右，前后 70 年间，平均每年设立的工矿企业仅十几家。

就本国资本工业而言，其缓慢发展的状况到了第一次世界大战爆发以后发生了历史性的变化，获得了前所未有的迅速发展。第一次世界大战结束以后，工业发展速度虽有所减缓，新的行业门类却在不断出现，总的投资规模仍有较大的增长。自 1937 年 7 月日本发动全面侵华战争至抗战结束后，一场新的内战又继之而起，整个工业化的推进受其影响，又完全处在非正常的混乱、瘫痪的状态之中。因此，人们常常把 20 世纪二三十年代看作近代中国工业发展的最为重要的历史时期，这是很有道理的。

（三）近代中国工矿交通运输企业中的资本结构

企业通常是指从事产品生产、流通或服务性活动等实行独立核算的经济单位。企业制度实质上就是企业内在运行规律的外在形式，包括企业资产的生成、企业权益的组织和企业的经营三个层面。

以机械化大规模生产为主要特征的近代工矿交通运输企业制度，并不是自发地、主动地在中国传统社会内部形成的，而是在外来因素的作用与冲击下通过移植产生的。在中国移植西方近代工矿交通企业制度的过程中，外国资本早期在华设立的近代工矿交通运输企业，对中国近代工矿交通运输企业制度的建立起到了示范作用。它们将西方的工矿交通运输企业制度传入中国，成为中国资本主义制度安排的先行者，并对中国资本主义企业制度的建立，在客观上起着开风气之先的作用。以"洋务运动"为契机创办的新式企业，标志着中国近代工矿交通运输企业制度的产生。

如果从生产资料所有制或资金来源来看，近代中国资本主义性质的工矿交通业包括外国资本企业、国家资本企业和私人资本企业三种。

1. 外国资本企业

1895 年以前外国在华投资的规模虽然不大，而且处于不合法的地位，但在中国工矿交通运输企业投资中却占据首要地位。尽管这些企业投资还不具有国际资本的性质，而且其中相当一部分是通过在中国进行掠夺而实现原始资本积累的，但其产权运作是按照它的母国原型进行的，具有较高的效率。许多中国货币持有者宁愿附股于外商企业，也不愿投资洋务派企业，主要是因为附股外资，产权较有保障，可以相应地得到比较稳定和丰裕的收益。

2. 国家资本企业

洋务派创办的企业主要有官办和官督商办两种类型。国家资本企业的资本系由政府拨款，就产权而论属于国家所有制。官督商办企业一般为商人出资，并无官股，有些企业虽有官款注入，但系借款性质。就企业所有权而论这类企业属私人资本，但就包括经营权等在内的产权的广泛含义而论，则问题较复杂。他们有点类似于古代的官商，在享有特权的同时，要将收益的一部分回报国家。

从实际情况看，无论是官办的企业，还是官督商办的企业，其经营权都掌握在官僚手中。官督商办企业虽有类似于现代股份制企业中董事会之类的机构，但形同虚设，股东对企业的用人、开支均无权过问。这些企业一般得由官员"总其大纲"，主持业务的督办、总办、会办、协办等。官员并非代表商股，也非由股东选举，而是由政府委派。总办、督办几乎具有无限的权力，因而可以利用这种权力在所经办的企业中按照自己的意志为所欲为。例如，盛宣怀在经办轮船招商局期间，用公款做连锁投资，在上海购进房地产，价涨则视为己业，价落则归公产。其对企业化公为私的问题，与当今国有资产流失的情况有许多相似之处。利用产权变更的机会，将官股化为私股也是一个重要的手段。

由于商股无法制衡官股，没有民主决策的企业就失去了活力。不受约束的权力必然产生腐败。以开平煤矿为例，先后入主的督办、总办接连引进私人。英国人认为只需 60 人就能承担该矿的管理工作，该矿却用了 617 人。虽然企业的设备和技术先进，但由于机构重叠膨胀，费用浩繁，人员冗多，损公肥私、互相牵制及非经济干预的情况较为严重，从而造成产品质量差、成本高，甚至亏损。并且，各级管理人员都是有官阶的，他们进入企业追求的目标一是升官，二是发财。这些不但与近代企业和出资人的经营目标——利润最大化不一致，而且与清政府办企业的目标——富国强兵也不一致。

3. 私人资本企业

私人资本企业是相对于国家资本企业而言的，是指由民间私人投资建立的企业。这些企业的投资者与外国资本和本国传统势力虽然存在着一种又依赖又矛盾的关系，但它们在政治上和经济上不享有特权，是一种自由资本企业。虽然它们在发展过程中会遭受外国资本和国家资本的压迫和排挤，但由于它们在产权运作过程中比国家资本企业矛盾少、效率高、交易成本低，能比较有效地利用资源，因而较国家资本企业发展迅速。

（四）1895 年以后中国近代工矿企业结构的发展和变化

1. 资本所有制结构的变化

（1）外国在华资本的发展和变化

1895 年中日《马关条约》的签订，使西方国家取得了在中国办厂的合法权利。在其后的近二十年时间里掀起了各国在华投资的高潮。据统计，这一时期，外国在华设立的资本在 10 万元以上的企业达 104 家，资本额 4 952 万元，为甲午战争前 50 年间投资总额的 5 倍以上，投资速度快于中国资本。到 1920 年，外资企业的产值占中国全部近代工矿交通业产值的 55.2%，产值达 8.13 亿元。其后十余年间，部分外资企业在中国的政治动乱中趋于衰落，并在抗日战争期间呈现出撤出转移的趋势。到抗战结束，外国资本企业在中国近代工矿交通业中的地位已微不足道，中国资本占绝对优势。如果只是孤立地看中国近代经济发展史，会认为19世纪末和20世纪初西方国家对华投资量较大。但如果放眼世界就可以看到，就在这一时期，中国在世界资本输入市场上的地位是微不足道的。这一时期，作为最大资本输出国的英国和法国，其海外私人投资主要投向美国、加拿大、阿根廷、澳大利亚等国，中国远非投资的重点。据美国经济学者雷麦估算，1930年前，英、美、法、德四国的在华投资只分别占它们国外投资总额的5.9%、1.5%、4.8%和4.3%。与其他不发达国家比较，中国的外国资本按人口平均也是十分有限的。1938年，世界上44个发展中国家平均每人使用的外国资本为22.2美元，其中拉丁美洲人均90.5美元，亚洲人均11.3美元，而中国尚不及亚洲平均水平，只有5.7美元。

外国在华企业投资的涨落主要为外部的市场环境所制约，并受到中国社会政治、文化等各方面条件的影响。

首先，就资本本性来说，它是趋利的。据海外学者侯继明研究，20世纪30年代在中国市场上外国公司的利润率大多低于同期该公司在本国市场的利润率，因此中国市场对外国资本缺乏吸引力。

其次，政局的稳定是吸引外国投资的基本条件。中国自清末以来，政局动荡，内战不已，加之不断兴起的民族革命运动中对一些采矿权和筑路权的收回，使已经进入中国的外国投资者对投资前途失去信心，而新的投资者，则将中国的投资市场视为畏途，不敢贸然进入。

最后，一些西方的企业家通过在中国经营得出的结论是：中国的传统文化观念，如中庸之道、重义轻利等伦理道德观念，与西方的企业精神，如竞争观念、风险观念、创新意识等是根本对立的，而政治的腐败更是对企业发展的一种束缚。他们认为，从意识形态和社会环境来看，中国的投资环境并不利于近代企业的生长和扩大。这也是他们对在中国投资逐渐失去信心的原因之一。因此，外国在华投资一直以直接投资为主，对中国私人公司的贷款微不足道，因为他们不相信中国人经营现代企业的能力。

（2）私人资本与国家资本的结构变化

自19世纪60年代中国近代官办和民办的工矿企业产生后，到1895年时，官办企业处于明显的优势地位，但经过19世纪末和20世纪初的初步发展和第一次世界大战期间的进一步发展，私人资本在中国资本企业中的地位发生了变化。1895—1913年，国内新创办的资本万元以上的企业共468家，平均每年增设24.6家，新投资总额达到9 822万元，平均每年新投资为516.9万元。其中新投资中的80%以上属于商办企业，改变了甲午战争前以清政府投资为主的特点，民族资本成为本国资本的主体。同时在地区配置上，许多工业企业开始由沿海、沿江口岸逐渐向内地城市伸展。

第一次世界大战期间，由于西方国家放松了对远东市场的追逐，中国资本主义获得了进一步的发展。1914—1919年，中国新开设的资本在万元以上的工矿企业共379家，资本额8 580万元，平均每年开设63家，新投资1 430万元。据1920年的统计，新设工厂的单位资本额在10万~100万元的约占当时企业总数的36%，而1914年则只占11%，可见发展的速度和规模都超过了大战前19年间的水平。

私人资本的发展之所以后来居上，主要原因在于清末民初颁布了一系列保护私有财产和工商业发展的法律，及政府中主张对工商业实行民办的势力占了上风。而洋务企业则由于其在产权运作上的种种缺陷，1895 年后有些停办、倒闭，有些改归民办，有些被外国人控制甚至吞并。到 1920 年，官办企业的产值只占全部中国工矿企业生产的 42.2%，而私人资本产值已占到全部中国资本工业生产的 57.8%。

抗日战争爆发后，特殊的战争环境给国家资本在工矿业方面的迅速膨胀创造了条件，使它到 1949 年时约占了中国全部工业资本的 2/3。但由于国家资本企业管理腐败，许多设备闲置，生产效率很低，其在工业产值中的比例应低于上述比例。但私人资本也因战争原因基本上处于一种停滞甚至衰退的状态。

2. 企业组织形式的变化

一般说来，企业制度的发展经历了一个由独资、合伙到公司，并由无限责任公司到有限责任公司的发展过程。

在中国传统社会后期，一些行业中就出现了股份合伙制度，其中最具典型意义的就是在四川自贡井盐业中出现的契约股份制。在企业组织形式上，它把企业资本划分为均等的股份实行债务有限责任原则，并以其出资额为限；在企业经营中实行所有权和经营权的委托经营。但是，由于它不向社会公开招股，因而不能达到大量集资的目标，它的股权不能自由上市买卖，因而其资产运作与企业经营未完全分离。此外，它的管理体制还基本上是传统的封闭经营，不向社会公开账目，因而，与现代股份制企业有实质的区别。

1840 年以后，外商在中国建立起一批轮船公司、贸易公司等股份制企业。在这些股份制企业示范效应的作用之下，中国第一家股份制企业——轮船招商局建立，尽管它还存在许多不足之处，如不是法人、官款不是股本而是借贷资本、产权界定不清等，但它已开始具备了近代股份公司制度的基本特征。

从 19 世纪 80 年代初期开始，一些公司性质的私人资本企业也开始出现，如 1882 年建立的上海源记轧花公司，1887 年建立的宁波通久机器轧花公司等，但都规模有限。

1895 年以后，很多大的跨国公司进入中国。这些国际资本都是采取股份制经营的，可以说是世界范围内的股份资本。面对这种新的形式，1903 年清政府颁布第一部《公司律》，使资本主义近代工商企业的设立、组织、活动有法可依，自此中国的公司制度有了迅速发展。1921 年中国注册的各类公司已达 296 家，到 1935 年已达 1 966 家。

3. 资本的集中和垄断

股份制的发展是与资本的集中同时进行的，其结果是大资本集团和垄断形成。中国工矿交通运输业中的资本集中和垄断，表现为外国在华企业的相互联合和对中国资本企业的吞并，由此产生出了如英美烟草公司、耶松船厂、和记洋行、利华肥皂公司等大企业，从而使外资在中国的一些工业部门中处于明显的优势地位。1933 年，外资工厂的产值在造船业中占 62%，在制烟业中占 63.3%，在肥皂业中占 78.4%，在制蛋业中占 56.8%，在制革业中占 66.3%，在清凉饮料业中占 83.6%。而外国在华资本的集中和垄断程度也是相当高的。如英国对华投资主要集中于怡和、太古、沙逊三大集团和亚细亚火油公司、颐中烟草公司、卜内门洋碱公司、中国肥皂公司。这些资本集团在上海的投资约占英商在华全部资产的 60%。1930 年，美国 17 家大公司的投资也占美国在华全部资产的82%，而其余336家只占18%。日本南满铁道株式会社和满洲重工业会社共有95个公司，其资本占日本在东北投资总额的52%，而日本在关内的投资则全部为华北开发会社和华中振兴会社所控制。

第一次世界大战期间，中国民族资本企业得到进一步发展。由于资本主义内在法则的作用，伴随着个别资本的积聚，自大战后期开始出现资本集中的现象。在民族资本比较发达的行业，少数实力雄厚、经营得法、与外国资本或军阀政府联系较多的资本家在竞争中处于有利地位，其财富膨胀，出现了几个大资本家集团，并形成了各自的投资系统。如荣家（荣宗敬、荣德生）资本集团是靠资本的积累和集中同时进行而形成的。到1931年，荣家已拥有12个面粉厂，粉磨机301部，9个纱厂，32.5万个纱锭。

永安纺织公司的建立则是借助信用方式实行资本集中的一个典型。该公司1922年创办时，额定资本为600万元，股东5302户，其中零散小户5274户。郭氏家族投资15.3万元，仅占全部资本额的2.56%，永安联号投资为116.7万元，占全部资本的19.45%，而其余的467.95万元资本，即约78%的股权则分散在5274户小股东手中，郭氏兄弟只以少量投资就控制了整个企业，并在市场萧条的时候，不断收购兼并其他企业。1933年在其拥有的5个纱厂中，有3个纱厂是通过兼并的方式取得，在其拥有的2.52万个纱锭中，收买部分占43.53%。

此外，如通孚丰财团、南洋兄弟烟草公司、大中华火柴公司、民生公司等企业的资本集中，大多也是借助股份公司的形式，把分散的资本集中起来，从而迅速地扩大了生产经营规模。

在这一时期，中国经济中的民族资本内部的集中是在与外国资本的抗争中被催生出来的。在同业激烈竞争中失利的企业，既为外国资本提供了弱肉强食的对象，也为一些资本较为雄厚的民族资本家创造了大鱼吃小鱼的机会。集中使产业资本家能够扩大他们经营的规模，而规模的扩大，使其在生产设备更新、技术水平提高方面有所进步，劳动生产率也会因此有所提高，而产品成本的下降，则会加强其竞争能力。因而，民族资本集中标志着社会生产力的进步。

第四节　近代中国市场化进程中的城市化趋向

城市化是社会生产力的变革所引起的人类生产方式、生活方式和居住方式改变的自然历史过程。它表现为：一个国家或地区内的人口由农村向城市转移，农业人口转化为非农业人口，农村地区逐步演化为城市地域；城镇数目不断增加；城市人口不断膨胀；用地规模不断扩大；城市基础和公共服务设施水平不断提高；城市居民的生活水平和居住水平发生由量变到质变的改善；城市文化和价值观念成为社会文化的主体，并在农村地区不断扩散和推广等。城市化水平是一个国家或地区经济和社会发展的重要标志。

一、近代中国城市化的进程

城市化水平的提高需要一个漫长的历史过程，在此过程中，城市化的形态特征与内在机制都发生较明显的变化，体现出鲜明的阶段性。

近代中国城市化分为起步、初步发展、曲折发展三个阶段。19 世纪中叶到甲午战争前，中国开始与西方有了比较密切的接触，工业革命的潮流也影响到了中国，催生出中国内部的现代工业，但是由于这一时段属于由传统向近代的过渡时期，中国还很难摆脱传统的负荷，工业发展不足，同时也由于战争等政治上的原因，城市化率不高。这一时期，中国城市化主要在沿海沿江部分地区进行，整个国家的城市化进程缓慢，我们将这一阶段视为城市化的起步阶段。甲午战争后到抗日战争前，由于工商业的发展，现代铁路运输的激增，一批大城市兴起，同时小城镇也出现了较快的发展，但城市化的发展在区域上表现出极大的不平衡性。这一时期可以视为城市化的初步发展时期。抗日战争到新中国成立，这一阶段战争连续不断、规模大、持续时间长、破坏性巨大，中国东部和中部的城市化进程受到干扰和破坏，但局部地区出现了较快的发展。这一时期可以看作衰退与曲折发展时期。下面分阶段说明。

1. 起步阶段

19 世纪中叶到甲午战争前这一阶段，中国人口基本上处于一个停滞徘徊的状态。鸦片战争前中国人口总数是 4.1 亿多，咸丰初年达到 4.3 亿，到同治时期降为 2 亿多，经过约半个世纪，清末民初又恢复为 4 亿多。与此同时，19 世纪 40 年代以五口通商为滥觞，中国从此与西方各国密切接触，各大商埠相继开辟，城市内的现代工业逐渐兴起。但是，这时候的对外开埠通商城市以商业为主，城市化对农村人口的吸附力不足。

美国学者墨菲在 20 世纪 50 年代有关上海的著作中写道："直到 1895 年为止，上海几乎仍旧是个纯粹经商的城市，因此人口从未超过 50 万。……尽管 1843 年至 1895 年间由于外国人创办的经商机构的结果，人口增加了一倍，但是如果跟 1895 年以后伴随着市内现代工业发展而造成的人口激增相比，那么早期的增长就显得微不足道了。"[①]

上海作为首先开埠和迅速崛起的通商口岸尚且如此，其他口岸城市吸纳农业人口的容量必定更为有限。当然，我们并不否认近代工业的产生和发展对城市化的推动作用，然而这种影响毕竟有限，原因就是工业化发展不足，使得城市拉力显得疲乏。甲午战争前，在沿江沿海的一些大城市中，陆续出现了由外国资本、清政府和新兴民族资本所经营的二三百个大小不同的近代工业，但由于历史条件的限制，其多数在资本、规模、技术上都非常有限。据统计近代新式工业的产值仅占工农业生产总额的 10% 左右，而农业和手工业的产值却占 90% 上下。

此一阶段，城市发展的不平衡十分明显。长江下游地区和岭南地区，开辟的商埠、设置的租界最多，工商业、服务业比较繁荣，城市人口比重提高较快。与此相反的是，许多曾经是商业中心、交通要道、军事据点的内陆城市，或趋于衰落，或陷于停滞，如苏州、湘潭、邵阳、湖州、杭州、潍坊等。此外，甲午战争前的半个多世纪由于战

---

① 墨菲. 上海：现代中国的钥匙 [M]. 上海：上海人民出版社，1987.

争的影响，例如两次鸦片战争、太平天国直至中法、中日战争，成千上万的城镇不同程度地都遭受了战争摧残。江南地区是明清以来全国人口最为稠密的地区，也是当时中国城市化率最高的地区，19世纪五六十年代却成为太平军和清军及外国军队激烈厮杀的主要战场，在长达14年之久的连绵战争中，兵燹所至攻伐屠戮，城镇摧毁，对城市的破坏性极大。

2. 初步发展阶段

1895年《马关条约》的签订可以看成中国城市发展的一个转折点，因为它的有关条款刺激了通商口岸近代机械工业的兴起，并开启了一个铁路铺设的时代。这样，19世纪90年代，在中国几个区域的城市系统中，出现了较有成效的交通现代化变革。

马关条约后，西方资本主义对中国的经济侵略由以商品输出为主转为资本输出，外国以条约为掩护，加快了在中国设立工矿企业的步伐。据汪敬虞先生统计，1895—1913年，外国在华设立了136个工场，是甲午战争前半个多世纪的6倍（23家）；同期，资本在10万元以上的外国大型工厂的总投资达到103 153千元，是甲午战争前半个多世纪的近13.5倍[①]。

随着城乡商品经济的发展，资产阶级民族意识的勃兴，清末民初兴起了一个兴办实业的热潮，尤其是第一次世界大战期间，中国民族工业得到迅速发展，进入发展史上的黄金期。1914—1918年，中国民族资本工业获得长足发展；1913—1915年，注册工厂124家，资本总额24 424千元；1916—1918年，注册工厂374家，资本总额74 633千元。这些新注册工厂大多是纺织业、面粉业、针织业、卷烟业、榨油业等轻工业企业。

城市工业的发展，大大增强了城市对农村人口的吸附力，增强了城市化的拉力。由于中国资本主义工业主要集中在沿江沿海的一些通商口岸城市中，因而这些现代化水平较高的通商口岸城市的人口增长较快。如以1843年人口数为基本指数100的话，那么，到1933年时，上海人口数指数则为1 520，天津为600，南京为560，北京为150，长沙为190。上海在90年的时间里城市人口增长了15倍，天津增长了6倍，北京也增长了1.5倍。

从甲午战争后至1937年，中国境内修筑铁路的步伐加快。1894年中国境内共修筑铁路364千米，1911年达9 618千米，1927年达13 000千米，至1937年已超过21 000多千米。这一时期，铁路修筑最快的地区是东北。19世纪30年代，随着铁路线的铺设，原来一些荒僻的村落，以铁路车站为中心发展成现代都市的事例到处可见，大连、营口、海城、鞍山、辽阳、奉天、四平、开原、公主岭、长春、安东、抚顺等二十多个城市就是在此背景下发展起来的。据统计，东北沈阳、长春、哈尔滨、大连、本溪、抚顺六城市在20世纪30年代初人口合计达到230万，比1895年增长了11倍。在幅员广大的内地省份，除原有城市进一步发展外，因铁路而兴起的城市为数也不少。如京汉、粤汉铁路沿线的石家庄、衡阳，津浦线上的浦口、蚌埠，都是因铁路而兴。石家庄原来只是一个村落，清末民初，在京汉、正大铁路修通后，工商业日盛，成为北方

① 汪敬虞. 中国近代工业史资料：第二辑（上）[M]. 北京：科学出版社，1957：1.

的重要商城。蚌埠处在铁路与淮河的交界处，原不过是只有 500 户人家的村埠，津浦线开通后，商务大展，人口集结，1914 年已增至 10 万，1929 年达 20 万。

中国民族资本主义的发展，铁路沿线大批城市的兴起，都在不同程度上推动了农村人口向城市的流动。如果说，甲午战争前，中国城市化的推动力主要是商业的话，那么，这时期城市化的主要推动力乃是工业和新式交通运输。在城市的拉力加大的情况下，农村的推力也增强了，大量农民离村，进入城市，中国近代城市得到初步的发展。

3. 曲折发展阶段

1937 年抗日战争爆发，改变了中国的历史进程，对城市发展也产生了巨大影响。大多数城市，特别是若干重要的政治中心城市和近代兴起的主要工商业城市，如北京、上海、天津、武汉、广州、济南、太原、长沙、南京、苏州、杭州、福州、徐州等城市相继被日军占领，战火侵扰加上日寇的野蛮掠夺，城市遭到严重破坏，人口锐减。从局部看，在东部中部城市受到战争破坏严重的情形下，东北与西南两个局部区域的城市化却得到了很大发展。日本一方面要对东北进行殖民掠夺、奴役，另一方面为了适应对中国发动的全面战争的需要，将东北作为战争基地，加大了对东北的投资。1931 年日本对东北的投资总额为 5.5 亿元，其后逐年增加，到 1944 年则增至 52.7 亿元。

由于战争的特殊原因，抗战胜利后，东北成为中国重工业基地及城市化水平较高的地区。战争造成了中国东部人口大规模向西迁移，推动了西部城市的发展。如成都，在抗战中后期，由于东来人口资金的进入，城市工商业、文化教育事业都有较大的发展，1941 年城市人口较 1939 年增加了 13.6%，1942 年年初又较 1941 年增加了 6.4%，年末又较上年增加了 20.8%。但这两个区域城市的发展远不足以弥补战争对整个中国城市发展所造成的破坏和负面影响。

抗战胜利后，中国一度出现战后的复兴，经济和城市都出现较大发展，但很快又出现了三年的国共内战，内战对经济的破坏相当严重。1949 年的生产量与历史上最高年产量比较，农业生产大约下降了 25%，轻工业生产大约下降了 30%，重工业生产损失尤其严重，大约下降了 70%。而且在新中国成立前夕，国民政府军队撤退台湾时，还破坏了许多重要的工厂和矿区，加之战争所及不少城市人口数量减少，这些都使城市的发展限于滞缓。

二、近代中国城市化的特征

近代中国城市的发展由于较多地受外国资本主义经济侵入的影响，加上原有的自给自足的自然经济没有迅速地解体，新兴的产业部门没有获得较大的发展，地区之间的经济发展差距比古代拉得更大，从而我国近代的城市化呈现一些同近代世界城市化不同的特征：

（1）发展速度慢，水平低。就中国近代史的开始时期而言，当时中国城市人口占总人口的比例为 5.1%，这一水平固然同欧美一些国家相比有较大的差距，但与整个世界的水平相比，如果 1800 年左右世界城市人口的比重还仅为 3% 的话，那时的中国还并不算落后，但在 1950 年时，世界城市人口的比重已上升为 28.8%，而中国的城市人口比重仅达 10.6%，可见差距被拉开了。造成这种差距的原因，显然是近代中国城市化的速度太慢，跟不上世界主要资本主义国家在工业化的进程中城市迅速发展的步伐，这就造成了近代中国城市化水平的低下局面。不仅在城市人口上是如此，在城市工业化的水平上同样也是如此。

（2）发展不平衡。从地域空间上说，沿海城市，特别是东南沿海城市在近代获得了一定的发展；而广大的内陆地区，城市化的进程十分缓慢；就是沿海地区，南北之间的差距也很大。从城市的经济积聚功能上说，近代中国只有少数一些城市的工商业取得了较为明显的协调发展，而大多数城市则经济功能单一或残缺不全，不能真正有效地发挥城市应有的经济辐射功能。

（3）个别城市畸形发展。近代中国的城市不但在发展的地域上和城市化的内容上带有很大的不平衡性，而且还带有较多畸形发展的特点。像上海、天津等一批较大城市的发展就同租界的设立关系十分密切。由于租界里集中地居住着来自各资本主义列强的商民、政客。为适应这些人对近代城市生活的需求，租界内商业经济迅速发展起来，随着租界商业的发展，不少工业企业也向租界地区聚集。其中既有外资开设的工业企业，也有中国民族资本的工业企业。而外资投资开设的发电厂、自来水厂、煤气厂、公园等近代城市的公共设施也开始在租界里出现，这就使得近代上海、天津等的一些城市设施在相当程度上比较先进，就是同当时欧美各国相比，也毫不逊色。近代上海、天津等地的这种城市近代化的局部发展又是同全国整个城市发展滞后的局面相伴随的。在全国各城市近代化的严重落后格局的映衬下，上海、天津这种城市的发展就更加显示出其畸形的一面。

此外，在近代中国城市的人口构成上也呈现出不少畸形的特点，由于近代中国多数城市的消费意义大于生产意义，商业畸形繁荣，第三产业部门的人口占有较大的比重，呈现出与第二产业不相适应的比例。据 1947 年上海、南京、北京等六大城市人口职业分布的调查，其中商业人口占 17.8%，工业人口占 15.3%，农业人口占 7.3%，交通运输业人口占 4.7%，人事服务人口占 10.7%，公务人口占 4.3%，自由职业者占 2.6%。可见商业、公务（军政）、人事服务（雇工及家庭管理）等非生产性人口所占比重达 32.8%，而工业和交通运输业和农业人口仅占 27.3%，反映了城市的非生产性质。自由职业者所占比重的低下则反映了城市专门人才的缺乏和文化的落后。

（4）较多的城市受对外贸易发展的影响。就其对内的辐射功能而言，它有着一定的城市形态和功能，但对国际市场而言，它仅代表着中国广阔的内地，起着沟通内外经济交流的城市作用。所以，近代中国的城市，就世界市场而言，还呈现出乡村的态势。以近代上海为例，就其对内地的贸易而言，它对全国各地输出数量巨大的舶来品和上海的机制工业品，又从全国各地吸收大量的土货以供出口和上海轻工业制造之用。在这种对内贸易中，上海显示出中国大城市的功能。但在上海同世界各国的贸易中，这种情况却刚好相反。1933 年，上海的进口商品中外国机制工业品像棉布、毛制品、糖、烟草、油、汽油、钢铁、纸、肥料等占进口值的 43.8%，进口的原料、燃料品如棉花、煤、木材占进口数的 34.1%，进口的粮食占 22.1%，可见机制工业品的进口占优势。在同年的出口中，上海的农产品原料如生丝、豆类、花生仁、茶等占出口额33.1%，初加工的机制品如本色棉纱、面粉、纸烟等占66.6%，加工深度高的产品则几乎没有。所以，从世界市场的角度看，上海只是以我国广大农业地区代表的身份发挥着城市的作用。由于我国城市在国际贸易中只是起着世界市场中农村的作用，农产品的价格完全受国际市场的操纵，而不取决于农民的生产成本和收成丰歉与否。如在20世纪二三十年代，湖北的棉价均以上海行市为准，而上海棉价又视国际市场行情的起伏而波动。

三、近代中国城市化的动因

城市化是一个动态的过程，它总有一个发生、发展、提高的过程。尽管近代中国不具备西方国家城市化的条件，但城市化还是发生了。一些新兴的近代城市出现了，一些城市的功能发生了明显变化，具有了近现代城市的一些特征，城市人口也在不断增加。近代中国城镇人口增长速度虽不算快，但也在不断增加。据统计，1843—1893年，中国城镇人口由2 072万人增加到2 351万人，城镇人口在总人口中所占比例由5.1%提高到6%。那么，促进近代中国城市化的主要因素有哪些呢？

1. 西方资本主义的影响客观上对近代中国城市化起了推动作用

一方面，对外贸易成为一些新兴城市发展的最主要的直接动因。如上海城市的发展就是在对外贸易的带动下发展起来的。开埠以前，上海的商业主要是国内的埠际贸易，开埠以后，随着外国洋行开展的对华贸易，上海对外进出口贸易迅速发展，租界商业区的经济力量迅速发展，并开始主宰上海的整个经济活动，城市的格局也发生了新的变化。对外贸易对内地城市的推动作用也是十分明显的。例如重庆，开埠以前是一个内陆型沿江港口城市，开埠后，外资在此设立洋行、公司、工厂等，中国资本的新式商业公司和工厂也陆续出现，资本主义性质的金融机构诞生了。随着川江航运的迅速发展，重庆形成了新型的近代城市经济体系。另外，随着城市规模的扩大、人口的增长，人们的思想观念也在发生深刻变化。另一方面，近代外国在华投资，对城市的发展起也着举足轻重的作用。事实上，近代中国发展最快的城市也往往是外资投资最多最集中的城市，这一事实本身就揭示了外商投资与近代城市化之间的联系。同样以上海为例，在1931年时，上海的外资企业投资占外资在全国投资总额的46%。如果从城市化的角度来考察，无论这些外国资本是投入工业领域，还是商业领域，抑或房地产业，都会对城市的发展有一定的推动作用。

当然，外国资本主义列强在近代中国开埠的城市攫取租界、进行投资，其目的绝不是为了发展中国的城市，其殖民侵略的目的是十分明显的。

2. 交通运输的发展是近代中国城市化的基本条件

交通运输的发展与否对于一个城市的兴衰是至关重要的。在近代，有些市镇就是因铁路、航运等近代交通事业的发达而兴起，原有的一些交通线附近的城市更加扩大，功能也发生了很大的变化。如过去比较荒凉的辽宁开原地区的城镇就是因俄国在东三省兴修铁路而发展起来的。又如安徽蚌埠原不过是只有500户人家的小镇，1908年，津浦路通车后，由于它位于铁路与淮河的交汇点上，便迅速繁荣起来，人口也迅速增加，1926年约有20万人。再如满洲里，1884年前，这里除了少数蒙古包外，是一片荒凉的草原。1897年，沙俄修建东清铁路，满洲里成为与俄国西伯利亚铁路相连接进入我国东北的第一站，人口骤然增多。1904年，居民已达6 000人，随之而来的是商业及其他行业的发展。还有石家庄在京汉路通车之前只是一个有三四十家农户的小村。京汉路修成后，商业开始发展起来，尤其是正大路接通后成为交通要道，1913年有200余户人家，1918年增至6 000人，1926年增至4万人。另外，原来已有一定规模的城市，交通运输的发展促使其迅速向近现代城市迈进。例如重庆，长江航运推动、支撑着它的发展，重庆城市规模的扩大、人口的增加、功能的变化及商业的繁荣，与其有着密切的联系。有些航运较为发达的港口则成为新兴的城市。如秦皇岛，原是直隶永平府临榆县沿海渔村，依靠其沿海港口的地理优势，在1898年开为商埠，出口开平煤矿的原煤，顿时商民齐集，形成港口城市。

3. 近代工商业的发展是促进中国城市化的重要因素

城市化是社会生产力发展到一定阶段的产物，工业革命是城市化的根本动力。中国虽未经过完整意义上的工业革命，但近代中国的新兴产业，特别是近代工业、商业、金融业、房地产业等对城市的发展有明显的影响。

四、近代中国城市化迟滞的原因

如前所述，近代中国在西方资本主义列强的影响下也开始了自己的城市化进程，不过，从总体上来看，近代中国城市化的水平与同期的西方国家相比则很低，且发展十分缓慢，有些还带有浓厚的殖民地、半殖民地的色彩。那么，近代中国城市化长期停滞不前的原因是什么呢？

1. 低度工业化致使"城市引力不足"

就城市化与工业化的关系而言，其间有一种发展不平衡的现象。一方面，城市人口剧增，市区面积扩大；另一方面，工业却不能提供足够的就业机会，失业人口比率高。中国近代工业的出现不是由于资本主义经济在中国的发展，也不是由于资产阶级革命的爆发，而是由于外力入侵。西方列强急于在中国建立一个进出口贸易网，以便于商品输出和原料掠夺。中国人也受其影响而涌入通商口岸，试图以较小的本钱在较短的时间内发一笔大财，所以经商风靡一时。这种投机心理，使实业界视风险大、耗资多、要求高、周期长的工业投资为险途，于是工业不能得到发展，也阻滞了城市的发展。虽然开埠通商一度造成了商业的膨胀，但商业资本并没有大规模向工业资本转移。它们的一部分为外国洋行所控制，一部分继续留在流通领域，另一部分再度转回农村。工业投资不足必然导致工业的低度发展，而工业的长期低度发展使城市对劳动力的需求量非常有限，所以导致城市的"弱吸收力"。城市吸收力不强，无法把农村人口大量引入城市，即使部分农民迁入城市，并非全部都有适当的工作。近代城市工业的低度发展，使城市无法对进城农民加以消化整合，城市"引力"削弱，这是近代中国城市化低度、有限发展的一个重要原因。

2. 农村的推力弱

近代中国农业生产力并没有大的变化，有的学者甚至认为，近代中国农业生产的整体水平不仅没有提高还出现了倒退现象。低下的农业劳动生产率，导致大批农民仍被拴在土地上，无法大量向城市转移，这就是农村的"弱推力"。从另一方面看，虽然开埠通商使以农为本的思想受到冲击，但就整体来说，农村还很落后。近代中国，农业生产率水平低，农村商品经济不发达，农村对"人口"的推力不足，这也是近代城市化发展迟滞的又一原因。

3. 经济结构呈现二元特征

随着开埠通商，沿海、沿江一些城市呈突变型发展，如上海 1843 年人口仅 43 万，1880 年人口就突破百万。1872—1894 年，汉口人口由 60 万增至 80 万，福州由 60 万增至 100 万。通商口岸城市的发展，加速了城乡两极分化，形成局部城市化过度，而整体城市化不足的局面。少数通商口岸城市畸形发展，而广大内地城市几乎停滞不前，农村更甚。近代中国，一方面是与世界有着广泛联系；另一方面，广大落后的农村，自给自足的小农经济仍占统治地位。若干商业都市与停滞着的广大农村同时存在；若干的铁路、航路、汽车路和普遍的独轮车路，只能用脚走的路和用脚还不好走的路同时存在。这种二元经济结构表现为城乡发展的不平衡及城市内经济结构的不平衡。

（1）城乡经济发展的不平衡

近代沿海、沿江城市空前膨胀起来，商品化程度急剧提高，并且日益从自然经济的轨道中游离出来，形成一种在近代中国占有优势的以洋行为中心、以租界为基地的经济发展的态势。与此对比鲜明的是，广大农村面貌变化甚小或根本谈不上什么变化。近代中国农村基本滞留在中世纪的生产形态之中。就在近代沿海、沿江城市工厂开办之时，内地农村仍然把土地当作唯一的致富来源。比较利益低，生产环境日趋恶化的农业与畸形发展的城市商业形成极大的反差，城乡差别越来越大，中国最成功的农庄所取得的利润也很低。

（2）城市内经济结构的不平衡

二元经济结构同时也表现为城市内经济结构的不平衡，同行业内部新旧生产方式合二为一。如近代上海集中了全国 90% 以上的缝纫机生产能力，但没有一家生产整机的工厂。在这一行业中，50% 以上的工序是由手工完成的。再如近代缫丝业，大型化与小型化同时存在，既有上海的先进大型缫丝厂，也有广东顺德、番禺和浙江湖州的小型缫丝厂。同时，新旧生产方式也存在一定的依存关系，如著名的南通大生纱厂仍依赖于农村传统手工织布业。

总之，在近代城市化发展的过程中，随二元经济结构的日益明显，近代中国社会生产力在空间分布和时间交替上形成了极大的反差。新型生产力并没有成为中国社会经济的主导力量，而一些通商口岸城市在很大程度上依赖外国资本主义。新型的城市经济没有发展成为一个全国性的经济整体，近代经济仍以落后的小农经济为基础。城市经济未能占主导地位，造成了近代工业的落后；农业生产率的低下，使城市化发展的后劲不足，影响了城市化的发展。

思考题

1. 分析近代商业流通网络的结构及特点。
2. 简述近代二元经济结构的形成及特征。
3. 简述近代中国商品市场的发育水平。
4. 简述钱庄业在近代趋于衰落的原因。
5. 简述近代金融市场的构成和市场特征。
6. 论述近代自然经济解体过程的特点及原因。

第六章　政府职能的转变
与社会改革思潮

　　在中国与世界接轨的过程中，随着市场主体——工商业者阶层的崛起，以及社会经济基础由农业向近代工商业的转变，必然要求上层建筑领域中的国家发生相应的职能转变，即将传统农业社会中执行的重农抑商政策转变为近代保护工商业发展的政策。另外，由于近代中国既贫且弱的局面是历史上前所未有的，因而，发展问题成为1840年以来举国上下关注的焦点。围绕这一问题，形成了近代社会改革潮流，各种主义、主张以及各种社会改革方案相继涌现。

第一节　近代工商管理体制和管理方式的变化

　　近代西方国家及其工商管理体制是为了适应保护资本主义所有制的需要而产生的，它以提供对私营工商业的活动即所有权的实施的保证，而取得其存在的价值，同时也对企业活动发挥监督的作用。随着社会经济基础由农业社会向近代工商业社会的转变，从清末开始，中国的工商管理体制也逐渐由强制征税式的管理方式向为私营工商业者财产权利提供服务的方式转化，并形成制度，这表明国家职能和工商管理模式在向近代化方向发展。

　　1. 清末中国近代化工商管理机构的出现

　　清末工商管理体制的演变，大致可分为三个阶段：1860年后，设立总理各国事务衙门和南、北洋通商大臣；1898年戊戌维新拟建新式工商管理机构；20世纪初年的"新政"改制。

　　（1）总理各国事务衙门

　　总理各国事务衙门是中国近代被动地与国际市场接轨之后，随着西方列强的政治压力迫使中国传统政治结构发生变异而产生的。第一次鸦片战争失败的压力，迫使清政府设立了由两广总督兼任的五口通商大臣处理与西方世界的外交事务。第二次鸦片战争失败，外国公使常驻北京，被迫增开十多个通商口岸的压力，又迫使清政府设立被称为"总理各国事务衙门"的专职外交机构。这意味着闭关锁国政策的末日来临。

　　总理各国事务衙门产生后，它的职权逐渐扩展，凡有关洋务的铁路、电报、关税、矿务、海军、制造、文教、内政等，都由它掌管。所以它已具有"洋务内阁"的性质。而原管各衙门的职责，有的已无实权，有的形同虚设。

　　总理各国事务衙门这一机构在新的形势下，虽然不得不担负起办洋务的任务，但清政府的国家机构直至 19 世纪末并未进行相应的改革。近代工商业虽然已经产生并有所发展，但清政府并无专责机关负责这方面的事务，或为其提供服务和保护。制度变迁的滞后性与现实经济活动的前导性相互冲突，阻碍着中国社会经济的进步。

（2）戊戌维新拟建和"新政"时期正式建立的近代工商管理机构

1895 年《马关条约》签订后，中国社会各阶层要求改革现状，挽救民族危亡的呼声高涨。1898 年，以康有为为首的维新派，在光绪皇帝的支持下，开始推行改良主义的变法运动。并由光绪皇帝正式发布诏令，命令各省整顿商务，在各省会筹办商务局，在京师设立农工商总局、矿务铁路总局等。在戊戌变法中出现的工商经济管理机构虽令人耳目一新，但这些刚刚建立或还在拟议中的机构，由于变法的迅速失败而没有发挥实际作用。

1900 年庚子之役的惨败，迫使清政府痛定思痛，决心通过改革政治、变迁制度安排，求得自强之道，继续保持其统治权力。1901 年改总理各国事务衙门为外务部，专司外交与通商事务。1903 年始设商部，将其作为统辖全国工商实业的最高领导机关。商部的设立，标志着清末振兴实业活动的开始，也反映出国家对工商业在社会经济中重要地位的正式承认和对工商业重要作用的认识的提高。1904 年以后，商部制定了一系列新型经济法规和奖励章程，建立了一系列新的有利于私人资本主义发展的经济制度。

（3）清末近代工商管理机构的作用

纵观清末工商管理机构的演变，可以看出，它的职责逐渐向为资本主义工商业者财产权利提供服务的方向转变，其具体表现为：由原来代管或兼管的部门向专门化部门转变，并且产生了一些顺应社会经济发展需要的新型工商管理机构；新增和旧有工商管理机构规模不断扩大，人员数量不断增多，人员组成日益专业化、知识化；逐渐建立了从中央到地方的垂直式工商管理系统，工商控制权上移中央，加强了近代意义的经济集权制；出现了具有近代含义的分科治事的机构组织形式，分工较为明确，提高了管理效率；决策过程趋于科学化和民主化，由工商管理部门提出议案，交议院审查，通过后由有关部门执行。

但是，清末新式工商管理机构的出现不是自发的，而是被动引进的，这就造成清末工商管理机构的演变及管理方式的近代化具有很大的局限性，从而制约和阻碍了中国近代化的历史进程。这主要表现为：经济权利始终未摆脱政治权力的束缚，导致了政治与经济的不同质和不协调。其原因为：中国没有经历过西方那样一个财产权利转化为政治权力的斗争和确立过程；清政府落后的专制政权性质决定了它的工商管理机构是一种滞后性调整；清政府虽然建立了从中央到地方的垂直的工商管理系统，但中央并不能号令全国，政令仍难以统一，地方督抚仍掌握着实际控制权。

2. 民国时期的国家工商管理机构

辛亥革命后由孙中山建立的南京临时政府，是中国历史上首次出现的近代化的政权形态。它采取资产阶级民主共和制度，在组织上仿效美国总统制，按照资产阶级三权分立的政治原则，由立法、行政、司法三个机构组成。在其行政机构中与工商实业管理有关的部门有财政部、实业部、交通部等。此后袁世凯的北京政府中的工商管理机构也基本上承袭了这一建制，但亦有所变化，包括改实业部为农商部，掌管农、工、商、矿事务；设审议院负责审定全国财政，并负司法监督之责；在中央特种工商管理官署设税务署、盐务署和币制局等。

民国初期，地方财政机构体系十分混乱，基本上各自为政。为加强中央集权统治，保证中央财政收入，1913 年开始在各省设财政厅，规定各省财政厅长由大总统任命，直隶于中央财政部管辖。1927 年南京国民政府成立后，为建立和发展民族资本主义经济，着手改造旧有的工商管理机构，建立与资本主义经济相适应的全国统一的新式工商管理机构。在行政院下设工商部、农矿部、财政部、交通部、铁道部等，管理工业、商业、农业、矿业、财政、税收以及交通运输、邮电通信事业，并另设中央银行管理国家的金融、货币。这一机构比北京政府时期有所扩大，分工也较细致，对地方政府也有较高的权威性。除上述各部外，国民政府还陆续设立了一些专门机构管理经济事务。如 1928 年成立的建设委员会，它作为负责经营国有事业的最高机关，接管北京政府时期的官办企事业和与工商业有关的业务，后来主要偏重于电业和煤炭业。1931 年成立经济委员会，负责全国的经济事业，其实际业务与工商业关系较为密切的是交通运输，尤其是公路建设方面。1935 年正式成立资源委员会主管国家所有的工矿业。

中国传统农业社会中，国家对工商业的一项重要政策就是由国家直接经营，并力图垄断。这一传统延续到近代，使国民政府的工商管理机构逐渐显示出这样的特征：其所规划的虽然是一种混合经济，但它所扶植的私人经济只限于轻工业和一般商业流通，其基本经济目标仍是由国家直接经营有关国计民生的重要工业和公用事业，并在这些领域内实行垄断。这一政策在国家工商管理机构中的反映就是负责管理国营事业的机关日益膨胀，同时其他政府机构也直接经营工商业。这种做法本是近代国家制度的禁忌。

第二节　清末至民国时期的国家工商业政策

在中国，自秦汉以来，在"抑商"思想的指导下，国家对工商业的基本政策是在扩大官营工商业的同时，限制私营工商业的发展。鸦片战争后，中国被迫对外开放，清政府对进出口贸易的垄断被打破，在买办制度的推动下，近代商业迅速发展。对这一现状，清王朝除尽力维持个别行业的垄断经营（如食盐）外，不得不采取默认的态度。但在兴办近代资本主义工矿交通运输业势在必行之时，清政府却仍然力图发展官办，限制商办。这种政策直到 1895 年甲午战争后才开始发生变化。1895 年之后，国家的宏观经济管理开始由限制向服务的方向发展，即以保商为目标，尤其是由发展商业逐步向发展工矿交通运输业的方向转化，减少国家干预，放任民间企业自由发展。

国家政策的转变降低了交易费用，增加了公共产品的供给，推动了民族工商业的繁荣，为经济近代化提供了制度的保证。但这种转变还是初步的，各种法规也是不完善的，甚至保留着传统社会的烙印。尤其是有关私有财产的立法，仍未摆脱从属于政治权力的传统，表现出明显的不彻底性。

1. 清末国家工商业政策的初步转变

甲午战争失败之后，在西方资本主义对华进行大规模资本输出的刺激下，要求准许民间自由设厂的呼声很高。而此时洋务派已无法垄断近代工业，清政府也无力投资新式企业。何况既然允许外国人在华投资设厂、开矿，自然也没有理由不准民间设厂开矿。在此情况下，1898 年清政府颁布了奖励投资设厂的法令、政策，首次承认并保证了民间私人资本投资兴办近代企业的合法性，使中国近代企业开始由官办向商办转变，并促成了中国有史以来第一次投资设厂高潮的出现。

为鼓励国人致力于发明、创办和仿制，清政府制定了《奖励华商公司章程》，规定奖励之大小为按集股多寡而给予官爵。清政府这些奖励措施对扭转社会对工商业者的陈腐观念起了一定作用，使长期以来鄙视工商业者的陋习从根本上动摇了。1904 年清政府允许商人成立自己的组织——商会，并颁布《商会简明章程》。这说明统治者已经不能无视工商业者的作用和力量，不得不重视他们的利益和要求。与此同时颁布的《商人通例》和《公司律》，标志着近代公司制度的初步建立和以法律形式保证了工商实业者的投资。《商标注册暂拟章程》体现了公平竞争的原则，对华洋商标一体保护，防止并制裁冒用他人商标的侵权行为。《破产律》的颁布在很大程度上免除了工商业者对企业经营失败要受处罚的恐惧。1902 年，清政府颁布《筹办矿务章程》，放宽了对外国人投资的限制。1903 年颁布的《重订铁路简明章程》，对外商附股做出规定，并允许华商办铁路，用机器和房屋抵借外款。

清末公布的一系列法令和法规，不同程度地具有规范市场和企业行为的作用。最值得注意的是《商人通则》中要求企业必须建立现代簿记制度；而在《破产律》中，对如何呈报破产、债主会议、清算账目、处分财产、清债期限、呈请销案等都做了十分详细的规定。此外有关商标、银行、专利、印花税则等法令和章程均有规范市场行为和企业行为的内容。民间私人资本投资兴办近代企业的某些禁令的解除，激发了民族资本家阶级投资近代企业的热情。投资设厂合法性的明确，也使民营工商企业大量涌现。此外，一系列奖励和保护民族资本主义经济发展的法令、政策的颁行，也从社会思想领域加速了中国近代化的历程。

2. 北洋政府保护工商业的法令和措施

辛亥革命后，袁世凯当上民国政府大总统，虽然力图复辟帝制，但也无法阻挡正在形成的"实业救国"和发展资本主义的社会历史潮流。另外，一些资产阶级代表人物如陈其美、张謇、周学熙等则直接参加北京政府的内阁活动，主管经济职能部门。他们力主发展中国民族工商业，利用所掌握的权力，促使袁世凯及以后历届民国政府都制定和颁布了一系列保护和奖励工商实业的政策和措施，初步形成了一个法律体系。

民国初期政府保护工商业的法令和措施，就其要点看，一是制定保护与奖励幼稚民族工商业的法令，如《专利法》《保息法》《工厂法》等；二是引进外资，兴办实业；三是提倡国货，减免捐税，便于商品流通，帮助国货和洋货竞争。这些法规虽在一定程度上为这一时期中国经济近代化的历史进程创造了社会环境和制度保证，但由于北京政府财政困难，不平等条约的限制太多，以及其他种种原因，许多法规仍停留在纸上，实际上并未得到真正的施行。

3. 南京国民政府统治时期对市场的统制

在清末民初的市场化和政府职能逐渐转变的进程中，也出现了另一逆向的潮流，即 1927 年以后，南京国民政府通过规范市场行为，逐渐加强对市场的干预与主导作用。

（1）南京国民政府逐渐加强干预与主导市场的原因

①世界性的民族主义思潮的兴起。19 世纪 40 年代以来，在中国市场化的进程中，随着闭关主义政策的彻底破产、殖民化的加速和国内地方势力的膨胀，国家权力出现外移和下移的分崩离析的局面，民族危机日趋严重；中国贫穷落后挨打的局面，导致了民族主义的觉醒。建立一个强大的国家政权，集中国家力量推进工业化，实现由农业社会向近代工业社会转变，成为社会的主要思潮。例如，急于使国民经济现代化的孙中山从来就不对私人资本寄予什么希望，他认为，中国尚无一个阶级有负起现代化重任的经济实力。另外，他又担心私人资本发达膨胀，会造成贫富严重不均，引发社会革命。所以，他主张"发达国家资本，节制私人资本"，先要建立起一个统一、独立、权力集中的国家政权，由这个国家来担负起引导中国经济现代化的重任。而南京国民政府建立后，也需要以推动现代化来使自己的政权取得合法的地位。与此同时，20 世纪 30 年代，印度、土耳其、墨西哥等国家也出现了要求通过国家权力的集中以控制经济的主张，这是与中国一致的。

②世界市场的运行环境发生重大变化。20 世纪 30 年代，世界资本主义经济大危机的爆发，这也是国际性的政府对市场的干预主义取代自由放任主义的转折时期。美国罗斯福的新政、苏俄的国有化运动、英国工党的国有化思潮、法国人民阵线政府加强对经济干预的活动、日本军部对财阀的扶持与联合、德国纳粹的法西斯主义……这些世界性的政府对市场进行干预的活动，是资本主义发展到垄断阶段，自由资本主义时期市场力量的发展导致对社会生产力的破坏，以及贫富悬殊差距的扩大和社会矛盾的尖锐化所导致的。这些问题在当时的经济环境中，只有通过政府的干预才能缓解。在中国，虽然 20 世纪二三十年代各类市场的发育还远未达到充分发展和成熟的水平，还属于资本主义市场经济的幼年时期，但由于中国已和世界市场接轨，这种影响迅速反映到国内，与民族主义、官僚资本一拍即合，成为南京政府的经济政策。

③中国资产阶级对国家干预主义的支持。就当时的国内国际环境，以及中国资产阶级的总体实力还十分薄弱的情况而言，通过国家权力对市场进行控制和干预，也成为对中国资产阶级一个最有吸引力的选择。

经过半个世纪的发展，到 20 世纪初，中国社会经济中市场的力量逐渐摆脱了政府的控制，取得了一种独立的、自由的，甚至可以和政府分庭抗礼的地位。市场的主体——商人、企业家经过几十年的成长，经济实力和社会地位日益上升。经济自由放任主义对早期市场经济的发展是有利的，商人和企业家在政府干预削弱的宽松的政治经济环境中依靠自身的力量获得了发展。中产阶级感受到了经济自由放任的好处。但是，在中国近代国内市场与国际资本主义市场接轨的过程中，中国所处的不利地位，使进出口商品价格剪刀差日益扩大，导致许多稀缺资源流失；国际资本操纵中国金融市场，导致市面波动剧烈。再从国内的经济发展环境来看，由于中央权力的外移和下移，西方列强通过财政金融借款和大规模的对华投资，控制了中国政府的财政经济命脉，军阀拥兵自重，任意截夺中央的税源，以及地方割据和内战不息等情况，也对国内统一市场的纵深发展起到了严重的阻碍作用。此外，自发形成的市场体系尚不能有效地提供社会需要的公共物品和装备（如国防设施、公路、桥梁、水、电、市政设施、环境卫生等）。相比之下，要求有一个强有力的中央集权政府来保护和提供进一步发展的市场环境的愿望更为强烈，在军阀统治越来越糟糕的时候更是如此。因而，当大革命风暴一起，商人和企业家欣然接受了"打倒帝国主义、打倒军阀"的口号，支持蒋介石南京国民政府，幻想依靠这个政府实现他们期望的政治经济目标。

（2）1927 年以后南京国民政府干预与主导市场的措施

① 1927—1936 年干预与主导市场的措施。南京国民政府对市场的干预和控制，主要是通过控制社会总需求来实现的。在社会总需求中，政府主导的社会总需求与民间主导的社会总需求是两种不同的类型。哪一方面在社会总需求中控制的比重更大，是两种类型转化的关键。

在中国传统社会长期由政府直接干预主要社会需求如粮食、盐、铁这一传统的影响下，在以孙中山为首的资产阶级革命代表人物提出由国家控制社会资源（民生主义）以实现现代化的潮流，以及苏俄十月革命后由国家实行计划经济取得初步成功的影响下，1927 年南京国民政府成立后，即开始对社会总需求进行全面的控制。自由放任主义的统治地位逐渐让位于政府干预主义。

财政金融领域内的国家干预与控制。这种干预控制最早开始于财政金融领域。为了稳定统治地位，建立其物质基础，1927 年南京国民政府一建立，立即开始着手整顿财政体系，实行税制改革，明确将中央与地方的收支大权集中在中央手中。在财政收入中，通过划分中央与地方收支系统，逐步建立起了中央、省、县三级财政体系，将主要税源控制在中央手中；通过与西方国家签订新约，宣布关税自主，实行国定税则，使进口商品关税税率提高到 27% 左右，关税税款也由过去存放外国在华银行转为全部集中存入中央银行保管；过去盐税多被地方截留挪用，1928 年以后国民政府从地方手中夺回了盐税，并提高了盐税税率，增加了盐税收入；通过创设统税，对主要工业产品实行了征收货物出厂税的制度，使统税也成为中央财政的一个重要来源。

经过整顿税制，关税、盐税、统税在中央财政收入中所占的比重大大提高了，达到了 70% 以上。其中关税收入占 50% 以上，盐税占 20% ~ 30%，统税占 10% ~ 20%。1936 年较之于 1927 年，关税收入增加 49.9 倍，盐税收入增加 10.9 倍，统税收入增加 20.9 倍。关、盐、统三税皆为间接税，表面上由工商业者缴纳，实际上都落在了消费者身上。这个时期，财政收入占国民生产总值的 3% 左右。关、盐、统三税成为国民政府财政收入的三大支柱，1936 年的国家财政收入也比 1927 年增加 2.2 倍，达到 10.57 亿元，从而建立起了中央财政收入的稳定基础和中央财政的统治地位，增强了中央政府干预与主导市场的力量。

国民政府还运用国家权力，建立起了中央银行制度和以国家银行为中心的全国金融垄断网。在 1935 年法币政策实施前夕，中央、中国、交通三个国家银行的资本已达 1.59 亿元，占全国金融资本的 43.3%。这三大银行控制了私人银行，操纵了社会金融命脉，扩大了国际金融资本的积累。它们通过"废两改元"与"废银币行法币"两次币制改革，统一了币制，建立了新的货币制度，为政府控制与主导国内市场奠定了最初的基础。

国民政府经营的工业与交通运输业。1927—1937年是中国近代第二次修筑铁路的高潮，在政府的主导下，全国共修筑铁路3 000多千米，1935年年底增加到15 727千米。其中粤汉铁路株洲韶州段的完成，使粤汉铁路干线贯通。陇海线延长到了宝鸡。1921年公路通车仅1 184千米，到1935年，竣工公路总长96 395千米，重点是苏、浙、皖、赣、鄂、湘、豫七省联络公路，里程2.1万余千米。修筑公路、铁路的经费主要来自外债和利用退还的庚子赔款。1935年的水运中轮船吨位比1928年增加2倍以上，航空运输从无到有，航线万余千米。

为控制国防资源，国民政府规定，凡与国防有关的重要物资，如铜矿、铁矿、石油、适合炼焦的烟煤，均由政府统筹开发。由建设委员会直接经营首都电厂和戚墅堰电厂，并计划把钢铁、机械、酸碱、纸浆、细纱、酒精等重要工业品控制在政府手中。

控制农村经济的政策。为了缓解农村经济危机，特别是为了巩固和强化国民政府的统治，国民党第三次全国代表大会通过了有关改进农业生产、改善农村组织的宗旨及其实施方案。其后，国民政府公布了农业推广章程，以县为农业推广的基层单位，除推广农业园艺作物及树苗外还兼及农村教育、经济、治安等工作。1930年颁布《农会法》规定，凡有农地者，或耕作农地十亩以上的佃农以及学习农艺的学生均可为农会会员。农会的主要任务是，办理农村调查统计，指导农民改进农业生产，推广农村教育等。截至1936年6月，全国共成立农会1.25万个。倡设这种地主和佃农均可参加的农会的目的，是为了进一步控制农村，排斥、破坏、消除中国共产党领导的农民革命运动。

国民政府还制定了统制某些外销农产品的政策。如由国家资本设立新式茧行以代替原有的旧式茧行收购生丝、红茶、烟草等。这样政府既获厚利，又控制了部分外贸物资。

②1937—1949年干预与主导市场的措施。抗日战争爆发后，中国农、工生产富庶之区被日本所攫取，中国内地与最重要的港口——上海的联系被割断，侵华日军采取水陆双管齐下的战略，割断了中国的对外交通，封锁了中国内地与外界的联系。到1938年年底，日本已占有了中国土地的1/3，农业生产的40%，工业生产能力的92%。华东主要税源区的丧失，使国民政府当年的财政收入比战前水平降低63%，而中央政府的总支出却由1936年不超过全国总产量的5%，上升到1938年的12%（丧失给日本的50%生产能力不计算在内），收支不敷高达1/3。

日本的侵略强迫国民政府远离原来的经济中心，使之只能依赖中国社会和中国经济中最不发达的地区。国内供给的严重不足，使国民政府把争取国外经济援助和商品输入放在了极重要的地位。与此同时，国民政府也效法欧美、日本等在"国家至上""军事第一""力量集中"等口号下，对国内稀缺的资源进行了广泛的控制，集中使用。战争期间，军事集团的作用增强了，这也使政府能够利用政治强制手段，以超经济的干预方式加强对市场的控制。

为了争取国外经济援助和商品输入，国民政府统制了钨、锡、汞、铋、钼、猪鬃、生丝、桐油、羊毛等产品的收购、运销和出口业务。太平洋战争爆发前四年中，统制这些出口物资总值达 8 640 万美元，占战时出口总额的 79.2%；1941—1945 年，主要通过空运的这些物资，出口总值也达 6 430 万美元。为了集中使用国内紧缺资源，一切军需物资如钢铁、五金及其制品，棉花、粮食和食盐等严禁出口，对某些物资亦予以管制。经济部先后指定管制的工业器材共计 200 余种，管制办法为工业器材存量登记、凭证购买、核定价格、发给运照等。

为了稳定市场物价，国民政府在农产品方面亦采取了一些措施，1941 年田赋改征实物后，对粮食的控制有所加强。田赋征实、征借的总征收量，1941—1945 年每年为 6 000 万石以上（超过 1840 年前漕粮的 10 倍），占这一时期政府货币税收的 2.5 倍以上，为每年粮食生产的 10%。

国民政府对民生日用必需品棉花、纱布也采取了强制性的管制措施。曾实行"放纱收布办法"管理纱布市场，调节供需。1942 年改为"以花控纱，以纱控布"政策，进行存货登记，统收厂纱，分配供应。布价高涨时，对公教人员和平民供应平价布。对民生日用必需品食盐、食糖、火柴、烟类等实行专卖，在重要产销地区设立机构评定价格，统一收购，再按统一价格售予商人。

在资金供应方面，战前中国银行业集中于华东沿海各省市，供给内地的资金多依靠上海金融界的支持。上海沦陷后，供应内地信贷的来源被割断，为内地提供信贷的责任落在国家银行及其分支机构的身上。民营银行的业务也受到政府的干预，要求其贷款与国民经济在战略上的需要保持一致，禁止银行向收购商品者贷款。

（3）政府干预与主导市场的作用

1927 年以后，国家的干预与控制，使中国国内从财政金融到对外贸易，从重工业品到民生日用品，从资金到劳动资源，各类市场都被逐渐纳入政府的计划与管制。货币发行从属于政府的财政需要，价格已不是由市场决定，而是由政府根据政治、军事、财政的需要决定。1927—1949 年，国家对市场各要素的干预与控制的逐步强化，在最初一段时间内起到了稳定市场、集中资源的作用，对中国经济的发展有所促进。在抗日战争爆发后，战时统制经济的政策对支持战争也起了重要作用。

但是，政府由控制生产和价格而产生的权力欲几乎是无止境的，管制物资的生产成本远远高于政府收购价或限价，价格信号和供求关系在市场运行中的作用遭到严重扭曲，价值规律难以正常调节生产并维持社会分工。为筹措军费，1937—1949 年，国民政府的通货增发 1 400 多亿倍，物价上涨 85 000 多亿倍。货币价值尺度、流通手段的职能逐渐丧失。通货膨胀和物价飞涨，使投机资本空前猖獗，出现了大批追逐暴利的商人和从事投机活动的银行钱庄。许多重要商品的交换和流通已无法由市场调节，而是由政府直接调拨。市场在资源配置中所起的基础性作用逐渐丧失。统制最早、最严格的产品也是最早、最快出现生产衰退的部门。与历史上最高年份相比，到 1949 年，中国重工业生产大约降低 70%，轻工业降低 30%，煤产量降低 47.6%，钢产量降低 62.6%，棉纱降低 26%，农业产值降低 1/4，粮食降低 22.1%，棉花降低 48%。1949 年，城市失业人员达 400 万，相当于在职职工人数的 50%。

经济活动是一切社会活动的基础，经济自由决定了政治自由，一旦作为其他自由前提的经济自由失去，其他自由也就消失了。这种过度的干预，也使国民政府走向了政治、军事、文化专制的道路。尤其是在 1947—1949 年的国共内战期间，其弊端更暴露无遗，成为国民党政府最终失败的重要原因。

第三节　近代中国的财政转型

1840 年后，中国传统的财政和赋役制度逐渐发生变化：一方面，国家财政和税收主权不断丧失，财政经济命脉日益为西方列强控制，独立的国家财政瓦解；另一方面，随着近代资本主义工商业、金融业和交通运输业的兴起与发展，传统的财政和赋税制度开始出现资本主义的因素和成分，并直接引进西方国家的税制和税目。

一、财政自主权的外移与财政体制的演变

1. 财政自主权的外移

近代中国财政自主权的全面丧失是在 20 世纪前后，但始于 1842 年，其重要标志是中国关税自主权和海关行政权的丧失，以及 1895 年以后因巨额战争赔款和大举贷款所导致的以关税和其他税项作为赔款、债款的担保条件或偿还基金，西方列强借此控制了中国关税和其他赋税的征收、分配大权，扼住了中国财政的咽喉。

1842 年中英《南京条约》中的"协定关税"，使中国关税自主权丧失。1858 年进出口税率钉死在"值百抽五"的水准上。同年建立的子口税制度，又使清政府丧失了一部分内地赋税的征收自主权。1854 年英、美、法三国驻上海领事，借口"小刀会"占领上海县城，海关业务瘫痪，宣布成立"上海海关税务管理委员会"，控制了中国海关行政权。由于清政府的妥协退让，这种控制扩大到其他口岸。1859 年秋，英国人李泰国受命办理中国各海关的行政事务，1861 年被委为"中国总税务司"，1863 年英国人赫德接任总税务司，并将官署从上海移至北京。

西方列强直接控制中国税项征收和分配使用权，始于 1860 年中英、中法《北京条约》关于赔款缴付办法的规定。英国以保证赔款按期缴付为由，在条约中规定英国派员稽查关税数目清单，由此开外国人稽查中国海关收入账目及支配关税分配使用大权的先例。甲午战争后，清政府财政危机空前加剧。为了偿付甲午、庚子两笔巨额赔款和辽东半岛赎款，筹措国防和其他经费，便大举借债，赔款和债款担保由关税全面扩大到田赋、盐课、厘金等内地赋税。《辛丑条约》更规定，海关各项税饷和所有盐政各进项中，前已作为担保而支付本息后的剩余部分，以及所有常关税项，全部作为庚子赔款担保。条约还规定，通商口岸的常关及其 50 里内的厘金局卡，转为海关管理。清政府继丧失海关行政权之后，又丧失了部分常关和厘金局卡的管理权。辛亥革命时，西方列强又乘机攫取关税现款保管权，将关税存入汇丰、德华、华俄道胜、日本正金、法国东方汇理等外国银行。以后，盐课也须存入外国银行。关税、盐课全部用于赔款

和偿付外债，中国政府能够支配的只有偿付赔款、外债后的少量剩余，即所谓"关余""盐余"。

2. 中央财权的下移

1860 年以前，清政府实行的是中央高度集权的财政体制，只有中央财政而无地方财政。太平天国战争期间，军费开支猛增，而税收大减，部库空虚，中央无款可拨，各省地主武装便自行筹款。1854 年，清政府承认地方截留和自行筹款的合法性。此后，地方势力不断膨胀，督抚多由将帅兼充，地位愈加显赫。地方财政大权逐渐由布政使转入督抚手中。光绪三十三年（1907 年）《各省官制通则》更明定布政使受本管督抚节制，并为督抚属官，受其考核，正式形成以督抚为首领，以省为单位，包括一省藩司、盐运使司、粮储道、税关监督等机构在内的"块块"财政体系。中央集权财政体制实际上已经瓦解。

督抚权力的膨胀，"块块"财政的形成，进一步加剧了中央同地方争夺财政收入的矛盾。为了改变这一状况，清政府一方面采取措施收权，另一方面决定明确划分中央和地方两级财政，租税也相应分为国税和地税两项。但来不及制订具体方案，清王朝已经覆亡。

辛亥革命后，北洋政府于 1913 年制定国税地税法草案，将财政税收正式划分为国家和地方两部分，为了将这一体制稳定下来，又实行"中央专款"制度，指定若干属于中央的税款，由各省代收。

南京国民政府于 1927 年正式划分国、地财政收支系统。1934 年前，省县财政尚未明确划分。1935 年颁布《财政收支系统法》，从地方财政中分出县级财政，形成中央、省、县财政体制。抗日战争时期，为了适应战时集中财政的需要，于 1941 年召开第三次全国财政会议，将全国财政划分为国家财政与自治财政两大系统。把原来的省财政归属于国家财政。抗战胜利后，1946 年第四次全国财政会议，又决定恢复中央、省、县三级财政体制，重新建立省级财政。不过其财政权限与财力比以前已大为缩减，而县级财权与财力有所增强，中央、省、县三级财政成为一个葫芦形。

3. 财政收支及其变化

就财政支出而言，近代最显著的变化和特征是新的财政支出项目大增，数额急剧膨胀。如晚清时期，除原有的宫廷费用、旗绿饷需、官吏俸禄、河工等经费开支外，先后新增战争赔款，营勇饷需、海关厘局经费、洋务费、外债本息、新政诸费等，并成为最主要的财政支出项目。清政府战败求和，与西方列强签订各种屈辱的条约，其中仅赔款一项，合计高达 124.330 万银两之巨。其次是军费开支庞大，用于剿灭太平军和捻军，东、西征，建江南大营、徽宁防营，援浙援黔军等军费，有案可稽者达 42 000 万银两。洋务费每年开支至少达 2 000 万银两，成为清末三大支出之一。1891 年，勇饷、关局经费和洋款三项即占财政支出的 31.9%。整个近代时期，军费和内外债本息是最大的财政支出项目，其数额的不断扩大，是导致财政支出恶性膨胀的主要因素。1913 年，财政支出为 6.42 亿银圆，军饷和债务分别为 1.13 亿元和 3.08 亿元，合计 4.21 亿元，占总数的 65.6%。国民党政府时期，财政支出由 1927 年的 1.48 亿元增至 1936 年的 18.94 亿元，军费和债务分别由 1.31 亿元和 1 600 万元增至 5.55 亿元和 8.35 亿元。

　　财政收入也在结构和数量两方面发生了巨大变化。鸦片战争后，由于财政支出的扩大，一是加重田赋及其附加等旧税。为扩大田赋附加，强行摊派，变换田赋的钱粮折合，以及实行盐斤加价、重复抽厘等，借此提高田赋和盐税收入。二是开征关税和厘金等新税，创设厘金恶税，逢关纳税，过卡抽厘。由于对外贸易、国内商业和资本主义新式工矿业的发展，财政税收结构发生变化，田赋所占比重下降，关税、厘金、盐课成为主要的税收来源，1891 年的 8 968 万两岁入中，地丁 2 367 万两，只占 26.4%，而关税、盐课合计达 4 171 万两，占 46.5%。到 1911 年，田赋的比重更降至 16.5%，关税、厘金等工商杂税的比重升至 53.0%；同时，又新增资本主义性的工矿税收入。

　　由于财政收入数额的增加远远赶不上支出的增长，因而财政赤字不断扩大。为了弥补亏空，清代末年开始发行内债，北洋政府时期，内债更成为政府筹款和弥补亏空的重要途径。但巨额的内外债本息支付，又成为沉重的财政负担，导致财政危机的进一步加剧。

　　1927 年南京国民政府建立初期，大力发展官僚资本，融合外国资本，对民族资本也有某种程度的保护，另外还实行关税自主，税制改革，法币政策等，对全国经济有所控制，财政收入有所增加。1927—1937 年，国民政府财政收入的 90% 来自税收，而税收的 95% 来自关、盐、统三税。为了维持财政收支平衡，债务收入在财政总收入中的比例也在逐年提高。1937 年抗战爆发，东南沿海工业中心和食盐产地相继沦陷，海关被夺，关、盐、统三税收入锐减，国民政府创办战时三税，即货物税、盐专卖和直接税，提出战时各项财经制度和税收制度。抗战时期，由于通货膨胀，国家财政实行货币预算和实物预算并行的二元预算。1945 年抗战结束后，内战扩大，财政赤字大幅度增加，物价飞速上涨，国民政府开始实行普通预算和特别预算，不久又改为半年预算。此后因日益严重的通货膨胀，竟用美元来编制国家预算。这一时期的关税、盐税、物税收入仅占财政总收入的 15.6%，转而以通货膨胀作为弥补财政赤字的主要手段，大肆滥发纸币，设 1937 年的纸币发行量为 100，1945 年为 1937 年的 731 倍，1946 年为 2 641 倍，1947 年为 23 537 倍，1948 年为 470 705 倍，1949 年高达 144 565 531 914 倍。

二、赋税结构和制度的变化

1. 赋税结构的变化

　　赋税结构方面的最大变化是半殖民地关税的确立、厘金的开征以及西方国家某些税种（如印花税，所得税等）的引进。

　　鸦片战争后，清政府被迫开放广州、福州、厦门、宁波、上海五口对外通商，并按照中英《南京条约》确立了"协定关税"制度；规定外国商人应纳进出口货税、饷费，"均宜秉公议定则例"，实际上由外国决定各项税率；1858 年更将进出口税率全部固定为从价的 5%，只有鸦片（即所谓"洋药"）例外；并建立子口税制度，即进口洋货或出口土货在海关缴纳 2.5% 的子口税后，即可畅行无阻，不再缴纳其他税捐。随着进出口贸易的扩大，关税征额逐年增加。光绪中期，因增收"洋药"税厘，关税年征额达 2 050 万两，宣统年间增至 3 617 万两，超过鸦片战争前的政府岁入总额。

厘金又称"厘捐"，源于太平天国战争期间清军的一种筹饷措施。咸丰三年（1853年），在扬州帮办军务的副都御史雷以诚令米行捐厘助饷，随即推及其他铺户，因捐率为货值的1%，故名厘金。嗣后各省纷起仿行，最终成为一种全国性的税种。厘金开办之初，清政府曾允诺，一俟军务告竣，厘金征收即行停止。然而太平天国起义被镇压后，非但没有停止，反而进一步扩大厘金征收的范围和货物种类，提高税率。到光绪年间，多数省份的厘金税率为5%～10%，最高的达20%。又因局卡密集，厘金名目繁多，一货多次重复征税，一宗货物所纳厘金往往超过自身价值的好几倍。厘金征额也大幅度上升，据统计，1869—1894年，全国每年的厘金征额约一千五六百万两。1884年前，在政府岁入中仅次于田赋，居第二位。

厘金虽然在清政府的筹饷筹款和弥补财政亏空方面发挥了巨大的作用，但严重阻碍了商品流通和社会经济的正常发展，并成为滋生腐败的温床。厘金的苛征一再激起各地人民的强烈反抗，清政府内部也不断有人奏请裁撤。但直到1931年，国民政府才正式裁撤厘金，以对麦粉、卷烟、棉纱、火柴、水泥等大宗机制品征收的"统税"取代。统税同关税、盐课一起成为国民政府财政税收的三大支柱。

为了扩大岁入，北洋政府和国民政府还先后引进了西方国家的税种。1912年，北洋政府开征印花税。1936年，国民政府制定《所得税暂行条例》，开征所得税，征税对象分为营利事业所得、薪给报酬所得和证券存款所得三种。抗日战争爆发后，为了节制私人资本，增加财政收入，国民政府于1939年1月开征"非常时期过分利得税"，这些税制对中小民族资本企业的正常发展是一种严重的摧残。

2. 传统赋税的整顿及变化

太平天国运动时期，地主阶级遭到沉重打击，官府和民间的田亩册籍被焚毁或散失，经界混淆，产权不清。太平天国政权为了征粮筹饷，曾一度承认佃农对土地的所有权，原有的土地所有制遭到破坏。加之人口大量流离死亡，劳力缺乏，土地荒芜，清政府的田赋征收额大幅缩减。太平天国运动被镇压后，清政府采取了招集流亡、垦复地亩和丈田清赋等旨在恢复和整顿田赋征收制度的措施，在田赋征收内容逐渐由实物向货币形式过渡到1901年这段时间内，田赋全部以货币税的形式固定下来。但是，抗日战争时期，因货币大幅度贬值，国民政府决定从1941年下半年起，各省出赋全部改征实物，谓之"田赋征实"。田赋不仅倒退为实物税，而且农民负担空前加重。

盐课是重要的财政收入来源，但盐务又是有名的弊政，弊窦丛生。太平天国运动后，清廷即饬令曾国藩整顿两淮盐务，加强了政府对食盐运销的控制。进入20世纪，一方面盐课在政府岁入中的比重仍高，另一方面盐务愈加混乱和腐败。因此，辛亥革命后，南京临时政府立即在其管辖省份推行盐务改革，宣布废除引岸专商制，实行自由贸易。但因遭到盐商和保守派的强烈反对，改革失败。不久，袁世凯政府以盐税为担保的善后大借款合同签订。外国银行团为了保证借款本息如期偿付，派一批洋员来华直接控制中国盐政。民国初年在"洋员"操纵下的盐务改革是以国家财政税收主权的严重丧失为前提的。

工商杂税中变化最大的是常关税。清朝雍正、乾隆年间，在水陆交通要道或商品集散地设关征税，分为"户关"和"工关"两类，前者隶属户部，征收货物税；后者隶属工部，以征收竹木等建材为主。鸦片战争后，为与通商口岸的海关相区别，称原有税关为"常关"或"旧关"。随着通商口岸的不断增设，许多常关变为海关，常关税为海关税所夺，税额日益下降。如1849年的常关税额为470万余两，1894年只有277万余两。1901年《辛丑条约》签订后，各通商口岸的常关更被划归海关管理，其税收抵充支付庚子赔款之用。到1931年，常关与厘金局卡一并裁撤，常关和常关税名目消失。

近代虽然在赋税制度方面进行过多次改革或整顿，但总的发展趋势却是赋税制度日益混乱，原有的法规、制度和惯例被破坏殆尽。而这种混乱和破坏又是同西方侵略、国内财政拮据、政治动荡、吏治腐败等交织在一起，互为因果的。为了支付巨额赔款、外债本息、军事和行政费用，弥补不断扩大的财政亏空，只能加强赋税搜刮，但为了逃避加税的社会责难，搜刮的主要手段不是增加正税的税额、税率，而是正税之外的各种附加、捐摊。这种正税外的附加、捐摊，为地方截留和官吏贪污中饱大开方便之门，也加剧了政府财政危机和吏治腐败，最后导致整个财政和政权根基崩塌。

第四节　近代中国经济转型中的社会改革方案

从1840年以来，人们追求经济现代化的目的就是解决中国的富国、富民的问题。围绕这一目的，以各种主义、主张出现的社会改革方案相继涌现。

一、近代中国改革方案的提出与实践

（一）对经济发展问题的认识

1. 发展问题成为中国近代社会首要问题

在古代传统农业社会，从总体上说，是中国比周边邻国，乃至比中世纪的欧洲更富强，汉族生活的地区比周边少数民族生活的地区更发达，即使有些时期汉族政权在同某些少数民族政权的武力较量中处于下风，也只是比对手弱，而谈不上比对手贫。中国古代王朝虽然也有患贫的问题，但不是因经济落后于周边国家、周边民族地区而造成的贫，而是由于政权腐败、理财无方造成的国贫，以及因财富兼并、官府聚敛而造成的民贫。近代中国的经济不仅比西方国家贫弱，而且在同西方国家的接触中变得益贫、益弱。外国的军事、政治侵略使中国益弱，外来的经济侵略使中国益贫。由于中国古代的贫弱不是产生于经济结构本身，因而求富强只需在原有经济结构内部中解决。1840年以后的贫弱却是由经济结构自身的落后所导致的，不对经济结构实行根本改革，不实行生产方式和投入产出方法的革命，就谈不上克服中国经济落后的问题，就谈不上变贫弱为富强。因此，中国古代的富国、富民思想，不包括经济发展的内容，1840年以后谈富国、富民，则必须以经济发展为前提。经济发展问题，是1840年鸦片战争失败以来中国所面临的根本经济问题。人们对这一问题的认识，有一个由浅入深的过程，而且认识过程是有反复的。

2. 中国思想界对经济发展问题的认识过程

鸦片战争期间,西方的船坚炮利对中国的传统社会政治结构构成了极大的威胁,也给中国思想界留下了极为深刻的印象。一些最先觉醒的中国人感觉到用中国的传统去"攘夷"已难以做到了,由此诱发了先进的中国人追求军事现代化的思潮。以林则徐、魏源为代表的地主阶级改革思想家提出了"师夷之长技以制夷""采西学""设局厂""制洋器""改弊政"的变法主张,在思想观念上力图通过向西方学习来达到富国强兵,抵御外侮。中国开始迈出了学习西方的滞重步伐。在太平天国后期,其领导层中受西方资本主义影响较多的洪仁玕写了《资政新篇》,要求实现资本主义性质的经济、政治改革,以挽救太平天国的危机。在经济方面,他主张依靠富民投资,使用雇工开办新式工矿业以及铁路、轮船等交通事业,并主张对外实行开放政策,允许外国人来华贸易和投资办工商业,但严禁"毁谤国法",即不允许侵害中国主权,干涉中国内政。这些经济改革主张,构成了中国近代最早的一个发展资本主义的经济纲领。但洪仁玕没有能够从理论上对中国发展问题进行说明和论证,加上太平天国不久即陷于败亡,他的这个发展方案,未能在中国思想界发生多少作用和影响。

随着西方资本主义的冲击及其势力侵入中国社会内部,人们在与西方的接触中逐渐认识到:西方列强武器先进、军事力量强大,不仅是一个技术问题,而且是一个经济问题。没有发达的经济,没有强大的经济实力,新式军事工业建立不起来,也维持不下去。洋务派船坚炮利的政策的实践也日益证明:没有自己独立的民用工业,武器需要乃至于军事工业的运转就难以摆脱对外国的依赖,而且在投资方面也会越来越难以为继。这些认识使一些先进人士对船坚炮利政策的正确性产生了怀疑,"先富后强"的思想破土而出。

近代思想家王韬提出,要解决中国的问题必须把"求富"放在首位,而求富不能再在数千年累代相承的落后生产方式下寻求,而必须学习、采用西方国家的生产方式和经营方法。王韬与和他同时代的另外一些思想家还把发展看作决定中国安危兴亡的关键问题。他们认为"灭国以商"的经济侵略比"灭国以兵"的军事侵略更危险。因为资本主义时代经济方面的侵略和掠夺是主要的,而军事侵略只是为经济侵略开辟道路,经济侵略的后果也比军事侵略更深远、更严重。郑观应主张以兵战来对付"灭国以兵",以商战来对付"灭国以商"。"习商战",就是要"讲求泰西士、农、工、商之学",这样才能使中国简单再生产的、停滞的而且已陷入凋敝萎缩中的落后经济变成一个充满活力、"人尽其才""地尽其力"和"物畅其流"的发达的、强大的经济,才能与西方列强角逐于世界市场。

(二)经济发展的途径和发展的前提条件

当发展是改变中国贫穷、愚昧、柔弱、屈辱处境的关键,是决定中国兴衰、存亡命运的契机的认识提出之时,怎样才能得到发展又提上了议事日程。当中国的发展途径不可能从中国内部寻找时,中国近代思想家则提出了"师夷""师西法"的口号,由此提出了发展的途径。

1. "师夷之长技以制夷"——1894 年前中国社会的主流意识

由于历史的局限性,1894 年前人们普遍主张在清政府的支持下来实现中国的发展要求。洋务运动提出了"中学为体、西学为用"的口号。在这个时代，中国传统社会中的思想家认为：中国的传统思想、政治制度经过了数千年的考验，是成熟和完善的，中国的不足之处在于在现代工业技术方面落后于西方，如果把西方近代文明结晶的工业技术同中国的传统社会中的思想、政治制度相结合，可以使中国返回传统盛世的古老方向。当他们的洋务实践活动遇到传统势力的压制和阻碍时，也间或提出一些微弱的政治要求，如"开议院""设商部"等。但他们理解的"议院"只不过是备咨询的机构，而不拥有立法的权力；他们说的商部，只是反映工商业者意见的机构，并无管理全国或地方工商事务的权力。

2. 从戊戌维新到辛亥革命——发展资本主义的社会变革方向

1894 年中日甲午战争惨败对中国人民的刺激，远远超过了两次鸦片战争中中国被英国打败的事实。因为西方世界距离中国太遥远，中国人并不知道它的虚实，失败之后尚无切肤之痛，而日本是中国的近邻，是一个东洋岛国，并且是两千多年来一直在向中国学习的弱小邻邦，因此，中国被日本打败对中国社会的震荡是巨大的，也促使人们把西方的资本主义与中国的封建主义进行面对面的鉴别比较，从而逐渐认清西方资本主义强大的真正原因并促使封建士大夫开始向资产阶级知识分子转化。

1894—1918 年，为中国创设发展前提的问题作为一个全局性的问题被提了出来，并为解决这一问题发动了两次政治运动：由康有为领导的变法维新运动和由孙中山领导的民主革命运动。

（1）戊戌维新运动

康有为认为，洋务运动中的变法仅限于经济方面，其结果虽然在"铁路""矿务""学堂""商务"等方面创办了一些企事业，但只能是零打碎敲，不仅速度慢，而且无法启动发展的全局。他提出了"全变"的口号，即在经济、政治、文化各方面进行全面变革。

从经济发展的角度说，就是由政府对发展实行统一的提倡、领导、规划和支持，从而使发展工作能够顺利启动和全面展开。要做到这一点，首先必须有一个代表社会进步要求，对发展抱十分积极态度的政府。康有为领导的戊戌维新运动，抛弃了"中学为体、西学为用"的口号，提出了"兴民权""开制度局""君民共主"等以议会问题为中心，就社会生活的各个层次侧面，全面进行资本主义性质的变革的政治改革主张。在其推动之下，光绪皇帝颁布了设立农工商总局和路矿总局等新式机构，提倡并奖励工商实业，改革科举制度，开办新式学堂，提倡西学等多项法令。

戊戌维新以挽救甲午战败而带来的民族危亡为出发点，以建立君主立宪政体为主旨，以兴商兴学为实践途径。就其变法的动机和范围而言，它已涉及中国早期现代化的核心内容，但这场运动的领导者和支持者只是一个没有实权的皇帝和少数开明的旧式知识分子，他们并没有真正掌握国家的政权，因而这场早期现代化运动的浪潮并没有能冲破封建主义的大坝且稍纵即逝。

1898 年的戊戌维新运动虽被镇压，但改革已成为谁也不能阻挡的历史潮流。1900年庚子之变后，镇压戊戌维新运动的刽子手慈禧太后也不得不举起了改革的大旗，全面启动社会改革措施，这在近代史上称之为 20 世纪初期的"新政"。"新政"从民族危亡感出发，企图通过"刷新政事""振兴工商"，达到广开财源、维持统治、挽回利权、抑制外国资本扩张的目的。采取的措施有：制定工商法规，鼓励发展资本主义工商业；废除科举制度，发展新式教育，任用新型人才；改革政府机构，增设商部、邮传部、法部等新型机构；预备立宪，开办咨议局，支持提倡地方自治；劝办商会、农会、工会等利益集团。

从"新政"的主观动机和规划来看，其重点是以振兴工商为核心的市场化、工业化，对民主化和民族化抱消极应付态度；但从"新政"所引发的实际社会变革来看，不仅出现了中国资本主义工业化的第一个发展浪潮，而且还出现了反对外国侵略，争取地方自治、君主立宪的高潮。从"新政"时期的整个社会动态来看，基本上形成了一种在中央政府领导下的上下呼应的早期现代化潮流，并且使近代中国的民族化、工业化和民主化运动发展到一个新的水平。"新政"的内容虽然没有超出"维新"的范围，但它使维新的蓝图大部分变成了事实，为辛亥革命后的中国现代化进程做了较为广泛的准备。

（2）辛亥革命

变法维新运动失败后，虽然清政府迫于形势也不得不进行局部改革，但以孙中山为代表的部分中国人则认为：用和平手段改造清政权，以解决中国发展的政治前提问题，是不可能的，只有用自下而上的武装革命推翻专制制度，建立一个独立自主的民主共和政府，中国才有发展的可能。20世纪初期孙中山领导的资产阶级民主革命势力，走上了历史舞台，成为历史的主流。

1911年的辛亥革命导致的皇冠落地成为中国传统社会瓦解的标志。但由于中国社会内部和外部反对中国革命的势力过于强大，孙中山领导的资产阶级民主革命在打倒皇帝之后，却无力统一中国，无力对付帝国主义，无力对付晚清督抚专政以来形成的地方军阀，无力把资本主义变革的触角深入传统势力盘根错节的广大农村。因此，他们努力的结果只是在中国社会整体建筑最上层的旗杆上，把象征皇权的黄龙旗换上了象征共和的五色旗。辛亥革命虽然推翻了清王朝，但它所建立的民国政权却被外国列强支持下的以袁世凯为代表的北洋军阀势力所篡夺。

尽管辛亥革命并未真正实现其建立资产阶级共和国的目的，但它仍然使中国在资本主义现代化的道路上前进了一大步。这具体表现为：在社会政治方面，作为君主专制统治象征的清王朝被推翻，作为资产阶级政权象征的"中华民国"诞生了，仿照西方国家的新式政权机构设置起来了，一系列的法规被制定出来了；结社自由、出版自由、言论自由获得了法律的认可。在社会经济方面，发展资本主义工商业已成为国家的基本国策。这一时期，从中央政府工商部到各省政府的实业厅纷纷制定《实业计划》，召开工商会议，研讨工业化的发展战略。资产阶级组成了全国性的组织——中华全国商会联合会，他们的政治代表人物掌握了从中央到地方的一部分权力，资本主义工商业呈现出了空前的发展高潮，市场化、工业化、民主化的思想已逐渐深入人心。

3. 1919年五四运动以后中国社会对经济发展政治前提条件的探讨

辛亥革命的失败，使先进的中国人在历尽挫折和失败的教训中认识到：没有一场深入发动的大规模人民革命，是不可能战胜反对革命、阻挠中国发展的国内外势力的。

因此，在发展途径和发展前提这两个问题中，必须首先集中全力解决发展前提问题：进行一场彻底的反对帝国主义、封建主义统治的革命，建立起一个中国人民自己的独立自主的政权，中国才有走上发展道路的可能。孙中山晚年改组国民党，实行三大政策，决心发动一场消除列强殖民统治、推翻军阀政权的大革命，表明他已经有了这种新的认识。

1919 年五四运动之后，关心中国前途命运的人，大体上分化成了三种社会力量：以中国共产党为代表的社会力量更加集中全力解决中国发展的根本政治前提问题，前仆后继地开展了反对帝国主义、封建主义统治的新民主主义革命；由于帝国主义和中国封建残余的代表——军阀势力不同意中国社会朝资本主义方向变革，而反帝反封建，对资产阶级来说又是心有余而力不足，因而在既斗争又妥协的基础上，代表大资产阶级利益又代表封建官僚买办阶级利益的国民党蒋介石南京国民政府建立了；另一部分人，则不谈中国发展的政治前提问题，而只致力于发展途径的探讨，如"实业救国""教育救国""乡村建设运动"等。

二、对中国工业化道路的探讨

对中国近代经济的发展道路的认识，经历了由"商为国本"到"工居商先"和"以工立国"再到"振兴实业"和"实业救国"这样一个由浅入深的过程。直到"振兴实业"的提出，才使中国开始有了一个要求国民经济一切部门全面发展的口号。

（一）中国工业化的两个早期方案

中国最初的工业化方案是张謇的"棉铁主义"和孙中山的《实业计划》。

1. 张謇的"棉铁主义"

张謇的"棉铁主义"是一个以棉纺织业和钢铁工业为中心和主导力量，广泛发展农、矿、交通运输各种实业，以实现国家工业化的方案。

资本主义的产业革命是从棉纺织业开始的，资本主义最初实现工业化，是由棉纺织业带动的。棉纺织业投资少，资本周转快，获利容易。中国人口众多，棉纺织业市场无限广大。在张謇创办实业时，棉纺织品已长期占进口商品的首位。因此，20 世纪初，张謇在他的家乡江苏南通创办实业时，以此作为起点和重点。

但是，张謇创办企业的时代，早已不是欧洲产业革命的 18 世纪了，棉纺织业已不再是占主导地位的产业，而是钢铁工业。在这种情况下，中国的工业化如仍走欧洲产业革命的老路，不仅难以实现工业化，连棉纺织业也不能真正发展起来，因为中国在技术设备方面不能摆脱对先进国家的依赖，不能达到先进水平，在市场方面缺乏竞争力。张謇也意识到了这一点，因此，他不仅提出棉纺织业一个重点，而是棉、铁并提，把棉、铁工业看作带动其他实业的枢纽，从而实现国家工业化。

张謇也提出了利用外资创办中国钢铁工业的主张。他还认为，创办经营实业，应尽量停罢官办，国家的作用仅限于提倡、保护、奖励、补助。

2. 孙中山的《实业计划》

第一次世界大战结束后，孙中山看到西方国家为战争服务的大量工业设备闲置，众多的技术人才和技术力量失业，认为中国如果大力吸收和利用这些过剩设备和人才以进行大规模建设，对中国的工业化将是一个空前难得的机遇。为此，他写下了《实业计划》。

孙中山的《实业计划》主张：在中国的北部、东部和南部沿海各修建一个世界水平的大海港，筑造 10 万英里的铁路，以五大铁路系统把沿海、内地和边疆联结起来，整治、开凿运河并疏浚各内河水道，铺设遍布全国的公路网；全面开采煤、铁、石油等矿藏，发展各种轻重工业；大力移民开荒，建立大批新的农业基地，实现农业机械化和推广各种农业新技术；发展各种民生日用工业等。

这是中国近代第一个规模宏大、内容完备并且具有明确计划形式的工业化方案。它强调了国家工业化必须是一个全面的包括国民经济一切部门和国内一切地区的事业，国家工业化必须是有重点、有步骤的，要先集中力量建设强大的基础设施和基础工业，在它们的支持和武装下，全面发展实业，实现国家的工业化。在工业化的实施主体方面，主张采用国有和私有、国营和民营并行的办法，并划分两者的经营范围，发挥政府和民间两方面的力量和积极性；在工业的地区分布方面，它主张以沿海带动内地，改变地区发展不平衡的状况；在工业化资金和技术方面，它主张中国的工业化必须在对外开放的情况下进行。

（二）关于中国工业化道路的探讨

20 世纪 30 年代，关于中国工业化道路的探讨成为一时的热门话题，对工业化概念的认识也在不断深入。如学者谷春帆认为：工业化不是单纯地办工厂、筑铁路、开矿、造轮船，工业化是以工业建设为中心，创立一种企业进取、组织管理的精神与习惯，使之成为社会人群生活活动的标准，从而使一切文物、制度、思想，依这个中心标准而同化的意思。

关于中国工业化应从什么工业着手和以什么工业作为发展的重点，有三种观点：

（1）重工业中心论。如国民政府资源委员会的技术专家钱昌照等人认为，一国只有具备强大的重工业，才能使工业乃至整个社会生产力具有高速的发展速度和水平。他还以当时世界发达国家的工业结构状况为依据，并从中国当时民族危机空前严重的形势出发，认为加强国防力量，应以重工业为基础。

（2）轻工业主体论。如学者方显廷等人认为，以当时中国的条件，不可能以重工业为中心实现国家工业化，而只能先自轻工业入手渐及于重工业。他们也认识到，走这条道路只能做到"低度工业化"，而不可能实现"高度工业化"，即不可能实现现代水平的工业化，达到同先进国家并驾齐驱的水平。但在他们看来，中国工业化的条件不足，中国高度的工业化是不可能实现的。

（3）乡村工业优先论。如学者顾翊群等人认为，从世界工业化的历史经验看，工业的建设主要集中于城市，因此，工业化同城市化总是同步进行的。但是，中国农村地域广阔，农村人口众多，如果主要是在城市建设工业，不但无法充分吸收农村中的剩余劳动力，而且工业本身的发展也会在资本、资源、市场、交通运输等方面受到严重限制。因此，他们认为中国工业化道路的选择，应重视乡村工业的发展。

（三）关于中国工业化的经济条件

1. 工业中的资本积累问题

中国近代社会成为西方国家共同掠夺的半殖民地后，不但不可能从外部积累资本，而且自身的大量财富也被外国资本掠走。据马乘风估计：20世纪30年代，中国社会每年积累的财富100亿元，除了60亿元为帝国主义截夺外，剩余40亿元又分去一部分为外国银行服务，流通于国内者仅17亿元。

中国的资本积累只能靠国内，而国内的基础不仅薄弱，而且存在各种阻碍积累的因素，如军政费用占财政开支的绝大部分，以1932年为例，当年财政总支出7.88亿元中，政府所进行的生产性投资，只占当年军费支出的6%，占财政支出总额的2.5%。

中国的积累主要来自农村，而当时农村的积累能力也是极低的。收支尚难相抵的贫困农户固然谈不上为工业提供积累，拥有一定余资的富户也不愿或不敢进行工业投资。一来是因为害怕重税及各种摊派；二来是因为内乱频仍，人们不敢投资于工商业。

从上述对资本积累困难的分析出发，中国思想界针对解决工业化道路中的资本积累问题提出了利用外资、改进农村生产能力、强制储蓄等建议。但在中国当时的政治局势下，既不可能大规模利用外资进行生产建设，也不可能采用新式生产方式改进农村生产能力；至于强制储蓄，则只会为当时统治中国的政权提供一个搜括人民、进行内战的新工具而已。

2. 工业化所需要的人才问题

人才的替代弹性较资本、资源因素更小；人才缺乏对经济发展的制约作用往往更大。中国人口众多，但文化落后，劳动力价格低廉和素质低下，不适合现代工业需要。因此，人才问题也是工业化过程中的一个制约瓶颈。不仅技术人才缺乏，管理人才更缺乏。组织能力与经验的缺乏，可以说是中国近代工业化失败的一个重要原因。为此，许多企业家，如张謇、张元济、穆藕初、卢作孚、陈嘉庚等不仅大声疾呼全社会高度重视教育，而且在自己力所能及的范围内为培养人才、解决人才缺乏问题办职工培训学校、技术职业学校和普通教育，有的甚至捐资办高等教育或出资送学生出国留学。

3. 工业化所需要的市场问题

中国人口居世界首位，如果中国能够得到发展，人民生活在发展中能够得到提高，中国就会成为一个容量无限广阔而且潜力无比广大的大市场。但是，在近代中国，市场却成了一个严重制约经济发展和工业化的因素。

中国工业品缺乏市场，不仅由于工业落后、产品缺乏竞争力而难于打入国际市场，而且连国内市场也是十分狭窄的。其原因有：①外国商品充斥中国市场，把中国自己的工业品压挤得很难有立足之地。②人民购买力低下。针对外国商品的挤压，中国思想界提出了收回关税自主权，实行保护关税的要求；针对国内购买力不足，中国思想界提出了提高农业生产力，以提高农民购买力。

三、土地制度的改革和农业发展的道路

（一）对农业和农村发展问题重要性的认识

农村的发展，是一国发展中最复杂、最困难的问题，同时又是一个基础性的问题。

因为一个国家在未得到发展前，农村总是存在着最为落后的生产方式、生活方式以及相应的社会关系、思想观念、习俗等，是贫穷、愚昧、闭塞等一切不发达现象集中存在的地区，又是封建势力最顽固的堡垒。

自 20 世纪以来，中国的思想界已认识到了中国农村之广阔，农民人数之众多，也认识到农村不发展，国家发展的问题就一个也解决不了的事实。农民极端贫困，购买力低下，工业品就不可能有广大的市场。农民被束缚在土地上，受着严重的人身压迫和奴役，工业化所需要的劳动力也因此受到严重压制；农民的愚昧、知识的低下，又使劳动力的素质无法适应新式工业的要求。在旧的生产关系的束缚下，农村生产力得不到发展，农村资源得不到开发，也就无法为工业化提供其所需要的原料和商品粮食。苛重的地租、高利贷榨干了农民的血汗，又使农村不能为工业化提供资本积累。在中国，没有农村的发展，大多数地区和大多数人口就都处于不发展的状态；纵然少数地区能建立起若干新式工商业并保持这种表面的繁荣，那也只能是畸形的，缺乏稳固基础的。因此，就中国的情况而言，如果农村得不到发展，也就不可能有整个国家的发展。

此外，就发展的根本政治前提而言，农村问题也是一个具有头等重要意义的问题。如果不把农民充分发动起来，中国的革命就不可能取得胜利，中国发展的根本社会前提问题也不可能真正解决。

（二）关于农业发展的途径

农业和农村发展的问题，是 19 世纪六七十年代才提出来的。

1. 对农业生产商品化的认识

最先接触这个问题的是冯桂芬。他认为裕国的途径，"仍无逾农、桑之说，而佐以树茶、开矿而已"。他在这里说的"农"，虽然还是传统社会自给自足的农业；但他说的"桑"，则已不是与农结合在一起的自然经济的范畴，而是从对外贸易考虑问题，因为种茶、树桑的目的是生产出口商品。即使是粮食生产，他也对其商品化抱积极态度。他曾建议废除历史上的漕运制度，让首都的粮食供应全部依靠商业渠道解决。这一建议对促进农业生产的商品化，加快农村自然经济的解体，无疑有重大作用。他还是中国最先提出使用西方农业机器的人，主张在太平天国战争后劳动力缺乏的东南各省"以西人耕具济之"。

甲午战争后，陈炽著《续富国策》主张在水利、大田、果树、蚕桑、葡萄制酒、种茶制茗、种棉轧花、种蔗制糖、咖啡烟草、畜牧、渔业等农业生产领域改变传统落后的农业生产经营方式，采用新的技术和生产经营方式。他从富民的角度出发，主张经营农业要以致富为目的，而不是自给自足。他在谈农作物问题时，所考虑的都是商品性农作物，而且常常把农业生产同农产品加工联系在一起。他建议乡里富人购买机器，仿效英国办大农场。这样，他心目中的农业，已经是应用新技术、为市场而生产的专业化、社会化的现代农业。

2. 对农业资本主义经营的认识

20 世纪前后，梁启超对建设资本主义的租地农场做了一个设想。他估算了一个百亩橙园的收支账，包括地租、工资、农场固定设备投资、树苗、肥料以及副业投资等。

认为这样一个橙园在六年成树后，每年可得利润五万四千两。如果一个县能用于经营橙园的土地全部都这样使用，全年利润总数可达四五千万两，相当于清廷一年的财政收入。

梁启超所说的橙园，包含三种当事人：一是地主。占有并出租土地，但只能收取租金，而不再拥有对佃户的封建特权。他同佃户的关系，是一种平等的商业关系。二是橙园主。投资经营橙园，占有橙园中除土地以外的全部固定资产和流通资产，招聘并指挥雇工，承担橙园的盈亏。这个橙园主是一个资本主义性质的农场主。三是雇工，出卖自己的劳动力，取得工资的雇佣劳动者。这个橙园，已完全是一个应用新式技术，为市场而生产，按资本主义方式经营的农业企业。

由此可见，陈炽和梁启超所要求的农业发展，都是要在不改变地主土地所有制的前提下，通过对农业生产、经营方式的改造，使农业成为和工业一样的社会化生产，使农业的经营单位成为按大工业的精神和组织原则建立起来的农业企业。

孙中山早年的农业发展思想，也属于这种类型。但他很快觉察到土地制度问题是中国发展的一个重大问题，不改变土地所有制，不仅农业难以获得发展，工业和城市的发展，乃至整个国家的发展、进步，都会受到严重的限制。因此，他提出了平均地权的主张，把解决土地制度问题同农业发展以及整个中国的发展、进步联系了起来。

（三）土地问题是农村问题的核心

在中国古代，土地问题一直是人们普遍关心的问题之一，但是，中国古代几乎不存在经济发展问题，也就不可能存在和经济发展问题相联系的土地问题。

1. 太平天国政权的《天朝田亩制度》

在中国近代，土地问题最开始也不是和发展问题联系着的。太平天国政权颁发的《天朝田亩制度》规定：没收地主土地，实行一切土地国有；按照绝对平均主义的原则分配土地，耕作者除了留足自己的口粮之外，余粮一律归国家。每一农户都进行自给自足的生产，一些不能自给自足的手工业也在"两"（由 25 户农民组成的进行共同的经济、政治文化生活的农村公社式的单位）的范围内自给，并且是"农隙治事"。

《天朝田亩制度》的土地国有和平分土地的主张，具有打击地主土地所有制的积极意义，但它虽改变了土地所有制，却毫无发展的内容。"两"的生产仍然是处在手工劳动和自然经济之下，农民依然被束缚在土地上。在这种经营形式下，农业谈不上会有什么发展；它所实行的土地国有和剩余产品公有，只会使农民失去劳动的兴趣和积极性。

2. 孙中山解决中国土地问题的方案

20 世纪初，孙中山开始酝酿解决中国土地问题的方案。他认为：要使中国经济获得迅速发展，必须解决地权不均的问题，而地权不均的根源在于土地私有制。在革命胜利后经济获得迅速发展时，土地的价格和地租，将会随之迅猛上涨，地主会因此而暴富。因此，他主张以土地国有制代替土地私有制，消除地权不均及其必然带来的后果。

关于实现土地国有的办法，孙中山不主张没收私人土地，也不主张赎买，而主张以地价税和土地增值归公的办法，把地租及地价收归国有。其具体办法是：政府颁布法令，命所有土地私有者限期向国家申报占有土地的数量和价格，国家依据报价每年征收地价税。将来如果地租及地价因经济发展而暴涨，地主出卖土地，国家在办理更换契约手续时，把卖价超过原价部分加以征收。此外，国家虽不全面收买土地，但以法令规定国家有随时按土地申报价格收买土地的权力。

地租的占有是土地所有权借以实现的经济形式。把地租及地价收归国有，就等于把土地所有权收归国家。孙中山主张对土地国有不采取没收私人土地，而采取征收地价税和土地增值归公的办法，有减轻地主反抗、减少实施阻力的考虑，但主要还是从经济发展的角度着眼。因为在经济发展中，不断上涨的地租和地价为地主攫取，会导致大量投资不得不用在土地的租赁或购买上，这对经济发展是不利的。

晚年的孙中山正式把"耕者有其田"作为平均地权的要求列入政纲，并且把耕者主要解释为农民，规定农民中凡缺乏田地沦为佃户者，国家当给予耕地，资其耕作。他既把耕者有其田看作发动农民参加革命的根本政治条件，也把它看作农业生产力提高、发展农村经济的首要的经济条件。由于他不主张没收地主土地和全面收买土地，同时也认识到，由于农村中地主统治势力的强大，要让农民个人同地主商量解决土地问题是无济于事的，于是主张联络农民，使农民能作为有组织的力量，并且在政府的帮助下，同地主商量，以求得土地问题的和平解决。事实上，在地主掌握着土地这一农村经济的命脉，以人身奴役和宗法制度统治着农民，并且支配着农村政权和武装的情况下，和平解决土地问题是没有可能的。

3. 中国共产党早期解决土地问题的方案

针对孙中山方案的这一弱点，中国共产党提出了在国民革命过程中必须解决土地问题，主要内容包括：没收除小地主及革命军人以外的出租土地分给农民；公布佃农保护法；无地之革命士兵退伍时必须给予土地；解决土地之先决问题是必须给农民以武装及政权。此后，中国共产党第五次全国代表大会的有关决议中，进一步指出："要取消封建式的剥削，只有将耕地无条件地转给耕田的农民才能实现。要破灭农村宗法社会的政权，必须取消绅士对于所谓公有的祠堂寺庙的田产管理权。为了保证农村改革的实行，农民必须握得乡村中的政权，乡村中之武装势力，必须从绅士手中夺回来交给农民。"

（四）关于农业发展的其他思想

1. 减租思想

同农业发展及整个社会经济发展相联系的减租思想是19世纪70年代以后出现的。陶煦的《租核》把农业称为发展经济，改变中国落后状况的"本"，而把减租看作"培本"的措施。他认为："农有余财，则日用服物之所资，人人趋于市集，而市集之工贾利也；市集有余财，则输转于都会，而都会之工贾利也。"他还指出，如不减租，这部分余财落入地主手中，多半被用作窖藏或用来放高利贷、兼并土地，未必用于购买更多的商品；即使变成购买力，也"不过纵其淫奢末流之务"，而不见得能扩大一般工商业的市场。

孙中山逝世后，国民党虽然抽象地继承了孙中山平均地权的主张，但在实际行动中却抛开了其给农民以土地的内容，而仅把它化为减租的主张。1927年在浙江省试行：

"土地收获除副产全归佃农所有外，由业佃双方就各地田亩情形，以常年正产全获量为缴租，自行订立新租额。"此后江苏省也有"减租"条例，但因遭地主乡绅的反对而以失败告终。1929年，国民政府正式公布《土地法》，其主要内容为：鼓励土地所有人自行经营，不要出租；出租额不得超过土地常年正产收获量总额的37.5%；经过改进增加了价值的土地课税；出租人不得预收地租，并不得收取押租。但这种立法因传统势力的强大在各地并未真正得到实施。

2. 农村合作思想

合作思想是主张农民及小手工业者在自愿、平等、互利的条件下联合起来，组成各种合作社，以对抗工商业垄断组织的压迫，并使自己能因这种联合而实行一定的规模经营。同手工业者比较，农民更分散，距市场较远，交通运输条件不便利，因而对各种形式的合作社有一定程度的需求。

在20世纪二三十年代，合作思想曾风靡一时，许多人下乡办合作社，各地农村办起了利用合作社、销售合作社、信用合作社、运输合作社等多种形式的合作社。部分省区的银行业务开始向农村延伸。1928年后，国民政府先委托华洋义赈会在鄂、皖、赣等省推行信用合作，继而直接通过国家垄断资本的中国农民银行组织信用合作社发放农贷。这些信用合作社多为当地地主、豪绅、保甲长所操纵，而且规定：入社农民须有土地十亩以上，或者须有"生活能力"。因此，真正的贫苦农民是无法入社的，仍不得不乞贷于高利贷者。国民政府开展农贷与组织信用合作的目的，是为了控制农村经济。

此外，地方军阀阎锡山也在山西实施由地主豪绅严格控制的"村本政治"，实行土地村公有方案。由村公所发行无利公债，收买全村土地归村公有，以一人能耕之量为份，划分本村土地为若干份，分给村民耕种。公债还本的来源，则是全村之各种税收。但这一方案也并未得到认真的贯彻和推广。

3. 资产阶级改良派乡村建设运动

在中国早期现代化的进程中，传统的土地制度不仅是中国广大农村贫穷落后的总根源，而且也制约着中国资本主义经济的进一步发展。20世纪以来，中国市场日益被动地卷入世界资本主义市场，加上世界资本主义大危机对中国农产品出口的冲击，中国农村经济再度陷入危机，而且贫困、落后、残破的状况愈来愈严重。一些社会团体对农村实际状况进行了调查、研究，制订了改革的方案，有些也曾付诸实施。1935年前后，从事乡村建设、改革活动的单位已增至100多个，人员多达2 000个。最有代表性的是梁漱溟的邹平乡村建设院及所开展的"乡村建设运动"和晏阳初的定县平民教育促进会及所进行的"定县实验"。

1929—1937年，梁漱溟依据他的乡村建设哲学，制定了《乡村建设理论和实施方案》。他认为，"中国问题的内涵虽包含有政治问题、经济问题，而实则是一个文化问题"，并指出："外国侵略虽为患，而所患不在外国侵略；使有秩序则社会生活顺利进行，自身有力量可以御敌也……"他的乡村建设，就是社会秩序的建设，其手段就是"教育"。梁漱溟在邹平办"乡学""村学"，其理想是"政、教、富、卫"合一，具体办法是"行政机关教育化"，用"村学"代替"乡公所"，用"乡学"代替"区公所"，使政教合一。他还认为："这种运动实为中国农民运动的正轨，可以代替共产党。"这就是梁漱溟乡村建设运动的实质。其效果如何呢？用他们自己的话来说，就是"工作了九年的结果是号称乡村运动而乡村不动"。

另一有代表性的农村改革派是晏阳初的"平教派"。"平教派"以定县为实验基地，每年有数万元经费，有100多个工作人员。以晏阳初为首的平教会在定县开展实验的理论，是为了解决中国农民的四个基本问题，即"愚""穷""弱""私"。实际上晏阳初提出的"愚、穷、弱、私"，只是中国农村问题的表面现象，既未抓住主要问题——"穷"，更未找到"穷"的总根源。土地问题不解决，要想用"生计教育"，即用改良农业生产技术、组织信用合作社、发展农村副业等方法来彻底解决中国农民的"穷"是很困难的。"定县实验"的结果怎样呢？除了极少数人在巨额经费"实验"下获得些微利益外，绝大多数农民不但生活状况未得到改善，反而比以前更穷了。从1926年到1933年搞了八年，定县农民出卖土地者增多了，负债之家占全县总户数的67%，因债务而破产者有数千家。晏阳初的"定县试验"也失败了。

梁漱溟、晏阳初等挽救农村危机、改变农村落后面貌的方案和实践，不论其主观愿望如何，观其成效，实不足道，其根本原因在于他们不能废除旧的土地制度，解决贫苦农民的土地问题。

四、经济发展目标模式的探讨

（一）对西方模式的怀疑和大同理想的出现

19世纪末，当中国产生了"尽变西法"的要求之时，西方资本主义的矛盾已经十分尖锐。西方国家中的垄断压迫、贫富严重分化、阶级斗争尖锐激烈，社会主义运动高涨以及列强为对外扩张和争夺殖民地而斗争等种种惨烈的现实，也使中国先进人士对"西法"产生了怀疑。他们一方面把西方资本主义制度同中国的封建制度相比较，认为新制度比旧制度合理得多、优胜得多；另一方面也看到资本主义的目标模式，并不是绝对合乎理性。这种怀疑，在某些人的心目中唤起了一种对更理想的社会的憧憬。这就是中国近代的大同思想。

中国近代的大同思想，同中国古代的大同思想有继承关系，但它更多地受到了西方社会主义思想的影响。

王韬是中国近代最早提出大同理想的人物。他说的大同之世，是一个消灭了国家、消灭了战争、社会长治久安、人类永享太平之福的时代。这是针对资本主义时代侵略扩张、殖民压迫以及争夺殖民地的列强争霸战争而设计出的与之相反的社会理想。

严复则从批判资本主义制度的角度提出了自己的社会理想。他肯定了在资本主义制度下发展起来的生产力，但他认为生产力高度发展的成果却为巨头垄断，结果是贫富贵贱悬殊太大，以致阶级斗争激化和社会主义政党、革命思想兴起。在他看来，西方国家虽然富强，却不合乎理想。他在批评资本主义的基础上，提出了一个更高的社会理想，既生产力发达，国家富强，而分配又比较平均的社会。

康有为关于大同社会的经济设想则是：生产资料的全社会单一公有制；全社会统一计划体制；商品、货币仍然存在；生产力高度发达，产品极大丰富，全社会的人们物质文化生活水平高度丰裕。他还认为大同社会里将不存在家庭，主张消灭国家、消灭战争、消灭等级贵贱。这是一个空想社会主义和资产阶级启蒙主义思想的混合物。

（二）民生主义的经济发展模式

孙中山在其革命的实践中，为中国经济发展设计了民生主义的模式。他把"民生"解释为人民的生活、社会的生存、国民的生计、群众的生命。照此定义，民生主义就是一种旨在改善全国人民生活的经济纲领，改善的办法就是救贫防不均。

他认为：中国所以贫是因为经济落后，为解决这一问题，必须发展资本，振兴实业；但只是致力于实业建设，即使成功了，如果贫富悬殊加剧，也不能为社会带来幸福安宁，反而会种下恶因，留下隐患。所以，不应只考虑救贫求富一个目标，而要在振兴实业、增加财富的同时，注意分配方面出现不均的问题。

孙中山认为：不均是由少数人垄断社会之富源造成的。这种垄断一是对土地的垄断，二是对巨大企业，尤其是对能操纵国民生计的巨大企业的垄断。防不均，主要就是防止这两种垄断。为此，他提出了平均地权和节制资本两项经济纲领。

民生主义发展模式的突出特点之一是强调以国家的积极干预来加速经济的发展。平均地权和节制资本都要由国家来实行。因此，孙中山不仅在政策、措施方面强调国家干预，在理论上也支持国家干预主义，反对放任主义。他把国家对经济发展的干预，尤其是国有和国营，看作社会主义性质，他认为民生主义就是社会主义，资本主义以发财为目的，民生主义以养民为目的。

孙中山也构想过一个"大同"或"社会主义"理想国的轮廓图案。他要建立的是一个"自由、平等、博爱"的国家，由国家向人民提供包括公费教育、养老、恤贫、公费医疗以及良好的休养、旅游设施等。

（三）新民主主义的经济发展模式

辛亥革命后，当中国发展资本主义已末路穷途之时，在中国出现了新文化运动。在俄国的十月社会主义革命的影响下，中国工人阶级在五四运动中以独立姿态登上政治舞台，中国共产党成立了。此后，中国的现代化运动在中国共产党的领导下，通过对中国社会性质的认识，由旧民主主义转变为新民主主义，并进而过渡到了社会主义。

1. 中国社会性质问题论战

（1）论战的历史背景

民主革命初期，中国共产党曾采用以城市暴动和工人运动为中心的战略模式，但总是流血失败。1924—1927年第一次国内革命战争失败之后，"中国应该走什么路""中国向何处去"这类严峻的问题摆在了全国人民面前。为了正确解答中国革命的性质、方向和任务的问题，需要研究中国古代历史发展的阶段和当代社会的性质。各阶级、各党派的人们从各自的阶级派系利益出发，站在不同的立场，参与了这场论争，提出并宣传各自的论点，为各自的政治目的服务。

1928年6~7月，中国共产党召开了第六次全国代表大会，确认中国革命的性质是半殖民地半封建社会的反帝反封建的民主主义革命，并批判了认为中国革命当时已转变到社会主义性质革命的论断，指出把现实中国革命说成"不断革命"是不对的。"六大"这一论断，遭到了敌对的阶级和党派的攻击和反对，也得到了进步的理论家、历史学家的拥护和捍卫。这场论战实质上是围绕着"六大"决议展开的。

（2）论战的主要派别和主要观点

论战从对古代社会性质的讨论开始。郭沫若于 1930 年发表了《中国古代社会研究》一书，运用历史唯物主义观点揭示中国社会历史发展的进程，论证了中国社会的发展是符合马克思主义关于社会发展普遍规律的学说的。李达也于 1929 年出版了《中国产业革命概观》一书，对 1840 年以后中国社会经济结构做了具体分析。他们的著作，遭到了其他派别的猛烈攻击。

参加论战的人分为多种派别，如：①新生命派，其代表人物有国民党官僚戴季陶、陈果夫、周佛海等，他们创办的新生命书局，根据蒋介石的"把共产党的一切理论方法和口号全部铲除"的意图，出版《新生命》杂志。②以汪精卫为首的国民党改组派，于 1928 年由陈公博等创办《革命评论》，宣传汪精卫的"分共"方针。③胡适、梁实秋等创办的新月书店，出版《新月》杂志，提出了"中国现状"问题，发起讨论。④以陈独秀为首的少数人信奉托洛茨基的主张，撰写直接针对中共"六大"决议的文章。此外，由王锡礼主编的《读书杂志》亦号召各派对自古代社会到当代社会性质问题，开展全面的论战。

这些派别对中国社会历史发展阶段的论点，归结起来不外是：中国没有存在过奴隶社会；封建社会的历史很短，到秦朝就消亡了；此后到清朝的 2 000 多年，是一个特殊的"商业资本主义"，或称前资本主义、专制主义社会；鸦片战争以后就是资本主义社会。

1929 年中共理论工作者在上海创办《新思潮》杂志，1930 年 4 月该杂志《中国经济问题研究专号》针对上述社会史论，发表了王学文、吴黎平、李一氓、潘东周、向省吾等人的文章，明确地提出了中国是半殖民地半封建社会的论点。左翼中国社会科学家联盟也提出要研究和宣传马克思主义，创办了《社会科学战线》，投入论战。

《读书杂志》是中国社会性质论战的主要阵地。该杂志自 1931 年第 1 卷第 4、5 期起，编为《中国社会史论战》特辑。在该杂志上发表文章并参加论战的有新生命派的陶希圣等，托派的任曙、严灵峰、李季、王宜昌、杜畏之等，神州国光社的王锡礼、胡秋原等，中国共产党方面则有《新思潮》的成员，还有刘梦云、张闻天、熊得山等；此外，也有其他知识分子和无党派人士参加。

在各派理论家中，以托派最为活跃，他们认为帝国主义的入侵绝对地破坏了封建制度的经济基础，直接推动了中国资本主义的发展。包括农村在内的封建势力，已是微不足道的残余，占支配地位的已是资本主义生产方式，因此中国目前是个资本主义社会。他们无视帝国主义在华投资和买办资本同民族资本之间的根本区别，混淆商品经济和资本主义生产方式的界限，把对中国社会是半殖民地半封建社会性质的论断称为"没有根据的宣传"。

许多进步学者，特别是新思潮派指出：鸦片战争以前的中国是封建社会，随着商品经济的发展和手工业作坊的出现，已有了资本主义生产方式的萌芽；帝国主义的商品和先进的生产技术的移入，固然打击了封建的自然经济和城市行会制的手工业，但帝国主义在农村中勾结封建势力并维护了封建生产关系，在城市中打击了民族工商业，使中国资本主义生产关系不能正常地建立起来，使中国成为一个特殊的社会形态，即帝国主义侵略下的半殖民地半封建经济。这些分析和论断捍卫了中国共产党领导的新民主主义革命路线。

2. 中国农村社会性质论战

（1）论战的背景

1927年以后，中国共产党领导下的工农红军在革命根据地开展土地革命运动，国民党出动了数十万军队"围剿"中央苏区红军。在此形势下，中国共产党领导的《中国农村》杂志1934年在上海出版。它利用自己的合法地位，隐蔽地宣传土地革命是解决中国农民问题，发展中国农村经济的唯一出路。

（2）论战的主要派别和主要观点

挑起这次论战的是坚持托派理论的王宜昌，同王宜昌站在一起的还有张志澄、王毓铨、王景波等人。他们的文章，多数发表在南京出版的《中国经济》杂志上，被称为"中国经济派"。

起而应战的是中国农村经济研究会的成员，主要有钱俊瑞、薛暮桥、孙冶方、千家驹等人，其所有文章均发表在《中国农村》月刊上，被称为"中国农村派"。

这次论战是从农村经济研究的方法和对象开始的，归结到中国农村社会的性质，主要有两个问题：农村经济研究的对象是生产力还是生产关系，中国农村的社会性质是资本主义还是半封建；农村问题的核心是资本问题还是土地问题。在这两个问题中，"中国经济派"均倾向于前者，"中国农村派"则倾向于后者。对于这两个问题的不同观点，必然引申出对中国革命性质的不同论断。

中国经济派认为中国农村的社会性质已经是资本主义，土地革命已成为无的放矢。王宜昌等人认为，生产力决定生产关系，所以农村经济研究对象是技术。他还说，中国农村生产工具的资本主义变革和其他相应的生产关系的转移，资本主义的生产形式与其规模大小的分划，使我不能再以土地问题为农村经济问题的中心，而以资本问题为中心。他们根据极少数示范性的现代农业技术的应用，断定中国农村已经资本主义化。还认为应从帝国主义商品的推销和原料的吸取上，从中国都市的民族资本主义金融的支配原料的吸取上，从中国农业资本主义生产方法的形成上，来论证农村经济的资本主义实况和性质。由此他得出结论：中国农村是资本主义占优势，农业是资本主义占优势，土地问题变成了资本问题的支配物以后，对于一切农村经济问题，我们便不再着重土地分配、土地所有等形态，而要先着重农村资本主义关系的分析。他们始终认为帝国主义的侵入和控制中国经济便是农村社会已经具有资本主义性质的证据；认为中国土地问题已由改良政策而达到某种程度的解决。所以，以土地问题为农村经济研究的核心的时代已经过去了，而现在应该以资本问题为农村经济研究的核心。这样看来，以农村包围城市的革命战略方针就是错误的了。

对于上述论点，《中国农村》的作者给予了批驳。钱俊瑞认为，在生产力与生产关系间的辩证关系之中，生产力是决定的、主导的因素。可是在辨认某一社会经济结构的性质的时候，绝不可能单纯地、直接地用生产力来决定，而要从对生产关系本身的分析来决定。他认为，研究的对象应是农村的生产关系，而农村的生产关系的中心问题是土地问题。土地是农业生产的最主要的手段，占人口极少数的地主、富农占有70%以上的土地，而占人口绝大多数的中农、贫农则仅占有不到30%的土地，农村资金的运动也是以土地买卖、所有权转移为契机的，农村中苛捐杂税、高利贷的资本剥削等使农民失去了土地。此外，农民流亡、农村劳动力荒废，也是由于农民失去了土地。所以，土地问题主要是土地分配问题，我们应该从土地问题、租佃关系问题、农业经营问题、农产物商品化和农村市场问题等，来分析中国农村的生产关系，阐明农村社会性质。

关于帝国主义对于中国农村社会的作用问题，薛暮桥认为，就整个国民经济而言，中国的农业生产一般已经隶属于整个资本主义体系（自然后者又是隶属于整个国际帝国主义体系）而受其支配；如就农村内部而言，并就农业生产方式本身而论，资本主义的生产方式虽然已有相当程度的发展，可是半封建的零细经营还占优势，以研究土地问题为中心是因为研究土地问题，其主要的任务是在阐明在这土地所有形态之下所隐藏着的人与人之间的社会关系。中国的土地关系（包括租佃关系）之中无疑显示着十足的过渡性质：一方面有资本主义的萌芽存在，另一方面前资本主义残余还占相当优势。所以它不是资本主义，而是半封建的生产关系。中国农村的真正支配者是帝国主义，但帝国主义为了要对中国农村劳动大众永久维持其超额利润的榨取，它和农村中的半封建势力勾结起来，使农民受到帝国主义和半封建势力的两重压迫。帝国主义的侵入没有使农村资本主义化，而是维持了封建剥削的存在，阻碍了农业现代化的进程。

孙冶方在《国际财政资本的统治与前资本主义的生产关系》一文中，不但在中国而且在世界范围之内考察了国际财政资本对半殖民地和殖民地的经济关系，而且得出了同样的科学结论。

这次论战实质上仍然是捍卫还是反对中国共产党的"六大"决议，赞成还是反对中国土地革命的论战。

3. 毛泽东新民主主义革命路线的形成

基于对近代中国社会性质的理解与认识，以毛泽东为代表的一批中国共产党人抛弃了社会主义革命的一般模式，以中国国情的科学分析为依据，指出了一条新的革命道路。

毛泽东认为，中国革命面临的国情是：一方面，国内政治、经济发展极不平衡，虽有近现代资本主义工业，但仍以自给自足的落后农业经济为主导，广大农村可以脱离少数城市而独立存在，反动统治主要集中于少数城市；另一方面，在半殖民地半封建状态下，中国社会的阶级关系极其复杂，其中既有无产阶级同资产阶级的矛盾、农民同地主的矛盾，以及人民大众同帝国主义和反动派的矛盾，也有民族资产阶级同帝国主义和官僚资产阶级的矛盾，更有帝国主义集团之间的矛盾。以上两方面因素，决定了中国的社会主义革命必须分两步走，在转入社会主义革命之前，先搞新民主主义革命，而新民主主义革命又必须从土地革命开始，走农村包围城市，武装夺取政权的道路。由此产生了中国共产党改造中国半殖民地半封建社会的新民主主义革命路线，并在中国共产党武装占领地区产生了建立新民主主义经济的实践。

关于新民主主义的发展模式，以毛泽东为代表的中国共产党人认为主要有下列特点：

第一，新民主主义是一个多种经济成分并存的经济形态。它是由国营经济、合作经济、私人资本主义经济、个体经济和国家资本主义经济五种经济成分构成的经济形态。

新民主主义革命没收官僚资本控制的银行、铁路、航运、对外贸易、工矿大企业等为人民共和国所有，就有了社会主义性质的国营经济。新民主主义革命不没收私人资本主义企业，因而就有了新民主主义经济形态中的私人资本主义经济以及国家同私人资本合作的国家资本主义经济。新民主主义革命没收地主土地分给农民，加上人民共和国为经济发展创造的良好环境，使城乡个体经济得到空前有利的发展条件。合作经济是引导城乡个体经济逐步走上一定的规模经营和社会主义道路的形式，它成为新民主主义经济的一种成分，并且具有越来越重要的意义。其中，国营经济是社会主义性质的，合作社经济是半社会主义经济。

五种经济成分并存，是由中国生产力发展水平决定的。中国经济落后，大约有90%左右的分散的个体的农业经济和手工业经济，这和古代没有多大区别。在这样落后的生产力条件下，想在革命后立即走上社会主义发展道路是不可能的，必须在国营经济之外，保留并运用多种经济形式以利于经济的发展。

第二，新民主主义经济以社会主义国营经济为主导。国营经济的主导地位，取决于它的性质和实力。在中华人民共和国建立之初，国营经济在数量上不占优势，但由于它是社会主义的，加上它集中并且控制着国民经济命脉，它能够成为新民主主义经济中的领导成分。

第三，新民主主义经济的发展前途是社会主义。工人阶级领导的以工农联盟为基础的人民共和国，社会主义国营经济在国民经济中的领导地位以及半社会主义、社会主义性质的合作经济的发展，是新民主主义经济必然向社会主义经济转变的根本保障。

思考题

1. 论述清末国家工商业管理政策的转变及其原因。
2. 分析南京国民政府逐渐加强干预和主导市场的原因。
3. 总结并说明中国思想界对经济发展问题的认识过程。
4. 阐述"棉铁主义"和"实业计划"的具体内容及其对后期工业化思想的影响。

下篇　当代中国经济的发展
（1949 年至今）

　　本篇旨在阐述 1949 年以后中国由新民主主义经济向社会主义经济演变的制度更替。通过对重工业优先发展战略选择与计划经济体制绩效的分析，阐述 1979 年体制转型以来中国经济的发展方向，以及 2003 年中国经济增长方式由速度转向效益的历史进程。

第七章 新民主主义经济的产生与转变 （1927—1977 年）

在半殖民地半封建时代，中国共产党领导的新民主主义革命运动是要在全国范围内建立新民主主义经济，并在此基础上将中国转变为独立自主富强的社会主义社会，从而实现中国近百年来所追求的经济现代化。为实现这一承前启后的历史使命，在新中国建立初期主要是通过无产阶级专政的革命方式，推进和完成社会主义经济基础的建立与巩固。

第一节 新民主主义经济体制的确立

新民主主义经济起源于 1927 年。它既是中国近代半殖民地半封建经济发展的直接取代形式，也是当代中国经济建立的基础。它的若干经济指导思想和经济政策对新中国成立初期经济体制的选择与确立产生了直接影响。

一、根据地时期的新民主主义经济

1927 年，国共合作破裂。中国共产党深入农村开展武装斗争，先后在全国 14 个省建立了 15 个革命根据地。以江西南部瑞金为中心的中央革命根据地曾经拥有 21 个县城，人口最多时达 250 万。抗日战争时期，中国共产党深入敌后，使根据地人口到抗战结束增加到 1.49 亿，面积扩大到 239.1 万平方千米。1947 年冬，中国人民解放军转入战略反攻，全国各地逐渐解放。

（一）根据地的土地革命实践与土地革命路线

1. 土地革命实践

土地革命是根据地经济改造的基本内容，它是中国共产党领导农民变地主土地所有制为农民土地所有制的群众运动，经历了一个不断探讨的历史过程。

根据地建立初期，由于对共产国际的指示采取本本主义的态度，加上大革命失败后党内"左"倾情绪占主导地位，各根据地一般都实行"没收一切土地"和"土地国有"的政策，由此带来了一系列严重后果：如没收的一切土地中，包括自耕农的土地，以及部分贫农拥有的少量土地。中农因其财产受到侵占而反抗，生产积极性大为降低；土地国有与中国极端低下的生产力水平不相适应，与中国两千多年来土地私有制所导致的农民对土地的要求相抵触，影响了广大农民革命和生产的积极性。

在不断总结经验教训中，中国共产党土地革命政策逐渐趋于成熟。这就是把没收一切土地改为没收一切地主的土地；把土地国有改为农民私有，允许缺乏劳动力的农户出租土地，允许土地买卖，确认农民对土地的所有权；将按劳动力分配土地改为按人口平分土地。

抗日战争时期，民族矛盾上升为国内主要矛盾。中国共产党在贯彻抗日民族统一战线的方针政策中，实施新的土地政策，即减租减息。具体方法是：地租一律按抗战前租额降低25%，特殊情况可适当多减或少减，但必须以发动群众抗日和团结各阶层群众抗日为原则；凡抗战前成立的借贷关系，以一分半为计息标准，如付息超过原本一倍者，停利还本；超过两倍者，本利停付。这一政策又称"二五减租"。它一方面减轻了封建剥削，改善了农民的生活，提高了农民的抗战和生产的积极性，为以后彻底解决土地问题创造了条件；另一方面承认了地主的土地所有权和债主的债权，使之仍有一定的经济收入。但这是一种限制封建剥削的政策。它不仅激发了农民抗战和生产的积极性，保证了充足兵源，同时也保护了地主富农的适当利益，有利于社会各阶层团结抗日，根据地的士绅也对此交口赞誉。新的土地政策对于根据地经济的恢复与发展，起了重要作用。

2. 土地革命路线

抗战结束后，在争取国内和平时，解放区继续执行减租减息政策。1947年，第三次国内革命战争爆发，中国共产党于5月4日发出《关于清算减租及土地问题的指示》（即"五四指示"），要求各地通过没收、清算、献地等多种形式，大量从地主手中取得土地，分给农民，实现"耕者有其田"。9月，中国共产党颁布《中国土地法大纲》，提出：废除封建性及半封建性剥削的土地制度，实行"耕者有其田"的土地制度；乡村中一切地主的土地及公地，由乡村农会接收，连同乡村中其他一切土地，按乡村全部人口，不分男女老幼，统一平均分配，在土地数量上抽多补少，质量上抽肥补瘦，使全村人民均获得同等土地，并归个人所有；征收富农土地财产的多余部分；废除乡村中在土地制度改革以前的债务；保护工商业的财产及其合法的营业不受侵犯。在此基础上，毛泽东完整地提出了中国共产党在新民主主义时期土地改革的总路线和总政策是："依靠贫农，团结中农，有步骤地、有分别地消灭封建剥削制度，发展农业生产。"这条总路线包括了土地改革的阶级路线、斗争策略和运动目的三个方面的内容。

（二）根据地的经济政策

1. 农业政策与农业生产

根据地一般都建立在贫困落后的山区。由于受战争环境、土地政策、自然因素等多种条件的制约，农业生产发展呈现不稳定状态。根据地促进生产发展的措施主要是发挥中国传统农业社会中邻里相助的传统，引导农民在个体经济基础上，建立劳动互助社和耕田队，互相调剂劳动力，组织犁牛站和犁牛合作社，互相调剂耕牛，以克服耕牛奇缺的困难。此外，由政府出面组织开展垦荒竞赛，对新开垦土地给予三年免税优待，修复和兴建沟渠、堤坝、水塘等。这些促进生产发展的措施使农业互助合作由自发走向自觉，从临时不固定发展到全年固定，从几户扩展到数十户，劳动互助范围由耕作、农业运输、打场，扩展到变工修水利，从而发生了部分的质变。新的互助劳动组织，以行政村为单位，把所有的男女老幼和劳动力都组织起来，实行了在全年各种生产活动上的大变工（换工）。

2. 公营事业与工商业政策

根据地大多在边远地区，为了保证战争和人民生活的需要，从无到有地建立了一些必要的公营工业，其中主要是军事工厂，并同时兴办了一些民用工业和出口工业以及交通邮电事业。手工业生产合作社是群众按照自愿原则合股集资建立的，从事各种手工业生产，自产自销的一种社会经济组织。由于政府的重视，手工业生产合作化发展较快，这些合作社大小不一，小的几人，大的几十至百余人，而私营工业则日趋衰落。

1947 年，随着解放战争转入战略反攻，一些中心城市相继解放，党的城市工商业政策也随之做了适当调整。

国民政府时期，国家占有大量垄断资本，在工业交通领域，约占全国工业资本的70%和全国工矿、交通运输业固定资产的80%。国家垄断资本是严重阻碍生产力发展的生产关系，又是最集中最庞大的生产力系统，为新民主主义革命和新民主主义经济的胜利准备了物资前提。没收国家垄断资本归新民主主义国家所有，是新民主主义革命在经济方面的主要任务之一。在废除中外不平等条约、统制对外贸易、改革海关制度、实行外汇管理的同时，对外国在华资本企业采取了区别对待的政策。一方面，对普通华侨，保护其合法权利，不加侵犯；另一方面，坚决取缔帝国主义在华特权。对敌视中国人民革命的帝国主义国家在华的各种企业，则在监督管制之下让其保留，由此实现中国经济的独立自主。

3. 新民主主义的三大经济纲领

1947 年，新民主主义革命的三大经济纲领正式确立，这就是：没收地主阶级的土地归农民所有，没收蒋、宋、孔、陈四大家族为首的垄断资本归新民主主义国家所有，保护民族工商业。毛泽东在提出新民主主义的三大经济纲领时指出，发展生产、繁荣经济、公私兼顾、劳资两利是新民主主义经济的总目标。

针对许多地主富农兼营工商业，许多工商业者出租土地的情况，在进行土地改革的同时，就如何保护私营工商业，各解放区分别制定了一系列的具体政策、规定和办法，主要有：土地改革中严格保护地主富农经营的工商业，对国家垄断资本企业中的私人股份资本，承认其所有权，这便产生了国家资本与私人资本合作的国家资本主义性质的企业。在工资政策上，实行劳资两利原则，对不应侵占的工商业户的利益，给予退赔。在个别的私营工商业处境困难的地区，在价格上、税收政策上，适当照顾私营工商业利益，或分别给予轻税、减税和免税，在贷款、原材料、产品销售等方面给予扶植，如加工订货等。在保护正当的工商业的同时，为防止资本主义的自由泛滥，在活动范围、税收政策、市场价格、劳动条件等方面加以限制，坚决取缔和打击危害国计民生的投机活动，取缔烟馆、妓院以及迷信用品经营。

（三）根据地的财政与金融政策

1. 财政

根据地的财政是伴随着根据地政权的产生而产生的。1927—1937 年的财政工作，主要是筹措武装斗争所必需的军饷，并逐步地建立了一些财政制度。

1931 年中央苏维埃共和国临时政府成立后，设立中央财政部，统管整个财政工作，在财政部下分设行政和军队两个系统的财政机构；由国家财政机关统一收支，统一建立预决算制度，统一账簿和记账单位；建立了统一的国库制度、会计制度、审计制度。财政管理体制和财经制度走向统一。

财政收入首先来自打土豪筹款。这是根据地初创时期财政收入的主要来源。其次是税收。根据地制定了统一的累进税制，分商业税、工业税和农业税三种。这是根据地比较巩固后的财政收入的主要来源。最后是群众性的财政动员，如发行公债，借谷、捐献等，且以公债为主。财政支出的总原则是取之于民，用之于民，厉行节约，反对贪污浪费。支出的项目首先是红军供给和行政费用，其次是举办各种经济文化教育与卫生事业费用。

抗日根据地的财政问题是如何保证抗日战争必不可少的物力和财力的呢？财政来源最初依靠税收，后来增加了公营经济的收入，包括机关部队开展大生产运动的收入，但税收始终是财政收入中的主要项目。在税收结构中，又以农业税为主。在税收方面，不仅采取累进税制，同时也对不同阶级的收入采取区别对待的政策。这不仅使贫苦农民的生活得到保证，也照顾了富者的利益，体现了统战政策的精神。同时，对投资于合作社、工矿、农村等方面的资本，免征财产税，以达到刺激生产发展的目的。这些税收政策得到了各阶层的拥护。

各根据地的财政管理体制是相对独立的，即以各根据地为单位，自筹自支。一种是统一领导、分散经营、统分结合的体制，另一种是统筹统支的体制。

各抗日根据地经济原本落后，又屡遭日军的残酷扫荡，以及来自日伪和国民党军队的经济封锁，因此，在一段时期内，特别是 1940—1942 年期间，财政经济极为困难，吃穿用品严重缺乏。为了解决财政困难，保障对持久的抗日战争的供给，除了尽量节约以外，一是在金融上想办法，二是增加生产，这就需要调动工农特别是农民等直接生产者的劳动积极性和鼓励机关、部队的人员自己动手，从事生产，增加收入。因此，各根据地开展了机关部队大生产运动，并形成了此后很长一段时期内一以贯之的"自力更生、丰衣足食；发展经济、保障供给"等经济指导思想。

2. 金融

根据地建立之初，各式各样的杂钞劣币充斥市场。为扭转这种局面，各根据地先后建立了一系列独立的银行。1931 年，随着中华苏维埃共和国的成立，建立了统一的金融组织——中华苏维埃国家银行，以后各省相继成立分行，自己发行的货币逐步占领市场。

中华苏维埃共和国国家银行成立后，货币发行走向统一。根据地发行货币的前期，保证随时兑现，币值较稳定。自 1933 年后，因财政收支无法平衡，不得不靠增发纸币来满足急剧增长的财政需要。货币发行过多，无法兑现，以致纸币贬值和失去信用。抗日战争时期，各根据地银行的主要任务是发行纸币、代理国库筹划财务、扶植生产、活跃经济、开展货币斗争等。

3. 财政金融逐步统一

（1）财政统一

在战争的特殊环境下，各根据地处于分割状态，财政基本上是分散自给。随着解放区逐渐连成一片，财政走向更大范围内的集中统一。到1948年年底，华北、东北、华东和西北等几个大解放区首先实现了区内的财经统一。12月，各解放区联合财经会议的召开，标志着整个解放区财政正式进入全面统一的新阶段。

由于工商业城市相继解放，公营经济空前壮大，财政收入结构发生较大变化：公营企业的利润逐步上升到主要地位，工商业税的比重日益加大，而农业税的地位相对下降。以东北为例，1949年的财政收入中，企业利润占30.41%，居第一位；税收占21.35%，上升到第三位。至于财政支出，与以前不同的是，用于经济建设的比重有所增加。为克服财政困难，除大力恢复和发展农工商业外，各地根据具体情况，在不同时期分别采取了增税、清算敌伪产业、发行纸币、发行公债等措施。

（2）金融统一

1947年后，由于没收了被解放城市中原归国民政府所有的一切金融机构及其财产，以及各解放区逐渐连成一片，这就为在更大范围统一货币和金融准备了充分的条件。

1948年12月1日，华北银行、北海银行、西北农民银行合并为中国人民银行。其后，各解放区银行陆续改组为中国人民银行所属机构。至此，一个全国性的国家银行组织体系正式形成。

中国人民银行建立后立即发行了新的货币——人民币，并按不同的比价收兑各解放区货币。由此结束了半殖民地半封建性质的金融体系和混乱的货币状况，统一的新民主主义金融体系和人民币市场就此形成。

二、新民主主义经济在全国范围内的胜利

（一）新中国的经济纲领

随着大规模军事斗争基本结束，1949年2月召开的中国共产党七届二中全会根据中国的基本国情，提出了新中国经济纲领和政策，即今后一个相当长的时期内，我们的农业和手工业，就其基本形态说来，还是分散的和个体的，并且以后也将如此；没收官僚资本归无产阶级领导的人民共和国所有，这一部分经济是社会主义性质的经济；在革命胜利以后一个相当长的时期内还需要尽可能地利用城乡私人资本主义的积极性，以利于国民经济的向前发展；要引导个体农业经济和手工业经济向着现代化和集体化的方向发展，必须组织中央、省、县、区、乡的生产的、消费的和信用的合作社和合作社的领导机关；对外贸易采取统制政策。

根据中共七届二中全会精神，1949年9月中国人民政治协商会议所制定的《共同纲领》规定：在所有制结构方面，新中国实行国营经济领导下的多种经济成分并存发展。其经济结构主要由社会主义性质的国营经济、半社会主义性质的合作经济、国家资本主义性质的公私合营经济、私人资本主义经济、个体经济组成。在上述五种经济成分中，国营经济处于领导地位，应得到优先发展；积极鼓励和扶持劳动人民的合作经济和公私合营经济；利用、限制和改造私人资本主义经济；对个体经济，则通过互助合作的方式，引导其发展经济，共同富裕；鉴于中国的经济落后和工业基础薄弱，应实行优先发展重工业方针；实行国家统制对外贸易；实行"节制资本"政策，即有关国计民生的重要行业由国家经营或控制。

（二）新民主主义经济在全国范围内确立

新中国成立初期，随着政权的更替，官僚资本被转化成了新中国国营经济的物质基础。国家通过调控私营经济，在宏观上加强了对私营经济的利用、限制、改造；在微观上重新确立了企业内部的劳资关系。国家通过强大的政治力量，采用经济上无偿没收地主富农土地财产，实现了高度平均的"耕者有其田"。国家通过区别对待外资，与社会主义阵营国家共建合资企业，逐步接管了帝国主义在华企业。

第二节　国民经济的恢复

由于连年的战争破坏，新中国成立初期的经济基础十分薄弱。1950—1952 年，在人民政府的领导下进行了为期三年的经济恢复工作。

一、新中国成立初期的经济概况

1. 生产力和国民经济发展水平

中国自 19 世纪中叶以来开始的经济现代化的进程，经过近百年的发展，依然呈现出生产力和国民经济水平极其低下的现象。这具体表现为：首先，在中国同时并存的从原始生产工具到近代机器的各种层次的生产工具与生产技术中，手工劳动创造的产值在社会总产值中所占的比重为 73%，近代机器工业产值只占 27%，以传统农业社会手工劳动为特征的生产力仍占主导地位。在国民经济结构中，农业产值约占 60%；工业产值不足 30%，在工业总产值中，轻工业又占绝大部分，达 71.2%，重工业只占23.8%。中国生铁的最高年产量是 180 万吨，钢 92.3 万吨。这样薄弱的重工业，不能成为中国工业的基础。其次，地区之间的经济发展不平衡。沿海地区集中了全国 70%以上的工业产值，而占全国面积 90%的广大内地及边远地区的经济发展还基本处在农副结合的手工劳动状态下，有的甚至还处于原始社会末期的经济水平。在城乡之间，经济发展的不平衡表现为近代化的城市生活与中世纪的农村生活相对立。近代少数城市畸形发展，人口大增，游资充斥，呈现繁荣景象，而农村经济却陷入慢性危机之中。最后，部门之间发展的不平衡，具体表现在工业和农业之间生产力水平与生产关系发展的不平衡；商业与金融业超越生产事业，畸形发展。在同一经济部门内，各部类、各行业的发展也是不平衡的，如工业部门内部生产资料的生产和消费资料的生产严重不平衡等。此外，人口的文化素养不高，80%以上的人口是文盲。

2. 多种经济关系并存

生产力的多层次性决定了多种经济关系并存。中国的经济成分主要划分为国营经济、个体经济、合作社经济、私人资本主义经济、国家资本主义经济五种类型。

国营经济的主体是由解放区的公营事业和被没收的官僚资本主义企业，以及经处理收归人民政府的外资在华企业构成。它集中了国民经济中的近代化大企业，采用国家所有制形式，掌握了国民经济的主要命脉。个体经济包括农业、手工业、运输业等生产领域中的小生产者经济，其主体是由自耕农，半自耕农，农具、耕畜较为完备的佃农，小手工业者，以及流通领域中的小商小贩构成。在国民经济中，大约有90%左右的农民和手工业者处在这种个体的、分散的经济形态之中。合作社经济在根据地时期曾以消费合作社、粮食合作社、信用合作社、劳动互助社、耕牛合作社等作为其表现形式。这种经济具有不同程度的社会主义性质。私人资本主义经济自19世纪六七十年代出现以来，发展呈波浪式，其力量是微弱的。1948年，全国有私人资本工业12.3万户，职工人数164.38万人，资产净值20.08亿元，总产值68.28亿元（折合1956年人民币），约占当年国内生产总值的10%。国家资本主义经济是国家和私人资本主义经济合作的形式。1947年东北解放区曾采用出租制、加工制、订货制、代卖制等形式推行和发展国家资本主义，吸引私人资本为国家服务，并把私人资本置于国家的管理与监督之下。

二、政府主导下的国民经济恢复

（一）政府主导社会经济的历史背景

新中国成立初期，中国国民经济是在短缺中紧运行的。十几年的战争造成了农村经济萧条，工商、金融等企业歇业，投机猖狂，市场混乱，人民生活水平低下，国民经济处于崩溃的边缘。短缺经济的表现是：长期以来，物资、资金、技术人员总量需求大于供给。在短缺的情况下，实现供求平衡的办法有两种，第一种是市场调节，即通过提高价格来扩大供给，抑制需求。这种办法对于可以快速扩大供给或能够降低需求的产品来说，是有效的，因为这样做成本低，并且不会引起市场的较大波动。但是对于那些短期内既不能扩大供给又不能降低需求的产品（如生活必需品）来说，市场调节有可能会造成成本过高（如可能引起社会动荡）甚至调节无效。第二种是政府调节，即政府通过行政手段来分配短缺产品，在价格变化不大的情况下，抑制需求，实现供求平衡。这种办法对于能够通过提高价格来迅速扩大供给或降低需求的产品来说，是弊大于利；但是对于那些短期内不能扩大供给并且不能降低需求的产品来说，政府的调节不仅利大于弊，而且是必要的。新中国成立初期，中国人均国民收入仅为77元，人均占有粮食418斤。政府用于经济建设的财政支出平均每年不到100亿元。在这样低收入的情况下，要提高经济增长率，资金供给是很紧张的。而农业剩余（农业税和出卖的农副产品）只是相对剩余，农副产品的供求关系在相当长的时间里都十分紧张。国内工业落后，生产资料、技术人员等更是如此。因此，必须要压低消费，提高积累率，为工业化提供足够的资金，这就为政府的高度集中管理提供了客观依据。

新中国成立初期，以美国为首的西方资本主义世界对中国采取了封锁禁运的政策。要打破经济封锁和避免损失，在对外贸易方面，必须借助政府的力量，全盘统筹，统一对外。封锁还导致了中国对外贸易重心向苏联及东欧的社会主义国家转移，而这些国家只愿以协定贸易的方式与中国政府开展贸易，不仅私营进出口商被排斥在外，地方国营企业也难以参与其中。此外，朝鲜战争爆发后，国防压力增大，国防费用增加，这不仅需要中央政府集中一定的财力，而且需要尽快建立和发展国防工业，这也对政府主导社会经济和中央集权提出了要求。另外，新中国成立初期，苏联的对华经济援助主要集中在 156 项重点工程。这些工程的内容和布局，也决定了只能由中央政府来决策和管理。

（二）政府主导社会经济的措施

1. 建立强大的国营经济

政府主导社会经济是从建立起强大的国营经济并确立国营经济的领导地位开始的。具体措施为：管制对外贸易，实行外汇管理制度，为把一些外资企业逐渐转为社会主义国营企业打下了基础。没收国家垄断资本，控制经济命脉。到 1949 年年底，在全国工业总产值中，国营工业所占比重达到 41%。

2. 夺取市场领导权

新中国成立初期，中国的市场状况首先表现为许多生活必需品不能自给，不法资本家兴风作浪，采用多种手段，特别是通过市场活动，公开买卖银圆、黄金、美钞，捣乱金融，套购重要物资，囤积居奇，和人民政府争夺经济上的领导权，掀起数次大的物价上涨风。其次，新中国成立后，铁道必须修复，生产必须恢复，旧军队旧人员必须包下来。而在新解放区，正规的税收制度尚未建立，又不能再增加老解放区人民的负担。国家财政入不敷出，不得不暂时依靠增发货币来弥补财政支出中 2/3 的赤字。由此导致的结果是：一方面解决了战争和生产恢复的需要，另一方面也不可避免地加剧了通货膨胀和物价大幅度波动的局面。这一情况说明，如果不能从根本上改变这种市场混乱的状况，就不可能使社会生产和流通沿着正常的轨道前进，也不可能维持社会经济活动的正常运行。

中央人民政府为夺取市场领导权而采取的财经措施主要有：①加强金融管理，公布金银外币的管理办法，制止金银外币的投机活动。自 1950 年 3 月以后，国家银行在金融方面大量吸收存款，回笼货币，以争取国家银行现金出纳的平衡。特别是现金管理和转账制度的实施，使原来留在机关和国营企业中的资金和流通领域内的大批通货都流回国家银行。这就大大缩短了货币流通量，降低了银行提存准备，提高了国家银行的现金余额。财政部门也加强了税收和推销公债工作，从而使国家银行的现金出纳不仅达到了平衡而且出现了顺差。②控制主要商品，打击投机，平抑物价，如加强对粮食、纱布等的收购和调运工作，使国家在很短的时间内掌握了 50 亿斤粮食，控制了煤炭供应量的 70%，棉布供应量的 50%，食盐供应量的 66%，棉纱供应量的 30%。政府通过选择有利时机，集中地大量抛售物资，打击了投机商业。③加强市场管理。如普遍实行工商业登记，严格管理市场交易，运用行政力量管理市场价格；把大宗货物的采购工作置于政府监督之下；取缔投机活动等。这不仅给投机资本以沉重的打击，而且壮大了国营商业的力量。

3. 统一国家财政经济工作

1949 年以后，全国的解放有了实现集中统一财政经济的客观条件。长期通货膨胀的恶果亟待消除，无数的战争创伤亟待医治，国民经济需要恢复和发展，则要求国家夺取市场领导权，统一财经工作，把有限的财力和物力集中起来，统一调度，用于最紧急的方面。

1950 年 3 月 3 日，中央人民政府颁布《关于统一国家财政经济工作的决定》，其基本内容为：统一全国的财政收入；统一全国的物资调度；统一全国的资金管理。这一决定的颁布与实施，在较短时期内实现了近代中国几十年未曾实现的财政收支平衡，制止了长达 12 年之久的通货膨胀，稳定了长期波动的市场物价，为全面恢复工农业生产创造了有利条件。

4. 增产节约运动

1950 年抗美援朝战争的爆发，导致中国军费和相关费用方面的支出占到整个国家财政支出比重的近 50%；美国和其他西方国家对中国的禁运和封锁，严重地恶化了中国的进出口贸易；借用苏联的军用物资，加大了中国的外债负担；美国轰炸中国东北边境，直接威胁到中国重点经济地区的恢复和建设；由于战争造成人心浮动，部分物资价格上升。在此情况下，中央提出了"国防第一、稳定物价第二、其他第三"的财经工作方针。为了增加财政收入，全国工农业战线开展了增产节约运动。

增产节约运动的开展，逐渐暴露出一些干部的贪污、浪费和官僚主义问题。1951 年 12 月，中共中央在国家机关和国营企业中发动了反贪污、反浪费、反官僚主义的"三反"运动，冲洗腐败恶劣风气。由于干部的腐败行为同资产阶级的"五毒"行为有关，在国营经济的领导地位已经得到巩固的条件下，一些资本家采用偷工减料、偷税漏税、盗窃国家资产、盗窃国家经济情报的手段，与国营经济相抗衡。为了打退资产阶级的进攻，纯洁干部队伍，1952 年中共中央在全国范围内掀起了"五反"运动。这场运动不仅捍卫了国营经济的领导地位，也为对资本主义工商业进行社会主义改造提供了重要条件。

（三）国民经济恢复成效

经过三年的调整与改革，到 1952 年，在国民经济许多领域的生产已达到或超过历史上的最好水平。

在工业生产方面，1952 年工业总产值达到 349 亿元，比 1949 年增长 1.5 倍，现代工业在全部工农业总产值和全部工业总产值中的比重迅速上升。1953 年，工农业总产值增长了 77.46%，全部工业总产值增长了 144.9%，而现代工业总产值则增长了 178.6%。现代工业在工农业总产值中的比重，从 1949 年的 17% 上升到 1952 年的 26.7%。生产资料生产部门的产值在工业总产值中的比重也上升到 1952 年的 39.7%。

在农业生产方面，水利事业取得了很好的成绩，并带动了农业生产的迅速恢复和发展。粮食作物增长 12.8%，棉花增长 101.3%，保证了工业生产所必需的原料和粮食供应。同时，农民收入和购买力提高，又有助于工业产品开辟广大的国内市场。这就在市场、原料、粮食供应方面，为工业生产的恢复与发展创造了基本条件。

在交通运输方面，及时修复了旧铁路 1 万多千米，而且建成成渝、天（水）兰（州）等新铁路 1 263 千米，对开发西北、西南起到了重要作用；新建康藏、昆洛、新兰等公路，到 1952 年年底，全国公路通车里程达 12.96 万千米，比 1950 年增加 24.5%。1952 年同 1950 年相比，铁路货运量增长 32.7%，沿海轮驳船货运量增长 59.62%，内河轮驳船货运量增长 108.9%，公路货运量增长 178.2%。

在内外贸易方面，以国营商业为主导的贸易网的建立，使社会商品流转额扩大。国家利用掌握的大量物资，活跃了城乡物资交流，内地与少数民族地区的物资交流。国营商业逐步掌握了粮食供应业务，保证了对工业和城市的粮食供应。对外贸易也实行了由国家统一管理的政策，进出口贸易总额由1950年的11.35亿美元上升到1952年的19.41亿美元。

在国民经济恢复和发展的基础上，人民的物质文化生活水平也得到了相当程度的改善和提高。三年中就业人数增长95.7%，职工平均工资增长70%，农户平均收入增长38%，全国学生总数增长1倍以上。

三、农村土地改革和城市工商业调整

1. 继续完成农村土地改革

新中国成立初期，人民政府在华东、中南、西北、西南继续完成土地改革。经过三年的土改，获得经济利益的农民，大约占中国农业人口的60%~70%，加上以前的解放区，全国大约有3亿无地或少地的农民分得了7亿亩土地以及房屋、耕畜、用具和粮食等。土地改革的主要成就是消灭了社会上一个不劳而获，具有寄生性的地主阶级，从而免除了全国农民每年大约600亿斤粮食的地租负担，使之转化为农业生产的投入。它的负面影响则在于铲除了农村中的现代经济成分，使许多人不敢发家致富。

在消灭了传统土地租佃关系之后，1951年12月中共中央颁发了《关于农业生产互助合作决议草案》，肯定了农村以土地入股、集体经营、按劳动力和土地分红的初级合作社，认为它是从互助组到更高级的社会主义集体农庄之间的过渡形式，能解决互助组集体劳动和分散经营的矛盾，而且由于实现了统一经营，还可逐步克服小农经济的弱点。决议草案指出了互助合作运动的方针、政策和步骤。此后，互助合作组织获得了相当大的发展。到1952年，全国已有40%的农户参加了互助合作组织。

2. 工商业调整

新中国成立初期，人民政府通过财政收支平衡、现金出纳的平衡和物资调度的平衡，以及打击投机资本的斗争，控制了恶性通货膨胀，基本上稳定了物价，但也使私营工商业的经营活动产生了一定的困难。其表现为商店货物难以脱手，市场或交易远远低于商品上市量，商品严重滞销。

造成私营工商业困难的具体原因是：物价趋于稳定，虚假的购买力和市场繁荣迅速消失，这就使得通货膨胀期间不惜高利借债，囤积货物牟取暴利的投机商迫于压力抛售存货，于是产生供过于求的现象；私营企业之间盲目竞争；国营贸易前进的步子过快，社会主义商业加紧了对私营商业的排挤和限制，使私营商业在批发和零售方面的经营活动余地和比重不断缩小；政府为抑制通货膨胀和稳定物价而采取的紧缩政策，在一定程度上影响了商品的正常运转；税收、公债任务分配不合理，使有些私营工商企业负担过重。此外，也有帝国主义经济封锁等方面的原因。

针对上述问题，在国民经济恢复时期，国家调整工商业的具体措施：首先是调整公私关系。一是扩大加工、订货、收购、包销的范围。二是调整公私商业经营范围。三是调整价格。按照照顾产、运、销三方面利益的原则，规定出适当的地区差价、批

零售价，使私营零售商和运销商有利可图，以调动其积极性。四是调整税收，对工商业税法进行了修正。五是改进银行贷款工作。工业贷款结合加工订货来进行，商业贷款则主要放在城乡贸易上。其次是调整劳资关系。遵循的基本原则为：必须确认工人阶级的民主权利；必须有利于发展生产；劳资关系用协商的方法来解决，然后过渡到更固定的合同关系，协商不成，由政府仲裁。最后是调整产销关系。主要是通过逐步克服生产中的无政府状态，减少私营企业生产经营的盲目性，实现产销平衡。中央人民政府财经各部门按照以销定产的原则拟定各行业产销计划，合理分配生产任务，协助不适应国民经济需要或生产过剩的企业转产。

此外，企业内部的民主改革，是用民主的方式，按照生产的需要和群众的要求，彻底改造封建势力在工矿企业中用以统治工人群众的把头制度、包工制度等，建立多种有利于生产建设和改善工人劳动条件的组织和民主管理制度。生产改革的实质是废除那些不适合社会主义经济规律的、陈旧的、保守的生产观念和方法，通过生产竞赛、合理化建议和增产节约等群众性运动，创造和推广先进的工作方法，确定科学合理的经济技术指标。

四、国民经济恢复时期经济体制的基本特征

在国民经济恢复时期，中国经济体制的基本特征可以概括为：计划体制因素与市场体制因素并存。其基本运动过程表现为：市场因素作用过程朝规范化方向发展，作用范围逐渐缩小，计划因素在政府主导经济运行过程中逐渐增强，作用范围日趋扩大。

1. 经济计划性逐渐增强

新中国成立初期，国家运用国家政权力量建立起统一的宏观经济计划管理系统。财政经济工作的基本内容是统一财政收入，确保中央财政的需要。这就为计划机制具体调节经济运行中的生产与流通环节创造了条件，奠定了基础。从生产环节来看，国营企业和部分私营企业的生产基本上被纳入国家计划范围。在管理体制上，国家对国营企业实行计划管理，完成生产任务是国营企业的根本任务。对私营企业则通过加工、订货、包销、收购其产品，将其一部分生产间接地纳入国家计划，即限制了它追求暴利、盲目发展的消极作用。从流通环节看，生产资料的流通开始被纳入计划轨道，不再通过市场，而是由国家成立专门机构负责组织统一分配物质的平衡和计划分配。

2. 市场作用力度逐渐减弱

新中国成立初期，人民政府通过金融市场上的银圆斗争和粮纱斗争，给投机资本以致命的打击，基本上消灭了市场的投机性，并且对市场运行进行宏观引导，使之开始具有计划性；通过对国营企业和部分私营企业实行生产计划引导，保证了整个市场运行的客观计划性；通过打击私营企业的不法行为，将其市场行为纳入了规范化的轨道。

新中国成立初期市场的投机性和私商的不法行为，实质上是20世纪40年代以来战争破坏、生产萎缩、商品供应匮乏造成的卖方市场的表现。这些情况恰恰是在中国市场要素萎缩、缺乏充分竞争的背景下出现的。要消除市场的投机性和不规范行为，只有在加速发展商品经济、鼓励市场要素充分发展的条件下才能消除。用行政手段来打

击投机和私商，实质上是用取消市场的方式来消除市场运行的弊病。

3. 市场逐渐萎缩的特征

这一方面表现为市场活动参与者的主体性逐渐减弱，市场机制对市场活动参与者的调节作用减弱。国营企业作为政府的附属物和国家计划执行者进入市场，基本上不具备市场主体性，市场机制对它们的调节作用很小。加工、订货等初级形式的国家资本主义的实施，也限制了私营企业同市场的联系，而限制私营企业的剥削也就削弱了私营企业的利润动机。这两方面共同造成的结果是降低了私营企业对市场信息的敏感性。

另一方面，部分要素市场也逐渐萎缩。由于计划调拨与配售的重要生产资料品种不断增加，生产资料市场覆盖面不断缩小；金融市场则因对资本主义金融业的社会主义改造而形成中国人民银行一统天下的格局；证券市场随着证券交易所的封闭基本消失；在劳动力市场方面，国家对原有政府军政人员实行"包下来"的政策，在调整工商业过程中又形成了统一安排所有失业人员生活与工作的制度，并逐步演变成为一种各类劳动力由国家包下来安排劳动就业的制度，这使劳动力市场机制的作用也逐渐萎缩。

第三节　优先发展重工业与计划经济体制的确立

国民经济全面恢复成为国家大规模经济建设的历史起点。1953 年，中国制订了发展国民经济的第一个五年计划，并围绕国家的工业化提出了党在过渡时期对国民经济进行社会主义改造的总路线和总任务。

一、过渡时期的总路线和总任务

1. 过渡时期的总路线

在中国近代历史上，发展是时代的主题，发展的核心则是实现中国由农业国转变为工业国。这是近百年来中华民族为之流血奋斗的目标，也是中国共产党执政合法性的依据。

新中国成立初期，土地改革基本完成，国营经济迅速发展，抗美援朝战争的胜利，使国家政权得以巩固，国民经济得到全面恢复。这既为中国开展大规模的经济建设奠定了物质基础，又为党的最高决策者缩短从新民主主义向社会主义过渡的时间的认识提供了依据。1953 年年底，中共中央提出要在一个相当长的时间内，基本上实现国家工业化和对农业、手工业和资本主义工商业的社会主义改造，使生产资料的社会主义所有制成为我国国家和社会唯一的经济基础。

这个"唯一"，既是当时国际共产主义运动中流行的一个重要理论观点，也是毛泽东赞成并加以发挥的。毛泽东说："我们所以必须这样做，是因为完成了由生产资料的私人所有制到社会主义所有制的过渡，才利于生产力的迅速向前发展，才利于在技术上掀起一个革命……满足人民日益增长的需要，提高人民的生活水平。"这个理论观点对中国以后的发展产生了很大的影响。

2. 社会主义改造的理论与实践依据

社会主义改造的理论依据则在于经典作家的相关论述。马克思认为，社会主义经济是以生产资料公有制和社会化大生产为其特征的经济制度。从资本主义社会到社会主义社会，中间必须经过一个相当长的过渡时期。在这个过渡时期，无产阶级专政的国家，一方面要在剥夺大资本，掌握国民经济命脉的基础上，发展现代工业，并把包括农业在内的整个国民经济转移到现代技术的基础上来；另一方面，要改造私有制经济，使得社会主义生产关系在整个国民经济中占主要地位。这在客观上要求整个国民经济有计划按比例地协调发展。

社会主义改造的现实依据则在于，新中国成立初期社会主义和半社会主义的经济成分弱小，社会主义和资本主义之间的矛盾日益突出。1952 年年底，在中国的全部国民收入中，国营经济占 19.1%，集体经济占 1.5%，公私合营经济占 0.7%，私人资本主义经济占 6.9%，农民和手工业者的个体经济占 71.8%。社会主义和半社会主义的经济成分不足，个体经济占绝对优势。

随着土地改革的完成，尤其是逐步地开始了有计划的社会主义建设，国家需要有利于国计民生的资本主义工商业有一定发展，但资本主义工商业的发展又必然导致某些不利于国计民生的问题。这就不能不发生限制与反限制的斗争。在资本主义企业和国家的各项经济政策之间，在它们和本企业职工以及全国各族人民之间，在它们和社会主义国营经济之间，利益冲突越来越明显。1953 年，粮食供求出现紧张局面，在农村，富农和部分富裕中农乘机拒售和囤积粮食、哄抬粮价。在城市，私商利用各种手段牟取暴利。他们除了长途贩运、囤积居奇之外，还大量套购国家供应的粮食，破坏城市供应计划。在私商投机活动加剧的同时，工业资本家为了追求高额利润，也千方百计摆脱国营经济的领导，盲目发展自产自销。有的在承担加工订货后，"先私后公""假公济私"，将合同内产品投向自由市场。有的甘心违约罚款，不履行合同，以牟取比罚款更高的利润。在农村，土地改革虽然基本上消灭了地主阶级封建剥削的土地所有制，但由于农村生产力水平十分低下，农民仍然处于经济困难的境况，不少农民因还不起债被迫卖房卖地。同时，个体经济也是一种分散的、落后的、极不稳定的经济形式，土地分成小块经营，生产工具简陋，单个家庭无力采用农业机器和新的耕作制度，难以抵抗自然灾害的冲击。随着中国工业化的发展，整个社会对农产品的需要日益增长，个体经济形式则难以满足这种需求，农业生产力的发展受到一定程度的阻碍。

基于以上情况，适度调整和改造资本主义经济和个体经济，成为当时推动中国工业化的重要前提。对农业、手工业和资本主义工商业的社会主义改造，则成为中国共产党在过渡时期面临的重要任务。

二、国民经济的社会主义改造

1. 对农业的社会主义改造

1953 年 12 月，中共中央通过《关于发展农业生产合作社的决议》（以下简称《决议》），提出党在农村中最根本的任务就是教育和促进农民逐步联合、组织起来，实行农业社会主义改造，变农业个体经济为合作经济。中国农业合作化的道路是由互助组到初级的半社会主义的合作社，再到完全社会主义的高级形式的合作社。决议还强调：发展农业合作社，必须坚持自愿互利、典型示范和国家帮助的原则。

从1954年开始，全国兴起大办初级农业合作社的高潮，到年末高达49.7万个。1955年7月，毛泽东在《关于农业合作化问题》中，批判农业合作化运动中的"右"倾思想为中心。此后，大办合作社尤其是高级社的势头在全国快速推进，到1956年年底，全国参加农业合作社的农户达到96.3%，其中加入高级社的农户为87.8%。至此，全国农村基本上实行了农业合作化，而且以高级社为主。农业集体公有制从此产生，中国对农业私有制的社会主义改造基本完成。中国农业经济开始踏上了复杂而曲折的道路。

后来的历史证明，在中国社会主义改造中，最大的问题和偏差，就是农业合作化搞得过快、过急、过左。这种不顾当时农业生产物质技术极为薄弱、生产力非常低下的客观实际，盲目简单地进行生产关系的大幅度调整和变革的行动，实际上严重地违背了经济发展的客观规律；而太快的工作进程，势必造成强迫命令、长官意志和行政干涉。其后果是严重挫伤了农民的生产积极性，平均主义盛行，影响了农业生产力的发展。这种靠官本位、主观主义和"左"倾思潮综合作用而人造出来的社会主义农业经济体制，只能靠政治手段、行政方法来维持，缺少必要的经济运行机制和发展动因，为以后的"大跃进"和"人民公社"乃至"文化大革命"等埋下隐患。

2. 对个体手工业经济的社会主义改造

1953年6月全国手工业生产合作会议提出对手工业进行社会主义改造的方针政策，确定了"积极引导，稳步前进"的指导原则。在步骤上，从供销入手，从小到大，由低到高，以点带面，逐步实行合作化。到1955年年底，全国手工业合作社发展到20 928个，从业人员97.6万人，占同类人员总额的11.9%，产值13.01亿元，占12.9%。

在农业的社会主义改造的高潮中，手工业也加快了改造的步伐。1956年年底，全国建立手工业合作社10万个，从业人员603万人，占全部手工业人员的91.7%，合作化手工业产值108亿多元，占手工业产值总额的92.9%，基本上实现了手工业的社会主义改造。

对手工业的改造扩大了社会主义公有经济的力量，为城市手工业的有序发展确立了必要条件。但改造过急过快，使有些生产过于集中，造成产量成本加大，质量下降，经营网点减少，给城乡人民生活带来不便，削弱了手工业原本具有的很强的商品性，严重制约了价值规律应有的作用，而且在实际上也并没有从生产技术和经营管理方面改变和提高手工业水平。

3. 对资本主义工商业的社会主义改造

新中国成立初期，国家对私人资本主义工商业的基本政策是以利用和限制为主。为了统一金融市场，1952年下半年最先是对私营金融业实行全行业的公私合营，资本家交出经营、财务和人事三权，只拿股息，安排工作。从1953年开始，逐步扩大到对其他行业私营资本主义工商业的社会主义改造，主要采取排挤私营批发和有计划扩展加工订货的方针。通过各项经济手段，国家基本上控制了私营企业的原料供应和产品销售两个重要环节，使其在经营范围、价格、利润、市场条件等方面都受到一定限制，并在不同程度上被纳入了国家计划的轨道。在这些企业实行"四马分肥"，即企业利润按国家税收、企业公积金、职工福利金和资方股息红利这四方进行分配，使企业的经营性质有了很大改变。1955 年 8 月以后，形成了对私营工商业改造的高潮。到 1956 年年底，已实现公私合营的企业占原有私营企业数的 99%。私营资本主义经济在中国已基本上不复存在。在工业企业总产值中国营占 68.2%，公私合营占 31.7%。

三、国民经济发展第一个五年计划

中国共产党在过渡时期总路线中所提出的"一化三改"是一个整体，其中，工业化是中国社会主义经济发展的目标，而优先发展重工业则是《共同纲领》中确定的重点。

1. 确定优先发展重工业的原因

近百年来，在中国经济发展的道路与发展战略上存在多种意见。如重工业优先论、轻工业优先论、乡镇企业优先论等。

中国共产党之所以最终选择了优先发展重工业的战略目标，首要原因是当时社会主义与资本主义两大阵营对立的特定的国际环境。第二次世界大战结束后，国际上形成了苏美两大阵营。由于美国公开支持国民党，迫使中国共产党全力争取苏联的支持。朝鲜战争则从根本上改变了中国与外部世界的关系，导致了中国与以美国为首的西方世界的公开武装对抗。从抗美援朝前线回来的彭德怀曾说："打仗就是拼钢铁。"

其次是苏联工业化道路的示范效应。由于采取优先发展重工业的方针，苏联从 1928 年第一个五年计划开始到 1940 年，整个经济增长了 35.5 倍，年平均增长率 16.9%，其中重工业增长 9 倍，年平均增长率 21.1%。工业产值在工农业总产值中占 70% 以上。苏联用十多年的时间走完了西方国家将近百年的历程，不仅使自己从一个落后的农业国变成了一个强大的社会主义工业国，而且成为仅次于美国的第二大工业国。苏联的工业实力，也为它在第二次世界大战中最终战胜法西斯德国奠定了强大的物质基础。通过工业化的发展，苏联实现了向社会主义的过渡。

再次是基于马克思的再生产理论和列宁关于"生产资料的增长必须先于生活资料"的设想。

最后更为深层次的原因还在于中国两千多年由中央集权所形成的农业社会上"富国强兵"的文化传统，以及 1840 年以来"落后挨打，丧权辱国"的惨痛教训。

2. "一五"计划的基本任务

新中国成立初期，中国各级计划机构先后对全国的人口、工商业、手工业、物资库存等情况进行了普查，为编制第一个五年计划提供了较为可靠的统计资料。在此基础上，中国国民经济发展"一五"计划的基本任务是集中主要力量进行以苏联帮助中国设计的 156 个建设单位为中心的、由限额以上的 694 个建设单位组成的工业建设，建立中国社会主义工业化的物质基础。

围绕这一基本任务，规定了国民经济各部门、各行业、各方面的具体任务和指标。在工业方面，重点发展重工业，建立和扩建能源、动力、冶金、基础化学、机械制造工业，为国民经济技术改造打下物质基础；相应地发展轻纺工业和为农业服务的中小型企业，满足对生活必需品和农业生产资料的需要；充分利用原有的工业企业，发挥它们的生产潜力。

根据上述任务，"一五"计划的主要指标安排为工农业总产值年增长速度为 8.6%，其中工业总产值年增长速度为 14.7%，农业及副业总产值年增长速度为 4.3%，五年内国家对经济和文化事业总投资为 766.4 亿元。

3. "一五"时期的经济管理体制

为确保国家"一五"计划的落实与完成，1952 年 11 月成立国家计划委员会，1954 年又建立和充实了各中央部门、各大行政区、各省、市、自治区及市县甚至基层企业的计划机构，为全面开展有计划的经济建设做了组织上的准备。

中国集中统一的经济管理体制的主要特点是实行直接计划和间接计划相结合的计划管理制度。这是由于国民经济中存在多种经济成分，对不同的经济成分采取了不同的计划方式：对大中型基本建设项目实行统一管理。大中型基本建设项目的审批权由中央或地方政府统一管理；工业企业逐步由各大区分级管理转向中央集中统一管理；在财政收支方面，在财政总收入中中央占 80%，地方占 20%；在财政支出方面，中央占 75%，地方占 25%；在物资分配制度方面，从 1953 年开始，凡关系国计民生的通用物资，由国家计委统一平衡分配，重要的专用物资由国务院各主管部门统一平衡分配，地方管理的物资一般由地方政府安排生产和自定价格进行销售。随着大规模的经济建设引起的日益增长的对商品粮的需求同中国落后的农业生产之间的矛盾日益尖锐，中央决定对粮食采取统购统销政策，即向农民收购粮食时，在粮食价格上尽量不损害粮农利益，对城镇居民的粮食需求采取计划供应政策，粮食市场由国家控制，对私商实行严格管制，严禁私商经营粮食，只能代销，在粮食管理上实行由中央筹划，中央与地方分工的政策。此后，对棉花、棉布、油料、肉、鱼、蛋、糖等，也基本实行了计划供应；在商业流通体制方面，按经济区域设置三级批发站，按商品合理流向组织商品流通；对国营商业企业实行经济核算制；由过去的各专业总公司对设在各地的分支机构进行统一管理和经营的体制，改为专业系统和当地商业行政部门双重领导的管理体制。1956 年年底，国营和合作社商业在全部批发额中占 97.2%，在全部零售中占 68.3%。

4. "一五"时期国民经济的发展

"一五"建设期间，国家完成基本建设投资额 550 亿元，施工的建设单位有 1 万个以上。生产资料的工业产值平均每年增长 26%，机器设备的自给能力达 60% 以上，金属材料的自给能力达 80% 以上。

"一五"计划执行的结果，使工业总产值在工农业总产值中的比重由 1949 年的 25.1% 上升到 1957 年的 33.5%，农业总产值由 58.6% 下降到 33.5%，农业总产值年增长 4.5%，中国居民平均消费支出由 1952 年的 76 元提高到了 1957 年的 102 元。

四、计划体制的确立与市场体制因素的消亡

1953—1956 年，中国经济体制的运行过程可以概括为：计划体制因素的作用范围急剧扩大，作用力度急剧增加，并迅速成为经济体制中的支配因素；相应的，市场体制因素到1956年基本上退出了社会经济资源配置领域。

1. 计划体制的确立

这首先反映为中央一级经济决策与管理权限扩大。在基建方面，中央直接安排绝大部分建设项目和建设任务；在工业管理方面，中央掌握的直属企业的产值占工业总产值的49%；在财政方面，中央财政收入占总财政收入的80%，支出占总财政支出的75%；在物资方面，中央统一分配的物资高达227种。通过以指令性计划为主的计划体系和自上而下的计划经济组织体系，指令性计划机制直接控制了工业生产的大部分。其中，通过国家计委统一下达计划的产品达300种，这些产品产值在工业总产值中的比重为60%以上。

2. 市场体制趋于消亡

随着计划经济体制因素成为经济体制中的决定性因素，市场体制因素从以下两个基本方面迅速削弱并趋于消亡：

一是经济单位同市场的联系被割断。这种割裂直接开始于1953年粮食统购统销制度的实施。它逐渐中止了市场体制对粮、棉、油等主要农产品生产的调节作用。"土地种什么"，其信息不是来自市场，农民在处理自己的产品方面无自主权，这就排除了价值规律对农业生产的刺激作用。它在很大程度上也割裂了私营工商业同农村市场的联系。国家集中掌握了粮、棉、油等农副产品和重要工业产品，也因此掌握了私营资本主义工业原材料的"生命线"。

二是伴随农业、手工业、私人资本主义工商业社会主义改造的完成，市场主体逐渐消失。合作社和国家资本主义企业都缺乏自身独立的经济利益，不是经济发展规律的结果，而是具有浓厚的人为色彩，并缺乏明确的产权关系。私营工商业者也只是通过定息而保留对企业资产名义上的所有权，而资产实际支配权、经营权、使用权已掌握在国家手中，其一切生产经营活动均被纳入国家计划。政企合一的企业模式使国营企业的经济活动呈现预算软约束特征。国营企业的一切经济活动都要服从主管部门下达的计划，逐渐丧失了自身的经济利益，丧失了自身独立经营的自主权。农业合作社同样成为国家指令性计划的执行者，失去了在自由市场上销售主要农产品的权力。

随着市场联系的割断，市场主体的消失，市场体系与结构也逐渐萎缩。全国统配与中央部管物资品种在1956年已达到385种，而真正由企业依据市场自产自销的部分很小。生产资料市场基本上不复存在，生活消费品市场也趋于萎缩。随着国家对越来越多的商品价格实行统一管理，价格机制的作用也开始受到限制。随着大规模经济建设的展开，国家统一管理劳动力招收与分配，采取了固定用工制度，劳动力市场基本消失。在市场网络结构方面，粮棉油统购统销的实施，制约了农村市场的运转，导致了农村初级市场的死滞局面，农民之间原有的余缺调剂停止了，私营商贩被合作社商业取代，走乡串户的活动停止了。市场因素的辐射面大大缩小了，全国市场一体化进程实际上倒退了。

到1956年，在国内工业生产中，主要由市场机制起调节作用的部分仅占工业总产值的8.6%，在批发商业中仅占4.4%，在零售商业中，仅占17.5%。这些弱小的市场因素，已失去了成为体制因素所必备的基础，市场因素已不再作为一种独立的体制因素而存在，而是成为计划经济的附庸。至此，计划经济体制一统天下的格局已完全形成。

3. 计划经济体制的基本特征

1957 年建立起来的计划经济体制呈现出了以下一些基本特征：

（1）在生产资料的所有制结构上，以最后实现统一的、唯一的全民所有制国营经济为目标。它通过合并、升级使集体经济不断削弱，个体经济日益式微，所有制结构越来越向政企合一、政社合一的方向倾斜并趋于单一化。

（2）在经济活动的决策权上，权力高度集中在国家手中，企业基本上处于无权地位。政府机构的行政管理日益加强，经济运行中的行政动员因素增多，个人的职业选择权与家庭的消费权也都受到了一定的限制。

（3）由于把经济活动置于行政管理之下，计划统一制定，物资统一购销，财政统一收支，物价统一规定，劳力统一安置，产品统一分配。由于限制和取消市场，价格被扭曲，市场机制不能发挥调节作用。

计划经济体制形成的原因在于：

新中国成立初期，在当时的历史条件下，中国共产党对马克思主义的理解有局限性；由于中国封建集权制度的历史惯性、中国共产党在革命战争中军事共产主义经济制度的惯性作用，以及国际局势的制约，中国共产党在没有任何实践经验的情况下，只能选择苏联的经济模式，即中央集权的计划经济模式，而这种计划集权制又是以三大改造的完成作为其确立的前提条件的。

第四节　在计划体制中运行的国民经济

由政府主导型战略决策带来的高度集中的资源配置，保证了中国国民经济的迅速恢复和"一五"计划的超额完成。但计划经济体制的确立也使党内一些最高领导者提出了"跑步进入共产主义"的口号。当"总路线""大跃进"和"人民公社化"运动相继受挫之后，又发生了"文化大革命"运动，由此造成了对社会经济正常发展的巨大冲击。

一、赶超战略下的经济发展

（一）赶超战略的提出

1954 年毛泽东代表中国共产党正式提出社会主义建设总路线。刘少奇对此解释说："总路线的基本点是调动一切积极因素，巩固和发展社会主义的全民所有制和集体所有制，在重工业优先发展的条件下，工业和农业同时并举，在集中领导、全面规划、分工协作的条件下，中央工业和地方工业同时并举，大型企业和中小型企业同时并举，尽快把中国建设成为一个具有现代工业、现代农业和现代科学文化的国家。"从刘少奇的阐释中可以看到，这条总路线反映了广大人民群众迫切要求改变中国经济文化落后状况的普遍愿望。但它在强调发挥人的主观能动性时，忽视了必须严格遵循的客观经济规律，对中国经济发展速度做了不切实际的设想，认为只要有几亿人民的干劲，就可以很快建设成一个工业强国，赶上经济发达的国家。

1955年7月，急于求成的"左"倾思想发展到经济工作的其他领域。在这种形势下，各生产部门纷纷开始修改自己原定的生产计划，1956年在批判"右倾保守"和"提前实现工业化"的口号激励下，大都要求把15年远景设想和《农业40条》中规定8年或12年的任务，提前到5年甚至3年完成。1957年11月，苏联提出15年赶上和超过美国，毛泽东也相应地提出了15年赶上和超过英国。到1958年6月22日，他又指示说："赶超英国，不是十五年，也不是七年，只需要两年到三年，两年是可以的。这里主要是钢。"

在"赶超战略"的引导下，1958年中共八届二次会议正式提出"鼓足干劲，力争上游，多快好省地建设社会主义"的中国社会主义建设总路线。其具体目标是要在15年之内超英赶美。为了实现这一战略目标，国民经济建设中的"大跃进"运动开始了。

"大跃进"就是在生产力的发展方面提出了急于求成的高指标以及为了完成这一指标所发动的群众运动，其目的是向世界证明社会主义制度的优越性。在农村，毛泽东亲自倡导"人民公社化"运动，这既是为了防止农村贫富分化，也是为了通过人民公社获取工农业产品价格剪刀差，积累工业化建设资金。

（二）国民经济"大跃进"

1. 以钢铁生产为中心的"大跃进"运动

高指标在工业生产领域集中体现在追求钢铁产量方面。当时钢铁被认为是元帅，它一升帐，就能带动其他生产以及各项事业跟进。在1958年2月第一届人大五次会议批准执行的《1958年国民经济计划》中，规定当年钢产量在1957年535万吨的基础上增长19.2%，达到624.8万吨。随着"大跃进"运动的不断升温，这一指标在1958年上半年之内竟变动了七次，在1958年7月中央北戴河工作会议上正式被确定为1 070万吨。

北戴河会议确定的钢产量翻番的指标是不切实际的。这是因为：时间太短，中国当时的钢铁工业根本无此生产能力，交通运输、电力等部门跟不上钢产量翻番的需要。到8月底，全国实际钢产量仅完成400多万吨，这就要求以全年1/3的时间完成2/3的任务。为完成高指标采取的主要办法有：竭尽全力保证钢铁产量，其他工业都必须让路给钢铁工业；组织大兵团作战，大办小高炉，最多时全国有9 000万人直接参加大炼钢铁；不顾一切扩大基建规模，追加投资，强化生产。1958年计划全国完成基本建设投资总额267亿元，比1957年增长70%。基本建设规模急剧扩大，不仅造成基本建设战线越来越长，材料和设备严重不足，而且影响了消费和积累的比例。到年底，虽然完成了1 070万吨的生产任务，但在群众运动中生产出来的大多是不能使用的海绵铁，而在钢铁生产领域中执行的高指标导致了整个工业经济呈现出一片混乱的局面。

2. 以粮食生产为中心的"大跃进"运动

高指标在农业生产领域集中体现在追求粮食产量方面。为了支持工业建设，在1958年的"大跃进"中，要求在1957年全国粮食总产量3 900亿斤的基础上增长

60%~90%，将粮食总产量提高到 6 000 亿~7 000 亿斤。

建立在主观意愿基础之上的高指标，必然与浮夸风、瞎指挥互相影响、相互促进。为了完成这一政治任务，各地疯狂地掠夺地力，盲目地、破坏性地深翻耕地和高度密植。为了保证指标不断提高，各地主要采取组织措施，使各级干部在"插红旗、拔白旗"的压力下工作。这不仅没有促进农业生产的发展，反而使之受到阻碍。农业生产的"大跃进"导致假话、大话、空话泛滥，出现了"水稻亩产 10 万斤，小麦亩产 7 000 斤，红薯亩产 120 万斤，棉花亩产 5 000 斤，一棵大白菜达 500 斤"等神话。

（三）"人民公社化"运动

1958 年的"大跃进"，也尝试着实现生产关系的变革。由此在农村开展了"人民公社化"运动，企图达到以最快的速度进入共产主义社会的目的。

近代太平天国提出的《天朝田亩制度》，孙中山的"天下为公、土地国有、平均地权"的理想，以及中国共产党和人民群众对社会主义的理解等，成为 1958 年人民公社化运动的思想渊源。另外，随着农村合作化运动的迅猛发展，生产资料所有制已逐渐趋于一体化，也给人民公社的出现创造了条件。而 1958 年前后的农田水利基本建设和春耕生产中组织大协作，进行农业技术改造，大办农村工业等群众运动超出了村的范围，这也使人们想到依靠"人多力量大"来推动农业的发展。1958 年 6 月，河南率先出现了六七千户的大社。7 月，毛泽东视察河南省新乡县七里营人民公社后，发出了"人民公社好"的号召，并指出："它的好处是，可以把工农商学兵合在一起，便于领导。"此后，河南 99.8%的农户入社，实现了公社化。河北徐水人民公社则直接与实现共产主义联系起来，一切私有农具、牲畜房屋、树木等统统归公。到 1958 年 9 月底，全国 72 万多个农业社合并，建成了 26 425 个人民公社，占全国农户总数的 98.2%。

在人民公社化运动中，各地认为应把人民公社办得"越大、越公、越优越"，因此，"一大二公三办"以及"政社合一"是人民公社化运动的主要特点。所谓大，一是公社规模大，全国平均 4 600 户，最高达 1 万户，规模较小的也近 2 000 户；二是经营范围比农业生产合作社大。所谓公，是指一切所有权都归公社，包括原属全民的银行、商店，并把其他企业也划归公社管理，把社员的自留地、家禽家畜、家庭副业收归公社所有等。所谓"平"，是指在分配上的平均主义，实行供给制和按需分配。所谓"调"，是指在生产上对各基层单位的劳力、物资、资金，搞无偿调拨，在公社内部搞穷富拉平。所谓"大办"，是指全民大炼钢铁、大办工业、大办水利、大办交通运输、大办文教事业等，几乎全是通过人民公社这一组织形式，平调农村人力、物力、财力来实现的。在"人民公社化"运动中，农村各地还大办公共食堂。社员的房子、炊具、桌椅板凳被无偿调用，家禽、家畜被集中起来无偿地收归食堂，社员的自留地被没收作为食堂的菜地。公共食堂还普遍实行伙食供给制和粮食供给制，社员吃饭不要钱。这种社员生活费用由集体负担的做法，不仅不利于调动社员生产积极性，而且在经济上也无法维持。有的公社到 1959 年年底粮食就吃紧，1960 年便闹起了春荒。"政社合一"指人民公社既是生产组织单位，又是农村基层政权组织。在其内部，工、农、兵、学、商，党、政、青、工、妇一应俱全。在生产管理和经营决策上，党委一把抓，并实行国家的指令性计划和直接管理。作为经济单位，公社又要考虑生产、经营、农民生活。这样的双重身份，造成党政不分、政社不分、以党代政、以政代社的状况。

"大跃进"中对各地农村下达的高指标带来了浮夸风，导致了国家对农村"杀鸡取卵、竭泽而渔"的高征购。

（四）成就、问题与反思

1958—1960 年，国家动用大量的人力、物力、财力取得的成就主要体现为：建成了一批重要工业项目，增强了生产能力。如"二五"计划期间中国新增固定资产 867 亿元，其中绝大多数是在"大跃进"中完成的；中国现有的 300 多个大型水库，其中 2/3 也是在这一时期开工的；工业总产值和主要产品产量，特别是以钢铁为中心的重工业产品产量，迅速增长，其中重工业产值增长 2.3 倍；石油工业增长 256%，尖端技术开始有所突破，农业机械化发展迅速。

但是，上述经济建设大大超过了国力负担的限度，并且是以人力、物力、财力的巨大浪费为代价的。首先，它导致了农业总产值和粮食产量的急剧下降。1960 年粮食产量甚至低于 1951 年的水平，比 1957 年减少 26.4%；其次，它还导致积累率过高，基本建设规模过大，没有后继力量。积累率虽然达到 40%，但积累的效果很差；基本建设规模虽大，但为当时的农业基础所无法负担，而且也脱离了工业基础，并且过多地集中在生产性建设上，忽视了必要的非生产性建设。这些都不得不影响到城市建设和人民生活。此外，它还造成了国民经济各部门内部比例的严重失调。例如，轻重工业比例失调、重工业内部比例失调、工交比例失调等；造成了通货膨胀，人民生活水平下降。这样，一方面是巨额的财政赤字，加上银行借贷严重失控，迫使银行大量发行货币，导致社会总需求膨胀；另一方面是市场商品严重供应不足，尤其是人民最必需的吃和穿的商品缺口很大。1958—1960 年，中国社会总产值年均下降 0.4%，农业净产值平均每年下降 5.9%，轻工业平均每年下降 2%，重工业平均每年只增长 3%，国民收入平均每年下降 3.1%，社会劳动生产率平均每年下降 4.7%，国民消费水平平均每年下降 3.3%。国民经济面临艰难的局面。

"大跃进"与"人民公社化"运动给中国经济现代化的历史留下的深刻教训是：首先，不认清国情搞建设就会脱离实际。当时的中国人口多、底子薄、生产力水平低，科学技术不发达，要想迅速赶上发达国家只能是欲速则不达。其次，超越生产力水平的生产关系，会阻碍生产力发展。最后，不搞综合平衡，会造成国民经济比例严重失调。

二、国民经济全面调整与三线建设任务的提出

（一）国民经济总体调整

随着"公社化"运动中的问题逐渐暴露，1959 年中共郑州会议提出必须纠正平均主义和体制上过分集中的倾向，要求农村人民公社在统一分配上必须承认合理差别，在体制上实行权力下放。将解决这些问题的原则归纳为：统一领导，队为基础；分级管理，权力下放；三级核算，各计盈亏；适当积累，合理调剂；收入分配，由社决定；多劳多得，承认差别；价值差别，等价交换。其中最关键的问题在于规定人民公社实行生产小队的部分所有制。与此同时，规定"口粮分配到户"的原则，恢复了社员自

留地，允许社员饲养家畜和家禽，一些地区开始取消供给制，解散公共食堂。

1960年冬，中央开始对国民经济实行"调整、巩固、充实、提高"的方针。这一方针以调整为重点，主要内容是调整国民经济的各主要比例关系，精简职工和城镇人口，缩短基本建设战线，稳定市场，回笼货币，实现财政平衡。

1961—1962年是全面调整的第一阶段。其特点为：对国民经济的各个部门、各个方面进行调整；从不切实际的高指标、高速度上退下来。但由于当时对困难的严重性还认识不足，调整工作不够坚决，经济工作没有按照实际情况降低指标，尤其是没有把基本建设规模和工业生产规模坚决压缩，工农业生产仍在恶化。

1962年中央召开"七千人大会"，开始初步总结"大跃进"的历史教训。此后提出的主要任务是：大力恢复农业，稳定市场，争取财政经济状况的基本好转。主要调整措施为：降低工业生产发展速度，调整工业内部结构；压缩基本建设规模，提高建设的经济效益；精简职工和减少城镇人口；进一步调整农村经济政策，调动农民的积极性；加强财政金融管理，改善财政、信贷、市场和外汇的平衡。经过两年的调整，国民经济出现了转机，呈现出了恢复、发展的势头；农业生产力和生产水平停止下降；农轻重比例有所改善；财政收支平衡略有结余；货币流通有所减少；城乡人民生活水平略有改善。

1963—1965年是继续调整的第二阶段，开始突出巩固、充实、提高工作。在组织企业专业化协作，改善企业经营管理，搞好一批老企业的设备更新，加强对原有生产能力的填平补齐方面取得了成效。

（二）国民经济各部门的调整

1. 农业的调整

农业调整的措施主要有：①从改变人民公社的基本核算单位入手。如规定人民公社所有制以生产队为基本核算单位，实行独立核算，自负盈亏，直接组织生产，组织收益分配，生产队范围内的土地归生产队所有，生产队范围内的劳动力归生产队支配，对于生产队集体所有的大牲畜、农具，公社和大队都不能抽调。②纠正平均主义，实行按劳分配。包括退赔共产风中无偿占有的集体和个人的财产，按社员劳动的质量和数量评分计酬，有领导地解散公共食堂。调整农村经济政策，如调整农业税收政策，减轻农民的负担，恢复社员的自留地和鼓励社员经营各种家庭副业。③采取灵活多样的经营管理方式。如为了便于生产，生产队下面可以划分固定的或临时的作业小组，划分地段，实行小段的、季节的或常年的包工，建立各种责任制。有的责任到组，有的责任到人；有的包产到户，有的分田单干。④加强对农业的支援。实行农业机械、化肥、农药下乡；成立中国农业银行，资金下乡。经过上述一系列调整措施，整个农业生产在1962年停止了下降，到1965年大体上恢复到1957年的水平。

2. 工业的调整

工业调整的主要措施有：①降低工业生产计划指标。有了切实可靠的生产计划指标，就为工业生产建设的调整提供了前提。②实行关、停、并、转，坚决压缩工业战线。保留下来的企业大多为经济效益好、社会迫切需要的骨干企业。压缩工业战线，使其在原料、材料、动力方面得到了保证，从而得以进行正常生产。③压缩工业基本建设投资。这主要在于压缩重工业，使工业基本建设规模与当时的国家财力物力基本相适应，从而使工业的发展建立在可靠的基础之上。④加强薄弱环节。在工业生产安排上提出了先生产后建设，先采掘后加工，先维修后制造，先质量、品种后数量的原则。这样，充实和加强工业生产的薄弱环节和薄弱部门就被提上了议事日程。加强薄弱环节首先是加强农业生产资料的生产；其次是加强日用工业品生产；再次是加强采掘工业建设；最后是改善企业经营管理，试办托拉斯，着手改革工业管理体制。

3. 商业的调整

"大跃进"期间，由于片面发展重工业，轻工业生产和农业生产遭到严重挤压。这一问题反映到流通领域则表现为农副产品供应大大减少；轻工业品和日用品严重短缺；市场物价大幅度上涨；市场供应紧张，人民生活困难。

商业调整的主要措施有：①恢复多种形式的商品流通渠道。如恢复和建立各级专业公司，恢复供销合作社，恢复合作商店和合作小组，恢复集市贸易等。②调整农产品收购政策。这包括适当减少国家统购、派购任务，让农民得以休养生息；实行奖售政策；提高农副产品收购价格。③调整工业品经营方式。这包括调整工业品的收购方式。一、二类商品是关系国计民生的最重要的和比较重要的商品，是计划商品，由国家集中管理。三类商品采取订购、选购、自产自销的方式。④调整工业品的分配办法。⑤减少经营环节。

4. 财政金融的调整

"大跃进"使1960年与1958年相比，国家财政赤字增长275%。全国市场货币年平均流通量增长一倍以上，大大超过了商品流通的正常需要。造成这种局面的主要原因是：经济混乱，工农业经济效益大幅度下降；基本建设投资过大；过多地扩大了地方和单位的财权，过多地分散了财力；财政信贷的规章制度被废除，资金渠道被打乱，货币发行失控，等等。为了改变这种局面，采取了以下调整措施：

（1）加强财政金融管理。坚决纠正财权过于分散的现象，强调集中统一管理财政，把国家财政权集中到中央、大区和省三级，缩小专区、县、公社的财权；实行"总额分成，一年一定"的办法，收回部分重点企事业单位的收入，并将基本建设拨款改由中央专门拨款；坚持"全国一盘棋""上下一本账"，各级不能打赤字预算，做到收支平衡，略有结余。

（2）压缩社会购买力，控制财政赤字。消灭财政赤字的基本方法是增加财政收入，减少财政支出。在国民经济调整时期，工农业生产压缩，因而主要是在减少财政支出上做文章，即紧缩社会集团购买力，精简职工，压缩工资支出。1963年全民所有制单位职工由1960年的5 044万人减少到3 293万人，减少了34.3%，工资总额则减少18.4%。这对于平衡财政收支，促进财政状况好转起了积极作用。

（3）回笼货币。由于财政赤字，1958—1960年共增发货币43亿元，造成金融市场混乱。从1961年起，在保证平价定量供应的同时，开始对一些商品实行高价供应，借以回笼货币。1961—1965年全国高价商品销售额共计120亿元，比按平价出售多回笼60多亿元。这样既满足了部分人的需要，又回笼了货币。

5. 调整时期的成就和主要经验

1963—1965 年的调整的成就表现为：①工农业生产接近或超过历史最高水平。工农业总产值年均增长 15.7%，其中农业年均增长 11.1%，工业年均增长 17.9%，农轻重比例关系基本协调。②人民生活水平提高，积累和消费的比例关系基本上恢复正常。③文教、卫生、体育、科学研究事业有了新的发展，如 1964 年中国第一颗原子弹爆炸成功，1965 年中国实现石油自给。

1963—1965 年国民经济调整的经验主要有：①安排经济建设必须实事求是，建设规模要同国力相适应，基本建设一定要量力而行。②必须从系统的角度安排国民经济。在编制经济计划和安排资金和物资时，首先要按照农业—轻工业—重工业的次序；其次要先考虑简单再生产，后考虑扩大再生产，先考虑市场和人民生活，后考虑基本建设，先考虑采掘工业、交通运输业，后考虑冶金工业。③经济建设必须把讲求经济效益放在首要地位。

（三）三线建设

1. 历史背景

新中国成立初期，当中国全力谋求一个稳定和平的国内国际环境以全力进行国家经济建设之际，朝鲜战争爆发。美国决定以武力阻止中国政府解放台湾。中央审时度势，做出了抗美援朝的决策。经过三年的战争，朝鲜局势得以稳定，但因为这场战争，中国在国际关系方面，特别是在国际经济方面受到了重大影响。这些影响在经济建设方面主要有：①美国军事力量介入台湾，造成以后相当长一段时期里祖国大陆与台湾的隔海相峙。这就使中国在进行全国性生产布局时，长期不能有效利用和开发东部沿海地区。②朝鲜战争结束后，以美国为首的西方发达国家普遍采取了敌视中国的政策，从而一方面使中国在国际经济关系上长期远离当代世界经济体系，远离国际市场和国际分工，远离现代科技革命中心，整个国民经济发展基本上处于一种封闭状态；另一方面，从此以后中国在国际上被迫加入了"冷战"，这导致了国民经济的发展不能不适应"冷战"的需要，即投入更多的生产力和资源进行备战，以致发展到最后整个国民经济都受到这些"备战"机制的制约。③整个国际政治关系的激化，又为以后"左"倾思潮在中国社会主义经济建设过程中泛滥成灾提供了客观条件。特别是"以阶级斗争为纲"的理论，就是以"冷战"和"备战"作为国际凭据的。

2. 三线建设的提出和部署

1964 年 8 月，美国轰炸北越，战火迫近到中国的南大门。中国不但要做越南的战略后方，而且要为支援越南作战做好准备，还必须准备应付美国可能对中国发动的侵略战争。与此同时，在中国的北部和西部，随着中苏关系由争执发展为战略对峙，苏联在中苏边境陈兵百万，边境局势处于一触即发状态。在东南沿海一带，美国在支持台湾的国民党当局"反攻大陆"。在中印边界，自 1962 年中印自卫反击战之后，双方互存戒备，战争状态尚未解除。在东北方面，美国驻兵韩国和日本，对中国构成威胁。在这种战略包围中，毛泽东等中国领导人出于国防战备的考虑，提出了战略后方工业基地的设想。促使战略调整的另一个因素是中国不合理的工业布局亟待改变。

1965 年，中央制定的三线建设的总目标是：要争取以多快好省的办法，在纵深地区建立起一个工农业结合的，为国防和农业服务的，比较完整的战略后方基地。当年中央和地方安排的 134 亿元总投资中，三线建设投资 42 亿元，约占 1/3，初步安排大中型项目 690 个，三线占 187 个。自此以后，开始了中国经济史上长达 14 年之久、影响深远的大规模的三线建设。

三、经济发展过程中非经济因素的影响

值得注意的是，新中国经济的发展还受到非经济因素的重要影响。在国民经济调整后期，城市的"五反"与农村的"四清"声势浩大，"以阶级斗争为纲"的认识以及随后越来越"左"的政策倾向干扰了国民经济调整工作。1966 年开始的"文化大革命"，以及由此引发的社会动乱对经济发展造成了巨大冲击，给党和国家带来了灾难性的后果，特别是"文化大革命"爆发的最初三年，由于"大串联""造反""武斗""夺权"的影响，一些工业交通部门的生产和运转近于停滞。在"左"倾思想影响下，"文化大革命"期间也出现了一味盲目追求高速度、高指标，不顾经济效益，以不计生产成本的方式来发展经济。1972 年，在周恩来的主持下，中央政府一度展开对国民经济的调整工作，压缩了投资规模与偏高的生产计划指标，加强国家的计划与调控，这使经济形势出现一定程度的好转。1975 年，邓小平同志恢复主持工作，再一次启动国民经济的调整，整顿从铁路交通部门开始扩大到工农业生产的各个领域，很快取得了明显的成效，这为此后经济的恢复和发展奠定了基础。

"文化大革命"的十年中，虽然我国在国防科技等方面取得了一些重要成就，但整体而言，经济建设遭受了巨大损失。从 1977 年起，不论在思想领域，还是在社会实践中，人们都开始了对"文化大革命"时期错误做法的反思。1978 年，全国范围内关于真理标准问题的大讨论将这种反思推向了高潮。更重要的是，为了尽快恢复工农业生产，从中央到地方都开始了新的探索，所有这些都为 1978 年开启改革开放做了良好铺垫。

（一）"文化大革命"对国民经济正常秩序的破坏

"文化大革命"最早是从宣传"政治统帅一切""政治第一"开始的。政治动乱对国民经济正常秩序的干扰和破坏主要在于："破四旧"使一批传统名牌或人民喜爱的商品被打入冷宫，全国日用品类的社会零售额急剧下降；"大串联"对交通运输系统产生冲击。数百万学生来往于全国各地，客运量急剧增加，造成运输线路急剧紧张，挤占了货运能力，使大量物资积压待运。部分工人擅自离开生产岗位，造成生产能力下降。

随着"文化大革命"运动的进展，国民经济陷入严重的混乱状态。宏观经济管理机构基本上瘫痪，国家已不能正常行使管理国民经济的职能，经济建设实际上处于无计划状态。在计划工作陷于停顿的同时，各级经委和业务主管部门的工作也处于瘫痪状态，无法发挥其职能作用，物资供应、生产调度、物价管理等工作不能正常进行。在农业方面，把国民经济调整时期按照生产力发展的实际水平调整生产关系，在坚持农村集体经济的前提下，允许农民有少量自留地、家庭副业，开放集市贸易，以及在局部地区试行包产到户的生产责任制等，批判为"刮单干风""复辟资本主义"。许多地区由小队核算升级为大队核算，有的地区关闭了集市贸易。所有制"升级"，使社员

的积极性受到严重挫伤，农业生产徘徊不前。在工业方面，企业管理普遍紊乱，产量、质量、成本、利润无人过问，劳动纪律松懈，浪费十分严重。在商业方面，取消企业利润留成办法，经济核算名存实亡。在交通运输方面，交通运输堵塞。此外，能源生产下降，制造工业减产，整个国民经济已不能正常运转。

（二）粗放型的群众运动式的经济发展方式

"文化大革命"全面发动以后，在无政府主义状态下，整个经济工作普遍采用群众运动的方式来维持和操作。

1. "农业学大寨"运动

大寨作为一个贫困山区，依靠自力更生、艰苦奋斗，取得了抗灾夺丰收的胜利。"文化大革命"中，大寨从经济发展的先进转变为推行"左"倾政策的样板。具体做法是：狠抓阶级斗争，大搞"穷过渡"，如在昔阳县实行全县核算；"割资本主义尾巴"，即全面取消社员经营的自留地和家庭副业；大搞平均主义的"自报工分"等。这些做法在全国强行推广后，全国农业生产雪上加霜，遭受了更大的损失。

2. 大力发展地方"五小"工业

为了证明群众运动的合理性和必要性，"文化大革命"期间，继续推行"大跃进"时期的做法，中央下拨专项资金并规定多种优惠条件，鼓励地方发展小钢铁、小机械、小化肥、小煤窑、小水泥等小型工业。全国有近200个县办起了小钢铁厂，有96%的县建立了农机修造厂。小水泥厂、小化肥厂的产量各占全国水泥、化肥总产量的40%。"五小"工业虽然也带来了一些局部的、暂时的经济利益，但由于这种发展方式不讲规模效益，不顾地方需求，不要求生产布局的合理性，最终造成了普遍的浪费和损失。

3. 大力推行"以粮为纲"和"以钢为纲"

追求钢铁和粮食产量，是1958年"大跃进"的核心。"文化大革命"期间，在"以粮为纲"的片面发展方针中，粮食生产再次被突出到不恰当的位置，而农业的多种经营却遭到全面扼杀，农业生产基本上形成了"农业＝种植业、种植业＝粮食生产、粮食生产＝社会主义农业"的观点。其结果是，中国农业经济除了粮食产量依靠加大投入增长较快以外，其他农作物都普遍减产。在"以粮为纲"的指导下，各地开展"围湖造田""毁林造田""毁草原造田"等群众运动，加剧了对生态环境的破坏。在工业生产中，突出"以钢为纲"的片面发展方针，并以此为中心编制工业生产计划，再加上强调地区性钢铁自给，使全国又一次掀起"大办钢铁"的群众运动。在这种错误方针指导下，加工工业和采掘工业的比例失调，农轻重的比例关系恶化，对人民生活的大量"欠账"加重。各地乱采乱挖也使中国资源环境遭到破坏。

4. 闭关锁国式的经济发展

总体上讲，"文化大革命"时期中国的经济处于一种自我封闭的状态，是远离整个世界经济体系而孤立运行的。这是由于"文化大革命"中的内乱影响了中国的对外经济交往，加上在经济工作指导思想上过分强调"独立自主、自力更生"，把一切正常的国际经济关系都视为资本主义，因此，中国与外国特别是与西方的经济贸易往来基本上遭到否定和排斥，对外贸易连年下降。直到1972年中国与西方国家的关系才逐渐缓和并走向正常化，加之出于"三线"建设的需要，开始从国外引进成套设备和技术，进出口贸易有了增长。

（三）经济建设中的高速度、高指标

"左"倾思想在中国社会主义经济建设过程中的突出问题，就是一味盲目追求高速度、高指标，不顾经济效益，不计生产成本，不按经济规律办事，任意夸大人的主观作用，用大搞群众运动、大搞浮夸、大搞粗制滥造的方式来发展经济。这在"文化大革命"期间又一次重复出现。

1965 年 9 月国家计委提出的"三五"计划提纲中，国民经济发展的指标是：到 1970 年，工农业总产值为 2 700 亿~2 750 亿元，平均每年增长约 9.5%~10%；基本建设投资 850 亿元，粮食产量为 4 400 亿~4 800 亿斤，钢 1 600 万吨，原煤 2.8 亿~2.9 亿吨，原油 1 850 万吨，在"文化大革命"中这许多指标都没有完成。1970 年 2 月全国计划工作会议提出"四五"期间的计划指标是：到 1975 年，粮食生产为 6 000 亿~6 500 亿斤，比 1970 年增长 133%~233%；钢 3 500 万~4 000 万吨，原煤 4 亿~4.3 亿吨，原油 7 000 万~10 000 万吨；工业产值 4 000 亿元，年均递增 12.5%；国家预算内基建投资总额 1 200 亿~1 300 亿元。"四五"计划又是一个以战备为中心的，急于求成、盲目高速的"左"倾冒进计划。为实现这个计划，1970 年全年基建投资实际完成额高达 294.9 亿元，比 1969 年增加 109.34 亿元，全年施工项目多达 1 409 个，但全部建成只有 235 个，投产率为 16.7%。由于基建规模加大，国民收入积累率由上年的 23.2% 猛增到 32.9%，相应的，这一年新增职工 983 万人，超过国家计划两倍多；职工人数增长使工资支出总额超过计划 6 亿元；与此同时，粮食销售量也突破计划 61 亿多斤。这三个突破超过了中国农业和轻工业的承受能力，超过了中国财力和物力所能允许的限度，并由此导致货币发行量超过了流通实际的需要量。这几方面的突破表明整个国民经济出现潜在危机。而本来就不景气的轻工业和农副业遭到压制，再加上全国企业管理水平普遍下降，使得企业经济效益长期处于低谷，导致国民经济比例严重失调，重蹈了"大跃进"的错误。到 1975 年，计划表中 51 种主要经济指标有 25 种未完成计划；30 种主要重工业产品指标中有 60% 没有完成计划；11 种主要轻工业产品有 36.4% 没有完成计划。"四五"计划期间最突出的问题是基建规模过大，五年合计，比"三五"计划增长 83.7%。其直接后果是造成积累与消费比例失调，平均积累率高达 33%。而且，建设中损失浪费严重，经济效益很差，五年平均新增固定资产交付使用率只有 61.4%，每百元生产积累增加国民收入仅 21 元，为新中国成立以来最低水平。

（四）党内对"左"倾错误的抵制

"文化大革命"初期为制止由社会动乱带来的失控，毛泽东于 1969 年派出人民解放军执行"三支两军"（即支左、支工、支农、军管、军训）的任务，使中断两年的全国计划工作得到恢复。1970 年的盲目跃进使固定资产投资过分膨胀，造成人力物力的紧张；下放企业要求过急，使各地自给自足的倾向不断发展，盲目建设、重复建设现象严重。以周恩来为代表的中共党内老干部及时利用了林彪集团垮台的机会，在力所能及的范围内积极采取措施，强调集中统一领导，恢复经济建设。其主要措施有：减少基建投资，并适当调整投资结构；开始加强中央对劳动工资的管理；控制职工人数和吃商品粮的人口；整顿企业管理，落实农村政策，发展对外经济关系。一方面批判"政治可以冲击一切","只算政治账，不算经济账"的谬论；另一方面提出了企业扭亏增盈的具体措施。农村也开始纠正"扩社并队""穷过渡"的歪风。在国际关系中，随着中美关系的改善，中国开始扩大对外经济技术交流，从国外进口技术设备。

1974年全国开展"批林批孔"运动，矛头直指抓整顿工作的周恩来，致使已经趋向稳定的形势急转直下，全国再度出现"拉山头、打内战"的混乱局面，以致交通运输严重堵塞，工业生产急剧下降，财政出现赤字，外贸出现逆差，市场商品供应紧张，国民经济建设出现了新的逆转和半瘫痪的状态。为了稳定局势，毛泽东在做出"安定团结为好"的指示后，又做出了"要把国民经济搞上去"的指示，为邓小平全面整顿经济工作提供了必要的条件。1975年邓小平的全面整顿首先是对铁路运输、钢铁工业、农业的整顿，通过消除无政府混乱状态和建立行之有效的管理制度，使全国经济形势开始好转。这在实质上是对"文化大革命"中错误的理论、方针、政策和具体做法的比较系统的纠正，由此导致了1975年年底全国的"反击右倾翻案风"。在这场新的动乱中，铁路运输再一次受到严重破坏，全国不少地区缺煤少电，工厂停工停产，严重影响了国民经济和人民生活。此后发生的唐山大地震更为岌岌可危的国民经济增加了新的困难。1976年，主要产值产量计划指标大都未完成；经济增长速度大幅度下降，主要产品产量比上年减少；经济效益大幅度下降；财政枯竭，国库空虚；市场供应紧张，人民生活水平下降。1976年人口自然增长率为1.26%，高于许多主要生活资料的增长率，以致生活资料短缺现象更为严重。

（五）"文化大革命"时期经济建设的挫折和教训

1. 经济建设的挫折

"文化大革命"十年间，中国经济运行的内在调控机制发生严重紊乱，职能作用大大削弱，致使经济建设经历了由"上升—下降"，"回升—又下降"和"再上升—再下降"这样一个三起三落的过程。经济增长时断时续，经济发展速度下降。1966年社会总产值、国民收入和财政收入都比上年增长17%以上，而1968年、1969年连续两年出现负增长，1970年出现超高速增长，1972年又大幅度滑坡，此后又出现两升两降局面。按可比价格计算，这十年间工农业总产值年均增长7.1%，大大低于1952—1966年年均增长10%的水平。

经济增长的大起大落，经济发展速度的下降，意味着经济上损失巨大。据有关部门估算，十年动乱所造成的经济损失约5 000亿元，连同"大跃进"的损失1 200亿元，共损失6 200亿元，这个数字相当于1950—1983年新增加的固定资产。也就是说，两次失误，葬送了中国经济30多年来可再增长一倍的家底。

国民经济主要比例关系严重失调，使中国产业结构畸形发展。积累和消费比例失调影响到了人民的正常消费；农轻重比例关系失调制约着国民经济的协调发展；交通运输能力的增长慢于工农业总产值的增长，使交通运输与工农业生产比例失调，限制着国民经济的增长和发展。

由于产业结构不合理，经济体制盲目变动，规章制度遭到破坏，内地建设大搞"山、散、洞"，从而导致全社会经济效益的下降。国家财政入不敷出的状况也不断恶化，十年间财政收支相抵，赤字为19亿元。

另外，人民生活"欠账"甚多，水平下降。以粮、油、布这几种主要生活消费品的人均年消费量为例，十年中这些指标基本上无增长；在住房方面，十年间住宅投资占非生产性投资额中的比重不到5%；在工资方面，年平均工资由1965年的652元下降到605元，下降7.2%。城镇知识青年上山下乡，十年合计1 600万人，不仅给部分地区的农民在经济上带来损失，而且给大部分城市家庭增加了不少负担。由于产业结构不合理，劳动就业长期"统包统配"，堵塞了劳动就业和自谋职业的门路，使全国城镇待业人员高达1 000万人。此外，城市建设、学校、医院、商业网点也几乎没有增加，造成就学、就医、购物困难，城市人民生活水平和生活质量有所下降。在农村，由于大搞"穷过渡"，生产中又片面强调"以粮为纲"，加上农副产品价格长期被统死，农民的平均纯收入不仅没有增加，有的地区还有所下降，许多地区农民温饱问题尚未解决，需要国家救济。

2. 国民经济某些领域的局部进展

一方面，"文化大革命"期间国民经济受到严重挫折，损失巨大，这是这一时期经济建设的主要方面；另一方面，"文化大革命"时期国民经济在农业生产、基本建设和科学技术等方面，也取得了一些值得一提的进展。

农业生产保持较稳定的增长。由于高度重视农业和粮食生产，农业以平均每年递增3.9%的速度向前发展，超过了"文化大革命"前13年平均2.6%的增长速度。粮食生产平均每年发展速度为12.8%，净增1 836亿斤。经济作物的产量和农业劳动生产率也有较大幅度的增长。这是由于农业生产条件有了明显的改善，农业现代化装备有所加强，为粮食和经济作物的发展提供了有利条件。

工业交通、基本建设取得一定成就。在石油工业方面，大庆油田年产原油5 000万吨，加上山东胜利油田和天津大港油田，1976年原油产量达8 700万吨，相当于1965年的6.7倍。原油生产的迅猛增长，带动了石化工业和其他工业的发展，石油和粮食生产一同成了支撑"文化大革命"时期处境艰难的国民经济向前发展的两大支柱。在冶金工业方面，中国自己设计、制造、安装施工的大型钢铁联合工业——攀枝花钢铁工业基地于1965年动工；甘肃酒泉钢铁厂、成都无缝钢管厂、贵州铅厂也开工建设；1973年从西德引进的重点建设项目——武汉钢铁厂一米七轧钢机工程开始施工。这批工业的建成投产，对缓解中国原材料生产不足起了重要作用。在机械工业方面，新建了湖北十堰第二汽车厂、四川德阳第二重型机械厂、陕西富平液压件厂、四川大足汽车厂等重要企业。在煤炭工业方面，建设了贵州六盘水煤田、四川宝顶山煤矿、芙蓉山煤矿和山东兖州煤矿。在电力工业方面，从1964年开始兴建的中国最大的水电站——甘肃刘家峡水电站正式投产使用。著名的葛洲坝大型水电站、贵州乌江电站也开始建设。在交通运输方面，修建了成昆、焦济、湘黔铁路和南京长江大桥。此外，太焦线、枝柳线、襄渝线、京原线等也相继开工修建。中国还建成大庆油田到秦皇岛长距离输油管道（1 152千米），以及秦皇岛到北京、山东到南京等的输油管道。这对缓解铁路运输压力，促进石油石化工业发展起了很大作用。邮电通信能力也有所增强。

在科学技术方面也取得一批重要成果。1966年中国第一次成功地进行了发射导弹核武器的试验。1967年成功地爆炸了第一颗氢弹。1969年首次成功地进行了地下核试验。这一切意味着中国在核技术方面取得了重大突破，从而大大增强了中国的战略防御力量。然而核电站、水压堆却一直没有搞成。在航天技术方面，1970 年中国成功发射了第一颗人造地球卫星；在生物技术方面，1972 年中国育成了一代籼型杂交水稻；在电子技术方面，中国自行研究成功卫星地面接收站等。

3. "文化大革命"时期经济建设的教训

从经济建设方面来看，这十年的历史教训主要有以下四点：

（1）现代化建设的任务是多方面的，其中经济建设是中心任务。离开了这个中心，就有丧失物质基础的危险。"文化大革命"的根本错误在于：丢掉了这个根本任务，置现代化建设于不顾，搞所谓"一个阶级推翻另一个阶级"的政治大革命。这样的革命既没有经济基础，也没有政治基础，它必然提不出任何建设性的纲领，而只能造成严重的混乱、破坏和倒退。

（2）在所有制关系上，离开了中国生产力水平低，发展又不平衡的实际，搞"穷过渡""割资本主义尾巴"，使所有制形式和经营方式日益单一化，在很大程度上窒息了社会生产力的发展；在经济建设中，背离价值规律的要求，批判经济核算、利润指标，致使经济效益越来越低；在产业政策方面，强调"以钢为纲"，片面发展重工业，忽视了平衡增长，致使产业结构畸形发展；在人民生活方面，冻结工资，批所谓"资产阶级法权"，鼓吹平均主义，极大地挫伤了人民群众的积极性；在计划工作中，大批"短线平衡"，搞高指标、高积累、高速度，致使比例关系严重失调；在对外关系上，批所谓"洋奴哲学""爬行主义"，实行闭关锁国政策。这一系列背离客观经济规律的做法，不仅使中国经济建设损失惨重，而且使中国丧失了进行建设的宝贵时间。

（3）在批判"条条专政"的口号下，进行了以下放权力为中心的经济管理体制改革。其出发点虽然是为了调动地方积极性，但由于缺乏坚实的理论基础，在排斥商品货币关系和经济杠杆的情况下，单纯下放经济管理权限，不仅不能有效地解决旧的矛盾，反而导致了许多新的矛盾。如管理的过于分散，影响了国家重点建设的需要，地方小型工业的盲目发展，进一步加剧了基建规模膨胀的程度，大型企业则因政出多门使经济效益大大下降。实践证明，排斥商品货币关系，单纯用行政手段管理经济，不管如何在集权和分权上做文章，都不可能把国民经济从"死"和"乱"的泥坑中解脱出来。

（4）20 世纪六七十年代，毛泽东把战争的危险性估计得过于严重，提出了要立足打仗的指导思想，做出了三线建设的战略部署，以致在经济工作中出现了很大的片面性和盲目性。这突出地表现在：只强调内地建设，忽视了沿海地区的经济发展；只强调建立独立作战、自成体系的经济区，忽视了发挥各地区的资源和经济优势；只突出国防工业和重工业，忽视了对轻工业、农业、文教卫生和职工住宅的必要建设。在三线建设中执行"靠山""分散""进洞"和"边勘测，边设计，边施工"的错误方针，造成了很大的浪费和损失。结果不仅导致经济效益差，经济比例失调，而且遗留下不少问题，如许多重要企业和生产基地不配套，布局不合理，生产能力不能充分发挥。事实证明，战争危险虽然存在，但和平力量也在不断壮大。因此，必须全面地、恰如其分地估量国际形势，正确处理国内建设和国际关系，以保证社会主义现代化建设事业稳步而健康地向前发展。

四、计划经济体制的历史作用与弊端

1949—1979年，中国陆续推行计划经济，在当时这既是必需的，也是必然的，它为我们工业基础的奠定起了作用，但也有效率较低的问题。对此，我们要一分为二地做出客观公正的评价。

（一）计划体制的历史作用

在特定的环境中（如战争年代、灾荒时期），在经济发展水平低下、短缺和市场发育不成熟的条件下，在经济结构简单、建设规模小和发展目标单一的条件下，国家干预经济能取得较大的成功。例如，抗日战争时期国民政府的统制经济，集中了国家资源，支持了抗日战争的胜利；新中国成立初期高度集中的资源配置，保证了国民经济的迅速恢复。

在生产能力低下，人民收入普遍偏低和新中国成立初期的国际环境下，要想快速解决短缺问题，需要通过计划经济组织全国的生产，安排各种原材料的分配，从而使最后产品也得到公正分配备，以达到缩小贫富差别、解决社会公平的问题。要推进国家工业化，也只有尽可能地压低生活消费，提高积累率，将社会积累较多地投入生产资料的生产部门（即重工业部门）。1953—1978年，国民收入中的积累率一般保持在30%以上，最高的年份接近40%。政府通过工农产品价格"剪刀差"从农业转移至工业的资本累积至少有2 000亿元。为了消除压低消费提高积累造成的地区之间、行业之间、企业之间的苦乐不均，中央政府在农副产品统购和城市居民收入方面实行集中统一管理也是必要的。另外，在低消费和优先发展重工业的条件下，要保证社会的稳定和物价平衡，在就业和社会保障方面以及生活必需品供给方面，也需要实行高度集中的计划管理。可以说，高度集中的计划管理体制不仅保证了高积累，而且使高积累下的生活消费品相对平均地分配，保证了社会的稳定和劳动者的积极性。高度集中的计划管理体制还使经济建设保证了重点建设，改善了生产力布局。以与人民生活关系最为密切的棉纺织工业为例，通过国家在内地的投资，沿海地区与内地棉纺纱锭的关系比例由新中国成立前的6.4：1调整为3.5：1。

（二）计划体制的弊端

实践证明，计划经济不能解决短缺问题。第一，解决短缺问题必须调动生产者的积极性，而在计划体制下，由于企业不是真正的市场主体，因而没有积极性。第二，有效供给必须建立在市场基础上，而计划体制是排斥市场的，增加的供给中有一部分是无效供给。第三，增加供给必须增加投资。即计划体制下的投资不承担风险，很多投资是无效投资，迟迟不能形成生产力。第四，计划体制是一个封闭的体制，在封闭体制之下不能实现资源转换。

计划管理体制的弊端随着经济的发展和国营企业数量的增加而逐渐明显：中央集权过多，抑制了地方的积极性和灵活性；政府集权过多，抑制了企业经营管理的灵活性；政府干预过多，抑制了市场机制的调节作用。

思考题

1. 试述新民主主义经济体制的内涵及其主要特征。
2. 试论述新民主主义经济体制和社会主义经济体制的区别和联系。
3. 论述新中国建立之初选择计划经济体制的历史原因。
4. 试述计划经济体制的历史作用与弊端。

第八章 转型中的中国国民经济
（1978年至今）

1978年中共十一届三中全会"拨乱反正"以后，中国经济发展开始转向关注民生问题。通过改革与开放，逐步转向以市场为中心进行资源配置，经济得以高速发展。在取得巨大成就的同时，也面临着一些新的社会矛盾与难题。自2003年以后，中国开始步入以"科学发展观"为统领、以构建"社会主义和谐社会"为总目标的发展战略阶段。

第一节 国民经济的历史性转变

"文化大革命"结束后，中国正常的社会秩序逐渐得到恢复。由于"优先发展重工业"和"赶超"战略产业的历史惯性，中国的经济基本上还是在高速度、高积累、低效益、低消费的老路上徘徊，直到1978年以后，才在经济建设的战略目标以及指导思想方面发生了根本性的变化。

一、"文化大革命"后国民经济的恢复与"洋跃进"

"文化大革命"结束后，中央重建生产指挥系统，落实农村经济政策；抓交通建设，疏通国民经济的大动脉；抓企业整顿，促进工业生产的恢复；打破地区封锁，疏通流通渠道，发展对外贸易；召开科学大会等。这使中国的国民经济在1977—1978年期间得到了恢复和较快发展。但由于经济建设中"优先发展重工业"的战略目标尚未转变，这一时期的经济工作仍然是继续沿着高速度、高积累、低效益、低消费的历史惯性在运行。由于对国民经济缺乏全面的、切合实际的分析，同时也对国民经济遭受"文化大革命"摧残的广度和深度估计过低，以为结束"文化大革命"后可以凭借人民的热情一鼓作气地把国民经济搞上去；而在更为主要的方面，则是由于没有充分吸取过去的经验教训，没有对经济工作中长期存在的"左"的指导思想进行认真、全面的清理，尚未触及经济体制自身存在的问题，从而使经济现代化"速成论"的思潮在新的历史条件下继续起作用。因此，在这一时期的经济工作中仍然部分表现为脱离国情，片面追求高速度、高指标。如在国民经济"五五"计划中，要求1980年全国基本实现农业机械化；在生产关系上继续提高人民公社的公有化水平；要求到1985年，全国粮食产量达到8 000亿斤，钢产量达到6 000万吨；提出农业方面建成12个大面积商品粮基地，工业方面要新建和续建 120 个大型项目，其中有 10 个钢铁基地、9 个有色金属基地、8 个煤炭基地、10 个大油气田、30 个大电站、6 条铁路新干线、5 个重点港口。如此宏大的建设规模和增长速度，从当时中国的国情来看，无论是从资源、财力、技术力量，还是从建设周期来说，都是不可能提供支撑的。为了达到高指标，在这个发展计划中，仍然过分突出以钢铁和重化工业为主的重工业，使本来已经过大的基本建设规模继续扩张，而且在强调"大干"时仍沿用大搞群众运动的方式组织生产。对资金和技术的需求则寄望于举借外债和大量引进国外成套设备，因此，又称之"洋跃进"。

在这样的经济工作思想指导下，国民经济潜伏的危机逐渐暴露。其中，农业和工业的比例更加不协调；轻重工业的比例进一步失调；重工业内部燃料动力工业、原材料工业和建材工业与其他工业，特别是与加工工业的比例严重失调；积累与消费的比例关系严重失调。导致生产、建设、流通、分配领域出现许多混乱现象。在生产领域，全国 1/3 的企业管理较混乱，生产秩序不正常，将近一半的重点企业的主要工业产品质量指标和原材料消耗指标未恢复到历史最好水平；在基本建设投资领域，1978 年完成的投资额是历史上最多的一年，而投资效果则是十多年来最差的年份之一，建成投产率仅为 5.8%；在流通领域，商品流通环节多，周转慢，许多物资严重积压。

以上情况说明，批判和清理长期以来在经济工作中指导思想上"左"的错误，实事求是地寻找适合中国国情的经济建设的新路子，已成为新的历史时期中国经济现代化建设的迫切要求。

二、国民经济调整和整顿

1978 年 12 月中共十一届三中全会针对由"洋跃进"产生的国民经济结构性失调，在 1979 年 4 月由中央工作会议提出了"调整、改革、整顿、提高"的方针。

1. 调整与落实农村政策

一方面通过提高农产品收购价格，降低征购基数，减少部分积累，使农民得以休养生息。另一方面，恢复和推行一些行之有效的农村经济政策。如：保障农村社队生产、经营和分配的自主权，实行并逐步完善多种形式的联产计酬责任制；调整农业内部的生产结构，因地制宜地发展多种经营；适当扩大社员自留地，鼓励社员发展家庭副业；有计划地开放农贸市场。

2. 调整轻重工业的比例关系

在优先发展重工业的计划经济时代，"工业以钢为纲"口号的提出，社会有限的资源被重工业、国防军事工业挤占，使轻重工业比例严重失调。随着国家发展重心的战略转移，为了改善人民生活，在 1979 年的国民经济调整过程中，国家在原材料、燃料、动力、基建、贷款等各个方面给予了轻工业以更多的支援，使其发展速度快于重工业。

3. 逐步偿还人民生活方面的"欠账"

在优先发展重工业的计划经济时代，由于"重积累、轻消费"，社会有限的剩余被用于扩大投资，使人民的生活消费水平多年得不到改善，违背了社会主义生产的根本目的。在1979年的国民经济调整中，国家拿出部分财力改善民生。全国农村因农产品价格提高和农业税减免约得利益300亿元；全国城镇职工工资总额增加200亿元；全国城镇安置1808万人就业。

4. 1979年国民经济调整的特点与成绩

1979年国民经济调整工作与1962—1965年期间的国民经济调整既有相同之处，也有区别。从相同之处看，两次调整都是在经济指导工作发生了"左"的错误之后，为改变经济比例失调而采取的措施，这就决定了两次调整都经历了一个逐步认识、逐步前进和逐步取得成效的过程。

不同之处在于，1979年的调整较为主动、从容和自觉。调整的目的是要使国民经济继续保持一定的增长速度，有进有退，而不是全面的退却。调整是在充分认识到"左"倾错误思想对经济工作造成的严重危害的情况下进行的，因而注意摆正经济工作的指导思想。但是，1979年的调整是在基建规模扩大，特别是在进口了大量成套设备的不利的条件下进行的，不像"小土群"那样容易甩掉包袱。

通过1979年的国民经济调整，多年来重工业发展过快，轻工业落后，农业停滞不前的局面得到扭转；农业内部粮食生产与多种经营的关系得到改善；消费总额与消费性积累之和约占国民收入使用额的80%，超过了历史最高水平。自此，中国国民经济逐步走上持续、稳定、健康发展的轨道。

三、经济发展战略与指导思想的转变

1978年中共十一届三中全会的重大成就是在总结新中国成立以来经验教训的同时，做出了全党全国工作重点转移到以经济建设为中心的社会主义现代化建设上来的重大战略决策，并提出了以改善民生为重点的中国国民经济建设目标。

1. 关于国民经济建设分三步走的战略部署

在确立以改善民生为重点的战略目标之后，邓小平在规划中国现代化进程时提出了国民经济建设分三步走的战略部署。第一步，从1981年到1990年实现国民生产总值翻一番，解决人民温饱的问题。第二步，从1991年到20世纪末国民生产总值再增长一倍，人民生活达到小康水平。第三步，到21世纪中叶中国人均国民生产总值达到中等发达国家的水平，人民生活比较富裕，基本实现现代化。

"三步走"的发展战略，表明中国人民决心用一百年左右的时间艰苦奋斗，走完发达国家几百年走过的路程。要实现这一战略目标，必须立足于中国的基本国情。为此，党的十三大明确指出，中国现阶段还处于社会主义的初级阶段，党的首要任务是发展社会生产力。党的十四大、十五大的政治报告对中国在20世纪末达到小康生活水平提出过要求。党的十六大正式提出全面建设小康社会是党和国家到2020年的奋斗目标，力争实现国内生产总值比2000年翻两番的任务。党的十七大根据国内外形势的新变化、中国经济社会的新发展、广大人民群众的新期待，提出通过"转变发展方式取得重大进展，在优化结构、提高效益、降低消耗、保护环境的基础上，实现人均国内生产总值到 2020 年比 2000 年翻两番"的新要求。党的十九大提出了中国共产党带领全国各族人民迎难而上，开拓进取，到 2020 年决胜全面建成小康社会，到 21 世纪中叶实现社会主义现代化的奋斗目标。实现这个目标分为两个阶段，第一阶段，从 2020 到 2035 年，在全面建成小康社会的基础上，再奋斗十五年，基本实现社会主义现代化。第二阶段，从 2035 年到 21 世纪中叶，在基本实现现代化的基础上，再奋斗十五年，把中国建成富强民主文明和谐美丽的社会主义现代化强国。

2. 经济发展立足于中国基本国情

随着经济发展战略目标所发生的重大转变，自 1978 年以来，制定国民经济发展计划所具有的明显特征就是从实际出发，实事求是地确定计划的任务；坚持发展速度和经济效益的统一；严格控制固定资产投资的总规模，切实保证重点建设和企业技术改造的需要；兼顾国家建设和人民生活；重视科学技术的作用，努力加快教育和科学事业的发展；注意社会发展问题，把经济发展和社会发展密切结合。

3. 经济增长方式的转变

长期以来，"短缺"是中国的常态，供给不足是制约经济发展的主要因素。而市场化的改革开始打破这一"常态"。1996 年以后内需开始成为制约中国经济增长的主要因素。这种供求关系的变化使过去依靠旺盛需求支撑的经济效益不高的国有企业和部分乡镇企业陷入困境，1997 年竟然出现国有企业总体亏损的局面。买方市场的形成，标志着我国长期实行的粗放型、外延型的经济增长方式已经难以为继，市场这只"看不见的手"开始发挥作用。中国人口众多与资源不足以及环境因素也成为制约中国经济继续发展的基本因素。而地区之间、城乡之间、阶层之间以及人口与资源、发展与环境之间出现的新的不平衡，则越来越成为社会稳定和可续发展的主要制约因素。长期以来，虽然我们始终强调社会主义的发展不同于资本主义的发展，应该是全体人民受益，应该是全面的发展。但在实际工作中，为了实施赶超战略，我们的经济发展是过于重视工业化而忽视了城市化和农民的利益；过于重视 GDP 的增长而忽视环境、资源保护；即使人民收入增加了，但人民的生活质量却不能与收入同比增长。

为此，1995 年《中共中央国务院关于加速科学技术进步的决定》中首次明确提出了"科教兴国"的战略。在十四届五中全会上提出了"可持续发展"。党的十五大将实施这两大战略作为我国跨世纪发展的重要任务。党的十六大明确提出中国必须走新型工业化的道路。十六届三中全会上首次提出了"以人为本"的科学发展观。党的十七大明确提出"不仅要重视经济增长指标，而且要重视人文指标、资源指标、环境指标和社会指标，坚持把经济增长同人、资源、环境、社会发展指标有机地结合起来"。2015 年 10 月党的十八届五中全会提出了创新、协调、绿色、开放、共享的新发展理念。党的十八大以来，以习近平同志为核心的党中央高瞻远瞩，审时度势，把生态文明建设作为统筹推进"五位一体"总体布局和协调推进"四个全面"战略布局的重要内容，开展了一系列根本性、开创性、长远性工作。党的十九大报告明确将"美丽"作为社会主义现代化强国的基本特征，把"坚持人与自然和谐共生"纳入新时代坚持和发展中国特色社会主义的基本方略。"生态文明"已被写入宪法，"美丽"二字已被确定为建设社会主义现代化强国的重要目标。

4. 注重协调发展过程中出现的不平衡和问题

从新中国成立初期中央提出的"四面八方"政策到 1956 年毛泽东的"论十大关系"，从 1978 年邓小平提出的"先富""后富"和两个"大局"到 1997 年江泽民提出的解决好十二个关系，都反映出各个历史发展时期的领导人力图统筹兼顾，注重协调经济发展过程中出现的不平衡问题的决心。但是，由于加快经济发展、维护国家安全或者保证社会主义制度（不同时期）的要义，压倒一切，而城乡关系、区域关系等问题往往处于从属和次要的地位。1997 年以后，区域经济发展不平衡、农民收入滑坡、城乡社会保障滞后成为经济可持续发展的突出问题。中共十六届三中全会明确提出："按照统筹城乡发展、统筹区域发展、统筹经济社会发展、统筹人与自然和谐发展、统筹国内发展和对外开放的要求，更大程度地发挥市场在资源配置中的基础性作用，增强企业活力和竞争力，健全国家宏观调控，完善政府社会管理和公共服务职能，为全面建设小康社会提供强有力的体制保障。"

为稳妥推进全面建成小康社会，党的十八大后以习近平同志为核心的党中央从诸多方面予以指导，党的十八届二中全会明确指出"继续实施区域发展总体战略和主体功能区战略"；党的十八届三中全会审议通过的《中共中央关于全面深化改革若干重大问题的决定》强调"加快自由贸易区建设，扩大内陆沿边开放"；党的十八届五中全会审议通过的《中共中央关于制定国民经济和社会发展第十三个五年规划的建议》进一步明确了"拓展区域发展空间"的重要性，并要求"推动区域协调发展"，"塑造要素有序自由流动、主体功能约束有效、基本公共服务均等、资源环境可承载的区域协调发展新格局"。由此可见，新的发展阶段，国家层面上的区域协调可持续发展战略基本形成，并在 2017 年 10 月党的十九大会议上被鲜明地确立。党的十九大报告有如下描述："实施区域协调发展战略。加大力度支持革命老区、民族地区、边疆地区、贫困地区加快发展，强化举措推进西部大开发形成新格局，深化改革加快东北等老工业基地振兴，发挥优势推动中部地区崛起，创新引领率先实现东部地区优化发展，建立更加有效的区域协调发展新机制。以城市群为主体构建大中小城市和小城镇协调发展的城镇格局，加快农业转移人口市民化。以疏解北京非首都功能为'牛鼻子'推动京津冀协同发展，高起点规划、高标准建设雄安新区。以共抓大保护、不搞大开发为导向推动长江经济带发展。支持资源型地区经济转型发展。加快边疆发展，确保边疆巩固、边境安全。坚持陆海统筹，加快建设海洋强国。"[①]

四、经济体制改革与对外开放

伴随着经济建设战略目标的确立，1978 年以来中国开始对传统经济体制进行改革并实施对外经济开放政策。

---

① 习近平. 决胜全面建成小康社会 夺取新时代中国特色社会主义伟大胜利［N/OL］.［2018-12-13］. http://paper.people.com.cn/rmrb/html/2017-10/19/nw.D110000renmrb_20171019_1-02.htm.

（一）经济体制改革

所谓改革，就是逐步改变不合理的经济体制，建立起合理的经济体制。1957 年中国最高决策层针对苏联的模式提出过经济体制改革的思想，并在以后的 20 多年里也进行过一些实践与探索。由于对社会主义经济规律和价值规律，以及社会主义的本质和阶段性的认识不足，即把注意力集中于中央多管些还是地方多管些，从而一直没有跳出依靠行政手段来管理经济的框架。所以，直到 1978 年才从战略的高度提出改革经济体制的任务，并且在实践中逐步明确了改革的基本目标是建立具有中国特色的社会主义市场经济新体制。

1. 突破传统计划经济理论，实行计划经济为主、市场调节为辅

在马克思主义经典著作中，几乎没有关于社会主义市场经济的任何论述。针对计划经济体制的弊病，中共十一届三中全会提出必须利用价值规律的调节作用，把市场与计划结合起来，通过必要的改革，逐步建立起计划与市场调节相结合，以计划调节为主，充分重视市场作用的经济体制。中共十一届六中全会提出中国经济体制改革的基本方向是"在坚持社会主义计划经济的前提下，发挥市场调节的辅导作用"。党的十二大报告进一步明确提出："正确贯彻计划经济为主、市场调节为辅的原则，是经济体制改革中的一个根本性问题。"尽管对市场的认识还有较大的局限性，但对传统的计划理论已是一大突破。

2. 承认商品经济的地位，实行有计划的商品经济

1984 年，中国经济体制改革由农村扩展到城市，由局部试点转入全面展开，对于市场经济的认识也上升到了一个新的阶段。在《中共中央关于经济体制改革的决定》中，提出了在社会主义公有制的基础上，实行"有计划的商品经济"。这是中央首次在理论上承认计划经济和商品经济的辩证统一关系，认为商品经济不是资本主义特有的，商品经济的充分发展，是社会主义社会不可逾越的阶段，只有充分发展商品经济，才能够实现经济现代化。在此基础上，党的十三大指出社会主义有计划商品经济体制，应该是计划与市场内在统一的体制，计划和市场的作用范围都是全社会的，要建立新的经济运行机制，即"国家调节市场，市场引导企业"的机制。

3. 突出市场特点，确立社会主义市场经济体制

社会主义市场经济理论是由邓小平提出的，并得到了系统而深刻的论述。邓小平从根本上破除了把市场经济同社会主义制度完全对立起来的错误观点，论证了社会主义完全可以利用市场经济的运行机制来促进劳动生产率的提高，论证了通过价格、供求和竞争机制来实现资源的优化配置，论证了社会主义可以而且必须在公有制基础上通过实行市场经济实现共同富裕的目标。

1989 年后中国经济发展中存在片面追求稳定、压低发展速度的现象，特别是对改革的目标选择争论不休，甚至担心经济改革中市场因素扩大，会走上资本主义道路的现象，使整个改革开放迈不开步子。1992 年年初，邓小平先后在武昌、深圳、珠海、上海等地发表谈话，率先端正经济工作中的指导思想，他指出，改革开放迈不开步子，不敢闯……要害是姓"资"还是姓"社"的问题。判断的标准，应该主要看是否有利

于发展社会主义社会的生产力，是否有利于增强社会主义国家的综合国力，是否有利于提高人民的生活水平。计划多一点还是市场多一点，不是社会主义与资本主义的本质区别。计划经济不等于社会主义，资本主义也有计划；市场经济不等于资本主义，社会主义也有市场。计划和市场都是经济手段。根据邓小平的社会主义市场经济理论，党的十四大明确提出，我国经济体制改革的目标是建立社会主义市场经济体制，"要使市场在社会主义国家宏观调控下对资源配置起基础性作用"，通过价格杠杆和竞争机制，把资源配置到效益较好的环节中去。

4. 社会主义市场经济体制的框架

在确立了中国经济体制改革的目标与方向之后，中共十四届三中全会就建立社会主义市场经济体制若干问题做出决定，并据此建立了宏观调控体系、基本分配制度、社会保障制主体的社会主义市场经济体制框架。党的十五大提出，"尽快建成统一开放、竞争有序的市场体系"。党的十六大提出要"在更大程度上挥市场在资源配置中的基础性作用，健全统一、开放、竞争、有序的现代市场体系"。2013年党的十八届三中全会提出"使市场在资源配置中起决定性作用和更好发挥政府作用"的理论观点，并指出"决定性作用"和"基础性作用"是前后衔接、继承发展的。[①] 随着从"基础性作用"到"决定性作用"，市场机制和成分的逐渐渗入和壮大，市场经济经济运行和调控的一些特征也逐渐融入了进来。

经过多年的改革，我国社会主义市场经济体制初步建立。在市场准入方面，坚持和完善公有制为主体、多种所有制经济共同发展的基本经济制度，毫不动摇地巩固和发展公有制经济，毫不动摇地鼓励、支持、引导非公有制经济发展，国有经济的战略性调整和布局加快进行，非公有制经济快速发展。在市场体系方面，包括土地市场、资本市场、劳动力市场、技术市场在内的生产要素市场迅速发展，商品交易市场规模庞大，服务市场不断完善，同时消除行政壁垒，打破地区封锁，全国统一的市场体系初步形成。在市场运行方面，价格机制在资源配置中发挥着主导作用，除了少数关系国计民生的工农业产品实行政府指导价外，在社会商品零售总额、农副产品收购总额和生产资料销售总额中，市场调节价比重分别达到95.6%、97.7%和91.9%。在宏观调控方面，以财税、金融和计划为主，辅之以用的审批、环境评价调控体系逐步完善，调控的科学性、有效性明显提高。收入分配领域的改革力度不断加大，社会保障体系进一步完善，政府职能加快转变，都为更大程度地发挥市场在资源配置中的基础性作用提供了条件。

但是，由于市场在资源配置中的基础性作用没有制度化的硬约束，在一些地方和一些领域，市场在资源配置中的基础性作用经常不能得到有效发挥。从资金资源看，我国长期实行低利率政策，加之间接融资占主导地位，造成利率和贷款的投向不能正确反映资金的市场供求，资金的市场配置常常被扭曲。从土地资源看，国家规定工业用地必须实行招标、拍卖、挂牌的市场方式出让，但一些地方为吸引投资仍然采用协

① 张宇. 中国特色社会主义政治经济学 [M]. 北京：中国人民大学出版社，2017：168.

议方式或"零地价"出让,土地资源被大量浪费,市场配置资源的基础性作用没有得到落实。从矿产资源看,一些关系国计民生的煤炭、金属等矿产,国家要求实行资源有偿使用制度,但一些地方任意采用变通的办法,无偿行政审批或低价承包,没有形成反映市场供求关系、资源稀缺程度、环境损害成本的资源价格形成机制,导致一些不可再生资源私采滥挖。

市场在资源配置中的基础性作用被削弱的根本原因在于我国社会主义市场经济体制还不完善,市场在资源配置中的基础性作用还没有形成规范的制度,加之对市场资源配置影响最大的政府职能转变还不到位,政府配置资源的权力过多过大。这些情况说明,对市场在资源配置中的基础性作用,不能停留在一般性的要求上,而要让这种作用通过制度的方式体现出来、规范下来、运行起来。十七大强调从制度上更好地发挥市场在资源配置中的基础性作用,就是要将那些经过实践检验、行之有效的经验上升到制度层面,用制度加以固定,使之成为保证我国社会主义市场经济体制平稳运行、健康发展的基础。

(二)对外开放

所谓"开放",是要在独立自主、自力更生的基础上积极发展对外经济往来、合作和科技交流。新中国成立以来,中国的对外经济交往经历了 20 世纪 50 年代对苏联的"一边倒"、60 年代前期的"自力更生"和 60 年代后期开始的"闭关锁国"、70 年代的与西方国家全面建交并恢复经济贸易关系这样几个阶段。1978 年以后,中国在经济建设中才真正实行了全面对外开放。

1. 建立对外开放"窗口"和扩大开放区域

新中国成立初期,中国对外经济交往与联系主要局限在每年"春秋两季"、每届一个月的"广州进出口商品交易会"上。1977 年的进出口贸易总额为 148 亿美元。

对外开放是从建立经济特区作为开放的"窗口"开始的。1979 年,中央决定在深圳、珠海、汕头和厦门试办经济特区,1989 年试点扩大到海南。特区以国际自由港的特殊地位,吸引大批外商和国内厂商投资和兴办企业。1998 年五个特区的对外贸易额合计达 390 亿美元,占全国对外贸易总额的 12%。

建立特区的经验为进一步扩大开放地域创造了条件。1984 年中国进一步开放了大连、天津、秦皇岛、青岛、烟台、上海、南通、连云港、宁波、温州、福州、广州、湛江、北海这 14 个沿海港口城市。1998 年这 14 个沿海开放城市的进出口额合计达 885 亿美元,占全国对外贸易总额的比重达到 20.1%。

为进一步扩大开放地域,1984 年中国在长江三角洲、珠江三角洲和闽东南三角洲地区开辟沿海经济开放区,以后又开辟环渤海(辽东半岛和胶东半岛)经济开发区;1990 年建立上海浦东开发区;1992 年起,中央先后就进一步开放沿边、沿江、沿线(陇海线、兰新线)和内陆省会城市等地区做出了一系列决定,使全国对外开放的地带逐步向中西部和内陆延伸;到 1998 年,中国的对外开放初步形成由沿海到内地,从东部到中部、西部的全方位、多层次的格局。中国与世界绝大多数国家建立了外交关系,与几乎所有国家和地区展开了经贸往来,美国、日本、韩国和欧洲联盟、东南亚联盟已成为中国最重要的经贸伙伴。

进入21世纪，全球自由贸易区发展势头迅猛。自由贸易区是指一些国家和地区在多边承诺的基础上，进一步相互开放市场，实现贸易和投资自由化。建立自由贸易区有以下作用：一是能拓宽经济发展空间。例如，中国—东盟自由贸易区建成后，可拥有18.5亿消费者、3万亿美元国内生产值、2.5万亿美元贸易总额。二是保障资源供应。和资源大国建立自由贸易区有利于建立稳定、多元的战略资源供应渠道。三是可以消除贸易投资壁垒，为我们把已经形成的生产能力更顺畅地转向国际市场提供了现实可能。四是有助于消除"中国威胁论"。通过自由贸易区框架下相互开放、互利共赢的有予有取，有助于化解国际贸易争端，树立我国开放、负责任的大国形象。五是能有效遏制"台独"势力。我国与东盟、澳大利亚、新西兰等建立自由贸易区，削弱了"台独"势力的经济基础。六是改善国际尤其是大周边环境。我国启动与澳大利亚自由贸易区谈判后，澳大利亚在西方大国中率先承认我国的市场经济地位。

2. 引进和利用外资

资本的国际流动是生产力发展到一定水平的产物。资本的国际流动能极大地促进生产要素跨国界优化组合，使生产要素在更高水平上得以配置。在"计划经济"时代，中国一向以既无内债又无外债为骄傲。改革开放以来，世界各国的发展道路使中国认识到，在进行社会主义市场经济建设的过程中，要通过改革开放，利用好国内外资源，打开国内外市场，学会组织国内建设和发展对外经贸关系。1978年以来，中国对外开放的主要内容是大力引进和利用外资，包括引进国外人才、先进技术、设备及管理经验。

在借用国外资金方面，中国利用加入国际组织和发展与友好国家的关系，大力借用优惠低息贷款，并成功地在国际市场上发行了政府和企业债券。1979—1998年，中国共借用国外资金1 271.3亿美元。中国利用外资的主要形式是吸收外商直接投资。从1980年批准第一批三家外商投资企业以来，截至1998年年底，中国累计批准外商投资企业32万多家，外商投资企业中的中方从业人员已达1 750万人，实际引进外商直接投资共2 656亿美元，其中1992—1998年的投资额占91.2%。对外开放的产业领域有所扩大，主要是在鼓励外商投资基础设施和基础产业的同时，允许外商逐步进入服务业。利用外资的形式也有了进一步发展，例如，增加了外商独资经营企业；大胆试行了一些利用外资的新形式，如BOT，即一些公用基础设施项目如高速公路、电厂、污水处理等在协议期间由外商投资经营，协议期满后所有权、经营权收归中国。为了更多更好地利用国外资源，中国也对国外进行一些必要的投资。投资领域主要在铁矿、森林这些国内紧缺资源方面。

1992年以后，中国利用外资开始由粗放型向集约型转变。这种转变的主要特征有：坚持以市场换技术；利用外资政策由以优惠政策为主转向与国际接轨和着重改善投资环境；在引进外资的同时，积极推动向境外投资；注意利用外债要适度和高速。由于坚持扩大开放和不断提高开放水平，1992年以来中国已连续四年成为仅次于美国的世界上外国直接投资的第二大输入国。1995年世界最大的500家公司中有200家在中国投资。

进入 21 世纪，中国的对外开放进入新阶段。从国际上看，间接投资已经超过直接投资成为国际资本流动的主导形式，特别是并购已成为当前跨国投资的新形式。全球并购发展迅速，跨国公司 80% 的对外投资是通过并购方式实现的，2005 年全球跨国并购超过 7 100 亿美元。因此，创新利用外资方式是提高我国开放型经济水平的迫切需要。

改革开放以来，我国利用外资主要采取绿地投资方式，间接投资仅占外资总额的 30% 左右。2006 年跨国公司在华并购合同额不到 50 亿美元，约占同期所有外商投资的 2.5%。当前我国利用外资内外部条件都发生了质的变化，因为现有的引资方式不能完全适应经济发展的要求：着眼于提高利用外资的质量，引导跨国并购向优化产业结构方向发展，放宽中、西部地区外资进入的行业限制；改善并购环境，建立跨国并购的法律体系；继续优化软硬件环境建设，切实加强知识产权保护，支持外资研发机构与我国企业和科研院校开展合作，更好地发挥技术共享、合作研究、人才交流等方面的溢出效应；鼓励跨国公司在我国设立外包企业承接本公司集团其他企业的外包业务，提高我国承接国际服务外包的水平；有效利用境外资本市场，鼓励具备条件的境外机构参股国内证券公司和基金管理公司，逐步扩大合格境外机构投资者（QFII）规模。

长期以来，我国对外投资的方式多以国际工程承包、劳务合作为主，现在这些传统方式已经无法满足我国对外投资进一步发展的要求。"十一五"期间，我国人均国民收入正处在超过 2 000 美元的阶段，从国际经验看，在这样一个阶段对外投资大幅上升，增速超过外资流入的增速，资金净流入额增长开始下降。从宏观经济环境看，我国国内市场竞争日趋激烈，直接推动企业投资海外。我国已经成为世界第一大外汇储备国，2018 年国家外汇储备余额为 30 727 亿美元。人民币"小步缓行"的升值使得对外投资成本下降，企业对外投资积极性明显提高。加之近年国际贸易争端频发导致我国企业出口前景不稳定，从出口转向对外投资便成为一些企业的现实选择。

创新对外投资和合作方式是构筑我国参与国际经济合作和竞争新优势的重要路径。一是要开展跨国并购，有效提高企业在研发、生产、销售等方面的国际化经营水平；支持具备条件的企业在全球整合资源链，树立自己的国际知名品牌，打入国际主流市场。二是要积极开展国际能源资源互利合作。推动资源富集地区进行能源资源开发、农业项目综合开发和远洋资源开发，建立多元、稳定、可靠的能源资源供应保障。三是要开展境外加工贸易。通过加工贸易方式，可以有效释放我国已经形成的充足的生产能力，规避贸易壁垒，带动相关产品的出口；从政策、资金、配套服务等方面积极支持企业"走出去"。四是要有序推动对外间接投资。以国家外汇投资公司等方式，拓展境外投资渠道，逐步形成以企业和居民为主体的对外间接投资格局。

3. 参与国际经济合作与竞争

世界贸易组织（又称 WTO）成立于 1948 年。其基本原则是给予所有成员同等的最惠国待遇和国民待遇，消除贸易壁垒，扩大市场准入，实行公平竞争。新中国成立以来，由于西方资本主义世界的歧视，中国在世界关税贸易组织的席位长期为中国台湾占据。加入世贸组织是中国完全融入世界经济体系的最后也是最为重要的一步。随着对外开放规模力度的加大，从 1986 年起，中国开始申请"复关"，经过长达 15 年的谈判，2001 年 11 月 10 日正式"入关"。中国的进出口贸易在此后的七年中保持了年均 28% 的高速增长期，到 2008 年达到 25 616 亿美元，速度接近 20 世纪 90 年代的两倍。中国的出口产品结构在 20 世纪 90 年代前开始由以初级产品为主向工业制成品出口为主的转变；到 21 世纪初，实现了以轻纺产品的出口为主向机电产品出口为主的转变；进入 21 世纪以来，正经历着以普通机电产品出口为主日益向高新技术产品为导向的重大转变。

经过改革开放 30 年的快速发展，截至 2008 年，我国人均国民收入已经超过 2 000 美元。伴随着收入水平的提高和资本、技术等要素的积累，我国的要素结构发生了显著变化，不同领域中的比较优势有消有长，在全球分工格局中的位置也在发生相应调整。在经济全球化深入发展的新形势下形成参与国际经济合作和竞争的新优势，不断完善我国市场开放法律体系，实现政府管理行为的法制化，增加政府行为的透明度，这是形成新优势的根本保证。用世贸组织规则和国际标准严格管理输出商品质量、国际技术转让的合同签订、对外投资的资本运作、海外企业投资的资本运作、海外企业的资产评估及信用评级等，这是形成新优势的前提。提升我国传统产业水平，加快传统产业的改造和技术升级，发挥后发优势，实现跨越式发展，这是形成新优势的基础。增强我国企业的核心竞争力，鼓励我国企业坚持技术创新，参与国际标准的制定，这是形成国际竞争新优势的关键。

我国参与国际经济合作和竞争新优势包括人力资源优势、创新优势、品牌优势、开放优势四个方面。

人力资本是保持经济长期增长的主要动力。由于我国劳动力工资等要素价格将不断上升，单纯依靠廉价劳动力资源的发展模式难以为继。在此压力下，提升人力素质的重要性日益凸显。其核心就是要通过加大教育培训等培育更高质量的人力资源，并与其他生产要素更有效地结合在一起，促进经济发展方式的转变。

经济全球化背景下，创新能力日益成为国家竞争力的核心。形成创新优势，就是要通过形成有利于自主创新的体制机制，大力推进理论创新、制度创新、科技创新等，进一步激发经济成长的活力，使我国在日益激烈的国际竞争中占据有利地位。

打造品牌优势的重点是要加强企业的创自主品牌意识，以品牌资源整合企业的技术、管理、营销等优势，形成自身的核心竞争能力，不断提升自己在国际产业分工中地位。

新阶段培育开放新优势，是要通过构建更加成熟的开放型经济体系，进一步加快对外经济体制及相关政策的调整，促进国内市场的进一步规范和公平竞争，持续降低经济运行的组织成本和制度成本，使开放在促发展、促改革、促创新等方面发挥更加积极的作用。

第二节　转型时期的国民经济

经济体制改革与对外开放推动着中国国民经济的运行机制由传统封闭的计划经济向现代开放的市场经济的转变。在这个过程中，由经济发展方式的转变带动了现代产业体系的建立。

一、转变经济发展方式与建立现代产业体系

1. 转变经济增长方式

在计划经济时代，我国的经济增长主要依靠高积累、低消费进行。这一增长模式是速度型的而不是效益型的，是粗放型的而不是集约型的。

20世纪90年代以来，我国工业化日益面临规模扩张与资源、环境、技术、人才和体制等方面的约束，面临"三农"问题、西部发展问题等难题，开始提出了转变传统的增长模式。1995年十四届五中全会确立实现经济增长方式根本性转变的方针，但在总体上还没有转变高投入、高消耗、高排放、难循环、低效率的增长方式。2003年国家正式提出以科学发展观指导经济增长方式的转变。科学发展观与传统发展观的区别在于：传统发展观重物轻人，重生产轻生活，把GDP作为唯一，不重视可持续发展。而科学发展观把"以人为本"作为原则和指导思想，关注民生问题，不仅重视经济总量的增长，更重视经济增长的质量；重视经济和社会的可持续发展，重视节能减排、保护生态，走循环经济的道路。例如国务院2016年11月24日印发《"十三五"生态环境保护规划》，明确提出，到2020年，生态环境质量总体改善，确定了打好大气、水、土壤污染防治三大战役等7项主要任务。政策正在不断完善环境规制制度，促进我国产业转型升级。"国民经济和社会发展第十三个五年规划纲要"提出"支持战略性新兴产业发展，提升新兴产业支撑作用、完善新兴产业发展环境、构建新兴产业发展新格局"。目前，党的十九大报告指出中国特色社会主义进入新时代，要坚定不移贯彻创新、协调、绿色、开放、共享的发展理念，坚持和完善社会主义基本经济制度，推动新型工业化、信息化、城镇化、农业现代化同步发展。

增长主要是指国民生产总值的提高，它以产出量的增加作为衡量尺度，而发展较之增长具有更广泛的含义，既包括产出扩大，也包括分配结构的改善、社会的变迁、人与自然的和谐、生活水平和质量的提高，以及自由选择范围的扩大和公平机会的增加。经济增长强调财富"量"的增加，而经济发展强调经济"质"的提高。转变经济发展方式，不仅包含经济增长方式的转变，即从主要依靠增加资源投入和消耗来实现经济增长的粗放型增长方式，转变为主要依靠提高资源利用效率来实现增长的集约型增长方式，而且包括结构、质量、效益、生态平衡和环境保护等方面的转变。

2. 建立现代产业体系

新中国成立初期，国家在近30年中长期实行的重工业优先发展战略在使中国工业

获得了前所未有的发展的同时，也造成了产业结构发展的明显失衡，农业总产值的年均增长率只有 2.7%，工业却高达 11.4%，比农业高出 4 倍多；在工业内部，重工业的增长又高于轻工业近 1.5 倍。从三次产业看，第二产业的比重成倍增长，第一产业比重迅速下降，第三产业则稳中有降。

1978 年以后，通过对新中国成立以来的工业化进程和产业结构问题所进行的深刻反思，促进了"积累与消费""生产与生活""轻工业与重工业""生产结构资源结构""生产结构与需求结构"等多方面关系、比例的调整。伴随国家"轻工业优先""地区经济梯度发展战略""国际大循环"等一系列政策的出台与实施，我国产业结构的失衡状况逐步得到扭转，表现出轻工业加快发展、高加工度化和部分外向化的特点。从农、轻、重的关系看，1979—1991 年，由于农业的快速增长，国民经济中工农业之比得到了改善，由 1：4.22 变为 1：2.07；轻工业在 1979—1991 年期间有了一个较大的发展，而重工业的增长速度却下降了 3.2 个百分点，轻重工业在工业总产值中的比重由 1：1.48 变为 1：0.76。从三次产业看，1980—1991 年，我国第一产业在国民生产总值中的比重在转型初期继续下降，从 25.6% 降至 18.8%，第二产业从 51.5% 上升至 56.7%，第三产业的比重从 22.6% 上升至 26.7%。这一时期的产业结构变化，反映了我国经济发展战略的转变，也反映了市场在产业结构变动中的力量在不断增强。这一时期计划经济体制仍然在发挥着作用，市场调节的功能还未能完全发挥出来，调节的力度还很有限。而在产业结构向好的方向调整的同时，也引发了基础工业发展滞后、产业结构地区趋同等一些新的问题。

1992 年邓小平发表南方谈话之后，党的十四大明确了经济体制市场化改革的目标，产业结构调整也由此进入一个新的历史时期。1994 年 3 月，国务院审议通《九十年代国家产业政策纲要》，提出要不断强化农业的基础地位，全面发展农村经济；大力加强基础产业，努力缓解基础设施和基础工业严重滞后的局面；加快发展支柱产业，带动国民经济的全面振兴；合理调整对外经济贸易结构，增强我国产业的国际竞争能力；加快高新技术产业发展的步伐，支持新兴产业的发展和新产品的开发；要优化产业组织结构，提高产业技术水平，使产业布局大力发展；第三产业要优化产业组织结构，提高产业技术水平，使产业布局更加合理。

随着市场经济体制改革的推进，我国大力解放了农业生产力，乡村企业异军突起，农业农村经济快速发展并释放了大量农村剩余劳动力，有力支持了非农产业发展，推动了产业结构优化升级。1978 年到 2000 年，第一、二、三产业占国民经济的比重由 28：48：24 调整到 14.7：45.5：39.8，产业结构由"二一三"型结构变为"二三一"型。改革开放后至 20 世纪 90 年代末，我国通过产业结构"纠偏"，扭转了轻重工业比例失调关系。2013 年前后，我国经济进入新常态，"三期叠加"特征明显，产业发展条件和环境发生了深刻变化。根据新形势、新变化，中央提出了创新、协调、绿色、开放、共享新发展理念，以供给侧结构性改革为主线，加快推动新旧动能转换，着力构建现代化经济体系，促进经济高质量发展。在新发展理念的指导和供给侧结构性改革的作用下，我国产业结构升级取得明显进展，创新驱动、服务引领、制造升级的产业结构正在形成。从三次产业结构看，第三产业成为各产业增速的领跑者，比重在2013年首次超过第二产业成为国民经济最大产业部门，2015年占比超过50%，2013—2018年我国三次产业结构由10.0∶43.9∶46.1调整为7.2∶40.7∶52.2。近年来，在制造强国战略和制造业高质量发展的引领下，随着5G、人工智能、大数据、云计算等新一代信息技术的加快渗透和普及应用，我国制造业数字化转型、智能化改造步伐将加快，产业附加值将逐步提高，产业结构也将进一步优化。随着经济新常态下转方式、调结构工作的深入推进，新科技革命和产业革命蓄势待发，政策支持力度不断增强，服务业与制造业深度融合，科技研发、创意设计、检验检测、商务咨询环保服务等生产性服务业和生产性服务环节将得到培育和快速发展。

二、转型时期的第一产业

在优先发展重工业的战略目标下，农村经济的发展受到了严重制约。因此，1978年以来的改革，也是率先从农村起步。

（一）农村经济体制改革

1. 形成和完善家庭联产承包责任制与双层经营体制

"文化大革命"结束后，农村集体经济尚不能解决温饱的安徽凤阳小岗村18户农民在全国率先开始包产到户。在中央肯定"包产到户到作业组，联系产量计算劳动报酬"的形式后，联产承包责任制在全国范围得到发展，到1980年年底，实行联产承包责任制的基本核算单位已占到农村的80%。1984年，中央将联产承包责任制的土地承包期延长15年，宣布"联产承包责任制和家庭经营长期不变"。1993年中央农村工作会议将土地承包期再延长30年不变。1998年中共十五届三中全会强调要制定相关法律法规，予农民长期而有保障的土地使用权。在承包期内，农户在不改变土地所有权的使用方向的前提下，可自愿、有偿地转让土地经营使用权，并提倡有条件的地区可以实行"增人不增地，减人不减地"的办法。这种政策把延长和稳定土地承包合同与促进土地经营使用权的流转结合起来，使得土地经营制度具有更为广泛的适应性。

农户的家庭经营有利于扩大农民的经营自主权，但是在生产经营中有许多活动是一家一户农户难以承担的，如机耕、排灌、科技推广、抗灾救灾等，需要集体经济组织统一协调经营。1992年邓小平谈道："农业的改革和发展会有两个飞跃：第一个飞跃是废除人民公社，实行家庭联产承包责任制；第二个飞跃就是发展集体经济。农村经济最终还是要实现集体化和集约化。有的地区农民已经提出集约化问题了，这个问题这次不提也可以，还是巩固承包制。但是以后总会提出来的。现在土地是公有的，要提高机械化程度，利用科学技术发展成果，一家一户是做不到了，特别是高科技成功应用，有的要超过村的界线，甚至区的界线。仅靠双手劳动，又是一家一户的耕作，不向集体化、集约化经营发展，农业现代化的发展是不可能的。"

随着农村经济向商品化、现代化的转变，农业社会化服务体系的发展、农业产业化经营的兴起成为完善双层经营体制一个新的趋向。农民为了克服分散经营的局限，有效地抵御自然的和社会的双重风险，要求加强社会化服务。适应这种需要，超越地域性集体经济组织的专业性、综合性服务组织，以及多种形式的合作与联合开始在农村涌现。这些新型服务组织，有流通领域的国营公司、供销社和新组建的各种专业公司与农户的联合，有国家设在农村的技术推广和农垦企业与农户的联合，有农村能人兴办的上联市场、下联农户的中间组织，有以农村专业户为主体的各种专业协会和专业公司等。这些组织与农户之间，大都以书面契约或口头协议规定相互的权、责、利关系，体现了户为基础、统分结合的双层经营特点。这些组织的出现，表明在家庭经营基础上，农村体制已突破原来的界定，对于拓宽农村经济的开发领域，促进农工商衔接，提高商品生产的组织程度发挥了巨大作用。

2. 改善农副产品流通体制

自1953年以来国家长期执行对农副产品的统购派购政策。1979年国家逐步恢复粮食、油料等农副产品的议价收购；1983年和1984年，又放宽议购商品范围，下放一些品种的价格管理权限，缩小统购派购的范围；1985年正式取消农副产品的统购派购制度，对粮食、棉花等实行合同订购，而水产品、生猪、禽蛋、蔬菜等则全面放开。通过恢复和发展集市贸易，改革农村供销合作社体制，鼓励农村个人从事商业、饮食服务和运输业，一个新型的多渠道、开放式的农产品流通制在农村形成。

1991年国家通过大幅度提高粮油的统销价格，为取消实行多年的凭票供应粮油，实行敞开供应做好了准备。1992年各地逐步放开粮油购销，到1993年全国绝大多数的县市都放开了对城镇居民的粮油销售。1998年国家提出：按照"四分开一完善"的原则，转换粮食企业的经营机制，即实行政企分开；合理划分中央和地方的粮食责权，全面落实粮食省长负责，完善粮食储备体系，实行储备和经营分开；建立和完善政府调控下市场形成的粮食价格机制；积极培育粮食市场；妥善解决粮食财务挂账，改进资金管理办法等。

3. 政府对农村经济的宏观调控

1978年以前，人民公社既是国家基层政权组织，又是基础经济管理机构，生产队作为基本农业生产单位，经营自主权受到严重的制约和干预。1980年四川广汉向阳乡在全国率先进行了农村政社分开的改革，其基本内容是成立乡（镇）政府行使农村基层政权的职能，撤销公社建制，代之以乡一级的各种公司、管理部门等经济组织；撤销生产大队，成立村民委员会负责本地公共事务；原生产队成为独立的集体经济组织，更名为"组"或"合作社"。改革后的体制，避免了基层政权机构对集体经济的直接行政干预，保障了农业生产者的经营自主权，使各级经济组织之间成为相互独立的经济实体，有利于在平等互利的基础上实行联合。此后，国家对农村经济由直接管理逐渐转向为通过经济政策进行宏观调控。这首先是加强了对农业资源，尤其是耕地资源的保护。1993年明确提出建立农田保护制度；建立粮食保护价格制度；设立粮食风基金；取消农业税，并对农业生产提供补贴；改革农村金融体制，以支持农村经济的发展。这些措施表明中国开始由对农业的榨取转向了对农业的保护。

（二）农业生产的发展与波动

1. 粮食生产的发展与波动

1978年以来，中国农业生产的变化首先表现为农业的增长速度加快。以粮食生产为例，1978—1998年的20年间，粮食总产量增加了4 000亿斤，达到10 000亿斤；农业生产结构得到了改善，由"以粮为纲"，片面追求粮食产量转向了农林牧副渔各业全面发展的农业产业政策，林牧副渔在农业总产值中的比重有了很大的提高；由于农业劳动生产率的提高，农业人口的比重由80%下降到60%。

1979—1984年，中国农业连续六年持续高速发展，年均递增7.6%；同期粮食总产量增加33.6%，年均递增4.7%，1984年，粮食总产量超过8 000亿斤，创历史新高。这六年农业的高速增长，首先，得益于农村经济体制改革，初步确立了农户家庭经营的主体地位；同时，也受益于国家大幅度地提高农副产品收购价格，缩小统购派购的数量和范围，使农民能从农业增产中得到较多收益。其次，是技术的进步对农业增产起到了很大的作用。化肥、柴油和农村电力的投入大幅度增加，良好的水利灌溉设施是农业增产的基本保证。

继1984年农业大丰收之后，1985年出现了粮食等主要农产品产量下降的情况。这一局面一直持续到1989年。这一次的农业滑坡，固然与农村经济体制改革所形成的对农业增长的推动力量在前一个时期已差不多都释放有一定关系，但更主要的是中央和地方的一些决策部门对农业形势的估计过于乐观，以致在某些决策和措施上出现失误，如调减粮、棉播种面积过大；农业基本建设投资大幅度减少，致使许多农田水利设施不仅没有得到应有的维护和改善，反而出现老化、毁坏和废弃的情况；国家制定的粮食定购价格和统销价格明显低于市场平均价格等。此时正是中国工业高速增长之时，农业的滑坡使得刚刚有所缩小的工农业差距又有所扩大。1988年以后的治理整顿，使农业滑坡的状况得到遏制，渐趋好转，1990年粮食总产量再创新高，达到8 920亿斤。1991年以后，中国农业生产再次出现徘徊。以粮食产量来看，此后四年均低于1990年。

20世纪90年代前期农业波动尽管比80年代后期的波动幅度小，但仍然暴露了其中所存在的同样的问题，即国家对农业的投入相对减少，工农业产品价格差在继续扩大，农民所得到的收益趋于停滞。农业的这种状况显然是与整个经济的发展状况、工业化进入中期的状况不相适应的，农业的滞后必然制约整个经济的发展。

1995年以后，中国农业再度走出徘徊状态。1999年农业总产值比1995年增长23%，年增5.7%。1998年粮食总产量达到12 400亿斤，此后几年始终保持在10 000亿斤。这一阶段中国农业的发展，是国家开始逐渐建立农业保护体系的结果。1993—1994年国家提出建立粮食保护价格制度、粮食风险基金和粮食储备制度，1995年明确提出健全国家对农业的支持保护体系。通过加强对农业的投入取得了一定的成效，农业得到了稳定增长，农民收入也有较快的增长。2018年，全国粮食总产量达13 158亿斤，粮食总产量保持了长期高位水平，粮食尤其谷物库存较为充裕，种植结构调整也取得了阶段性进展。

2. 乡镇企业的发展与波动

乡镇企业是从农业合作化中的农村集体手工业和人民公社的社队企业的基础上发展而来的，在1978年以后得到了快速增长。以下几个因素促成了这一结果：

首先，经济体制改革提供了制度基础。家庭联产承包责任制解放了亿万长期被禁锢在有限耕地上的劳动力，使他们可以把目光转向收益比农业更高的非农产业。由于城市就业的高门槛和城乡分割的经济体制，乡镇企业离土不离乡的方式就成为农民进入非农产业的唯一选择，造就了中国工业化进程中的一条独特的道路。

其次，传统的经济发展战略使重工业得到很大发展，而与人民生活密切相关的产业发展则严重滞后，这就为早期主要集中于提供低层次日用消费品的乡镇企业的发展提供了有利的市场缝隙。

最后，乡镇企业一开始就生存于计划体制之外，是在市场中求生存。它经过市场的洗礼逐渐由弱变强，成为国民经济中举足轻重的力量。

1978年以来，中国乡镇企业的发展大致可以分为三个阶段：

1979—1982年为第一阶段。尽管中共十一届三中全会提出了"社队企业要有一个大发展"，但在这一历史阶段，整个国民经济先是整顿，后是调整，乡镇企业的增长并不显著。1978年的产值约为500亿元，1981年增长为670亿元。在这一时期，根据各地不同的起始条件，乡镇企业形成了不同的发展模式，如民营经济空前活跃的"温州模式"、以集体经济为主导的"苏南模式"等。

1982—1991年是第二阶段。1983年乡镇企业的产值达到1 000亿元，到1988年达到6 459亿元，年递增率接近40%。1985年以后，农业出现长期徘徊，整个国民经济出现了过热、失控现象，国家采取紧缩银根的措施，取消了对乡镇企业的税收优惠政策，并采取了加强行业管制等手段进行种种限制，但乡镇企业产值仍在不断大幅度上升，并且还在大量地吸收农村剩余劳动力，每年创造就业机会达1 000万个。1989年以后，国家又开始实施对乡镇企业的紧缩政策，物价的上涨和城市工业的改革也开始在一定程度上削弱乡镇企业。但沿海一些发达地区的乡镇企业已经在资金、人才和技术设备上具备了城市同类企业所不能具备的优势，这部分乡镇企业反而在全国范围内的治理整顿中凭借强大的实力加快发展。同时，外资也开始大量涌入乡村。1991年，乡镇企业总产值首次突破万亿元大关，达到1.1万亿元。

1992年以后是中国乡镇经济发展的第三阶段。自邓小平在南方谈话中再一次肯定"乡镇企业异军突起"之后，这一年，全国乡镇企业的总产值达1.79万亿元，比1991年增长52%，1993年总产值达3.15万亿元，占当年农村总产量的2/3。但是，这一时期乡镇企业的发展也遇到了挑战。一是由于中国经济中的日用品短缺的现象得到缓解，乡镇企业面临着日益激烈的市场竞争。过去靠低水平技术、廉价劳动力进行外延扩张的乡镇企业，面对市场竞争，产品竞争力不强。二是长期以来的高投入与高产出，资源浪费大，环境污染严重，不利于中国经济的可持续发展，受到国家相关政策的限制。三是乡镇企业的产权关系不够明确，地方政府对乡镇企业进行干预和索取。针对长期以来的产权不清的状况，国家在乡镇企业中大量推行股份合作制。此外，许多企业实行多样化组织形式，并以资产为纽带向集团化方向发展。同时，企业承包、租赁、拍卖、破产等改革配套措施也在进行。另外，乡镇企业经济增长方式也开始由粗放式经营逐步转向依靠科技进步、强化科学管理、提高效益和质量的轨道上来。

（三）农业现代化与新农村建设

1. 中国特色农业现代化道路

世界范围的农业现代化是20世纪初随着工业革命的演进和科学技术的进步而启动的。在推进农业现代化的道路选择上主要有三种类型：一是如美国、加拿大人少地多、劳动力短缺的国家，以提高劳动生产率为主要目的，凭借发达的现代工业优势，大力发展农用机械取代人力和畜力，通过扩大单位农场种植面积和经营规模，提高农产品的总产。二是如日本、荷兰等人多地少、耕地资源短缺的国家，以提高土地生产率为主要目标，把科技进步放在重要位置，通过改良作物品种、加强农田水利建设、增加化肥和农药使用量等措施，提高单位面积农产品产量。三是如法国、德国等土地、劳动力比较集中的国家，以提高劳动生产率和土地生产率为主要目标，既重视用现代工业装备农业，又重视科学技术推广应用。世界农业现代化道路的发展历史表明，发达国家在实现农业现代化过程中，都非常注重立足本国国情和发展阶段，积极探索各具特色的发展道路。因此，实现农业现代化没有一成不变的固定模式，唯有从实际出发才是取得成功的正确选择。

1975年中国提出了农业现代化的目标。但对什么是农业现代化，其基本内涵是什么等问题的认识，却是随着实践的发展而不断深化。中国特色农业现代化道路的基本内涵是：以保障农产品供给、增加农民收入、促进可持续发展为目的的技术和装备为支撑，在市场机制和政府控制的综合作用下，建成农工贸紧密衔接融为一体、多元化的产业形态和多功能的产业体系。因此，中国特色农业现代化道路主要是由以下因素决定：第一，目前我国农业生产力水平还不高，与国家平均水平比科技贡献率低20%～30%。因此，实现农业现代化必须适度集中土地和强化组织管理等来提高农业效益。第二，现代农业是以市场需求为导向的，农民从事农业生产的主要目的是为市场提供商品，实现利润最大化。我国农户的经营规模普遍较小，商品率和农业资源配置的市场化程度均较低，因此迫切需要加强市场机制和政府调控的综合作用。第三，以产业化方式经营农业已成为现代农业的重要特征。我国有2亿多农户，不仅数量多、规模小，而且结构、行为相似，要与千变万化的大市场有效衔接非常困难，推进农业现代化，必须建成农工贸紧密衔接、产供销融为一体、多元化的产业形态和多功能的产业体系。在这一过程中，必须大力发展农民专业合作组织，通过各种类型的农民合作会举办多种形式的龙头企业，使农民真正享受到农产品加工、销售等环节的利润。第四，我国是世界上人口最多的发展中大国，吃穿问题始终是头等大事。如果吃饭问题解决不好，工业化、城镇化乃至整个经济社会发展都将难以持续进行。因此，必须把保障农产品供给、增加农民收入、促进可持续发展作为推进农业现代化的首要目标。

实现我国农业现代化总的思路和措施是：用现代物质条件装备农业，用现代科学技术改造农业，用现代产业体系提升农业，用现代经营形式推进农业，用现代发展理念引领农业，用培育新型农民发展农业，提高农业水利化、机械化和信息化水平，提高土地产出率、资源利用率和农业劳动生产率，提高农业素质、效益和竞争力。按照依法自愿有偿原则，健全土地承包经营权流转市场，使耕地向农村种田能手和专业大户集中，逐步实现多种形式的土地适度规模经营。

2. 社会主义新农村建设

在中国计划经济体制时代，城乡二元结构导致的城乡收入的差距大约为2.8倍。1978年以来的农村经济体制改革使其在1985年一度缩小到了1.8倍。自1985年城市经济体制改革全面展开之后，这种差距不断扩大，到2008年已达3.8倍。"三农"问题日益成为制约中国经济进一步发展的瓶颈问题。党的十七大报告在阐述和部署社会主义新农村建设任务时明确提出：要建立以工促农、以城带乡的长效机制，形成城乡经济社会发展一体化新格局。贯彻这一新方针和新要求，需要着力推进城乡发展规划一体化，把农村和城市作为一个有机整体，在统一制定土地利用总体规划的基础上，明确区分功能定位，统一规划基本农田保护区、居民生活区、工业园区、商贸区、休闲区、生态涵养区等，使城乡发展能够互相衔接、互相促进；需要着力推进城乡基础设施建设一体化，把城市和农村作为一个有机整体，强化城乡设施衔接、互补，加大对农村基础设施投入的力度，特别是要增加对农村道路、水、电、通信和垃圾处理设施等方面的建设，实现城乡共建、城乡联网、城乡共享；需要着力推进城乡公共服务一体化，缩小城乡之间公共服务水平的差距；需要着力推进城乡劳动力就业一体化，逐步把对城镇失业人员在就业和培训等方面的优惠政策落实到农村富余劳动力身上，促进他们到二、三产业和城镇转移就业；需要着力推进城乡社会管理一体化，改变一些地方政府重城市、轻农村，重工业、轻农业，重市民、轻农民的做法，充分发挥政府在协调乡经济社会发展和建立相关制度方面的作用；需要加大户籍制度改革力度，进一步放宽农民进城落户的条件；需要改革农村征地制，引入市场机制并完善法规，切实解决好失地农民的就业和生活保障问题。

3. 发挥农民建设新农村的主体作用

改革开放以来，我国农业和农村经济较快发展依靠的是广大农民群众的积极参与和大胆探索。推进社会主义新农村建设，仍然要靠广大农民群众的积极参与和探索。因此，一方面要充分尊重农民群众的首创精神，鼓励他们围绕发展继续大胆探索、大胆实践，并及时总结他们创造的新鲜经验；另一方面也不能推卸或减少各级政府和相关部门在新农村建设中的责任。中央强调工业反哺农业、城市支持农村的方针，强调扩大公共财政覆盖农村的范围，各级政府尤其是县乡两级政府，要切实转变职能，变管理为服务，在通过各种形式积极吸引和引导广大农民自觉自愿地参与新农村建设的同时，积极调整财政支出结构，增加支农资金并带动社会资金更多地投向农村，从多方面增加对新农村建设的支持；要加大对农民的培训力度，提高农民的综合素质；还要在全社会发动群众，鼓励党政机关、人民团体、事业单位和社会各界人士、志愿者以多种方式联系乡村和农户，对乡村进行结对帮扶支援，使新农村建设成为全国人民的共同行动。

（四）新时代下城乡融合发展的推进

2012 年，党的十八大将"农业现代化"列入了新"四化"目标，明确提出了"推动城乡发展一体化。在全面建设小康社会的背景下，习近平同志特别强调了农村作为小康社会的短板区，是建设的重点领域："全面建成小康社会，最艰巨最繁重的任务在农村，没有农村的小康，特别是没有贫困地区的小康，就没有全面建成小康社会。"①

2014 年 5 月，国务院扶贫办等七部门联合发布了《建立精准扶贫工作机制实施方案》，要求对贫困户进行精准识别、精准帮扶、精准管理和精准考核，构建精准扶贫工作长效机制；并提出了"五个一批"的重大扶贫举措，包括"通过扶持生产和就业发展一批、通过易地搬迁安置一批、通过生态保护脱贫一批、通过教育扶贫脱贫一批、通过低保政策兜底一批"。在此背景下，全国上下开展了规模空前、组织空前、力度空前的精准扶贫工作。在强有力的扶贫脱贫政策推进下，按照每人每年 2 300 元（2010年不变价）的农村贫困标准计算，2016 年我国农村贫困人口规模为 4 335 万人，比2015 年减少 1 240 万人，比精准扶贫刚开始的 2013 年 8 249 万人贫困人口的规模减少了近一半；2017 年，农村贫困人口减少至 3 046 万人，贫困地区农村居民人均可支配收入 9 377 元，扣除价格因素，比上年实际增长 9.1%②。

伴随着上述政策的运行，近年来我国城乡居民间的收入差距再次呈现出可喜的缩小趋势。农村居民人均收入和消费水平的实际增速接连快于城镇居民，2017 年城镇居民人均收入为农村居民的 2.71 倍，该比例 2016 年为 2.72，2011 年为 3.13。2017 年，城镇居民人均消费支出 24 445 元，扣除价格因素，实际增长 4.1%；农村居民人均消费支出 10 955 元，扣除价格因素，实际增长 6.8%。

2017 年党的十九大做出了"乡村振兴战略"的重大部署，强调"农业农村农民问题是关系国计民生的根本性问题，必须始终把解决好'三农'问题作为全党工作重中之重"。2018 年中央一号文件《中共中央国务院关于实施乡村振兴战略的意见》对乡村振兴战略做出具体的目标规划和任务分解，分为三大阶段渐次实现：2020 年乡村振兴的制度框架和政策体系基本形成；2035 年乡村振兴取得决定性进展并基本实现农业农村的现代化；2050 年乡村全面振兴"农业强、农村美、农民富"的目标最终实现。长达 33 年的总体规划，保证了乡村振兴战略实现的整体性和连续性，具有影响乡村发展走向以及重塑中国社会结构的深远意蕴③。乡村振兴战略的实施不仅是我国三农政策的重大理论和实践突破，也标示着我国城乡关系进入新的发展阶段。农村面貌的改善、农民收入的增加、农业现代化的发展从完全依靠城镇化进程正外部性效应的释放，转向了乡村内源性发展。

---

① 此话为 2012 年 12 月底，习近平总书记到贫困地区和革命老区河北省阜平县看望困难群众时所讲。具体可参考新华社评论员文章《没有农村小康就没有全面小康》（新华网，2012 年 12 月 30 日）。
② 数据来源：中华人民共和国 2017 年国民经济和社会发展统计公报。
③ 叶敬忠，等. 乡村振兴：谁在谈，谈什么 [J]. 中国农业大学学报（社会科学版），2018，35（3）：5-14.

三、转型时期的第二产业

新中国成立以来，在优先发展重工业的战略目标下，中国工业的发展既取得了令人瞩目的成绩，也留下了诸多的问题，因此，在转型时期首先是调整轻重工业的比例关系。经过30年的快速增长，工业不仅成为导致国民生产总值提前五年达到原定于2000年实现的翻两番的首要因素，而且在规模、技术和主要产品的国际竞争力方面都发生了质的飞跃。

（一）经济调整时期的中国工业

在国民经济调整时期（1979—1982年），为了改善民生，国家首先采取和实施了加快轻工业发展的战略。一是使轻工业投资在国家工业基本建设投资总额中由长期以来不足10%提高到了15%。二是国家对轻工业的发展实行了"六个优先"的原则，即原材料、燃料、电力供应优先，挖潜、革新、改造的措施优先，基本建设优先，银行贷款优先，外汇和引进技术优先，交通运输优先。三是国家鼓励各行各业大力支援轻工业生产。如重工业部门采取"重转轻""军转民""长转短"等形式，调整产品结构，努力为消费品生产服务。四是通过引进先进技术和技术革新、技术改造的办法，提高轻工部门的劳动生产率。这些措施使轻工业生产有了迅速发展。1979—1981年，轻工业分别比上年增长9.6%、18.40%和14.1%，连续三年超过重工业。其主要产品产量都有大幅度增长，产品结构也在发生变化。在吃、穿、用三类消费品中，用的比重上升；在吃的方面，经过加工的副食品的比重上升；穿的方面，中高档面料和服装的比重上升；在耐用消费品中，高档消费品比重上升。

其次，国家调整了重工业的结构和服务能力。重工业在降低增长速度的同时，着重调整内部结构，调整服务方向和产品结构，减少自我服务的比重，加强对农业和轻工业的服务。经过调整，1979—1981年，重工业总产值增长速度分别为7.6%、1.46%和-4.7%。1982年，重工业生产开始回升，发展速度加快，达到9.9%。

国民经济调整时期，整个工业部门从整体来看是放慢了增长速度，但是，轻重工业比例逐步协调，轻重工业各自有效的生产能力得到了增强。

（二）中国工业的高速增长与波动

工业结构的调整，初步改变了工业结构的不合理状况，同时，改革开放也在推进中国工业的高速增长。在此基础上，1983—1988年，中国工业迎来了持续六年的高速增长，工业总产值的年平均增长率高达16.5%，不仅高于改革开放前和调整时期的增长速度，而且也是新中国成立以来持续时间最长的工业高速增长期。

与高速增长相伴随的是经济过热。针对经济过热，国家的宏观政策在紧缩和放松紧缩之间摇摆，而使得工业经济在这六年间呈现出波动中高速增长的特点，经历了高速发展—"软着陆"—高速发展的过程。如果说，1983年11.2%的工业总产值增长率显示工业经济走出了调整时期的低增长态势，1984年的16.3%则已经是高速增长了，1985年则更甚。为抑制过热的气氛，国家开始采取紧缩措施，到1986年2月，工业生产接近零增长。这年下半年紧缩政策有所松动，工业生产随之回升，到12月份达到

17.3%，工业再次出现过热现象。1986 年工业增长速度为 11.7%，较之上年的 21.4%有了很大的回落，体现经济正走向"软着陆"，但并没有成功。1987 年，针对经济仍呈过热的情形，国家决定继续采取"压缩过热空气"的方针，但这一方针贯彻不力，这年工业生产增长速度达 17.7%。为避免经济再度过热，年末国家确定将财政和信贷"双紧"作为安排 1988 年计划的总方针。但是，原定的"双紧"方针没有实现，1988年工业生产仍呈高速增长之势，达到 20.8%。

在高速增长过程中，中国工业的发展出现了一些变化：第一，在大多数年份，轻工业的增长速度都高于重工业，这进一步改善了产业结构，使轻重工业保持了比较协调的比例关系。第二，以电子、电器和通信设备制造业为代表的新型工业成长迅速，冶金、电力、煤炭、石油和纺织等部门在工业总产值中所占的比重，则发生了不同程度的下降。第三，非国有工业迅速崛起。1983—1988 年非国有工业产值年平均增长率为 25.4%，比同期国有工业年平均增长率（10.20%）高出 15.2 个百分点。由于 1983年以前非国有工业已经达到了相当规模，因此，这一时期非国有工业产值的高速增长不仅使其在工业总产值中的比重大幅度提高，而且自 1984 年起非国有工业还取代国有工业，成为推动中国工业增长的首要成分。

鉴于经济过热和经济秩序的混乱，1988 年 9 月党的十三届三中全会做出了治理经济环境、整顿经济秩序的决定。受治理整顿的影响，中国工业增长的速度迅速回落。1989—1991 年，中国工业生产年平均增长率降至 1982 年以来的最低点。与此同时，轻、重工业结构以及工业产出在社会总产品中的份额基本没有发生变化。令人关注的是，在治理整顿期间，中国国有工业的经济效益出现了较 1983—1988 年明显增大的滑坡。与 1988 年相比，1991 年国有工业企业固定资产原值产率和利税率分别下降了7.1%和 7.9%，资金利润率下降了 7.5%，资金利税率下降了 8.8%，产值利税率下降了 6.2%。

1992 年，中国确立了建立社会主义市场经济体制的改革目标。以此为推动，中国工业从 1991 年下半年开始明显回升，且在 1992—1997 年连续六年保持了高速增长，六年的工业总产值年均增长率达到 21.1%，这一增长率在新中国成立以来是除了不正常的"大跃进"之外，历次高速增长中年平均增长率最高，持续时间较长的时期之一。但是，这次高速增长同 20 世纪 80 年代中期的高速增长一样，也存在过热的问题。1992年工业总产值的增长速度高达 24%，1993 年更高达 27.3%，而基础工业、基础设施却远远不能适应工业生产的高速增长。面对此次经济过热的现象，政府并没有像过去那样一味地采取紧缩政策，而是将紧缩、经济秩序的整顿与加强和改善宏观经济调控结合起来，使过高的经济增长速度、过高的通货膨胀率逐步下降，1997 年成功地实现了经济的"软着陆"。1994—1997 年，各年的工业生产增长率分别为 24.2%、20.3%、16.6%、14.2%，逐渐进入一个合理的区间。

中国经济成功实现"软着陆"后，面临着国内外的诸多不利因素，遭遇了前所未有的困境。从内部环境来说，买方市场初步形成，加上市场环境和体制环境发生重大变化，开始形成需求增长的约束机制，有效需求不足；从外部环境看，1997 年 7 月爆发的亚洲金融危机，对中国产生很大的冲击，中国的外贸出口和利用外资受到很大影响。由于上述因素的共同作用，中国经济增长明显趋缓，并出现通货紧缩的迹象。1998—2000 年政府实施积极的财政政策，通过发行国债筹集资金加快基础设施建设，进而扩大内需。最终这几年仍保持了较高的经济增长率，1997—2000 年分别为 8.8%、7.8%、7.1%、8%。到 2000 年，经济逐渐回暖，经济增长速度连续几年下降的局面得到遏制。然而，这样的成就主要是通过积极的财政政策、扩大基础设施建设规模而得来的。由于需求的不足，从根本上形成了对工业增长的制约，这几年工业生产的增长速度很低，工业总产值的增长率在 1998—1999 年分别为 4.7%、5.9%。2000 年以后，工业生产才慢慢走出低谷。

1992 年以后，中国工业的发展有几个值得关注的方面：

一是重工业的增长再次超过轻工业。20 世纪 80 年代，由于采取了加快轻工业展的诸多举措，轻工业出现了带有补偿性的迅速增长。进入 90 年代以后，轻工业在工业总产值中的比重再次呈下降趋势，而重工业的比重再次高于轻工业。在 1990 年的工业总产值中，重工业约占 51.5%，1993 年升至 59.9%，此后若干年间一直在 56%~58% 徘徊，到 1999 年达到 57.2%，2000 年达到 59.9%。十年间，轻工业在工业总产值中的比重下降了 8.4%，也表明重工业上升了 8.4%，从而使中国再次进入以重工业带动经济增长的新阶段。

二是新兴产业在工业中以更快的速度增长。随着新技术革命在世界范围内展开，以信息技术、生物技术为核心的新兴产业产生和发展起来。在经济全球化的背景下，中国政府面临着前所未有的机遇和挑战，在注重加强中国传统产业发展的同时，高度重视和扶持新兴产业在中国的产生和发展，支持以新的技术改造传统产业。20 世纪 90 年代以来，新兴产业的发展突飞猛进，如高新技术产品、电信业务快速增长，成为工业经济增长的主导。1999 年，电子计算机产量比上年增长 196.4%，大规模集成电路增 49%，复印机增 78.2%，通信设备增 3.5%，微机、集成电路、彩色电视机等增长 26.9%。

三是非国有工业以更快的速度得到发展。1992 年以后，原先针对非国有工业市场进入管制的绝大部分被取消，非国有工业发展势头迅猛，无论是从其增长速度还是就其在整个工业中地位的上升幅度来说，都是新中国成立以来前所未有的。据统计，1992—1998 年，集体工业、城乡个体工业和其他类型工业产值平均增长率分别高达 20.8%、40.6% 和 47.5%，比同期国有工业产值增长率（8.3%）分别高出 12.5%、32.3% 和 39.2%。这种经济高速增长的结果，自然使得非国有企业在推动全国工业增长中的地位进一步得到巩固。1998 年，非国有工业产值为 85 583.8 亿元，在全国工业总产值中的比重达 71.5%，比 1991 年提高 27.7%。

（三）新时代的工业转型与升级

党的十八大以后，尤其是 2013 年党的十八届三中全会通过了《中共中央关于全面深化改革若干重大问题的决定》，强调经济体制改革是全面深化改革的重点，核心是处理好政府与市场的关系，使市场在资源配置中起决定性作用。党的十九大报告指出中国特色社会主义进入新时代，要坚定不移贯彻创新、协调、绿色、开放、共享的发展理念，坚持和完善社会主义基本经济制度，推动新型工业化、信息化、城镇化、农业现代化同步发展。这也标志着中国的经济运行已经呈现出增速趋缓、结构趋优、动力转换的"经济新常态"特征。在经济发展的新常态下，工业发展需要从过去粗放型、低附加值的产业转型为高附加值的质量效率型的产业，进一步推动我国重化工产业以及整个产业体系的转型和升级。

在新常态下，中国经济持续增长亟须新的增长动力。传统产业的发展遭遇瓶颈，钢铁、水泥、平板玻璃等许多产业出现产能过剩现象，这些产业的创新要求非常迫切。传统产业可以通过三条途径进行转型升级：一是通过产品技术和商业模式创新取得竞争优势；二是通过产业升级，使传统产业成为战略性新兴产业，取得新发展；三是嵌入全球创新链，加强竞争优势。

当前，我国科技创新取得了一定的成果，创新支出不断提高，专利申请和授权数量快速增长，企业创新能力不断增强。然而，也存在较多的问题：创新支出的结构不够合理，支出效率低；专利的质量也有待提高，海外获取的专利较少；企业的创新大部分还处于跟踪模仿阶段，自主创新较少。这是由很多原因决定的：我国资源环境成本低，未对创新形成有效的倒逼机制；片面追求 GDP 增速抑制企业技术创新活力和动力；资本市场对企业融资支持力度有限；协同创新不足，商业模式创新滞后于技术创新。结合国际经验，我国要走创新驱动产业转型升级的道路，需要做好以下几个方面：加大创新投入，集聚高端人才；优化投入结构，提高投入效率；加快制度创新，激活创新动力；完善政策措施，建设创新环境；提升企业技术创新开放合作水平，强化科技资源开放共享；加强战略研究，推动关键领域的技术和产业发展；充分利用人力资源和大市场优势，带动技术突破和产业化。

四、转型时期的第三产业

在长期的计划经济体制下，由于"重生产、轻生活"，第三产业没有得到应有的发展。1978 年以前，我国第三产业的增加值仅占 GDP 的 21.4%，并且主要集中在商业、饮食、居民服务、交通运输、邮电等传统产业领域。改革开放以来，我国在积极发展第一产业和第二产业的同时，更加重视对第三产业的扶持。经过 30 年的发展，第三产业长期落后的局面得到了显著改善。按可比价格计算，第三产业增加值从 1980 年的 966.4 亿元增长到 2003 年的 38 885 亿元，23 年间增长了 9.5 倍，年均增长 10.3%，高于同期国内生产总值的增长速度。1999 年，我国第三产业增加值占 GDP 比重达到 32.9%。

（一）商业

1978 年以来，中国商业的变化体现在以下几方面：

首先，商业规模的扩大。按当年价格计算的社会商品零售总额，1978 年比 1952 年增长了 3.8 倍，1998 年比 1978 年增长了 22 倍，显示了改革开放对商业发展的巨大推进作用。

其次，流通体制渠道单一、流通环节多的状况得到改变。流通体制初期的改革是通过改革工农业产品的购销体制、批发体制，改革国营商业、供销合作社的经营体制，鼓励个体商业的发展、开放集市贸易，来建立各种贸易中心，初步形成多种经济成分、多条流通渠道、多种经营方式和流通环节减少的"三多一少"的流通格局。1992 年以来，除了继续深化流通体制的改革外，我国更注重于整个市场体系的培育，如在批发市场的建设方面，着力于建立起以国家级批发市场为枢纽，区域批发市场为骨干，初级批发市场为基础的有机联系、密切结合的三级批发市场体系，积极进行发展期货市场的探索，进一步推进集贸市场的发展。

再次，商业流通的地区分布格局发生变化。1978 年以前，我国不同地区之间，包括城乡之间、东西部之间的商业发展水平差异很大，农村商业极不发达，城市中只是一些大都市商业较为发达。1978 年以后，商业在各地区齐头并进，普遍有很大的发展。大都市中心商业区的规模进一步扩大，档次进一步提高；其他大型城市也出现了不同层次的商业中心区域，中小城市及农村集镇的商业设施和服务业越来越方便城乡居民，促进了城乡经济的发展。

最后，商业形态发生变化。20 世纪 90 年代以来，除传统百货商场、专业商店外，在我国零售业中，超市、连锁店、便利店、仓储式购物中心等扮演着越来越重要的角色。批发商业也发生了巨大变化，计划经济体制下批发主要由专业的批发公司承担，改革开放后形成了专业公司、生产商经营批发渠道并存的格局。同时，借助于现代科学技术，顺应连锁经营的需要，现代化的配送中心在现代经济生活中也发挥着越来越重要的作用。

（二）金融业

近代中国在西方影响下有着 70 余年发展历史的现代金融制度，在新中国成立之后已被人们遗忘。在计划经济体制下，我国在资金管理上统收统支，金融业实际上是中国人民银行及各级分支机构组成的"大一统"金融体系。1978 年以来，金融体制改革不断深入，一个与市场经济体制相适应的金融体系正在建立和完善。

1. 重建金融组织体系

1979—1984 年，我国相继恢复了中国农业银行、中国人民建设银行，改革中国银行体制，成立了中国投资银行、中国工商银行，从而初步建立起了一个完整的专业银行体系。非银行金融机构也得到了初步发展，成立了中国国际信托投资公司等，恢复了中国人民保险公司的国内保险业务，成立城市信用合作社，并在全国普遍发展了农村信用合作社。中国人民银行作为中央银行，标志着我国中央银行制度的初步建立。

1985 年以后，国家根据国民经济发展对金融业的需要，按照市场化运作原则，组建了一批商业银行和非银行金融机构，前者如交通银行、光大银行、华夏银行、招商银行、深圳发展银行等；后者如信托投资公司，到 1993 年发展为 389 家；财务公司到 1993 年发展为 9 家；专业证券公司到 1994 年年底发展为 91 家。

1995 年《中华人民共和国中国人民银行法》正式颁布，独立的中央银行体制以法律的形式得以确立；国家相继成立的国家开发银行、中国进出口银行和中国农业发展银行三家政策性银行，承担了原来由国家专业银行办理的政策性信贷业务，从而实现了政策性金融与商业性金融的分离。非银行金融机构在发展的基础上经营逐步规范。金融业对外开放步伐也在加快。一个以中央银行为领导，国有独资商业银行和其他商业银行为主导，政策性银行、非银行金融机构、外资金融机构并存的系统完整的金融组织体系建立起来。

2. 金融市场

首先得到发展的是货币市场。1978年以来，随着商业信用的恢复和扩大，以商业信用的票据化为基础，票据承兑贴现市场开始出现。1985年，"实贷实存"信贷资金管理体制的实行，促进了拆借市场的形成。1992年同业拆借市场出现混乱，1993年中国人民银行把规范同业拆借市场作为整顿金融秩序的突破口，开始着手建立全国统一、公开、高效的同业拆借市场。

在计划经济时代，证券市场完全消失。1981年，我国重新开始发行国债，1982年，中国国际信托投资公司在日本发行100亿日元的金融债券，拉开了我国金融机构在国外发行金融债券的序幕；一些地区还发行了企业债券。1984年，北京天桥百货股份有限公司在国内率先发行了股票。1985年以后，证券市场除了一级市场迅猛发展外，二级市场也逐步形成，沈阳、上海首先出现了股票柜台交易。1986年，沈阳、上海首先出现了股票柜台交易。1988年，国债也进行了流通转让试点。1990年年底和1991年上海证券交易所和深圳证券交易所成立，标志着集中证券交易市场的形成。

1994年以后，金融市场在发展中不断完善，统一的拆借市场开始形成；商业票据贴现和再贴现市场得到了较快的发展；证券市场也日趋完整化、成熟化；债券市场全面发展；股票、基金市场取得了长足的发展。

3. 金融宏观调控机制逐渐向间接调控过渡

金融市场的发展，加上信贷资金管理体制改革的不断深入，金融宏观调控机制逐渐从直接调控向间接调控过渡。由于金融业在国民经济中的作用越来越重要，1994年以来，国家在抓金融发展的同时，还重点加强了对金融法制建设、金融监管的力度。1995年以来，先后颁布了《中华人民共和国中国人民银行法》《中华人民共和国中国商业银行》《中华人民共和国票据法》《中华人民共和国保险法》，成立银保监会，加强对金融机构设置和经营活动的监管，加强货币市场化建设，加强证券市场的监管。

（三）交通运输业

在1979年国民经济调整时期，运输业停建和缓建了一些不太急需的建设项目，基本建设投资也有所压缩，其投资占全国基本建设投资的比重逐年有所缩减，运输业的新增生产能力也逐年有所下降，运输紧张的矛盾比较突出。针对这种情况，1980年以来，国家除了改革运输业的管理体制，扩大运输业的对外开放，还把交通运输作为国民经济发展的战略重点，增加了对运输业的投资。但是，总体上看，整个20世纪80年代，运输建设的投资仍显不足，运输能力的增长还不能适应社会经济发展的要求。

20世纪90年代以来，我国运输业的发展取得突破性的进展。随着国民经济的不断发展，改革开放的不断深入，各级政府和社会各界对运输业重要作用的认识不断提高，解决运输业不适应社会经济发展需要的问题成为各级政府的共识，发展交通运输业被列为经济建设的重点之一。国家也把运输业放在优先发展的地位，加大了对运输业的投资力度。"八五"时期，运输邮电业固定资产投资平均增幅达 46%，比"七五"时期平均增幅提高了 37%，所占全国固定资产投资比重也由"七五"时期平均的 11.8% 上升到"八五"时期的 18.3%。"九五"时期，国家对运输业的固定资产投资仍保持增长态势。与此同时，国家制定了一系列政策，鼓励采用集、合资和利用外资等方式，以筹集运输业的建设资金。

随着我国运输业固定资产投资的大量增加，综合运输能力有了大幅度提高。1997年同 1988 年相比，全国运输线路总里程新增 128.98 万千米，增长 83.2%，其中新增铁路营业里程 0.48 万千米，增长 9.1%；新增公路通车里程 22.64 万千米，增长 22.6%；新增内河航道通航里程 0.16 万千米，增长 1.5%；新增民航航线里程 105.12 万千米，增长 281.2%；新增管道里程 0.58 万千米，增长 40.6%。运输线快速增长的同时，运输工具也大量增加，如新增民用汽车 755 万辆，比 1988 年增长 160%；新增民用飞机360 架，是 1988 年新增数量的 11.9 倍。伴随运输能力提高的是运输量的大幅度增加。1997 年，各种运输方式的货运量、货物周转量、客运量和旅客周转量分别比 1988 年增长 30.3%、60.3%、63% 和 61%，运输紧张的状况得到缓解。

进入 21 世纪，我国运输业已打破了国有运输业独家垄断经营的模式，打破了封闭管理模式，打破了部门所有、行业限制和地区分割，走向开放和竞争，市场的作用开始发挥。各种运输方式之间的竞争日趋激烈，乘客和货主对运输方式和运输工具有了更大的选择机会，从而也推动了运输服务质量的提高。2008 年，中国公路里程达到201 万千米，铁路营业里程达到 7.97 万千米，民航航线里程达到 262.4 万千米。

（四）旅游业

在计划经济时代，我国旅游业以外事接待为主。1979 年，国家开始着手旅游管理体制改革，发展产业型旅游业。1984 年中央提出国家、地方、部门、集体、个人一齐上，自力更生与利用外资一齐上的旅游建设方针，揭开了全方位发展旅游产业的序幕。1986 年国家决定将旅游业纳入国民经济与社会发展计划，正式确立其在国民经济中地位。1992 年中央明确提出旅游业是第三产业中的重点产业，之后，在中央提出的《关于制定经济和社会发展"九五"计划和 2010 年远景目标纲要的建议》中，旅游业被列为第三产业中积极发展新兴产业序列的第一位。1998 年中央经济工作会议提出把旅游业作为国民经济新的增长点，为旅游业的发展打下了坚实的基础。

1980 年以前，中国旅游产业总体规模较小；80 年代中期，入境旅游有了较大的提高，国内旅游开始起步；90 年代，入境旅游继续发展，国内旅游也有了较大发展；2001 年受世界旅游业整体负增长的形势影响，中国的旅游业在困难中继续前进，增长速度有所下降。

中国是世界上旅游业发展速度最快的国家之一。1978 年中国国际旅游接待人数（180 万人）仅为世界的 0.7%，居世界第 41 位；2002 年接待海外旅游者达到 9 791 万人次，跃居世界第五大旅游吸引国和亚洲首位旅游大国。1978 年中国国际旅游创汇

2.6亿美元，仅占全球的0.038%，居世界第47位；2002年增至204亿美元，占全球的4.4%，成为世界第五大旅游创汇国。2002年，中国公民出国（境）人数达660.23万人次，比上年增长36.84%，成为亚洲地区令人瞩目的新兴客源输出大国。2002年中国国内旅游人数达到8.78亿人次，成为世界上数量最大、增速最快、潜力最强的国内旅游市场。

随着中国旅游业的蓬勃发展，其综合性、关联性很强的特点表现得越来越充分，带动相关行业的发展、扩大国内需求、增强经济活力、提高人民生活质量等方面发挥出了日益重要的作用。2002年，我国旅游业全年实现旅游总收入5 566亿元，比上年增长12%；高出国民经济总体增长速度3个多百分点，旅游业总收入相当于当年国内生产总值的5.4%，占到第三产业的16%，旅游外汇收入已占国家服务贸易创汇的半数以上。旅游业日益成为中国经济新的增长点，成为中国第三产业的主要支柱之一。全国已有24个省、直辖市、自治区将旅游业定位为支柱产业，其余省市则分别将旅游业定位为重要产业或优势产业。

（五）房地产业

在计划经济时代，土地制度实行的是农村集体所有制形式、城市国家所有制形式，以及无偿、无限期的使用制度；住房和房产实行公有化制度，住房和房产的建设实行的是国家投资的单一投资体制。这样的房地产制度使得自新中国成立以来到1978年以前并没有真正独立的房地产业。1978年以后，在确立土地社会主义公有制的条件下，土地使用制度开始发生重大突破，并且逐步建立相关的土地管理制度，形成了新土地制度框架，即在农村逐步建立和不断完善以家庭联产承包责任制为基本内容的土地使用制度以及相关管理制度，根据国有土地所有权和使用权相分离的原则，建立和完善了有偿有期限使用土地的制度及相应的管理制度；1980年4月2日，以邓小平关于建筑业和住宅问题的重要讲话为标志，拉开了住房商品化的序幕。1987年9月，深圳率先实行土地使用权的有偿出让，拍卖中国第一块土地，揭开了土地市场化的序幕。1992年邓小平南方谈话后，房地产业得到了全面快速发展。

1998年6月，国务院颁布《关于进一步深化城镇住房制度改革，加快住宅建设的通知》，明确指出，停止住房实物分配，实行住房分配货币化新政策。这一举措终结了延续约50年的住房实物分配制度。自此，中国房地产市场发生根本性的变化：卖方市场被买方市场替代，集团消费由个人消费取代。由"住房改革"引发的房地产市场兴起与变化，从根本上改变了人们在房屋使用方面的传统观念。其一，实施住房分配货币化，冲击并改变了原先唯有向政府和单位等、靠、要住房的依赖心理；其二，减轻了政府和单位在住房方面的负担，体现国家、集体和个人三者合理负担的原则，加快了解决居住问题的步伐；其三，壮大了住房金融业务，促进了个人购房抵押贷款业务的开展；其四，借助"住房分配货币化"，促进了商品房市场的繁荣与兴盛。

1978—1991年，中国的房地产业还处于复苏阶段。这一时期，住房投资额大幅度上升，10余年间全国城镇住房建设投资是新中国成立30年住房投资总额的5倍；投资主体也趋于多元化，除国家投资外，企业也逐渐成为住房投资的主要力量，个人投资比重也在提高。1984年，政府提出要着手组建多种工程承包公司和综合开发公司开展房地产经营业务，房地产开发企业纷纷建立，到1990年，全国城镇共有房地产开发企业3 200多家。由于房地产业的复苏，其在国民经济中的地位也在上升，1991年房地产业在整个第三产业增加值中的比重已上升到5.1%。

1992—1993年，面对市场经济大潮，房地产业充满生机，蓬勃发展。房地产企业迅速增多，到1992年年底，房地产企业增加到12 400家，实有资本总额408亿元，是1991年的3倍多；1993年上半年房地产企业接近30 000家，总资本达900亿；随着全国性房地产开发热潮的兴起，房地产投资额大幅度上升，1992年全国房产开发投资达到732亿元，比上年增长117%；土地使用权出让数量猛增，1992年一年出让土地使用权的国有土地就高达1 999幅，比前四年增加1.9倍。然而，这时房地产业的快速发展出现了许多不正常现象，房地产企业的组建和开发区的设立数量多，但实际开发量少，且具有相当的盲目性；房地产企业市场定位不准，投资开发不合理；房地产开发随意性大，造成大量土地浪费，以及腐败滋生。

面对房地产业中出现的不正常现象，1993年下半年开始，国家着手对房地产业进行调整，严格控制土地开发总量，加强土地一级市场的宏观管理；调整房地产开发结构，严格控制高档商品房和高消费娱乐设施的过快增长；鼓励外商结合中国产业政策支持的建设项目开发经营房地产项目；鼓励住房消费，控制住房用地价格，促进住房商品化和住房建设的发展。经过两年多的调整，全国房地产业逐步进入平稳、理性的发展时期。1993—1995年房地产投资的增幅明显回落，投资结构也有明显的调整。

1996年以来，国家调整了房地产业的发展战略，确立了住房建设优先的原则，房地产业进入了一个以市场为导向的调整阶段。1997年房地产企业数量在调整中减少到21 286家，比1993年减少29%；房地产投资长幅回落达20.34%，企业经营效益普遍下降，对国民经济的贡献率也降低。

1998年，随着国家采取扩大内需的宏观政策以及深化住房制度的改革，房地产业的发展止跌回升，房地产开发投资稳步上升。新开工项目增多，新开工面积有较大增长，房地产开发资金结构更趋多元化。1999年，房地产业在深化改革、拓展市场的前提下确立了以加快住房建设，改善群众居住条件作为房地产业发展的根本目标。房地产业的繁荣也带来了房价快速上涨。2003年以来，大部分城市房屋销售价格上涨远超当年GDP的增幅。国家统计局统计数据显示，2004年全国房价涨幅达14.4%，比上年提高10.6%；2005年一季度，房价同比再升12.5%，全国35个大中城市中有34个城市房价上涨。2004年以后数年，全国商品房平均价格都出现了两位数增长，而且房价过快上涨的势头，从东部沿海地区向内陆省份快速扩展。

房产改革原本是为了借助市场机制，改变"房产"仅由国家作为单一主体独揽建设的局面，利用和引入社会多元资本共同投资房产，以加快房屋建设，从而尽快改善居民住房条件。可是，"房产"直接连接着"地产"，即房子必须建在"地上"。而"地产"交易转让权至今仍在政府手中，被政府所垄断。这样，在房地产业的利益链条上便联结着地方政府、投资商、开发商、消费者等。同时，房地产业又是一个综合性较强的行业，从投资建房到居民入住先后牵涉几十个相关行业。正是由于房地产业所具有的这种综合效应，因此，在整个利益链条上除了处于"终端"的消费者企盼房价下跌外，其余"利益主体"均希望房价只涨不跌，如此，房地产作为各地的"支柱产业"，其价格始终居高不下就不难理解了，它是各个强势利益集团抱团抬高和维护"高房价"的结果，最终使中国各大中城市的房价涨幅远高于居民收入增幅。"住房难"终成一道难解的题。

住房消费是中国现阶段城镇居民的主导性消费之一，逐步改善居民居住条件，是全面建设小康社会的重要内容。但是，房价失去理性的过度增长，却不仅影响实现"全面富裕"，而且还引发、加剧不断出现的社会矛盾。2004年以来，中央政府动员了九个部委和各地方政府，启动了税收、土地、金融、行政四大手段对房价进行调控。2008年以来，央行先后五次上调存款准备金率，两次加息。其力度之大，决心之大，前所未有。人人住有所居，是人民对美好生活向往的基础性组成部分。党的十九大报告提出"坚持房子是用来住的，不是用来炒的定位，加快建立多主体供给、多渠道保障、租购并举的住房制度，让全体人民住有所居"，表明深化供给侧改革将成为未来我国住房制度改革的重点突破方向。

（六）加快发展第三产业

经过30年的发展，我国第三产业长期落后的局面得到了显著改善。按可比价格计算，第三产业增加值从1980年的966.4亿元增长到2003年的38 885亿元，23年间增长9.5倍，年均增长10.3%，高于同期国内生产总值的增长速度。1999年，我国第三产业增加值占GDP比重达到32.9%。目前，我国服务业与过去相比虽然有较大发展，但与整个经济发展阶段和人均应达到的水平相比，还有相当大的差距。其中既有总量不足、比重过低的问题（如2006年，我国服务业在国内生产总值中的比重和从业人员占全部就业人口的比重分别只有39.5%和32.2%，不仅大大低于发达国家，也明显低于发展中国家的平均水平），也有内部结构落后、传统服务业比重过高以及整体服务水平较低的问题。因此，必须加快发展服务业，全面提高服务业特别是现代服务业在国民经济中的比重和水平，即要开拓服务业发展新领域，大力发展金融、现代物流、研究与开发、电子商务、法律、咨询、会计等生产性服务业和医疗卫生、社区服务、文化休闲等消费性服务业，扩大企业、公共事业机构和政府的服务外包业务，努力提高服务业社会化和市场化水平；要消除生产性服务业市场准入障碍和政策限制，统一和规范服务业市场，推动事业单位改革，加快服务领域的非公有制经济发展；采取大服务业的对外开放，促进服务项目、产品、方式的创新和服务质量的提高；加强服务业人力资源开发，积极承接国际服务外包；鼓励知识密集型服务业的发展，发挥其在产业技术进步方面的带动作用。

五、转型期国民经济结构性调整

随着经济体制改革的不断深入，对外开放的不断发展，经济的快速增长，1978年以来，中国国民经济中的所有制结构和区域经济结构发生了重大的变化。

（一）所有制结构调整

新中国成立初期，随着社会主义改造的完成，我国形成了以社会主义公有制为主体，全民所有制和集体所有制为主要形式的国民经济所有制结构。在此基础上，初步建立了社会主义计划经济体制。在其后的经济建设中，虽然单一的所有制形式使政府主导的国民经济在基础建设和重点项目上取得了辉煌成就，但却难以掩盖在社会力量动员方面的激励不足，以至于国民经济缺乏活力，发展动力不足，社会资源配置严重不合理。

自1978年始，为借助市场这只"看不见的手"来实现资源配置，并从根本上解决由于激励机制不足而导致的社会动员乏力与经济效益低下的弊病，所有制结构的调整与变迁逐步展开。1979年，所有制结构的调整是从鼓励发展集体经济和个体、私营经济等非公有制经济的发展开始的。

为了搞活经济、解决城镇就业问题，从1979年起，国家多次发布文件，要求积极发展集体经济和个体经济，并相应出台扶持和支持集体经济、个体经济的政策。在农村，随着家庭联产承包责任制的实施，农村劳动力得到解放，在国家鼓励多种经济形式发展的政策引导下，各种承包户大量涌现，乡镇企业也因此而崛起，农村劳动力向城市的转移还为城市非公有制经济的发展提供充足的劳动力。外商投资企业也随着对外开放的展开而不断涌现。原有的单一所有制结构被打破，一种以公有制为主体，多种所有制并存的所有制结构初现端倪。

1982年以后，国家对非公有制经济发展的政策更加明确。党的十二大报告和1982年修订的《中华人民共和国宪法》都明确规定个体经济是社会主义公有制经济的补充。1987年中央正式提出对私营企业"应当采取允许存在、加强管理、兴利抑弊、逐步引导的方针"，这是在社会主义改造完成后，中央第一次重新提出允许私营企业的存在。此后的党的十三大明确提出鼓励发展个体、私营经济的方针。1988年修订《中华人民共和国宪法》，提出了私营经济是社会主义公有制经济的补充。非公有制经济迎来了发展的第一次高潮，到1988年年底，全国登记注册的个体工商户发展到1 454.9万户，从业人员2 304.9万户；全国（除西藏、山西、黑龙江外）已注册的私营企业发展到4万户，雇工人数达到72万人。如加上大量挂集体企业牌子和混杂于个体工商户、个人合伙及乡镇、街道企业中的私营企业在内，私营企业估计有20多万家。1989年，因为全国在治理经济环境、全国城乡个体工商户减少到1 234.3万户，从业人员减少到1 943.6万人，分别比1988年下降11.5%和15.7%；到1989年年底私营企业已经减少了大约一半。

1992年党的十四大明确提出，中国经济体制改革的目标是建立社会主义市场经济体制，强调"在所有制结构上，以公有制包括全民所有制和集体所有制为主体，个体经济、私营经济、外资经济为补充，多种经济成分长期共同发展，是我国社会主义初级阶段的一项基本经济制度"，"非公有制经济是我国社会主义市场经济的重要组成部分。对个体、私营等非公有制经济继续鼓励、引导，使之健康发展"。更加鲜明地鼓励非公有制经济发展的政策，使个体、私营经济迅速进入了一个新的发展高潮。当年年底，全国城乡个体工商户恢复到 1 533.9 万家，从业人员恢复到 2 467.7 万人，其中登记注册的私营企业 13.9 万家，从业人员达到 231.9 万人。1997 年全国个体商户高达 2 850 万户，从业人员 5 441 万人，私营企业达 96 万家，从业人员 1 349 万人。

由于改革开放以来集体经济和非公有制经济的不断发展，原有的单一所有制结构开始向多元化转变，其总的趋势是公有制经济比重下降，非公有制经济比重上升。在公有制经济内部，国有经济的比重下降，集体经济的比重上升。以工业总产值来说，1979 年国有经济的比重为 78.47%，集体经济为 21.53%，而其他经济为零；到 1996 年年底，国有工业的比重为 28.5%，集体工业的比重为 39.4%，城乡个体工业的比重为 15.5%，股份制企业为 3.3%，外商投资企业为 6.7%，港澳台企业为 5.5%。从全社会固定资产投资来看，1980 年国有经济占 81.9%，集体经济占 5%，个体经济占 12.3%；到 1997 年，国有经济占 52.5%，集体经济占 15.4%，个体经济占 13.7%，其他经济占 18.3%。从城镇从业人员来看，1978 年国有经济占 78.3%，集体经济占 21.5%，其他经济占 0.2%；到 1997 年，国有经济占 54.4%，集体经济占 14.2%，其他经济占 31.4%。2005 年民营企业在制造业中占 79%，第三产业中占 20%，每年保持了 10% 以上的增长速度，吸纳 1 000 万以上的新增劳动力。

党的十五大以后，国家抓大放小，尽管公有制经济在经济总量中比重下降，但仍占主体地位。党的十七大报告提出，要坚持公有制为主体、多种所有制经济共同发展的基本经济制度，坚持平等保护物权，形成各种所制经济平等竞争、相互促进的新格局。为此，首先需要深化国有企业公司制股份制改革，健全现代企业制度，优化国有经济布局和结构，增强国有经济的活力、控制力、影响力。到 2005 年年底国有中小企业改制面已达 80.9%。作为国有企业主干的中央企业，已有 19 家企业按照公司依法转制，开展董事会试点。国有企业股权分置改革基本完成，截至 2006 年年底，801 家国有控股上市公司中已有 785 家完成或启动股改程序，占 98%。1997 年后国有经济和国有资本逐步向关系国民经济命脉的重要行业和关键领域集中，向大企业集中，而从一般竞争性行业中逐步退出。1998 年全国国有工商企业共有 23.8 万户，到 2006 年国有工商企户数减少至 11.9 万户，减少了一半。1997 年全国国有工商企业实现利润 800 亿元，到 2006 年全国国有工商企业实现利润 111.2 万亿元，增长 14 倍。2000 年中央企业净资产 3.07 万亿元，到 2006 年增长到 5.39 万亿元。2007 年《财富》全球 500 强中，中国内地企业有 22 家，这些企业全部为国有控股企业。国有经济调整和国有企业重组的主要目标是：加快形成一批拥有自主知识产权和国际知名品牌的国际竞争力较强的优势产业；加快国有大中型企业公司制股份制改革，健全现代企业制度。此外，还要深化垄断行业改革，引入竞争机制，加强政府监管社会监督；加快建设国有资本经营预算制度；完善各类国有资管理体制和制度；推进集体企业改革，发展多种形式的集体经济、合作经济。

个体私营等非公有制经济是我国社会主义市场经济的有机组成部分，是我国重要的经济增长点，是提供新就业岗位的主渠道，也是满足全体人民不断增长的物质和文化生活需要的生力军。到 2006 年年底我国已有个体工商户 2 576 万户，从业人员 7 500

万人；私营企业 497.4 万户，从业人员 6 395.5 万人。

2007 年十届全国人大五次会议通过的《中华人民共和国物权法》规定：国家实行社会主义市场经济，保障一切市场主体的平等法律地位和发展权利。国家、集体、私人的物权和其他权利人的物权受法律保护，任何单位和个人不得侵犯。平等保护物权，是由我国社会主义市场经济的特点决定的。坚持平等保护物权，特别是像保护国家、集体的物权那样平等保护私人物权，有助于完善我国平等竞争、优胜劣汰的市场环境，有助于完善现代产权制度和现代企业制度。

进入 21 世纪以来，国有经济总资产和净资产都在不断增加。与此同时，个体私营等非公有制经济也在迅速发展。我国实施允许国内民间资本和外资参与国有企业改革的政策，使国有资本和各类非国有资本相互渗透和融合，以股份制为主要形式的混合所有制经济迅速发展起来。混合所有制经济的发展，表明我国公有制特别是国有制找到了一个与市场经济相结合的形式和途径。要让各种所有制经济各自发挥优势，平等竞争，相互促进。改革开放 30 年的经验表明，在一般竞争性领域，个体私营经济有其灵活适应市场的优势；而对投资大、建设周期长、规模效益明显、社会效益突出的重要行业和关键领域，国有经济有优势。

（二）区域经济结构调整

由于区位条件、要素禀赋、经济基础、历史文化等方面的差异，我国区域经济总体上呈现明显的非均衡发展格局。

新中国成立以来，国家对宏观区域经济格局的划分做过几次大的变动，即从沿海和内地"一、二、三线地区"到沿海和内地，从东、中、西三大地带到东部、中部、西部、东北四大板块。区域经济的发展战略经历了从区域平衡发展战略到非均衡发展战略，再到非均衡协调发展战略的演变。

1. 计划控制下的地区均衡发展

新中国成立初期，沿海地区工业比较发达，而内地工业十分薄弱，生产力分布呈现出沿海和内地两种大的类型。为了建成相对完整的区域性的工业体系，开展了省、市、区之间的技术经济协作，国家主要采取了"均衡发展战略"，强调沿海与内地均衡发展，国家投资重点指向中、西部地区。"一五"期间，苏联帮助我国建设的 156 个重大项目，很大部分都在西部地区。20 世纪六七十年的三线建设，国家更是对中西部的投资高度倾斜。虽然三线建设缓解了新中国成立初期区域经济分布不平衡的状况，为中西部的发展打下了初步的基础，但三线建设的效率没得到很好的实现，资源的空间配置效率低下。"四五"末期，我国中、西部地区的基建投资占全国的比重为 54.4%，GDP 占全国的比重为 42.33%。但在总体上，我国的区域空间经济格局依然呈现出"东高西低"的不平衡发展态势。

这一时期，我国建市的城市，由新中国成立前的 60 个发展到 1957 年的 176 个。1952 年城镇人口为 7 163 万人，城市化水平为 12.5%。1958—1977 年近 20 年间，全国新增城市仅 12 个，城市化水平由 15.4% 增加到 17.4%，平均 10 年增加 1 个百分点，城市化进程相当缓慢。

2. 1978—1992 年沿海重点发展

1978 年以来，为提高国家综合实力，积极参与"国际经济大循环"，国家实施了沿海地区优先发展的非均衡区域经济发展战略。"六五"计划提出"充分发挥沿海地区的特长，带动内地经济的进一步发展"的区域发展战略；"七五"计划中指出，"要正确处理东部沿海、中部、西部三个经济地带的关系，把东部沿海的发展同中、西部开发很好地结合起来"。国家区域经济政策的目标已彻底转到了区域优先发展上。

伴随着区域结构变迁的是城市体系的形成。1978 年我国首次提出"控制大城市规模，积极发展小城市"的战略；1980 年继续推行"控制大城市的规模，合理发展中等城市，积极发展小城市"的战略；1990 年开始施行的《中华人民共和国城市规划法》更是以法规的形式确立了"严格控制大城市的规模，合理发展中等城市和小城市"的方针。

中央实施的多层次的区域经济政策，改变了多年来"东西南北齐步走"的格局。1979—1991 年，我国沿海地区国民生产总值年均增长 9.2%，内地国民生产总值年均增长 8.4%，其中中部地区为 8.3%，西部地区为 8.8%，中、西部地区的增长速度分别比沿海新兴工业区低 22.4%和 17.8%。1987 年东部沿海地区农民人均纯收入达 567 元，比中部地区高 134 元，比西部地区高 210 元。市场化水平由 1978 年的 17.9%增加到 1998 年的 30.9%，增加了 13 个百分点。

3. 1992—1999 年区域经济协调发展

经过十余年的沿海重点发展，地区间的经济发展差距加大，地方保护主义盛行，并且沿海地区经济高速增长，使生态环境保护的压力加大。1992 年国家推行地区协调发展战略，要求充分发挥各地优势，加快地区经济发展，促进全国经济布局合理化；要求发挥中心城市作用，努力发展各具特色的区域经济。"九五"计划坚持区域经济协调发展，逐步缩小地区发展差距。1997 年开始推行促进地区经济合理布局和协调发展的政策，东部有条件的地方率先基本实现现代化，中、西部地区加快改革开放和开发，发挥资源优势，发展优势产业，并且进一步发展东部地区同中、西部地区多种形式的联合和合作。加快老工业基地的改造，发挥中心城市的作用，进一步引导形成跨地区的经济区域和重点产业带。

20 年来，中国的区域经济结构调整采取了"由东部沿海地区向内陆地区逐步展开"的梯度演进方式。而在城市化方面，改革了城市户籍管理制度、就业和社会保障制度等。加强了行政区划调整工作，撤销了部分市县和 323 个乡镇建制。中心城镇的集聚效应明显增强，长江三角洲、珠江三角洲、京津冀和辽中南等在原来城市群的基础上，已出现大城市集聚区。

4. 西部大开发与全国均衡发展

随着中国的区域经济结构由东部沿海地区向内陆地区逐步展开，为了促进西部地区的经济发展，缩小地区经济发展的差距，改善地区生态环境，1999 年国家正式提出"西部大开发"的发展战略。2000—2004 年，中央财政建设资金、中央对西部开发的投入力度逐年增加，国家在西部地区投资的以基础设施建设、能源基地建设、环境保护为重点的工程达 70 项，投资总规模约 10 000 亿元。

2003 年出于对东北地区大量职工下岗、重工业衰退、投资能力低、经济和居民收入增长缓慢的考虑，我国开始实施"振兴东北老工业基地"的区域发展战略。2004 年针对"中部塌陷"（发展速度落后于西部，发展水平落后于东部）现象，又提出了"中部崛起"战略。通过"东引西进"，在基础设施建设、制造业和新技术产业发展以及现代农业发展上，取得了重大进展。中部地区的快速发展，对缩小东、中、西部经济发展的差距，实现东、中、西部优势互补和协调发展有着重要意义。

在城市化（城镇化）方面，2001 年开始实施"城镇化战略"。党的十六大提出坚持中小城市和小城镇协调发展，走中国特色的城镇化道路。至 2006 年，我国城镇水平由 1977 年的 17.4%增长到了 43.9%。

受自然、历史以及各地区原有基础、产业结构、市场化进程差异的影响，这次区域生产布局的大调整并没有使东、中、西部之间经济发展不平衡的状况发生根本性的变化。2001—2004 年，我国地区 GDP 占全国 GDP 的比重，东部由 57.3%上升至58.4%，中部由 25.6%下降为 24.7%，西部由 17.1%下降为 16.9%；地区人均 GDP 与全国人均 GDP 的比值，东部由 1.52 上升为 1.54，中部由 0.77 下降到 0.75，西部由0.6 下降为 0.59，中、西部地区与东部地区的发展差距进一步扩大。但是从变化趋势来看，"十五"期间，东、中、西部地区差距扩大的速度明显减缓，这说明国家实施区域协调发展战略发挥了实际效果。

经过数次发展战略与政策的调整，我国的国民经济持续快速增长，地区经济综合发展能力和经济实力都有了明显提高，地区经济协调发展也取得了重要成就，城市化进程加速。然而，我国区域结构的调整和演变过程仍然存在着问题。

首先，中国三大地区间的经济发展差距的总体趋势不断扩大。其次，区域经济增长中心由点向轴线和圈、带延伸，全国性的经济核心区基本形成，将进一步推动城市化发展，但西部地区尚缺乏综合实力强、辐射面广的经济核心区。最后，中国的城市化水平在东中西地区依次递减，并且主要表现为沿海东部地区与中、西部地区的差异。此外，城市化快速发展的同时，也带来了诸如大城市"摊大饼"扩张、能源紧张、人口膨胀、住房拥挤、交通拥堵、生态环境恶化、基础设施负荷运载等问题。

改革开放以来，各地经济社会发展水平有了很大提高，但区域间发展不协调、发展差距拉大的趋势仍未根本改变。据统计，2000—2006 年，东部地区的江苏、山东、广东三省的地区生产总值分别从 8 554 亿元、8 338 亿元、10 741 亿增加到 21 548 亿元、21 847 亿元、25 969 亿元；而西部的青海、宁夏两省区分别从 264 亿元、295 亿元增加到 641 亿元、707 亿元，虽然发展都是很快的，但差距也是明显的。区域发展差距是自然、历史、经济综合作用的结果，具有一定的客观必然性，解决起来也具有长期性。同时，区域协调发展也是相对的，不同地区发展条件的差异，有的是可以改变的，有的特别是自然条件是难以改变的，要使各区域经济发展总量大体相等是不现实的。所以，缩小区域差距水平，首先要注重缩小区域间基本公共服务的差距，实现基本公共服务均等化，使不同区域的人民生活水平的差距不断缩小，是比较切合实际的要求。

　　缩小区域发展差距还要引导生产要素跨区域合理流动。从发达国家经验看，经济总量聚集的地方，也应当是人口相应集中的地方，最终形成经济总量与人口大体协调。而我国情况却与之相反，经济总量大的地区没能吸纳相当比重的人口，而广大中、西部地区由于缺少资金、人才，经济发展相对较慢，增加就业和收入的机会也相对较少，经济总量比重比较低，而人口比重却大大高于经济所占的比重。例如，2005年东部比较发达的长江三角洲、珠江三角洲和京津冀地区集中了全国地区生产总值的36%，而人口却只占全国人口的15%；西部地区生产总值占全国地区生产总值的17.1%，人口却占全国人口的28%，这就导致区域人均收入的差距不断扩大。东部地区人均收入不断提高，对资金、资源、劳动力的吸引力也越来越大；相反，人均收入低的地区，在招商引资、吸引人才等方面处于不利位置，影响了经济增长，对人均收入的改善也不快。区域间人均享有的公共服务差距拉大的另一个原因是，目前我国每年有1.3亿多的农村劳动力，其中主要是中西部农村的劳动力外出务工，但其赡养的人口依然留在中西部，外出务工人员创造的税收留在东部，成为改善公共服务的重要财源，而吸收外来劳动力的地区却不为这些劳动者及其赡养人口提供公共服务，这些流动人口及其赡养人口应享有的公共服务仍然由其户籍所在地提供，而这些地区由于能创造税收的人口已大量流出，财政状况改善缓慢，能够提供的公共服务水平有限。

　　党的十七大报告提出，要加大对革命老区、民族地区、边疆地区、贫困地区发展的扶持力度。为此，要建立以促进基本公共服务均等为目的的公共财政体系，加大对这些地区的财政转移支付，增强地方政府提供公共服务的能力，缩小中、西部地区与东部地区在享有公共服务方面的差距，使不同区域民众享有比较均等的就业、住房、医疗、教育、基本公共文化的机会以及公共服务水平和良好生活环境。缩小区域间、城乡间收入差距，最为有效的办法就是加快培育更加开放、更有利于自由流动的要素市场，通过劳动力和其他要素的自由流动抑制不同地区经济上的贫富差异。因此，要创造条件引导中西部劳动力向经济相对集中的地区转移，充分发挥这些地区的人口承载力；引导资金、技术等生产要素向中、西部地区流动，增强中、西部地区的经济实力。

　　党的十八大以来，国家根据当前社会生产力发展的阶段状况，着力推进区域协调发展，形成了"三+四"的区域发展总体格局：即以"一带一路"建设、京津冀协同发展、长江经济带发展"三大战略"为引领，统筹推进西部大开发、东北振兴、中部崛起和东部率先"四大版块"发展[①]。从空间结构上看，这一时期我国区域经济空间凸显了多点多极协同与国内外联动的结构特征。从区域发展绩效的空间表现看，不同区域间的发展收敛态势已现。

---

① 景朝阳. 新时代中国区域协调发展的内涵和重点 ［EB/OL］. (2017-12-17) ［2018-12-23］. http://www.sohu.com/a/208970931_787066, 2017-12-7.

第三节 政府经济职能转变与分配制度改革

在计划经济体制下，政府的经济职能主要是为实现重工业优先发展的赶超战略服务。随着经济运行机制的转变，政府开始由直接管理向宏观调控转变。在单一公有制时代，按劳分配是社会财富分配的唯一形式，随着多种经济成分的出现，它正在向按要素分配的方向转变。

一、政府经济职能的转变

随着改革开放的深入，1978 年以来逐渐形成了多种经济成分并存和市场机制发挥基础性调节作用的经济体制框架，政府的经济职能也就自觉或不自觉地发生了转变。这种转变以 1992 年标志，大致可划分为两个阶段。

1. 缩小政府管理经济的范围和权力

1979—1991 年的重点是缩小政府管理经济的范围和权力的改革。

首先是放权让利，给公有制经济自己活动的空间；允许非公有经济和"三资"企业存在和发展。在这个方面以农村改革最为突出，成效也最大。从 1979 年开始推行农业联产经营责任制到 1983 年取消人民公社，不到五年的时间。在城市，国营企业的改革推进虽然不快，但是从简政放权到推行"承包制"，也扩大了企业的经营自主权和对利润的分享。这种政府放松对公有制经济的控制和剩余索取调动了农民和企业的积极性，是 20 纪 80 年代经济高速增长的动力之一。

在公有制经济体制内改革的同时，政府还通过实行对外开放、鼓励城市待业人员自谋职业和农村"专业户"的发展，让市场机制发挥调节作用，在公有制外形成了极具活力的经济成分。

其次，国家逐步放松对整个经济的行政控制，退出部分领域，让市场机制替代调节。在这个方面，政府的指导思想经历了从"计划经济为主，市场调节为辅"的主从结构，到"计划管理与市场调节相结合"的板块结构，再到"政府调控市场、市场引导企业"的上下结构，最后到 1989 年又回到"计划经济与市场调节相结合"的含混提法。但是，上述指导思想反映出政府越来越多地将原来由自己直接管理的领域让渡给市场调节。即使在 1989—1991 年治理整顿期间，市场化仍在推进，如粮食流通的改革、证券市场的建设等。

这个时期政府经济职能的转变的最大特点是改革和完善以公有制和计划经济为主体的经济体制。改革的动力主要来自政府对发展速度和效益的追求。

2. 建立与市场经济相适应的政府职能

1992 年开始建立与市场经济相适应的政府职能。在这个阶段的政府经济职能改革，主要集中在两个方面：一是对国有经济实行彻底调整和改革传统体制固守的最后一个堡垒。二是积极构建与市场经济相适应的管理体制。

1993 年和 1998 年进行的两轮大规模的政府机构改革，既加强了政府管理职能建设，又加强了政府对企业行为和市场秩序的规范职能，还将新的社会保障体系建设纳入了政府的主要职责。

进入 21 世纪以后，特别是加入 WTO 以后，随着市场经济体制框架基本建立但又很不完善，市场"失灵"和政府的越位、缺位、错位，都导致政府职能转变成为经济和社会发展的关键环节。政府经济职能由 1978 年以前的全面直接的"统制型"（或称为"全能型"）转为的"调控型"（或称为"效益型"），但是这个转变还远远没有完成。

3. 围绕推进基本公共服务均等化建设完善公共财政体系

在推动全能型政府逐步向公共服务型政府转变的过程中，需要逐步建立和完善作为政府履行公共服务职能基础的公共财政体系。

完善公共财政体系首先要推进基本公共服务均等化。2006 年我国人均国内生产总值已超过 2 000 美元，对公共产品的需求增长迅速。但是，由于长期以来受经济发展水平限制和思想认识的影响，公共产品不仅供给量不足，供给结构也不合理。为了改变基本公共服务差距较大的状况，需要大力调整财政支出结构。

首先，需要统筹经济社会发展，财政投入要更多地投向长期"短腿"的社会事业，投向义务教育、基础医疗和公共卫生、基本社会保障、公共就业服务、廉租房建设、环境保护方面。其次，政府的公共政策和财政投入向农村特别是西部农村倾斜，除免除农业税和农村义务教育免费外，要尽快构建全覆盖的新型农村合作医疗体系并逐步提高水平，建立农村最低生活保障制度，还要着力逐步解决农村饮水安全、农村公路与公共交通、电力供应、农业水利与防灾设施及服务、病虫害防治、农业市场信息和技术推广等服务。再次，帮助欠发达地区解决基本公共服务均等化问题，加大中央财政向中、西部地区转移支付力度，提高具有扶贫济困性质的一般转移支付的规模和比例。最后，基本公共服务除建立最低生活保障、基本医疗卫生服务等制度外，还要关注困难群众的就业问题，加强就业培训，帮助零就业家庭解决就业问题等。

完善公共财政体系还要促进和保障主体功能区建设。根据国家"十一五"规划纲要，各地区要根据资源环境承载能力和发展潜力，统筹考虑未来我国人口分布、经济布局、国土利用和城镇化格局，将国土空间划分为优化开发、重点开发、限制开发和禁止开发四类主体功能区，明确不同区域的功能定位，并制定相应的政策和评价指标，逐步形成各具特色的区域发展格局。公共财政体系要促进和保障主体功能区建设，特别是要增加对限制开发区域和禁止开发区域用于公共服务和生态补偿的财政转移支付，逐步使当地居民享有均等化基本公共服务。国家"十一五"规划纲要已列出了生态功能区、长白山森林生态功能区等，还列出了禁止开发区域，其中重点风景名胜区 187 个、国家森林公园 565 个、国家地质公园 138 个。上述这些地区，如果没有公共财政的投入和支持，当地居民的生活就会有很大困难，这些地区的功能定位就会受到很大冲击和扭曲，从而不利于国家的整体利益和长远利益。

4. 深化财税、金融改革，完善宏观调控体系

财税改革要建立和健全有利于促进科学发展和社会和谐、推动科技进步、节约能源资源、保护生态环境的财税体制。

（1）深化财税体制改革

1978 年以来，中央和地方实行"分灶吃饭"的财政体制，地方自主权很大，由此而导致的一个后果是政府税收收入占 GDP 的比重由 31% 下降到 1994 年的 12%，即使加上预算外收入，也不会超过 17%。税改之后的十多年里，增值税成为最主要的税种为国家掌控，国家财力再次得到增强。

围绕推进基本公共服务均等化和主体功能区建设，需要完善公共财政体系，实现财政体系从经济建设型向公共服务型转变。其主要内容包括：

①深化预算制度改革，强化预算管理监督；逐步做到把政府收入（包括地方政府土地收入和各类基金、收费）纳入预算管理，接受人大和社会各方面的监督；健全中央和地方财力与事权相匹配的体制，加快形成统一规范透明的财政转移支付制度；在保持现行财政体制框架总体稳定的基础上，积极探索政府间支付责任界定，为建立事权与财力相匹配的财政体制奠定基础；完善中央与地方税收分配比例，适当提高中央财政收入比重，增强中央政府宏观调控能力。

②加大中央对地方财政转移支付度，提高一般性转移支付规模和比例，促进地区间财力均衡；各级政府都要加大公共服务领域投入，改善民生，逐渐做到在义务教育、公共卫生与基本医疗服务、基本社会保障、公共就业服务、饮用水安全、公路与公共交通、环境保护、廉租房供应、治安、法治环境等方面的基本公共服务均等化。

③财政税收政策如出口退税政策等要促进经济发展方式转变和资源节约型、环境友好型社会建设；完善省以下财政体制，不断提高转移支付的有效性，增强基层政府提供公共服务能力。减少管理层级，在有条件的地区推进省直管县、乡财县管等管理方式；探索实行县级政府最低财力保障制度，做到保底；完善地方税收体系，清理、规范非税收入，取消不合理的收费项目，将收入稳定、具有税收性质的收费纳入"费改税"范围，增强税收收入在地方财政收入中的地位；开征物业税，充实基层财力；调整资源税，增加地方税收。

（2）深化金融体制改革

推进金融体制改革，需要发展各类金融市场，形成多种所有制和多种经营形式、结构合理、功能完善，高效安全的现代金融体系。其主要内容包括：

①深化农村信用社改革，使之成为服务"三农"的社区性金融机构；加大城市商业银行改革力度，发展地方中小金融机构。推进金融资产管理公司改革，鼓励和引导各类社会资金投资发展金融业。

②大力发展公司债券市场和多层次资本市场，优化资本市场结构，多渠道提高直接融资比重；积极发展保险市场；继续完善利率市场和金融衍生产品市场，培育外汇市场，稳步推进利率市场化改革，实现金融产品和服务收费的市场化定价；完善人民币汇率形成机制，逐步实现资本项目可兑换；深化外汇管理体制改革，防范和化解金

融风险；坚持国家对大型商业银行的控股地位，加强登记、托管、交易、清算等金融基础建设，确保对外开放格局下的国家金融安全。

③在继续实行银行、证券、保险分业监管的同时，顺应金融业务的综合经营趋势，强化按照金融产品和业务属性实施的功能监管完善对金融控股公司、交叉性金融业务的监管；建立健全存款保险、投资者保护和保险保障制度；建立有效防范系统金融风险、维护金融稳定的应急处置机制；加大反洗钱工作力度。

（3）完善宏观调控体系

完善宏观调控体系的主要内容包括：

①推进国家规划改革，要使国家发展规划和地方发展规划相衔接。深化投资体制改革，减少审批，需要保留审批的应当规范和简化程序。

②按照科学发展、节约资源和保护环境的要求，健全和严格市场准入制度；发挥国家发展规划如五年规划、年度计划和产业政策在宏观调控中的导向作用和协调作用，并综合运用财政、货币政策，不断提高宏观调控水平，为国民经济的运行提供稳定的环境。

③在调控方式上，逐步做到主要运用经济手段和法律手段，辅之以必要的行政手段；以总量调控为主，努力保持总供给和总需求的基本平衡，也要促进重大结构的优化以及全面协调可持续发展。

二、收入分配体制的转变

改革开放以来，国家对收入分配制度的调整与完善逐渐展开。

1. 农村收入分配制度的演变

（1）家庭承包制下分配制度的演变。1978 年，中国农村的家庭承包责任制逐渐取代了人民公社体制，以农户家庭为单位的分散的生产经营逐渐取代了以人民公社和生产队为单位的统一的生产经营，农村的分配制度也随之发生了革命性的变迁。

在家庭承包责任制下，农户有了较大的生产经营主动权，这时的分配规则表现为"交够国家的、留足集体的、剩下全是自己的"。由于"剩余"归农民占有，农民生产的积极性提高，促进了农业产出的增长。国家主要通过农业税和低价征收国家订购粮取得收入。

随着改革的推进，乡镇和村组对（村）提留费、（乡）统筹费和其他收费拥有的权力加大，且缺乏有效的制约，演变为日益严重的乱收费现象。随着农村村民自治制度的建立和改善，国家对集体组织乱收费的制约也逐渐加强。同时，国家对"三农"问题的高度关注，在农村推行税费改革，并在 2005 年的《政府工作报告》中宣布五年内取消农业税，到 2010 年，在全国农村地区全部实行免费义务教育。

（2）乡镇企业的崛起与市场化的企业分配制度建立。乡镇企业是在农村基层组织（乡镇政府、村级组织）的支持和扶植下成长起来的，它的生产经营和分配制度是比较"市场化"的。首先，国家一开始就没有干预乡镇企业的分配事项，而是通过税收手段从乡镇企业获取收入。乡镇的参与者（基层组织、出资人、经营者、员工等）都是按照平等、自愿、协商的原则建立企业契约和分配事项。其次，乡镇企业和职工通过谈判讨价还价，协商确定聘用关系和工资福利等事项，这是一种典型的市场交易关系。最后，乡镇企业通过"集资，入股"等形式，探索了股份合作制等企业的财产组织形式，并出现了除工资奖金外的利息、股利等新型分配形式，推动了民间自发资本交易市场的发展。

乡镇企业分配制度是我国经济体制转型时期让非劳动要素参与收入分配的最早实验之一。据统计，2001 年乡镇企业总产值达到 29 356 亿元，比 1978 年增长近 140 倍，给许多农民创造了新的就业机会，带动了农村城镇化发展。1978—2000 年，小城镇由 2 176 个增加到 20 312 个，城市数量由 190 个增加到 663 个。农民在乡镇企业的收入成为非农收入的主要来源。

（3）民工潮与"农民工群体"的收入获取方式。改革开放以来，大量农民涌向城市和沿海发达地区寻找务工的机会。根据中国企业联合会发布的《2003 年全国千户企业管理调查研究报告》，中国每年有大约 9 000 万农民外出打工，广泛分布在国民经济的各个行业。其中，在加工制造业中占到 68%，在建筑业、采掘业中接近 80%，在环卫、家政、餐饮等服务业中为 52% 以上。但是，农民工获得的收入是出卖简单劳动力的收入，是一种市场化的"劳动力工资"。针对农民工在劳动工资、工伤保险、劳动安全、子女上学、公共卫生等方面存在的问题，国家采取了相关措施，从而使得农民工工资拖欠和偏低问题正在逐步解决，农民工安全生产和职业病防治工作得到加强，农民工就业服务和职业技能培训不断扩大，农民工子女教育和相关公共服务以及农民工工伤和医疗保险取得新进展。到 2006 年 7 月底，全国参加工伤保险的农民工已有 1 871 万人，比 2005 年年底增加 619.45 万人。各地按照"低费率、保大病、保当期、雇主缴费为主"的思路，已经组织 1 462 万农民工参了医疗保险，比 2005 年年底增长近两倍。同时深圳、上海和成都等一些地方，在建立适合农民工特点的养老保障制度上也取得了新进展。

2. 城市收入分配制度的演变

城市收入分配制度有两种形式：一种是在传统经济体制内建立起来的国有经济单位的分配制度；另一种是改革以来在传统经济体制之外新生的非国有经济单位的分配制度。

（1）国有企业改革与体制内的分配制度演变

国有企业的改革是从分配制度开始的。1978 年以来，国企改革与分配制度的演变可分为三个阶段：第一，放权让利阶段，企业拥有少量的分配决策权，企业内部主要是针对平均主义的工资分配进行初步调整，但集权化和计划化的特征还非常明显。第二，承包制阶段。20 世纪 80 年代中期，受农村承包制改革的启发，城市国有企业开始进行承包制的实验并于 80 年代后期得到广泛推广。这一时期，国企内部分配自主化加强，集权化、计划化和平均主义逐渐减弱，劳工制度和工资分配向市场化演进，出现了承包人的"风险收入"等新型分配形式。第三，公司化阶段。进入 20 世纪 90 年代，承包制的缺陷越来越明显，因而国企转向公司化改革。其目的是想借鉴和模仿现代公司制中的分配模式，规范国家、企业和职工的分配关系。在公司化的企业中，国家只管一些政策性、法律性和原则性的问题，更多的收入分配决策权交给了企业内部人。同时，公司化企业中的资本、土地、管理等非劳动要素参与分配逐渐得到了法律的认可，使得企业的收入分配形式呈现多样化发展，在很大程度上促进了国企的效率改进。

国企的分配制度是沿着一条从计划向市场化、从国家集权化向企业内部决策自主化的路径演进的。过去允许按劳动贡献参与企业分配的、单一的"按劳分配"制度，逐渐演变为按劳动分配和按生产要素分配相结合的"混合型"收入分配制度。

（2）非公有制经济的发展与国有企业体制外的分配制度演变

非公有制经济包括个体经济、私营经济、外资经济等，经济组织和分配制度复杂多样。据测算，中国非国有经济创造的增加值占GDP的比重，在2004年已达63%，对工业增加值的贡献已达74%，而国有部门目前对工业增加值的贡献率不到30%。从农村转移出来的1.3亿多劳动力中有超过70%的人在个体私营经济中就业。经近20多年的发展，非公有制经济在行业分布上以制造、建筑、运输、商贸和服务业等领域为主，并开始向基础设施和公用事业等领域拓展；在规模和结构上以劳动密集企业、中小型企业为主，并逐渐涌现一批资本技术密集的大企业集团，如华为、TCL等；在企业制度上以个人、家庭企业为主，现已向多元投资主体的公司制发展。据全国工商联调查，目前全国民营企业设立股东大会的超过1/3，设立董事会的超过1/2，设立监事会的超过1/4；在产业布局上以小规模、分散化经营为主，如温州的打火机和眼镜出口占全国的90%，低压电器产值占全国1/3；在区域分布上呈现沿海地区率先发展比重大，中、西部地区发展加速的态势。2003年，福建民营经济约占全省GDP的一半，江苏个体私营经济占全省GDP的30%左右，对经济增长的贡献率超过50%。

伴随着经济体制改革的开展，收入分配体制从按劳分配为主到逐步放松了对其他分配方式的限制，收入分配原则超越了单一的按劳分配，其基本脉络为：以1978年为标志，率先在农村推行家庭联产承包责任制；以1984年为标志，全面推进城市分配制度改革；以1992年为标志，探索建立适应社会主义市场经济体制的收入分配制度；以1997年为标志，首次肯定生产要素所有者能参与收益分配；以2002年为标志，首次确立劳动、资本、技术、管理等生产要素按贡献参与收入分配的原则。

收入分配改革的真正意义不仅在于使分配原则不断接近市场经济通行的分配法则，而更在于承认了非劳动收入的合法性，从而极大地调动了不同阶层依法经营的积极性，促进了全国整体经济效益，特别是中东部地区经济效益的提高。

3. 深化收入分配制度的改革

（1）收入分配制度改革方向

人类社会的任何生产活动都离不开劳动力、资本、土地和技术等生产要素，在市场经济条件下，使用这些要素不是无偿的，对每一种要素都必须支付一定的报酬，这种报酬就会形成各要素提供者的初次分配收入。生产要素参与分配是市场经济的内在要求。

自1992年确立社会主义市场经济体制的改革方向之后，党的十四大首次提出在收入分配上要"以按劳分配为主体，其他分配方式为补充"，"允许属于个人的资本等生产要素参与收益分配"；党的十五大提出"允许和鼓励资本、技术等生产要素参与收益分配"；党的十六大强调要"确立劳动、资本、技术管理等生产要素按贡献参与分配的原则，完善按劳分配为主体、多种分配方式并存的分配制度"；党的十七大提出"健全劳动、资本、技术、管理等生产要素按贡献参与分配的制度。把各类生产要素按贡献参与分配由确立原则上升为健全制度，是对社会主义市场经济条件下的收入分配制度的完善，也是完善社会主义市场经济体制的客观要求"。党的十九大报告指出，坚持以人民为中心，把人民对美好生活的向往作为奋斗目标，要让经济增长的成果为人民共享；在收入分配方面，提倡在实现经济增长的同时坚持居民收入同步增长，在劳动生产率提高的同时实现劳动报酬的提高。

进入21世纪，增强自主创新能力、推进科技进步成为我国经济发展战略的核心。体制创新是科技创新的基础，生产要素尤其是技术和管理等要素按贡献参与分配的制度化是其中的重要举措。健全劳动、资本、技术、管理等生产要素按贡献参与分配的制度，是逐步形成合理的收入分配格局的客观要求。形成中等收入者占多数的收入分配制度，是理顺分配关系、促进社会稳定的需要，也是全面建设小康社会的重要目标。扩大中等收入者比重，关键是要完善劳动、资本、技术、管理按贡献参与分配的制度，使劳动付出的多少、技术的先进程度、管理的优劣、个人的努力程度，能够根据统一市场经济规则，按照对价值形成的贡献大小，获得相应的收益。这样，那些劳动付出更多，特别是掌握一定的资本和先进技术、先进管理经验的人，就能逐步进入中等收入行列，壮大中等收入者队伍，他们创造的社会财富也会大量增加，社会的稳定性也会进一步增强。

（2）对收入分配进行宏观调控

初次分配和再分配是国民生产分配的两个环节。初次分配是指在生产活动中，企业作为分配主体，将国民生产总值在国家、企业、个人之间进行分配，生产要素的提供与报酬支付的关系是最基本的初次分配关系。在市场经济条件下，初次分配关系主要由市场机制形成，生产要素价格由市场供求决定，政府通过法律法规和税收进行调节和规范，不直接干预。但是，为了提高中等收入水平的比重与收入水平，需要政府加大教育投入，提高人力资本的整体水平；需要大力发展新兴产业，提高劳动附加值水平，从而提高职工的整体收入水平；需要通过大力发展第三产业，创造更多的劳动就业机会，提高居民家庭的总体收入。再分配指在初次分配结果的基础上，政府对要素收入进行再次分配的过程。它主要通过税收、提供社会保障和社会福利、转移支付等调节手段进行，重点调节地区之间、城乡之间、部门之间、不同群体之间、在职与退休人员之间的收入关系，防止收入差距过大，保障低收入者基本生活。再分配注重公平，需要加强政府对差距过大收入的调节，即通过税收调节，完善以高收入者的个人所得税为主体，包括遗产税、个人财产税、存款利息税等为补充的个人收入税收。我国从1980年开始征收个人所得税，1985年才突破1亿元，1993年虽达到46.82亿元，但在全部税收中的比重不足1%。1994年税制改革后增长加快，到2001年达到995.99亿元，比2000年增长50%以上，但也仅占当年财政收入的5%。2018年10月

1 日和 2019 年 1 月 1 日，分两步实施了新中国历史上覆盖面最广、力度最大、以减税为主题的个人所得税改革。改革首次建立了综合与分类相结合的个人所得税制，将工资薪金、劳务报酬、稿酬和特许权使用费等 4 项主要劳动性所得纳入综合所得征税范围，实行统一的 7 级超额累进税率并按年计税，促进了相同收入劳动者的横向公平。在改革的价值导向上注重公平兼顾效率，使个人所得税的调节作用更为有效。此次个税改革中，一方面注重统筹横向公平与纵向公平，坚持让中低收入劳动者获益更多的导向，大幅拉大了综合所得 20% 以下各档次税率级距和生产经营所得税率级距，进一步降低了中低收入劳动者的税负。同时保持对高收入者的调节力度，维持 45% 的最高边际税率不变，符合我国"调高、扩中、提低"的收入分配基本方针。另一方面，兼顾增长效率的需要，统筹劳动所得与资本所得、境内所得与境外所得的税负平衡，保持我国税制的国际竞争力。参考多数国家对资本所得采用比例税率的惯例，保持对股息红利、财产转让等资本所得 20% 的比例税率不变，使我国对资本所得的征税水平与世界各主要国家基本相当，释放稳定投资预期的积极信号。

国民生产总值分配的总原则，就是要正确处理好国家、企业、个人三者之间的利益关系，进行合理分配。在社会主义市场经济条件下，合理分配具有两层含义，一是收入分配有利于充分调动经济活动参与者的积极性，提高经济效益；二是收入分配相对公平，有利于保证每个社会成员最基本的生活需要，保护合法收入，调节过高收入，取缔非法收入，防止收入差距过大。在自由竞争、优胜劣汰、价格机制、利益驱动机制下，初次分配收入存在一定差距是不可避免的，也有助于提高效率，但如果分配中存在的问题过多，再分配很难纠正过来。因此，在初次分配中处理好效率和公平的关系十分重要。除了初次分配的规则和秩序要规范，也就是分配过程要公平以外，还要高度重视机会公平，这涉及初次分配公平的基础条件：一是受教育机会的公平，一般来讲受教育水平高的人收入也高；二是劳动机会的公平，劳动力自由流动是市场机制在保证效率的前提下保障公平有效地调节收入分配的必要条件。再分配具有社会公平功能，党的十七大报告强调再分配更加注重公平，就是要加大税收等经济杠杆对收入分配的调节力度，促进社会公平。当然，再分配也要注意促进效率。如果把再分配调节力度搞得过大，出现奖懒罚勤效应，就会既损害初次分配的公平性，从而也会损害效率，反过来影响再分配的调节能力和社会公平的功能。所以，只有初次分配和再分配都促进效率与公平有机结合，才能促进国民收入合理分配，最终既有利于生产力发展，又有利于促进社会和谐。

（3）逐步提高居民收入与劳动报酬的比重

国民收入是由居民收入、企业收入、政府收入三部分构成的，合理调整这三者在国民收入中的比重分配关系，是社会主义市场经济条件下宏观经济管理的一项重要任务。随着经济快速发展和经济体制改革的不断深化，居民收入、企业收入和政府收入在国民收入中的比重发生了较大变化，有力地促进了经济发展和人民生活水平的提高。但也出现了一些值得重视的问题。据有关方面测算，2002—2006 年，居民收入在国民收入中的比重呈持续下降的趋势，2002 年为 62.1%，2006 年为 57.1%，下降了 5 个百分点。与此同时，企业的收入比重从20%上升为21.5%，上升了1.5个百分点，政府收入比重从17.9%上升到21.4%，上升了3.5个百分点。居民收入比重下降，使拉动经济增长的需求结构也相应发生了较大变化。据统计，在同期三大部分对国民总收入增长的贡献率中，消费的贡献率从43.6%下降到38.9%。这种变化趋势，影响了内需中消费与投资的合理结构以及内需与外需的合理结构。因此，党的十七大提出加快转变经济发展方式，强调要坚持扩大国内需求特别是消费需求的方针，促进经济增长由主要依靠投资、出口拉动向依靠消费、投资、出口协调拉动转变。

要实现这个转变，提高居民收入在国民收入分配中的比重是根本举措之一。其主要措施是：一要控制投资过快增长；二要调整鼓励出口的政策，控制净出口的规模；三要完善社会保障制度和最低工资制度，逐步提高标准；四要加强支农惠农政策，多渠道扩大农村居民转移就业，增加农民收入；五要鼓励依法创业和投资，保护各类合法收入；六要创造条件让更多群众拥有财产性收入。

提高劳动报酬在初次分配中的比重是与提高居民收入在国民收入中的比重密切相关的。在一般市场条件下，初次分配是劳动、资本、技术、管理、土地等生产要素按贡献参与分配的关系，是按照生产要素市场价格决定的分配，政府一般是不干预的。但是从我国目前的情况看，虽然已初步建立了社会主义市场经济体制，但尚不完善，特别是生产要素市场发育不健全，一些生产要素的价格还没有市场化。在资本要素方面，反映资本价格的利率尚未真正市场化；在土地要素方面，在获得土地的机会上不均等，还有相当部分靠行政审批和政府定价，没有按市场化运作；在劳动力要素方面，城乡统一的劳动力市场还未形成等。除此之外，垄断经营、分配秩序混乱都会使初次分配出现扭曲。总体看，企业职工工资增长机制还不健全。要解决这个问题，一要建立企业职工工资正常增长机制和支付保障机制；二要随经济增长适时调整最低工资标准；三要加强国家对企业工资的调控和指导，发挥工资指导线、劳动力市场价位、行业人工成本信息对工资水平的引导作用；四要通过完善法律法规、深化改革和宏观调节，规范初次分配秩序，使劳动报酬增长与经济增长和企业效益增长相适应；五要全面实行劳动合同制度和工资集体协商制度，确保工资按时足额发放。

三、社会保障体系的完善

市场经济的分配原则是效率优先的原则，其本身没有自发实现平等的机制，因此，缓解收入差距扩大这一矛盾的方法就是按效率优先的市场原则进行分配，再通过政府的收入政策来解决收入不公的问题，在一定程度上实现收入分配平等化。其主要的收入分配政策有两个：第一，税收政策，主要是通过累进所得税制度来缩小收入差距。这是通过对富人征收重税来实现收入分配平等化。第二，社会保障政策，就是通过给穷人补助来实现收入分配平等化。实行社会保障制度有利于收入分配平等化，从而缓解市场经济中公平与效率的矛盾。在我国由计划经济迈向市场经济的情况下，收入的差距不可避免。在这种情况下，有效的社会保障将对保障人们的基本生活、缩小个人收入差距起到重要的调节作用。

　　中国社会主义的属性决定了党和国家高度重视社会保障问题。新中国成立以来，国家在经济不太发达、财力有限的情况下，仍然花费巨额资金用于社会保障事业。但是，我国长期形成的社会保障制度主要是为了适应高度集中的计划经济体制和统收统支的财政管理体制的需要，基本上实行的是"供给制"。随着我国经济体制改革和对外开放的推进，特别是市场经济体制的建立，市场成为资源配置的主体，无论是劳动资源的配置，还是企业作为独立核算的经济实体，都要求社会保障逐步改"供给制"为"社会化"。原有的社会保障制度已明显不能适应新的经济形势要求，既不利于社会保障功能的发挥，也不利于社会经济体制的建立和健全。

　　我国社会保障制度改革的目标是：要逐步建立适应社会主义市场经济体制需要的，资金来源多渠道、保障方式多层次、权利和义务相对应、管理和服务社会化的社会保障体系。这一体系包括社会保险、社会救助、社会福利、优抚安置和社会互助、个人储蓄积累保障相结合的社会保障体系。

　　从1994年以来，我国在一些发达地区的大城市试行比较规范的社会保障、养老金、失业保险、医疗保险的改革，几年来社会保障事业发展迅速，到1997年年底，全国有8 770万职工参加了基本养老保险，450多万离退休人员参加了离退休费社会统筹；1 300万职工参加了大病医疗费用社会统筹，103万离退休人员参加了医疗费用统筹。

　　从2000年始，国家组织专门力量研究提出了完善城镇社会保障体系的试点方案，并于2001年7月起在辽宁省进行试点。国务院于2000年颁布的"完善城镇社会保障体系试点方案"以把养老金的个人账户由虚变实为目标。从2001年7月到2003年年底，辽宁全省累计做实个人账户80多亿元，并实行了统一管理；41.5万企业退休人员按新的办法领取养老金，其中80%的人员提高了待遇水平。

　　2005年，国务院在充分调查研究和总结东北三省完善城镇社会保障体系试点经验的基础上颁布了《关于完善企业职工基本养老保险制度的决定》，扩大了基本养老险覆盖范围。从2006年起，个人账户的规模统一由本人缴纳工资的11%调整为8%，全部由个人缴费形成，单位缴费不再划入个人账户。同时，对基础养老金和个人账户养老金的发放做出了具体的调整要求。

　　2007年，劳动和社会保障部编制《劳动和社会保障事业发展计划》，以非公有制经济组织人员、城镇灵活就业人员和农民工为扩面重点，不断扩大各项社会保险覆盖面，注重解决农民工参加大病医疗保障问题，大力推进建筑施工业农民工参加工伤保险，同时积极推进被征地农民社会保障工作，在有条件的地区开展农村社会养老保险。温家宝在《政府工作报告》中指出："中央财政2007年安排社会保障支出2 019亿元，比去年增加247亿元。要在全国范围建立农村最低生活保障制度，加快建立适合农民工特点的社会保障制度，重点推进农民工工伤病医疗保障工作。继续完善企业职工基本养老保险制度，推进做实个人账户扩大试点工作。健全城镇职工基本医疗保险和失业、工伤、生育保险制度。加紧研究制定社会保险关系跨地区转移接续办法。进一步扩大社会保险覆盖面，特别是要做好外资、私营等非公有制企业和城镇灵活就业人员的参保工作。"

党的十八大报告指出，要坚持全覆盖、保基本、多层次、可持续方针，以增强公平性、适应流动性、保证可持续性为重点，全面建成覆盖城乡居民的社会保障体系。2014 年，《国务院关于建立统一的城乡居民基本养老保险制度的意见》（国发〔2014〕8 号）明确了基本养老保险的参保范围、参保标准、缴费形式等，推动了覆盖城乡居民社会保障体系的建立。2016 年，《国务院关于整合城乡居民基本医疗保险制度的意见》（国发〔2016〕3 号）的出台意味着长期分割的城乡医疗保险制度将走向终点，对促进城乡融合、体现城乡公平具有重要意义。根据社会保障的理论和实践，社会保障主要由社会保险、社会救助、社会福利组成，并且这些组成部分具有由政府强制实施、覆盖广泛、保障基本生活等特点，建立社会保障体系当然应以此为基础。慈善事业对社会保险、社会救助、社会福利都可以捐助，商业保险通过投保人的自愿投保满足更高层次和多样化的需求，两者对社会保障都是有益的补充。在这样一个既有基础部分又有补充部分的多层次社会保障体系中，之所以又要以基本养老、基本医疗、最低生活保障制度为重点，这是在以我国社会主义初级阶段基本国情为依据，按照"覆盖城乡居民的社会保障体系基本建立，人人享有基本生活保障"的要求，科学分析当前和今后一个时期社会保障体系建设进展情况的基础上提出的。

第一，养老、医疗、最低生活保障在保障对象的覆盖范围上具有全民性。社会保障是一个多层次体系，它首先可分为社会保险、社会救助、社会福利等部分。进一步细分，社会保险又分为养老、医疗、失业、工伤、生育五个险种，社会救助可分为城乡居民最低生活保障、教育救助、医疗救助、司法救助、住房救助等，社会福利可分为老年人福利、残疾人福利、孤残儿童福利等。在这样众多的项目中，养老、医疗、最低生活保障是每一个城乡居民都需要的，其他项目，不论是失业、工伤、生育保险，还是教育、医疗等专项救助，是老年人福利、残疾人福利等专项福利，保障对象都是特定的人群，覆盖范围上没有像这三项制度如此广泛。我国仍处于并将长期处于社会主义初级阶段，受政府财政和各方面承受能力的制约，必须抓住人民最关心、最直接、最现实的利益问题推进社会保障体系建设。因此，要将社会保障覆盖到城乡居民，为全体人民提供基本的生活保障，就必须以这三项制度为重点。

第二，养老、医疗、最低生活保障在保障内容上具有不可或缺性。年老丧失劳动能力后没有养老金，患病后病后不能得到及时救治，失去生活来源后没有糊口的经济收入，将会直接影响人的生存。对任何一位社会成员来说，不管现在处于什么样的社会阶层，不管今天收入有多高，养老、医疗、最低生活保障都是不可缺少的。有了这三项制度，老有所养，病有所医，在市场竞争或遇到社会生活风险出现收入来源中断时有最低生活保障"兜底"，就可以基本解除人们的后顾之忧，为社会成员提供起码的生活保障，就可以鼓励人们放心大胆地去创造财富，进一步提高生活质量。

第三，完善养老、医疗、最低生活保障制度具有直接拉动国内需求特别是消费需求的作用。转变经济发展方式，促进国民经济又好又快地发展，必须坚持扩大国内需求特别是消费需求的作用。目前，我国居民的消费需求仍然不足，消费对经济增长的贡献比较低，不适应转变经济发展方式的需要。消费需求不足的重要原因之一是居民的储蓄率比较高，其中固然有节俭持家传统文化的影响，但也有担心社会风险的因素。把这三项制度建立起来，就可以增强人们的社会安全感，起到拉动消费、扩大内需，从而促进经济增长的作用。

思考题

1. 简述赶超战略的含义及其对于中国产业结构的长期影响。
2. 简述中国区域经济发展不平衡的历史根源。
3. 简述 1979—1984 年中国农业快速发展的表现及其原因。
4. 试论述转型时期中国工业发展的变化与特点。
5. 论述我国改革开放以来收入分配体制的转变。

第九章　中国经济70年的成就与反思

经过70多年的艰苦奋斗，中国国民经济建设取得了巨大成就。在政府主导下，中国经济发展经历了双重转型（产业结构和经济体制），取得了巨大的成功，但是经济发展也经历了数次波动。在留下了诸多成功经验的同时，也留下了许多值得反思的教训。

第一节　中国经济建设70年的成就

一、70年的总成就

新中国成立初期，中国是一个经济极其落后的农业国，1952年我国国内生产总值仅为679亿元，人均国内生产总值为119元。经过长期努力，1977年我国国内生产总值增加到3 201.9亿元，占世界经济的比重为1.8%，居全球第11位。改革开放以来，我国经济快速发展，1986年经济总量突破1万亿元，2000年突破10万亿元大关，2010年达到412 119亿元，超过日本并连年稳居世界第二。其中，1979—2018年年均增长9.4%，远高于同期世界经济2.9%左右的年均增速，对世界经济增长的年均贡献率为18%左右，仅次于美国，居世界第二，成了全球经济发展的引擎。

中国的对外贸易总额在1952年是19.4亿美元，1977年增至1 116.8亿美元，2008年达到25 617亿美元。1952年年末外汇储备只有1.08亿美元，1978年年末也仅为1.67亿美元，居世界第38位。改革开放以来，我国外汇储备稳步增加，2006年年末突破1万亿美元，超过日本，居世界第一位。2018年年末，外汇储备余额为30 727亿美元，连续13年稳居世界第一。1949年，中国没有一种农产品产量达到世界第1位，钢产量第26位，发电量居第25位。60年后，谷物、棉花、花生、油菜籽、水果、猪牛羊肉、电视机、化肥、水泥、煤、钢、发电量、棉布、化学纤维的产量居世界首位。其中，我国粮食总产量由1949年的11 318万吨提高到2018年的65 789万吨。粗钢产量由1949年的16万吨上升到2018年的9.28亿吨。能源产量则由1949年的2 374万吨标准煤上升到2018年37.7亿吨。

在交通运输方面：中国的公路里程由1949年的8.07万千米上升到1977年的85.56万千米和2018年的485万千米，其中高速公路从无到有，2018年年末达到14.3万千米；铁路营业里程由1949年的2.18万千米上升到1977年的5.06万千米和2018年的13.1万千米，比1949年年末增长5倍，其中高速铁路达到2.9万千米，占世界高铁总量的60%以上；民航航线里程由1949年的1.1万千米上升到1977年的13.2万千米和2018年的838万千米。

在国家财政收入方面：新中国成立初期，我国财政十分困难。1949年全国财政收入仅为52亿元，1977年增加到874.46亿元。党的十八大以来，财政收入继续保持较快增长，2018年达到183 352亿元，财政实力由弱变强。

在人民生活水平提高方面：城乡居民人均可支配收入由1952年的每人每年80元上升到2018年的28 228元，比1978年实际增长24.3倍。同时，贫困人口大幅减少，对全球减贫事业贡献巨大。按照2010年标准，1978年年末我国农村贫困人口7.7亿人，农村贫困发生率高达97.5%。改革开放以来，随着农业、农村改革不断深入和扶贫开发大力推进，我国贫困人口大幅减少。2012年年末我国农村贫困人口下降至9 899万人，农村贫困发生率降至10.2%。2018年年末我国农村贫困人口减少至1 660万人，过去6年共减少8 239万人；农村贫困发生率下降至1.7%，过去6年下降8.5个百分点。我国农村从普遍贫困走向整体消灭绝对贫困，成为首个实现联合国减贫目标的发展中国家，对全球减贫贡献超过70%。

在城市化进程方面：新中国成立初期，我国城镇化水平很低，城镇人口占总人口的比重仅为10.6%。1977年年末常住人口城镇化率也仅为17.9%。改革开放以来，我国城镇化进程明显加快，城镇化水平不断提高。党的十八大以来，随着户籍制度改革和居住证制度的推进实施，农民工市民化程度不断提高。2018年年末，户籍人口城镇化率达到43.4%，比2012年年末提高8.0个百分点。如表9-1所示。

表9-1　新中国成立70年来经济建设成就一览表

	1949年	1952年	1977年	2018年
国内生产总值/亿元		679	3 201.9	919 281
人均国内生产总值/元		<50	339	64 644
对外贸易总额/亿美元		19.4	1 116.8	4 620
外汇储备余额/亿美元			23.45	30 727
粮食产量/万吨	11 318	16 392	30 477	65 789
粗钢产量/万吨	16	135	2 374	92 800
能源生产总量/万吨	2 374		56 396	377 000
公路里程/万千米	8.07		85.56	485
铁路营业里程/万千米	2.18		5.06	13.1
民航航线/万千米	1.1		13.2	838
国家财政收入/亿元	52		874.46	183 352
城乡居民人均可支配收入/亿元		80		
城乡居民储蓄存款/亿元		8.6	182	
城镇人口比例/%	10.6		17.6	43.4

数据来源：国家统计局。

二、产业和地区发展特征

中国 70 多年的经济发展，经历了经济体制和产业结构的双重转型，地区和产业发展的均衡性都进一步提高。

（一）产业发展转型

在 1949—2019 年中国现代化发展进程中，国家产业发展经历了从计划经济体制时期优先发展重工业，到改革开放以后轻重工业平衡发展，农轻重以及服务业的协调发展，再到新时代强调产业创新、产业现代化发展的转型过程。

产业结构"轻重"关系的转变经历了三个阶段。

1. 由单一公有制推动的工业求强阶段（1949—1978 年）

这一历史阶段中国工业化的"轻、重"关系表现为"重重""轻轻"。其特点是国家在做出建立单一公有制和计划经济的选择后，立足于保证国家安全和快速建立具有社会主义优越性的独立工业体系，实行高积累和优先发展重工业政策，体现出快速赶超战略。而农副产品不足和国际环境是制约该时期工业化的主要因素，经济运行呈现短缺和供给约束型波动。

这种工业化道路具有以下几个特点：以高度发展为首要目标；优先发展重工业；以外延型的经济发展为主（外延型的经济发展指实现经济增长的主要途径是靠增加生产要素）；从备战和效益出发，加快内地发展，改善生产力布局；以建立独立的工业体系为目标，实行进口替代。

2. 转型工业化阶段（1979—1997 年）

在这一历史阶段国家工业化中的"轻重"关系表现为"农轻重"同步"以农轻促重"，特点是通过改革开放，纠正了过去在"轻重"关系处理中的偏差，发挥了工业化进程中政府与市场的双向推动功能，短期内实现了由长期短缺的卖方市场向买方市场的转变，市场需求与经济质量问题开始成为约束经济增长的主要因素。

这段时期，我国的工业化进入了一个新的阶段。过去长期实行的高积累政策、优先发展重工业、"关起门来搞建设"以及政府独自推进工业化的方式，逐步被改善人民生活第一、工业全面发展、对外开放和多种经济成分共同发展的工业化方式所取代。

因为历史和阶段的关系，我国在 20 年间重新补上了外国资本主义工业化早期那种优先发展轻工业和充分利用世界市场的阶段。

3. 探索新型工业化道路阶段（1998—2011 年）

在这一历史阶段国家工业化的"轻重"关系表现为政府调控型的"劳动密集型与高加工度化"的关系，通过结构调整寻找新的经济增点，实现可持续的快速发展。其特点是市场机制已经成为经济运行的基础性调节手段，国有企业退出大多数竞争性领域，对外开放度扩大，技术创新、绿色增长、扩大内需成为制约经济增长的关键因素。

1997 年是我国经济运行发生根本性转折的一年。经济"软着陆"的成功和亚洲金融危机的爆发，使得经过 20 年高速增长的国民经济终于告别了"短缺"常态，出现了买方市场。温饱问题的解决和买方市场的出现，标志着中国经过 20 年改革开放形成的以温饱型消费为对象的工业产业结构必须进行调整，寻找新的经济增长点。

从 1998 年起，国家的经济政策发生了以下一些变化：实行了积极的财政政策，通过增发 1 000 亿元国债和配套 1 000 亿元信贷来拉动投资；开展大规模产业结构调整。1997 年开始，国内市场就结束了自新中国成立以来就存在的"短缺经济"和"卖方市场"，低水平和重复建设的外延型经济扩张失去了需求的支持。但是科技含量高的新产品、新产业的发展空间仍然很大，于是中央开始产业结构的调整，加大了国有企业的改革力度，加快了公有住房改革力度，增加了住房信贷。

1998 年以来我国产业结构调整和工业发展表现出向重化工业倾斜的趋势，主要来自以下三个动力：①工业本身发展的需要，因为要建立具有国际竞争力的制造业体系，就必须发展重工业。②城市化、基础设施和能源建设的需要。我国的城市化水平相对滞后于工业化，现在正加速发展，而这需要大量的道路、水电、房屋等基础设施建设。③消费结构升级的需要。中国已经解决了温饱问题，正向全面小康社会发展，因此住房、汽车、高档电器、旅游等成为新的消费热点。

4. 信息化、智能化工业化发展阶段（2012 年以后）

2012 年以后，中国的经济运行已经呈现出增速趋缓、结构趋优、动力转换的"经济新常态"特征。产业发展会受制于经济发展的新常态，这突出表现为我国产业从过去粗放型、低附加值的产业转型为高附加值的质量效率型的产业，产业从制造加工为主的产业转型为服务经济充分发展的产业，进一步推动我国重化工产业以及整个产业体系的转型和升级。

在新常态下，中国经济持续增长亟须新的增长动力。传统产业的发展遭遇瓶颈，钢铁、水泥、平板玻璃等许多产业出现产能过剩现象，这些产业的创新要求非常迫切。传统产业可以通过三条途径进行转型升级：一是通过产品技术和商业模式创新取得竞争优势；二是通过产业升级，使传统产业成为战略性新兴产业，取得新发展；三是嵌入全球创新链，加强竞争优势。在这一过程中，既要看到工业化的巨大成就，也要看到目前产业发展从"工业大国"升级为"工业强国"的历史挑战。

（二）地区发展的非均衡性

1. 地区经济发展的历史与现实

中国地区间发展的不平衡问题早已有之。这种带有先天性的经济遗传因素，决定了经济发展的非均衡特征。

1949—1978 年，我国实行的是区域均衡发展战略，国家通过运用各种措施和手段，来尽量减少这种地区性的不平衡。

根据苏联的社会主义工业布局原则，在中国国民经济恢复工作完成以后，中央开始大规模在中、西部地区投资，建立了许多资源型城市。20 世纪 60 年代中期开始的三线建设，更是举全国之力，开发西部地区。这些举措促进了原来产业落后地区的经济发展，使得这些地区出现了许多新兴的城市，如六盘水、攀枝花等。同时，国家出于当时国防安全的考虑，陆续在西部地区兴建了包括酒泉、绵阳、德阳在内的诸多军工城市。这种生产力布局，意在平衡地区发展，重在内地建设，但因为当时资本稀缺、百废待兴，难以进行全方位投资建设，只能力争确保重点项目的立项与实施。所以这些举措虽然初步改变了中国经济布局，但经济发展不平衡的问题并未发生根本性变化。

1978 年以后，计划经济体制逐步解体，国家逐步实施非均衡发展战略，让一部分有条件的地区和一部分人先富起来。东部沿海地区开始发挥出其地缘优势，经济的快速发展使得中国经济发展的不平衡性越来越突出，其总体表现一是东、中、西部的发展差距，也可以说是沿海与内地的差距；二是城乡之间发展的不平衡性。

我国经济发展不平衡还表现在城市和农村的巨大差异。新中国成立初期，为了实现工业化启动资金的积累，我国实行工农品的剪刀差政策，人为地扩大了城乡之间的差距。在改革开放以后，这种差距虽一度有所缩小，但很快又再次拉大了。由于农民收入极低，全国农村人均生活费支出不及城镇居民的 1/4。其结果是城市居民享受着现代物质文明，而广大的农村地区大部分还停留在最基本需求的层次上，特别是贫困地区，食物短缺，缺医少药，儿童失学，文盲众多，远远地被排斥在现代化大门之外。

2. 地区经济发展不平衡原因分析

导致地区经济发展不平衡的诸多原因中，政策和制度是主要原因。

（1）投资政策的影响

我国 20 世纪 50 年代实行区域经济平衡发展战略，建设重点放在内地。60 年代实施向最不发达地区倾斜的区域经济反不平衡发展战略，投资重点放中、西部地区，即三线建设，许多大型企业在内地一些远离经济中心的地区建立。1978 年以后，平均收入高的省份，国有部门的固定资产投资越来越多，并带动了全社会的固定资产投资。高投资会产生更多的收入、带来更多的储蓄和投资，从而出现经济增长的良性循环。这一时期的投资政策使地区差距扩大了。

要从政策上缩小地区的经济差距，就必须把更多的国家投资投向最贫困地区，但公平和效率是相互矛盾的。考查我国不同地区的投资效率，即单位投资产生的生产或收入的增量，也即边际资本系数的倒数，1978 年以前我国不同地区的投资效率远离统计平均值，表明不同地区的投资分布与经济效益毫无关系，可以断定这期间政府投资更注意公平性。1978 年以后这一指标显示出我国投资政策更注重效率。

（2）财政制度的影响

1978 年以后，强调地方财政自主权。在承包制下，地方向中央完成上缴部分之后，余下的利税由自己支配。这样，富裕的省份或承包额小的省份具有更多的自主财源，出现了地区之间差异潜在扩大的倾向。用预算外资金测算的财政自主权越大时，地区间差异也随之扩大。中央地方分税制旨在改变这种状况，重要的是使国家对欠发达地区的财政支付转移制度化。

（3）市场化改革的影响

由于市场规律的作用，富裕地区更加富裕，贫困地区更加贫困，贫富差距再次扩大。但是，市场化并不必然导致贫富差距的扩大，相反，市场化能够使各地区的经济发展趋于平衡。

市场经济的这种作用是以劳动力及其他生产要素能够自由转移为前提的。而我国正是存在着各种各样的制度性障碍，阻碍了资源在地区间的配置。例如：我国的户籍管理体制限制了人口自由流动，人口和劳动力在地区之间的转移受到了极大限制。"地方保护主义"使地区地间形成了障碍，商品的流通也不顺畅。除劳动力之外的生产要素市场也欠发达，如金融市场不发达，金融制度不完善，致使很多地区可以发展的产业因缺乏资金而得不到发展。

（4）农业政策的影响

农业是弱势产业，其原因是农产品特别是粮食的需求价格弹性太小，供给稍有过剩就有可能造成"谷贱伤农"。市场经济化国家的基本政策取向是保护农业，如美国和欧盟都通过不同的形式对农产品实行支持价格政策，以扶持农业生产。而我国长久以来持"农业基础论"，认为农业是国民经济积累的源泉，长期对农业资源的汲取造成农村地区普遍发展缓慢。目前，国家虽然已经取消了农业税，实行了粮食补贴，但农业问题积习已久，还要耗费相当的时日和精力来加以探索和解决。

第二节　70 年来中国经济发展的"之"字形路径

新中国成立 70 多年，中国的经济发展是在政府主导下进行经济结构转型：一是由近代中国半封建半殖民地经济体制转变为新民主主义经济体制，再转变为单一公有制和计划经济的社会主义经济体制，最后又转变为社会主义市场经济体制；二是由工业化推动城市化。伴随着剧烈的双重转型，中国的经济发展虽然呈现较高的增长速度，同时也呈现持续不断的波动。

一、1978 年以前的经济波动[①]

1. 1953—1955 年的经济波动

在 1952 年国民经济恢复的基础上，从 1953 年开始，我国转入大规模经济建设，并且开始执行国家第一个五年计划。由于缺乏经验，加上中央和地方政府想大干快上，当年的计划指标定得比较高，导致财政、信贷、物资和市场供应全面紧张。下半年不得不依靠"增产节约运动"弥补财政缺口、依靠农副产品"统购统销"解决市场供应。1954 年计划指标降低，同时由于 1954 年发生严重自然灾害，也影响了 1955 年的增长速度。这是经济增长出现的第一次波谷。

2. 1956—1957 年的经济波动

1954 年和 1955 年的经济增长速度降低，引发了担心不能完成"一五"计划的忧虑。制约经济增长的瓶颈产业是农业，而当时许多报告都认为建立农业合作社的当年普遍能够增产 20% 以上，这使得中央开始大力推行农业合作化运动。1955 年 8 月，在政治上批判"右倾保守主义"的压力下，掀起全国性的社会主义改造高潮，出现了各行各业大干快上的"冒进"，导致了 1956 年再次出现财政、信贷、物资和市场紧张的局面，国民经济增长出现了第二次波谷。

3. 1958—1962 年的经济波动

由于毛泽东不赞成 1956 年的反"冒进"，并对 1957 年的经济增长速度不满意，同

---

① 王玉茹. 中国经济史 [M]. 北京：高等教育出版社，2008.

时也受"反右"运动和苏联高指标的影响,加上"权力下放"和"人民公社化",导致三年"大跃进"和后来的国民经济调整,国民经济出现了剧烈的波动。在这次经济波动中,经济增长率 GDP 的峰顶是 1958 年,为 21.3%;在其后 1960—1962 年连续三年的负增长中,经济增长率的谷底是 1961 年,为-27.3%。经济增长率的峰顶与谷底之间的落差为 48.6%。这次经济过热,导致随后国民收入绝对量的下降,直到 1964 年才恢复到 1957 年水平。

4. 1963—1968 年的经济波动

在国民经济调整任务基本完成之后,中国经济进入一个新的增长期,1964 年 GDP 增长达到 18.3%,1965 年达到 17%,其中虽然有恢复的性质,但这也与 1964 年提出四个现代化目标和实施三线建设有很大关系。到了 1967 年和 1968 年,由于"文化大革命",国民经济再次出现连续两年的负增长,1967 年是-5.7%,经济增长的峰顶与谷底之间的落差为 24 个百分点。

5. 1969—1974 年的经济波动

1969 年中共九大的召开,似乎预示着毛泽东所设想的"文化大革命"结束,同时两年的经济下滑和"三五"计划目标的完成,都促使 1969—1970 年基本建设投资大幅度增加,国民经济出现了较大幅度的增长,1969 年 GDP 增长达到 16.9%,1970 年则达到 19.4%。但是这种经济"过热"在 1970 年就受到资源的制约,难以为继,当年出现职工人数、工资总额、粮食销量"三突破"。1971 年后转入调整,1972 年 GDP 增长仅为 3.8%。1973 年小有回升,增长为 7.9%。1974 年受"批林批孔"和批判"资产阶级法权"的影响,GDP 又降至 2.3%。

6. 1975—1976 年的经济波动

1975 年,邓小平根据毛泽东安定团结和把国民经济搞上去的指示和四届人大提出的经济发展目标,对国民经济进行了治理整顿,恢复了部分秩序,提高了效益,使得当年 GDP 的增长达到 8.7%。1976 年,国民经济受到"批邓"和反击"右倾翻案风"的双重冲击,经济增长迅速下滑,当年 GDP 的增长为-1.6%。这是新中国成立以来国民经济出现的第三次负增长,也是最后一次古典型经济波动。

二、1978 年以后的经济波动

"文化大革命"结束后,国民经济虽然出现了令世界瞩目的快速增长,但是仍然没有能够避免出现经济波动。在这 30 年里,虽然出现了五次经济波动,但是都没有出现过去的那种负增长。

1. 1977—1983 年的经济波动

这主要是当时党和政府在"文化大革命"结束后,顺应人民发展经济、快速改善生活水平的要求和继续贯彻"四化"目标,从而导致了新的一轮"大干快上"。1978 年 GDP 增长达到 11.7%;由于国民经济严重失调,从 1979 年开始进行调整,到 1981 年 GDP 降至 5.2%。

2. 1984—1986 年的经济波动

1984 年,受农村经济体制改革巨大成功的鼓舞,城市经济体制改革也加快了速度。

"翻两番"目标和以"简政放权""放开搞活"为主要内容的中共中央关于《经济体制改革决定》，都促使新一轮投资热和经济增长。1984 年 GDP 增长达到 15.2%。针对国民经济出现的"过热"现象，1985 年开始采取收缩银行贷款、压缩消费基金、清理基建项目、加强外汇使用等"软着陆"措施，到 1986 年 GDP 增长率降至 8.8%。

3. 1987—1991 年的经济波动

1986 年实现经济"软着陆"后，1987 年党的十三大确定了市场取向的改革目标，从中央到地方，新一届领导班子为了加快改革和发展步伐，在推行价格"闯关"的同时，大幅度增加了固定资产投资，结果导致严重通货膨胀。1988 年全社会商品零售价格指数比上年提高 18.5 个百分点，打破了经济困难时期 1961 年 16.2% 的记录。从 1989 年实际进入治理整顿，到 1990 年 GDP 增长降至 3.8%，达到谷底。

4. 1992—1996 年的经济波动

1991 年年底，治理整顿任务完成，1992 年邓小平南方谈话和党的十四大明确了市场经济改革目标，并做出了加快经济发展的决定，这些都促使从上到下，从政府到民间，迅速掀起一个快速发展的浪潮。1992 年固定资产投资比上年增长 44.2%，GDP 比上年增长 14.2%。到 1993 年固定资产投资比上年增长 61.8%，GDP 则比上年增长 13.5%。与这种高投资、高增长相应，社会商品零售价格指数 1994 年比 1993 年增加 21.7%，成为新中国成立以来物价涨幅最高的年份。从 1993 年下半年起，开始整顿经济秩序和实施经济"软着陆"政策。到 1997 年 GDP 增长率降至 8.8%，而商品零售价格指数则仅比上年增长 0.8%。

5. 2003—2007 年的经济波动

2002 年党的十六大确定了全面建设小康社会的具体目标，各地加快了现代化的步伐。2003 年，我国的 GDP 增长率达到 9.1%，如果不是受"非典"的影响，全年 GDP 增长率会突破 10%。值得关注的是，到 2004 年第一季度，出现了固定资产投资扩张、生产资料价格上涨和煤电油运输紧张态势，全国城镇固定资产投资增长率则高达 47.8%，第一季度 GDP 增长率同比达到 9.8%。这既标志着我国经济运行进入了新一轮经济周期的上升阶段，也说明经济出现"过热"的迹象。2004 年 4 月开始，政府开始新一轮宏观经济调控。国民经济运行出现平稳趋势。

6. 2008 年之后宏观经济的下行调整

2008 年之后，由于受到 2008 年国际金融危机的冲击，我国出口导向型经济的结构性矛盾开始凸显。2012 年前后，中国经济步入增长速度换挡、结构调整阵痛、前期刺激政策消化的"三期叠加"时期，GDP 增长率从 2007 年 14.2% 的高峰，回落到 2015 年 7% 的低谷。为了激发新的经济增长点，2015 年 11 月中央经济工作会议提出了供给侧结构性改革作为引领经济"新常态"的重大政策创新，在适度扩大总需求的同时，注重从总供给结构上适应需求结构的调整与升级，通过去产能、去库存、去杠杆、降成本、补短板来提高供给结构的适应性和灵活性。

三、经济波动的成因和特点

从以上对经济波动的叙述可以看出，虽然这些经济波动发生时的经济发展和体制背景相去甚远，但是它们的成因具有以下类似特点：

1. 政治动员和预期计划的推动

从 1953 年的第一次经济小波动到 2004 年的第 11 次小波动（经济"过热"），几乎每次经济"过热"都是由政治动员和预期计划导致的。1956 年的反"冒进"是在批判"右倾保守主义"、社会主义改造高潮和贯彻《农业发展纲要》的背景下产生的。大跃进、洋冒进以及 1992 年开始的经济过热无一不有这种因素的影子。最近一次的经济过热，也是受到党的十六大全建设小康社会的影响。总之，几乎每一次经济过热，都是与政治动员、党和政府提出新的预期发展计划密切相关的。这也反映了对经济发展急于求成的心态。近代以来，"落后就要挨打"的教训对于中国人民来说非常深刻。从新中国成立开始，出于大国的责任、地位以及中国人民不甘落后的精神，特别是朝鲜战争爆发后国家安全的需要，我国形成了强烈的"赶超"世界工业化国家的愿望和战略。这一点，可以从党和国家历年制定的发展目标和计划看出。

2. 地方政府和企业对中央"赶超"计划的"放大效应"

几乎每次因经济"过热"引发的波动，除了中央政府的预期发展和政治动员外，也与地方政府和企业的投资饥渴和强烈的扩张冲动和偏好有关，它们不仅放大了中央的精神，甚至争先恐后地去争投资、上项目。

在政府与国有企业的关系方面，国有企业同样存在着企业自身或行业利益最大化、占有资源最大化的偏好。因此，利用中央决策来扩张自己就成为国有企业所具有的本质特征。由于地区之间、产业之间甚至同一行业内企业之间发展的不平衡，也由于政府与企业之间信息的不对称，各个企业的领导都是尽可能地从国家那里争取到更多的资源（人、财、物），以扩大规模、提高技术水平、保障原料和资金供给。这对于企业领导和全体职工，甚至各主管部门都有好处。因此，国有企业大都热衷于"上项目""上规模"，热衷于贷款和技术引进。

3. 经济波动反映出改革还需深化，市场配置资源的作用尚需加强

从经济波动以及它与政府行为的相关程度来说，可以大致划分为两个阶段。在 1978 年以前，经济更多地受到领导人个人意志的影响和政治干扰，波动呈现出"之"字形的路径特点。由于在理论上不承认社会主义经济发展具有波动的特征，调控的手段也是使用比较单一的行政手段。1978 年以后，虽然经济波动仍然是由政府的行为所引起的，但是波动的幅度已经大为减小，变成了增长中的波动；同时，由于理论上的重大突破，政府开始认识和研究经济波动的规律，调控的手段也变得多样化，经验也丰富了。

我国目前虽然建立了市场经济框架，但政府对土地供给、货币供给和重要的生产要素的定价在相当程度上仍然保持着一定的主导权，甚至可以说是垄断权。因此政府经济职能的转变还远没有完成。

第三节　中国经济发展问题的新探索

对中国经济 70 多年的回顾与反思，引发了关于中国经济发展问题的新探索。

一、传统经济增长方式及其存在的问题

中国现代化进程是在温饱问题没有解决、积累有限、人均资源非常匮乏的困难中起步的。为了把有限的资源和剩余集中到国家手中来有计划地推行工业化，从 1953 年起国家开始了对农业、手工业和资本主义工商业的社会主义改造，到 1956 年年底建立了以单一公有制和行政管理为特征的社会主义计划经济。在这种经济体制下，经济增长主要是来自三个方面：一是增加投入，传统产业农业人力的使用大大超过了过去，5 亿人搞饭吃的局面一直持续到 1978 年改革开放前；二是依靠劳动生产率和利润率高的第二产业的外延型扩张，即产业结构的变动；三是依靠技术进步，大量新技术投入使用、新工业部门建立。

在这种体制下，经济增长遭遇到的最大问题是经营管理方面的决策失误和缺乏激励机制，其表现就是管理机构的官僚主义和经济运行中的浪费现象。在此期间，中央经试图通过权力下放和群众运动的方式，即"全党大办工业""全民大办工业""农、轻、重并举""大、中、小并举"，来加速工业化和消除官僚主义，但是这种自上而下的依靠行政命令方式推行的经济建设运动被"大跃进"的失败证明行不通，后在经济体制复归的背景下，问题又被提高到"两条道路"和阶级斗争的高度，试图通过"文化大革命"的方式解决中国的社会主义建设问题。但结果是南辕北辙，离提高人民群众的积极性和经济效益越来越远。

1978 年改革开放以后，经济增长的动力由原来单纯由政府推动转变为由政府和人民双重推动，人民群众强烈的脱贫致富愿望在政府松绑以后立即爆发出来。改革开放以来，经济增长的动力主要来自三个方面：一是靠制度变革产生的体制效益推动；二是政府继续大规模的投入；三是民间资本投入（农村的乡镇企业和城市的个体、私营经济）和引进外资。

上述动力在经济增长方面的表现，就是外延型和内涵型增长并驾齐驱，共同推动了中国 20 多年国民经济的持续高速增长。这是以加快发展和致富为第一目标，一方面，农村的联产承包责任制的实行，多种经济成分并存发展格局的形成，市场经济体制的确立，高新技术和高科技产业的迅速成长，大量农民向非农产业转移，都使得经济增长具有内涵型增长的性质；另一方面，大量技术含量低、能耗高、污染大的企业数量猛烈膨胀，并形成过度竞争；因部门和地区利益导致的国家投资重复建设、为吸引外部资本而竞相降低资源价格和环保门槛，导致了增加企业数量和工业的外延型扩张成为 20 多年来经济增长的另一景观。这种外延型的扩张，在城市化和城市就业压力下，还必然要持续一个阶段，或者说延续到工业化完成。

二、制约经济增长方式转变的因素分析

新中国成立以来，特别是改革开放以来，经济效益虽然有明显提高，但却没有能够实现经济增长方式的转变。特别是"十五"计划期间，由于党和政府对转变经济增长方式的重要性认识需更进一步，同时资源和环境的压力也更突出，单位GDP能耗和资源消耗不断上升。在这里，我们试图从三个方面分析制约经济增长转变的主要因素：

1. 工业化中期和城市化加速阶段外延型增长仍然有较大空间

工业化中期的需求升级和城市化的加速，必然导致重工业与化工业的扩张。2018年，中国城镇化率达59.58%，城市化仍有空间，农村低收入群体仍然渴望向非农产业转移，中国的城市居民的需求正在由温饱型向小康型升级。这个客观条件，必然决定中国经济的外延型扩张有很大的空间和强烈的需求。

2. 赶超战略和就业压力使发展速度成为最主要和优先的目标

要加快工业化的步伐，实现赶超，中国从人口多、底子薄和大国地位出发，就需要降低工业化的成本，即人为地压低工业化所需要的资源价格来加快工业的发展，如国家通过控制土地和水、森林、矿产等压低自然资源价格，以剪刀差压低农副产品价格，垄断金融和规定信贷利息来压低资本价格，以户籍制来限制劳动力价格。这种以单一公有制和计划经济形式表现出来的"低价工业化"，在改革开放以后被相当程度地延续下来，这主要表现在政府为加快经济发展，在放开所有制和计划管理的限制后，却继续控制和实行了自然资源的低价政策（包括对污染环境企业的处罚力度很小）；人为或利用市场的供求来压低职工工资，特别是农民工的工资、福利劳保待遇。这些政策对于吸引外资、刺激私营经济的快速发展起到了决定性的作用，从而也就成为中国经济长期高速发展的主要动力之一。而这种低价的自然资源、动力资源和资本筹集，一是必然导致大量的技术水平低、规模小、资源消耗大、环境污染重的小型企业层出不穷，二是导致利用中国劳动力价格低、自然资源价格低的外向型制造业企业（包括外资企业）迅速发展，中国的外贸依存度不断攀升，三是大型企业即使是特大型国有企业在权衡得失后，也不会走技术创新、改善经营管理的效益型道路，而是走资本、规模和人员扩张的外延发展道路，四是政府利用缓解这种因隐性失业人口太多导致的就业过度竞争，被雇佣者特别是农民工工资待遇过低的现状，来实现强制储蓄，结果使得工人的人力资本投资不足、基本权益得不到保障，从而导致职工的素质降低、责任心下降和管理粗放。

3. 地区之间因经济发展极端不平衡所导致的激烈竞争阻碍了经济增长方的转变

中国是一个幅员辽阔、人口众多和经济发展不平衡的大国。沿海与内地，以及东、中、西各经济带内省份之间的经济发展水平都存在着较大的差距。这种在国内统一市场条件下的地区之间的差距，不仅仅是各级官员的政绩问题，更重要的是先发展或快发展的地区具有明显的"先发之利"，先发达的城市和地区，在"低价工业化"的体制下会利用它的优势将周边地区的资源特别是人力资源吸纳过来，从而进一步加剧这种不平衡。因此，即使出于地方利益和发展的要求，各地在发展速度、基础设施以及招商引资优惠政策上的激烈竞争也必然出现。争先恐后，想"大干快上"，成为新中国

成立以来各地始终存在的强烈愿望，特别是在中央扩大地方自主权的时期更是如此。例如制定"十一五"规划时，国家的 GDP 增长指标定位为 7.5%，而 25 个省、自治区、直辖市中定位在 8.5% 的为 1 个，9% 的为 7 个，10% 的为 10 个，11% 的为 3 个，12% 的为 3 个，13% 的为 1 个，平均都在 10% 以上。

三、探索新发展理念，建设现代化经济体系

新中国成立之后，中国共产党团结带领全国各族人民开拓进取，不断艰辛探索，找到了实现中华民族伟大复兴的正确道路，即中国特色社会主义道路。改革开放 40 多年来，中国经济经历了高速发展的历史时期，创造了"中国奇迹"。2015 年 10 月党的十八届五中全会提出了创新、协调、绿色、开放、共享的新发展理念，对经济发展和社会发展进行了全新的探索。

新发展理念以创新发展为重要动力。党的十九大报告提出，创新是引领发展的第一动力，是建设现代化经济体系的战略支撑。要瞄准世界科技前沿，强化基础研究，实现前瞻性基础研究、引领性原创成果的重大突破。加强应用基础研究，拓展实施国家重大科技项目，突出关键共性技术、前沿引领技术、现代工程技术、颠覆性技术创新，为建设科技强国、质量强国、航天强国、网络强国、交通强国、数字中国、智慧社会提供有力支撑。加强国家创新体系建设，强化战略科技力量。深化科技体制改革，建立以企业为主体、市场为导向、产学研深度融合的技术创新体系，加强对中小企业创新的支持，促进科技成果转化。倡导创新文化，强化知识产权创造、保护、运用。培养造就一大批具有国际水平的战略科技人才、科技领军人才、青年科技人才和高水平创新团队。

新发展理念注重实现区域协调发展。经过改革开放 40 多年的发展，我国基本国情已发生了巨大变化，我国经济建设的路线也随之从原来效率优先的差异化发展转变为注重公平与效率并重的均衡协调发展。协调发展注重的是解决发展不平衡问题。发展不协调是中国一个长期存在的问题，突出表现在区域、城乡、经济和社会，物质文明和精神文明，经济建设和国防建设等关系上，会随着不断发展导致"木桶"效应愈加显现，因此要注重发展的整体效能。习近平总书记在党的十九大报告中指出，要加大力度支持革命老区、民族地区、边疆地区、贫困地区加快发展，强化举措推进西部大开发形成新格局，深化改革加快东北等老工业基地振兴，发挥优势推动中部地区崛起，创新引领率先实现东部地区优化发展，建立更加有效的区域协调发展新机制。以城市群为主体构建大中小城市和小城镇协调发展的城镇格局，加快农业转移人口市民化。以疏解北京非首都功能为"牛鼻子"推动京津冀协同发展，高起点规划、高标准建设雄安新区。以共抓大保护、不搞大开发为导向推动长江经济带发展。支持资源型地区经济转型发展。加快边疆发展，确保边疆巩固、边境安全。坚持陆海统筹，加快建设海洋强国。

新发展理念强调绿色发展，坚持人与自然和谐共生。2006 年 2 月国务院发布的《关于落实科学发展观加强环境保护的决定》指出，我国主要污染物的排放量超过了环境承载能力，流经城市的河流普遍受到污染，已经处于全局性、结构性污染之中。在

资源约束趋紧、环境污染严重、生态系统退化的问题十分严峻的情况下，人民群众对清新空气、干净饮水、安全食品、优美环境的要求越来越强烈。习近平总书记指出，建设生态文明是中华民族永续发展的千年大计。必须树立和践行绿水青山就是金山银山的理念，坚持节约资源和保护环境的基本国策，像对待生命一样对待生态环境，统筹山水林田湖草系统治理，实行最严格的生态环境保护制度，形成绿色发展方式和生活方式，坚定走生产发展、生活富裕、生态良好的文明发展道路，建设美丽中国，为人民创造良好生产生活环境，为全球生态安全做出贡献。

新发展理念强调开放发展。开放发展反映了中国社会经济发展融入世界经济发展的基本方略，也是新时代中国开放型经济发展的必然结果。改革开放以来，中国积极推进全球治理体系的变革，不但是现行国际体系的参与者、建设者、贡献者，还是国际合作的倡导者和国际多边主义的积极参与者，积极与各方面全面发展关系。2001 年加入世界贸易组织后，我国切实履行加入世贸组织承诺，坚定支持多边贸易体制，积极推进贸易投资自由化便利化，全力支持发展中国家融入多边贸易体制，坚定反对单边主义和保护主义。习近平在党的十九大报告中指出，开放带来进步，封闭必然落后。中国开放的大门不会关闭，只会越开越大。要以"一带一路"建设为重点，坚持引进来和走出去并重，遵循共商共建共享原则，加强创新能力开放合作，形成陆海内外联动、东西双向互济的开放格局。拓展对外贸易，培育贸易新业态新模式，推进贸易强国建设。

新发展理念也强调共享发展，注重解决社会公平正义问题。共享发展作为中国道路实践经验的概括和总结，它包含着包容性增长和益贫式增长的意义，同时彰显了中国增长和发展道路的鲜明特色。改革开放以来，随着经济迅速发展，中国经济发展的"蛋糕"不断做大，但分配不公问题比较突出，收入差距、城乡区域公共服务水平差距较大。在共享改革发展成果上，无论是实际情况还是制度设计，都还有不完善的地方。新发展理念强调在发展中补齐民生短板、促进社会公平正义，在幼有所育、学有所教、劳有所得、病有所医、老有所养、住有所居、弱有所扶上不断取得新进展，深入开展脱贫攻坚，保证全体人民在共建共享发展中有更多获得感，不断促进人的全面发展、全体人民共同富裕。正如党的十九大报告提出的，必须始终把人民利益摆在至高无上的地位，让改革发展成果更多更公平惠及全体人民，朝着实现全体人民共同富裕不断迈进。。

中国作为一个发展中的人口大国，还面临着缩小地区差距和城乡差距的问题，面临着大量贫困人口脱贫的问题。就业是最大的民生，在新时代下，就业优先战略是扶贫脱贫的重要手段，党的十九大提出要提高就业质量和人民收入水平。要坚持就业优先战略和积极就业政策，实现更高质量和更充分就业。大规模开展职业技能培训，注重解决结构性就业矛盾，鼓励创业带动就业。提供全方位公共就业服务，促进高校毕业生等青年群体、农民工多渠道就业创业。破除妨碍劳动力、人才社会性流动的体制机制弊端，使人人都有通过辛勤劳动实现自身发展的机会。

党的十九大报告指出，我国经济已由高速增长阶段转向高质量发展阶段，正处在转变发展方式、优化经济结构、转换增长动力的攻关期，建设现代化经济体系是跨越关口的迫切要求和我国发展的战略目标。高增长向高质量转型是一次新的"凤凰涅槃",需要坚持新发展理念,建设一套现代化的经济体系。必须坚持质量第一、效益优先,以供给侧结构性改革为主线,推动经济发展质量变革、效率变革、动力变革,提高全要素生产率,着力加快建设实体经济、科技创新、现代金融、人力资源协同发展的产业体系,着力构建市场机制有效、微观主体有活力、宏观调控有度的经济体制,不断增强我国经济创新力和竞争力。

思考题

1. 新中国成立以来,中国经济波动在改革开放前后的表现有何差别?导致这些差别的原因又是什么?

2. 简述中国现代化进程中传统经济增长方式的特征和存在的问题。

3. 论述新发展理念的内涵。

参考文献

[1] 赵津. 中国近代经济史 [M]. 天津：南开大学出版社，2006.

[2] 王玉茹. 经济史与经济学理论 [J]. 学术月刊，2007 (1)：127-130.

[3] 陈自芳. 经济史对经济学科的意义及方法创新 [J]. 当代经济研究，2001 (9)：7-11.

[4] 刘兰兮. 2007 年中国经济史研究总论述评 [J]. 中国经济史研究，2008 (2)：124-130.

[5] 丁文锋. 经济现代化模式研究 [M]. 北京：经济科学出版社，2000.

[6] 吴承明. 市场史、现代化和经济运行 [J]. 中国经济史研究，1999 (1)：144-146.

[7] 赵德馨. 市场化与工业化：经济现代化的两个主要层次 [J]. 中国经济史研究，2001 (1)：82-96.

[8] 贺耀敏. 中国传统社会经济 [M]. 北京：首都师范大学出版社，1994.

[9] 李根蟠. 精耕细作的传统农业的形成和发展 [M] //从文明起源到现代化. 北京：人民出版社，2002.

[10] 董恺忱. 中国传统农业的历史成就 [J]. 世界农业，1983 (2)：51-54.

[11] 董恺忱. 从世界看我国传统农业的历史成就 [M] //东亚与西欧农法比较研究. 北京：中国农业出版社，2007.

[12] 萧国亮. 皇权与中国社会经济 [M]. 北京：新华出版社，1991.

[13] 方行. 中国封建经济论稿 [M]. 北京：商务印书馆，2004.

[14] 裴安平. 中国史前晚期手工业的主要特点 [M]. 中国经济史研究，2008 (4)：54-62.

[15] 陈峰，张建民. 中国经济史纲要 [M]. 北京：高等教育出版社，2008.

[16] 张九洲. 中国经济史概论 [M]. 河南：河南大学出版社，2008.

[17] 郭庠林. 中国封建社会经济研究 [M]. 上海：上海财经大学出版社，1998.

[18] 雷震. 中国古代商品经济特点简论 [M]. 汉中师范学院学报（社会科学版），2002 (4)：88-91.

[19] 唐文基. 试论中国封建市场的发育特征 [J]. 福建师范大学学报（哲社版），1999 (1)：107-113.

[20] 毕德静，李桂英. 我国古代国家财政管理考证 [J]. 理论观察，2007 (3)：205-206.

[21] 陈光焱. 历史上财政管理体制的演变及启示 [J]. 湖北财税, 1998 (18): 44-46.

[22] 张守军. 中国封建传统经济思想的基本特点 [J]. 财经问题研究, 2003 (12): 86-89.

[23] 孔庆锋, 吕浩. 论中国传统经济结构对资本主义萌芽的抑制 [J]. 山东省工会管理干部学院学报, 2000 (6): 112-114.

[24] 方振鸿. 香港经济概论 [M]. 广州: 广东人民出版社, 1987.

[25] 潘君祥, 沈祖炜. 近代中国国情透视 [M]. 上海: 上海社会科学院出版社, 1992.

[26] 吴承明. 资本主义与近代市场 [M]. 北京: 中国社会科学出版社, 1985.

[27] 刘佛丁, 王玉茹. 中国近代的市场发育与经济增长 [M]. 北京: 高等教育出版社, 1996.

[28] 王相钦. 对中国近代市场和市场经济的思考 [J]. 北京商学院学报, 1997 (5): 2-8.

[29] 刘佛丁. 中国近代经济发展史 [M]. 北京: 高等教育出版社, 1999.

[30] 李光, 香李怡. 试论中国近代银行的发展 [J]. 云南财贸学院学报, 2000 (12): 94-97.

[31] 赵海宽. 近代中国的金融市场 [J]. 中南财经政法大学, 1988 (5): 20, 21-25.

[32] 丁长清. 中国农业现代化之路 [M]. 北京: 商务印书馆, 2000.

[33] 黄希源. 中国近现代农业经济史 [M]. 河南: 河南人民出版社, 1986.

[34] 李蓓蓓, 徐峰. 中国近代城市化率及分期研究 [J]. 华东师范大学学报 (哲社版), 2008 (3): 34-41.

[35] 墨菲. 上海: 现代中国的钥匙 [M]. 上海: 上海人民出版社, 1987.

[36] 汪敬虞. 中国近代工业史资料 [M]. 北京: 北京科学出版社, 1957.

[37] 薛翠芳. 论近代中国城市化迟滞的原因 [J]. 海南大学学报 (社科版), 1999 (2): 62-65.

[38] 黄逸平. 近代中国经济变迁 [M]. 上海: 上海人民出版社, 1992.

[39] 赵德馨. 中国近代国民经济史教程 [M]. 北京: 高等教育出版社, 1990.

[40] 赵德馨. 中华人民共和国经济史: 第二卷 [M]. 河南: 河南人民出版社, 1992.

[41] 胡希宁, 张锦铨. 二十世纪中国经济思想简史 [M]. 北京: 中共中央党校出版社, 1999.

[42] 刘宏, 等. 百年寻梦: 20 世纪中国经济思潮与社会变革 [M]. 北京: 西苑出版社, 2000.

[43] 纪硕鸣, 周东华. 中国新政 [M]. 北京: 中国友谊出版公司, 2010.

[44] 张维迎. 中国改革 30 年 [M]. 上海: 世纪出版集团, 上海人民出版社, 2008.

［45］马立诚. 交锋三十年［M］. 南京：江苏人民出版社，2009.

［46］本书编写组. 十七大报告学习辅导百问［M］. 北京：学习出版社，党建读物出版社，2007.

［47］王玉茹. 中国经济史［M］. 北京：高等教育出版社，2008.

［48］董辅礽. 中华人民共和国经济史：上、下［M］. 北京：经济科学出版社，1999.

［49］武力. 中华人民共和国经济史：上、下［M］. 北京：中国经济出版社，1999.

［50］杨德才. 中国经济史新论（1949—2009）：上、下［M］. 北京：经济科学出版社，2009.

［51］赵靖. 经济学志［M］. 上海：上海人民出版社，1998.